D1725776

HANDBUCH NEUE SCHWEIZ

Herausgegeben von
INES – Institut Neue Schweiz

Redaktion
Mirjam Fischer, Anisha Imhasly, Rohit Jain,
Manuel Krebs, Tarek Naguib, Shirana Shahbazi

DIAPHANES

JA, WÄR ISCH DÄNN
DE SOUVERÄN?
MINI DAME
DE SOUVERÄN
ISCH JA NÖD
SIE SIND AU
DE SOUVERÄN
DE SOUVERÄN
SIND MIR ALL
DE SOUVERÄN
SIND ALL, WO

JA, DAS ISCH
DE SOUVERÄN
UND DA
KÄMPFED
MIR DEFÜR
DASS DAS
SO BLIIBT

Jurczok 1001, aus «De Souverän», 2018.

INHALT

STORIES

GLOSSAR

VORWORT

Als wir im Frühjahr 2019 den Gedanken an ein Buch von INES formulierten, wussten wir von Beginn an, welche Herausforderungen ein solches Unterfangen mit sich bringen würde. Wir alle hatten unsere professionellen Erfahrungen mit Büchern: Anisha als Herausgeberin, Manuel als Gestalter, Mirjam als Buchmacherin, Shirana als Künstlerin, Rohit als Sozialanthropologe und Tarek als Jurist und Aktivist. Aber in diesem Fall stand – und steht – viel auf dem Spiel. Denn es ist klar, dass wir mit diesem Buch in eine Gesellschaft intervenieren, die längst eine postmigrantische und postkoloniale ist, dies aber viel zu wenig anerkennt. Diese Gesellschaft ist sich des Erbes von Migration und Kolonialismus wenig bewusst und setzt daher politisch, juristisch, institutionell und kulturell weiterhin auf die Unterscheidung von «Wir» und den «Anderen», und allzu oft auf die Ausgrenzung dieser «Anderen».

In den letzten Jahren sind immer mehr solche «anderen» Stimmen aus dem Migrationsuntergrund aufgetaucht, die gegen diese Ordnung ankämpfen – aktivistisch, literarisch, wissenschaftlich, musikalisch, künstlerisch, biografisch. Diese Stimmen sind wütend, traurig, ernst, witzig, lustvoll, kritisch, utopisch – vieles gleichzeitig. Mit diesem Buch wollen wir diese endlich versammeln, um lautstark zu artikulieren, dass eine NEUE SCHWEIZ längst da ist – und zwar unwiderruflich... *khalas* und *basta*!

Doch mit dieser Vision entstanden auch viele Fragen: Wie können wir als Redaktion diesen vielen Stimmen, Geschichten und Blickweisen eine gemeinsame Plattform geben, ohne dass es beliebig oder chaotisch wirkt? Wie können wir wiederum der Individualität und Sensibilität der Beiträge, den Persönlichkeiten und Erfahrungen gerecht werden, ohne sie über einen Leisten zu schlagen? Wie können wir Ambivalenzen, Widersprüche und Facetten erhalten, die so charakteristisch sind für gesellschaftliche Veränderung? Wer verfügt über welche Ressourcen, sich in diese Diskussionen einzubringen – und wer nicht? Wie gehen wir damit um, dass vieles, auch in einem solchen Buch der Vielen, nicht erzählt wird oder dass nicht allen bedeutenden Themen gleichzeitig Aufmerksamkeit zukommen kann? Wie können wir in einer Zeit, die zunehmend auf Spaltung setzt, die Zwischenräume besetzen und bespielen?

Die NEUE SCHWEIZ findet vor unseren Augen statt. Wir müssen nur lernen, sie zu sehen und zu lesen. Wir nennen dieses Buch bewusst und mit einem Augenzwinkern «Handbuch». Es ist jedoch kein Handbuch im Sinne einer fachlichen Anleitung; es hält keine Lösungen und Massnahmen bereit. Das Buch versammelt stattdessen Strategien von Menschen, die gelernt haben, ihre Geschichten, ihr Wissen, ihre Analysen, ihre Wirklichkeiten und Visionen zum Ausdruck zu bringen – allen Widrigkeiten zum Trotz. Das Buch bietet einen Einblick in diese Kunst, eigene Sprachen, Haltungen und Bilder zu entwickeln, um sich in der «Neuen Schweiz» zuhause zu fühlen. Das Buch ist eine Einladung zu zivilgesellschaftlicher Teilhabe und Debatte, soll Rüstzeug und Ansätze liefern, damit wir uns trauen, im Alltag mehr in emanzipatorische, postmigrantische Beziehungen zu investieren. Es soll uns anspornen zum Handeln – in der eigenen Lebenswelt und in den institutionellen Zusammenhängen, in denen wir agieren. Und es soll uns mitunter auch Mut machen, Fehler zu begehen, anstatt zu denken, es immer richtig machen zu müssen.

Dieses Buch vereint Bilder, Stories, Analysen sowie Glossarbegriffe, die aus unserer Sicht helfen, sich in der NEUEN SCHWEIZ zu orientieren. Fragmente aus Literatur und Musik legen dazu den Soundtrack. Es ist ein Buch, in das man hineinspringen und das man kursorisch, assoziativ oder linear lesen kann.

Die analytischen Texte reichen von Einblicken in die Geschichte migrantischer Kämpfe und dem Civil Rights Movement in der Schweiz, über die Kritik des europäischen Grenzregimes bis hin zur Analyse kolonialer Verstrickungen der Schweiz und dem Plädoyer für eine neue Erinnerungskultur. In Gesprächsformaten werden aktuelle Debatten zu Identitätspolitik und intersektionalen Allianzen erforscht, sowie künstlerische, aktivistische und juristische Strategien und Praktiken des Widerstands erforscht. Dabei ist es uns wichtig, stets auch die historischen Bewegungen sichtbar zu machen, an die wir und unsere Autor:innen anknüpfen, wie etwa die Mitenand-Initiative, an antirassistische Kämpfe in Grossbritannien und Deutschland oder an postkoloniale und dekoloniale Aktivismus. Die Glossareinträge am Schluss des Buches, erstellt von unterschiedlichen Autor:innen aus ihren jeweiligen Perspektiven, liefern ein praktisches Rüstzeug für alltägliche Gespräche und politische Debatten, bieten Querverweise und Zusammenhänge.

Weiter versammelt dieses Buch eine Vielzahl von Stories. Diese sind biografisch gefärbt, aufgrund eines Bühnenprogramms entstanden, gehen auf ein persönliches Engagement zurück oder sie erzählen von prägenden Begegnungen und Erlebnissen.

Weil Arbeit zu postmigrantischen Themen immer auch persönliche und biografische Arbeit ist, bietet diese wiederum einen Nährboden für künstlerische Imagination. Deshalb war es uns wichtig, die Inhalte dieses Buches durch eine eigenständige visuelle Sprache und mit einer Reihe von künstlerischen Bildbeiträgen zu vermitteln, auf dass sich Text und Bild auf Augenhöhe begegnen. Shirana Shahbazi verantwortete die Bildredaktion in unserem Team und fügte das Bildmaterial gemeinsam mit dem Grafiker Manuel Krebs zu einem hybriden Ganzen.

Im Umgang mit Sprache nahmen wir uns vor, Vielstimmigkeit explizit beizubehalten. So bieten unterschiedliche Textsorten, Genres und Formen der Anrede vielschichtige Leseerfahrungen. Bei den Schreibweisen sind wir pragmatisch wie programmatisch vorgegangen und haben Unterschiede zugelassen, anstatt eine Vereinheitlichung anzustreben – dies im Wissen darum, dass Sprache im Fluss ist und wir mit ihr in Bewegung bleiben.

Ein Buch entsteht immer innerhalb eines zeitlichen Kontexts, mit seinen ganz eigenen Aktualitäten, Tendenzen und Verwerfungen. Die Corona-Pandemie zwang uns als Redaktion zum Innehalten. Sie eröffnete Denkräume und rückte zugleich viele strukturelle Ungleichheiten markant in den Fokus. Hinzu kam, dass der Mord an George Floyd in Minneapolis/USA auch in der Schweiz eine heftige Debatte über Rassismus entfachte und mit der Black-Lives-Matter-Bewegung die Mechanismen der Dethematisierung, Verdrängung und Verharmlosung entblösst wurden. Gleichzeitig engagieren sich immer mehr Menschen gegen Rassismus und für die Anerkennung migrantischer Arbeit und Leben. In diesem Sinn haben wir keinen Anspruch auf Vollständigkeit und hoffen, dass dieses Buch im Dialog steht mit weiteren Interventionen.

Das Handbuch NEUE SCHWEIZ ist ein Buch von Vielen geworden, ein Akt kollektiver Wissensbildung, und somit auch Ausdruck von Beziehungen: unter Menschen, Communities, Bewegungen, Praktiken. In der Redaktionsarbeit ging es inhaltlich stets darum, wie wir diese Themen in Beziehung zueinander bringen, und um die Art und Weise, wie wir mit Menschen in Beziehung treten und vertrauensvolle Dialoge eingehen. Während wir das Buch stets als unser Ziel vor Augen hatten, war uns der Weg dorthin genauso wichtig. Denn während wir gesellschaftliche Missstände verorten und Ungerechtigkeit anklagen, interessiert uns ebenso, wie wir miteinander in Beziehung stehen und wie wir unsere Gegenwart miteinander gestalten.

So üben wir ein neues «Wir» ein, und so imaginieren wir Zukunft. Dieses Buch liefert Bilder, Begriffe, Analysen und Geschichten dazu. Es schafft Raum und lädt dazu ein, Raum einzunehmen – eigenen Raum und gesellschaftlichen Raum, der letztlich immer auch politischer Raum ist. Denn, wie der britisch-srilankische Soziologe Ambalavaner Sivanandan zu sagen pflegte, in Umkehrung eines alten Mottos: «The personal is not political: The political is personal». Das Persönliche ist nicht politisch. Das Politische ist persönlich.

Die Redaktion, Oktober 2021
Mirjam Fischer, Anisha Imhasly, Rohit Jain,
Manuel Krebs, Tarek Naguib, Shirana Shahbazi

EINLEITUNG

EINE #NEUESCHWEIZ – FÜR ALLE, DIE DA SIND, UND ALLE, DIE NOCH KOMMEN WERDEN…

Die Frage, ob die Schweiz ein Einwanderungsland ist, wird nicht erst seit gestern diskutiert. Doch die Annahme der eidgenössischen Volksinitiative «Gegen Masseneinwanderung» am 9. Februar 2014 war ein migrationspolitischer Wendepunkt. Auf den anfänglichen Schock und das Entsetzen folgte für uns die Überzeugung, dass die Zeit reif ist, das Narrativ der «Überfremdung» zu überwinden, das die Einwanderungsdebatten seit den 1960er-Jahren bestimmt. Denn die demografische Realität der Schweiz erzählt längst eine andere Geschichte. In den Monaten nach der Abstimmung fanden viele Gespräche und Treffen statt, diverse zivilgesellschaftliche Initiativen entstanden. Unter anderem bildete sich auch ein Netzwerk von Menschen, die sich im Nachgang eines Volksentscheids – der gerade mal von 22% der damals in der Schweiz wohnhaften Menschen gefällt wurde – zusammenschlossen, um den Blick frei zu bekommen auf eine andere Zukunft, auf eine Neue Schweiz. Wir begaben uns auf die Suche nach Wegen, um das Denken in «Schweizer» und «Ausländer» zu überwinden und ein neues «Wir» zu schaffen, ein neues, nachhaltiges «Wir» für eine Schweiz im Zeitalter der Migration und Globalisierung.

So begannen wir hinzuschauen, wo wir stehen, und uns zu fragen, wie wir hierhin kamen und wohin wir wollen. Wir begannen, an der Schnittstelle von Theorie und Praxis zu experimentieren: Einige von uns organisierten ein Jahr nach Annahme der Masseneinwanderungsinitiative zusammen mit Gewerkschafter:innen den ersten Kongress der Migrantinnen und Migranten und Menschen mit Migrationshintergrund. Andere unter uns veranstalteten im selben Jahr das rassismuskritische Humorfestival *Laugh up! Stand up!*, um im Mainstream-Humor eigene Formen des Humors zu fördern und um den von rassistischen Ausgrenzungen betroffenen Menschen eine Stimme zu verleihen. Ebenfalls aus diesem Netzwerk entstand das dialogische Kunstprojekt «Die ganze Welt in Zürich» in der Zürcher Shedhalle, mit dem bezweckt wurde, aktiv in die Schweizer Migrationspolitik zu intervenieren. Das Projekt war eine der Startrampen für weitere Initiativen wie die mittlerweile schweizweit aktive «Stadt für alle»-Bewegung, die sich gegen institutionellen Rassismus einsetzende Allianz gegen Racial Profiling, die erste kanakische Late Night Show-Serie «Salon Bastarde» und die Gründung des Berner Rassismus-Stammtischs. *Last but not least* ein sehr wichtiger Bestandteil dieser Anfänge war der Austausch mit Vertreter:innen von Bewegungen wie «Bla*Sh – afro- und queerfeministisches Netzwerk» und dem «Collectif Afro-Swiss» aus Genf sowie vielen weiteren migrantischen und antirassistischen Emanzipationsprojekten.

Trotz dieser Aufbruchstimmung war aber auch klar, dass es neue gesamtgesellschaftliche Perspektiven und eine Vision für die nächsten Jahrzehnte brauchte. Ab 2015 konkretisierte sich die Idee, über diese noch weitgehend vereinzelten Initiativen hinaus einen gemeinsamen Think & Act Tank aufzubauen, um den politischen Diskurs über die Migrationsgesellschaft Schweiz langfristig nachhaltig verändern zu können. Im Mai 2016 kamen 15 Menschen aus der ganzen Schweiz in Montezillon oberhalb von Neuchâtel zusammen und riefen das Institut Neue Schweiz INES ins Leben. Viele weitere Treffen sollten folgen.

DAS RAD DER ZEIT LÄSST SICH NICHT ZURÜCKDREHEN

Die Schweizer Gesellschaft hat sich in den letzten Jahrzehnten durch Migration und Globalisierung grundlegend verändert. Der Wandel wird nicht selten am wachsenden Anteil der *Bevölkerung mit Migrationshintergrund* festgemacht. Im Jahre 2019 waren dies 37,7%, Tendenz steigend, bei Jugendlichen und Kindern liegt er heute gar über 50%. Die Unterscheidung in Menschen mit oder ohne Migrationshintergrund ist jedoch viel zu grobschlächtig, um die Komplexität einer Gesellschaft zu erfassen, die durch Migration geprägt ist – einer Gesellschaft, in der transnationale Lebenswelten und Mehrfachzugehörigkeit nicht nur akademische Begriffe und Konzepte sind, sondern gelebter Alltag. Die Einwanderung ausländischer Arbeitskräfte seit dem Zweiten Weltkrieg, der Familiennachzug und die wachsende Asyl- und Fluchtmigration seit den 1980er-Jahren haben das Gesicht der Schweiz im Alltag unwiderruflich verändert, auf den Strassen, in den Wohnzimmern, Schulen, Vereinen, Spitälern und Betrieben. Nie haben die Klischees davon, wie Schweizer aussehen und wie sie leben, weniger zur sozialen Realität im Land gepasst. Doch prägen sie auch heute noch das nationale Selbstverständnis und damit verbunden auch mediale und politische Diskurse, Gesetze und Institutionen. Die Folge davon ist ein Demokratiedefizit, das sich über Jahrzehnte aufgehäuft hat und am deutlichsten in einer Zahl zum Ausdruck kommt: 25%. Also rund ein Viertel der ständigen Wohnbevölkerung der Schweiz hat kein Schweizer Bürgerrecht – nicht nur, weil viele einwandern, sondern weil zu wenig und zu restriktiv eingebürgert wird. Und selbst wer einen Schweizer Pass hat, ist seiner symbolischen Zugehörigkeit nicht sicher, wenn sich Sprache, Aussehen und Lebensweise nicht ins dominante Bild fügen.

Auch die politisch-mediale Landschaft steht im Schatten des Themas Migration. Seit der Entdeckung dieses «Reizthemas» vor rund einem halben Jahrhundert streitet das Land öffentlich darüber, wie diese zu gestalten sei. Mit der globalen Geschichte des modernen Nationalstaats und dessen kolonialhistorischen Verstrickungen haben sich auch in der Schweiz unterschiedliche Vorstellungen über die «Anderen» festgesetzt, die spezifische Formen des Rassismus hervorbringen. Dies führt aber auch dazu, dass sich zunehmend mehr Menschen unterschiedlichen Formen des Kampfes gegen Rassismus anschliessen, wie die Black-Lives-Matter-Bewegung im Sommer 2020 zeigte. Die Gegenwart ist durch vielfältige Kontroversen und Konflikte gekennzeichnet, in denen die Beziehungen zwischen einem «Wir» und den «Anderen» neu ausgehandelt werden. Der fortwährende Streit über Migration und Integration hat eine Eigendynamik entwickelt; auf der politischen Ebene hat dies zu einer Polarisierung geführt zwischen denjenigen Kräften, die Einwanderung als Bedrohung verstehen und nationale Vorstellungen von Identität konservieren möchten, und jenen Kräften, die migrationsbedingte Vielfalt als Bereicherung verstehen.

PLURALISIERUNG STATT POLARISIERUNG

Was in diesen binären Modellen zu kurz kommt sind Perspektiven, die diese Polarisierung überwinden wollen und stattdessen eine pragmatisch-realistische Haltung einnehmen. Migration und die damit verbundene Pluralisierung sind weder gut noch schlecht. Es handelt sich schlicht um Tatsachen in einer Welt von Kriegen, Wohlstandsunterschieden, Klimakatastrophen, globalisierter Kommunikation und erhöhter Mobilität. Tatsachen, die sowohl neue Möglichkeiten eröffnen als auch Herausforderungen mit sich bringen.

  Es gilt, diese *postmigrantische Realität* der Schweiz im Sinne der Verfassung und ihrer Werte zu gestalten: demokratisch, freiheitlich, solidarisch, menschenrechtsbasiert und sozial gerecht. Diese Haltung birgt das Potenzial, Ausgangspunkt einer neuen Zukunft zu sein. Wir erkennen damit an, dass wir, das heisst die, die heute schon da sind, und die, die morgen kommen werden, faktisch Mitglieder einer Schicksalsgemeinschaft sind. Das Eingeständnis einer solchen Mitbürger:innenschaft schafft neue Gestaltungsräume. Wir müssen reden über die Frage: Wer und was ist die Schweiz, was will und kann sie sein?

  INES hat sich der Aufgabe gestellt, diesen Fragen nachzugehen und sich im Austausch mit gesellschaftlichen Akteur:innen auf die Suche nach einem neuen Gemeinsinn und einer neuen Demokratie im Zeitalter der Migration und Globalisierung zu begeben: ebenso dezidiert wie ergebnisoffen, behutsam und lautstark zugleich, ernsthaft und ironisch, mit Klartext und Nachsicht. Die «Neue Schweiz» und auch das vorliegende Handbuch möchten sowohl historischer Rückblick, Gegenwartsanalyse als auch Gesprächsangebot für eine gemeinsame Zukunft sein.

Historisch gesehen reiht sich INES ein in die Tradition zahlreicher Initiativen seit den 1960er-Jahren, deren Ziel es war, die neue Einwanderungsrealität solidarisch und nachhaltig zu gestalten. Die erste landesweite Bewegung, die sogenannte Mitenand-Initiative, war infolge der Schwarzenbach-Initiative von 1970 ins Leben gerufen worden. Diese hatte eine Begrenzung der Einwanderung und stärkere Überfremdungsabwehr gefordert und wurde zum Prototyp etlicher weiterer Abstimmungen – bis heute. Seit den späteren 1960er-Jahren setzte sich in der Mitenand-Bewegung das erste Mal eine breite Allianz von kirchlichen, bürgerlichen, liberalen und linken Stimmen, von Menschen mit und ohne Schweizer Staatsangehörigkeit gemeinsam für eine menschliche Einwanderungspolitik ein. Im Rahmen dieser Bewegung spielten die Organisationen der eingewanderten Arbeiter:innen, vor allem aus Italien und Spanien, eine tragende Rolle. Auch wenn die Volksinitiative an der Urne scheiterte, bildete die Bewegung einen diskursiven und institutionellen Nährboden für viele weitere Projekte seit den 1980er-Jahren, die auf Solidarität setzten: die Asylbewegung, die vielen migrantischen Vereine und Organisationen, feministische Beratungsstellen, interkulturelle und integrationspolitische Bildungs- und Begegnungsprojekte, Sans-Papiers-Solidarität, die Bewegung der sogenannten Second@s, antirassistische und postkoloniale Kollektive. Im historischen Rückblick zeigt sich, dass in den letzten Jahrzehnten viel erreicht wurde. Auch wenn in sozialen Bewegungen oft der Blick auf Missstände vorherrscht – das steckt in der Logik der Sache –, haben diese Kämpfe die Schweizer Gesellschaft auch bewegt.

Wie so oft ist die Geschichte jedoch widersprüchlich und mehrdeutig. Zentrale Fragen wie der Zugang zum Bürgerrecht sind bis heute ungelöst. Und der Aufbau des Asylregimes seit den 1990er-Jahren hat mit dem Ziel der Steuerung – ja Abwehr – der Migration neue Formen des Ausschlusses und des Rassismus produziert. So wie auch der «Kampf gegen Terrorismus» seit 9/11 Türen geöffnet hat für neue Sicherheitsdispositive, die als muslimisch wahrgenommene Menschen stigmatisieren und gefährden. Mit den integrationspolitischen Landgewinnen seit den 1990er-Jahren waren hingegen auch Fortschritte zu verzeichnen. Das erste Mal übernahm der Staat Verantwortung, seiner migrantischen Bevölkerung Zugang zu Dienstleistungen und Ressourcen zu gewähren. Und Projekte wie INES wären ohne die damals eingeführte Integrationspolitik möglicherweise nicht realisiert worden. Andererseits haben sich in den Begriff der Integration – einst ein Schlachtruf der Mitenand-Bewegung und speziell auch migrantischer Gruppen – alte Überfremdungsängste und Assimilationsimperative eingeschrieben – gerade wegen seines unverhofften Erfolges. Die postmigrantische Gesellschaft ist geprägt von solchen Mehrdeutigkeiten. Die Frage, wie das Verhältnis von Staatsangehörigkeit, Bürger:innenschaft, Teilhabe, Zugehörigkeit und Zugang zu Ressourcen gestaltet wird, ist längst nicht geklärt. Was es braucht ist ein breit angelegtes Verständnis von *Citizenship* bzw. einer *Citoyenneté* in der Neuen Schweiz.

Wie steht es um die viel gelobte Schweizer Demokratie, welche die offizielle Schweiz stolz als ihre Marke pflegt? Was bedeutet es, die Schweizer Demokratie im Zeitalter von Migration und Globalisierung zu demokratisieren? Wie können nationalstaatliche Grenzziehungen in Frage gestellt werden – etwa aus transnationaler und globaler Perspektive –, ohne den Nationalstaat als politisches Projekt und Bezugsrahmen für emanzipatorische Anliegen aufgeben zu müssen? Wie kann die Schweiz ihre Verantwortung als globale Playerin in der Weltwirtschaft wahrnehmen und dabei lokale, nationale und globale Prozesse der Solidarität unterstützen? Bei welchen Themen, in welchen Formen und unter welchen Bedingungen lassen sich Allianzen und Kollaborationen zwischen verschiedenen Kämpfen um ein gutes Leben aufbauen? Wie können Rassismus und koloniale Nachwirkungen in der heutigen Schweiz thematisiert werden, ohne Spaltungen entlang von Identität, Hautfarbe, sozialer Gruppe und religiöser Weltanschauung zu vertiefen oder gar essenzialistisch festzuschreiben? Und allgemein: Wie können Missstände aufgezeigt und gleichzeitig Brücken gebaut werden?

AUF DEM WEG ZU EINER NEUEN SCHWEIZ

Nach seiner Gründung 2016 lud INES im ersten Jahr zu unterschiedlichsten Treffen und Veranstaltungen hundert Teilnehmende aus der gesamten Schweiz zu einer ersten Standortbestimmung der postmigrantischen Schweiz ein. Seitdem ist einiges passiert: In Arbeitsgruppen und öffentlichen Salons in Basel, Bern, Genf, St. Gallen und Zürich wurden Analysen und Projekte zu den Bereichen Medien, Recht, Kultur und Bildung entwickelt; es wurden Late Night Shows zu Themen wie Vielfalt, Citizenship, Rassismuskritik, Arbeit, und Grenzen veranstaltet. Im Bereich Medienpolitik ging die Gründung des unabhängigen Vereins Neue Schweizer Medienmacher:innen NCHM* hervor. Im Bereich Recht war INES bei der Gründung des Vereins Aktion Vierviertel beteiligt, der sich für eine grundlegende Bürgerrechtsreform stark macht. Im Bereich der Bildungspolitik lancierte INES in Zusammenarbeit mit der Stiftung Mercator das Projekt «Postmigrantische Schulkultur» zur Förderung der Chancengleichheit an Schulen für Kinder und Jugendliche mit Migrationsbiografie und Rassismuserfahrung. Auch in der Kulturpolitik hat sich INES einbringen können: Etwa mit dem Projekt «Atelier Neue Schweiz Basel», einer Kooperation zwischen INES, der Kaserne Basel und dem Literaturhaus Basel; am Theater Gessnerallee mit einer politischen Debatte über Demokratie und Vielfalt in der Kultur; und im Theater Neumarkt mit der Reihe *Un/Safe Spaces* als Raum für eine selbstkritische Reflexion antirassistischen Engagements. Im Handbuch spiegeln sich die vielfältigen kulturellen Dimensionen wieder, im Rahmen derer über Fragen der Zugehörigkeit nachgedacht wird.

Mit Friends of INES (FrINES) wurde zudem ein Verein gegründet, der das Ziel hat, niederschwellige Angebote für ein breites Publikum zu schaffen und junge Menschen anzusprechen. FrINES wirkte etwa am Aufbau des Kollektivs Ostschweiz mit Migrationsvorsprung mit, welches die Perspektive von Menschen mit Migrationsgeschichte und Rassismuserfahrung in der Ostschweiz sichtbarer macht, unter anderem mit der ersten Schweizer Talkshow aus dem «Migrationsuntergrund»: *We Talk. Schweiz ungefiltert.* Der Austausch von INES mit anderen zivilgesellschaftlichen Akteur:innen und Initiativen hat auch im vorliegenden Handbuch Ausdruck gefunden.

FÜR EIN GERECHTES BÜRGERRECHT UND GLOBALE VERANTWORTUNG

So wichtig es ist, einen kulturellen Wandel zu fördern und die Vorstellungen von Zugehörigkeit in einer postmigrantischen Schweiz zu aktualisieren, so wichtig ist es, dass damit auch ein struktureller Wandel der Institutionen und eine längst überfällige Anpassung rechtlicher Grundlagen einhergeht. So geht es etwa beim Bürgerrecht um symbolische Zugehörigkeit und politische Mitbestimmung, aber eben auch um existenzielle Fragen wie Aufenthaltssicherheit, soziale Sicherheit, Zugang zu Ressourcen und Chancen auf dem Wohnungs- und Arbeitsmarkt, zu Bildungs- und Gesundheitsangeboten. Für die Gestaltung der Zukunft gilt es auch, aus einer Geschichte zu lernen, in der fundamentale Grund- und Menschenrechte von Migrant:innen immer wieder verletzt worden sind, etwa im Fall der sogenannten «versteckten Kinder» der italienischen Arbeiterfamilien in den 1970er-Jahren. Die Aufarbeitung dieser gewaltvollen Praxis im sogenannten Gastarbeitersystem würde hoffentlich auch aufzuzeigen, dass die Kinder- und Familienrechte, gerade im Asylsystem, in der Nothilfe oder bei Sans-Papiers weiterhin allzu oft verletzt werden.

Das vorliegende Handbuch wirft aber auch einen Blick auf die globalen Verflechtungen der Schweiz – sozial, kulturell, politisch und ökonomisch – und die Frage der Mitverantwortung für internationale Wohlstandsgefälle, Unrecht und Ungleichheit. Die Neue Schweiz endet nicht an den Landesgrenzen. Der Reichtum und der hohe Lebensstandard der heutigen Schweiz sowie das Funktionieren unseres täglichen Lebens – mit und ohne Migrationsbiografie – hängt zum Grossteil vom Verbrauch von Ressourcen ab, die anderswo gewonnen und erarbeitet worden sind. Dies zeigt sich etwa bei der Rolle der Schweiz als Drehscheibe des weltweiten Rohstoffhandels sowie als sicherer Hafen für Steuerflucht und fragwürdiges Kapital von Globalisierungsgewinnern und autoritärer Regime. Gleichzeitig ist die Schweizer Wirtschaft grundlegend auf Einwanderung angewiesen. Die Schweiz ist dabei Teil des Europäischen Migrationsregimes, das auf einer Zweiteilung von Binnenfreizügigkeit innerhalb der EU und selektiver Abgrenzung gegenüber Drittstaaten beruht und dessen Asylpolitik in den letzten Jahrzehnten zunehmend restriktiver ausfällt. Wie liesse sich das humanitäre und neutrale Selbstverständnis der Schweiz im internationalen und speziell auch europäischen Zusammenhang in Hinblick auf

postmigrantische und postkoloniale Verhältnisse selbstkritisch überdenken und neu definieren? Und was heisst das für die Erinnerungskultur und die Deutung der Vergangenheit?

Die zahlreichen Autor:innen dieses Handbuchs tragen ausgehend
von unterschiedlichsten Hintergründen mit ihren Essays, biografischen Geschichten, literarischen Texten, künstlerischen Bildbeiträgen,
mit ihren historischen Perspektiven, Gegenwartsdiagnosen und Zu-
kunftsvisionen dazu bei, einen Imaginations- und Gesprächsraum für
die Neue Schweiz zu entwickeln. Das vorliegende Buch reicht die Hand
und lädt ein zu mehr Mitsprache und Einsprache, zu mutigem Handeln
und solidarischer Praxis. Dieser Raum bleibt bewusst collagenhaft.
Perspektiven – auch widersprüchliche und mehrdeutige – werden
nebeneinandergestellt und in einen Dialog gebracht. Das Handbuch
bildet nicht *die* Position von INES ab, sondern schafft eine vielstimmige Plattform, die zum Nachdenken, zum Gespräch und zur Diskussion
einladen möchte – und die vor allem Mut machen soll: Auf zu einer
Schweiz mit Migrationsvordergrund, *yalla, andiamo, chalo, vamos*...!

INES – Institut Neue Schweiz

ICH BIN DIE SCHWEIZ, MANCHMAL –

Samira El-Maawi, aus «Geboren um zu bleiben», 2018.

WISH YOU WERE HERE Markus Nebel

BRENNENDE UNSCHÄRFE

OFFENER BRIEF AN BUNDESRÄTIN
SIMONETTA SOMMARUGA

Paola De Martin

*«Natürlich sollten wir zum Beispiel den ETH-Professoren
aus dem Ausland das Recht geben, mit ihren Kindern
in die Schweiz zu kommen, aber doch nicht den Arbeitern
auf dem Bau und in der Landwirtschaft oder den Leuten
im Gastgewerbe. Das ist doch nicht nötig, von denen gibt
es ja genug.»*

Luzi Stamm, SVP-Vertreter, in einem Interview mit Radio SRF
nach der Annahme der Masseneinwanderungsinitiative (MEI), 2014.

Sehr geehrte Frau Bundesrätin Sommaruga

Ich schreibe Ihnen, Justizministerin dieses Landes, einen offenen Brief
mit einem öffentlichen und politischen Anliegen, das sich in meiner
persönlichen Geschichte eingeschrieben hat. Diese Geschichte prägt
meine Erinnerung, mein Fühlen und Denken und trotzdem habe ich
lange eine ehrliche Sprache dafür suchen müssen, weil die öffentliche
und politische Schweiz sich bis heute nicht um eine ehrliche Sprache
bemüht. Ich nenne diese Geschichte deshalb die Geschichte unserer
brennenden Unschärfe.

1984

Das erste Mal, als ich diese brennende Unschärfe wahrgenommen habe,
war wenige Monate vor meinem 19. Geburtstag. Ich stand kurz vor der
Matur und war gerade im Einbürgerungsprozedere, um den Schweizer
Pass zu bekommen. Ich musste belegen, seit wann ich in der Schweiz
wohnhaft gewesen war. Meine Eltern hatten mir immer erzählt, ich
hätte als Kind von Saisonniers in der Schweiz kein Aufenthaltsrecht
gehabt. Sie hätten mich im Alter von wenigen Monaten im Winter
1965/66 bei meinem Onkel und meiner Tante in Italien unterbringen
können – Gott sei Dank. Dann sei ein gutes Jahr später meine Schwester auf die Welt gekommen, der Vater habe zeitgleich den Status als
Jahresaufenthalter bekommen und ich sei im März 1967 legal in die
Schweiz eingereist. Aber anstatt März 1967 stand da November 1968 im
Auszug aus dem Einwohnerregister der Stadt Zürich – eine Differenz

von achtzehn Monaten. Ich fragte meine Eltern, was das zu bedeuten hatte, sie wichen aus. Ich fragte wieder und wieder. Sie verstrickten sich in Widersprüche, sie wurden wütend. Ich liess es sein.

2002

18 Jahre später kam der entscheidende Anstoss von meiner Mutter. In einem Zürcher Kino lief *Il vento di settembre*, das Sequel von Alexander J. Seilers, June Kovachs und Rob Gnants subtilem Dokumentarfilm von 1965 in Schwarz-Weiss, *Siamo Italiani – Die Italiener*. Der neue Film war ein seltsam süssliches und zugleich bedrückendes Filmporträt in Farbe derselben Fremdarbeiter-Familien, nur 40 Jahre später. Ich schaute mir den Film mit meinen Eltern und meiner Schwester an. Melancholie breitete sich aus, als wir den Kinosaal verliessen, niemand schien etwas sagen zu wollen. Ich dachte, es hätte damit zu tun, dass meine Eltern kurz zuvor, nach einem halben Leben in der Schweiz, nach Italien zurückgekehrt waren. Es war im Grunde keine Rückkehr, sondern eine zweite, nicht ganz gewollte Migration gewesen, unter der meine Mutter schwer litt. Sie brach dann auch das Schweigen und sagte zu mir: «Eh, sì, che tristezza, was musste man nicht alles ertragen, wir haben unsere Kinder heimlich über die Grenze geschmuggelt, wie Diebe, wir haben sie versteckt». Ich dachte: «Wir – wer ist wir?» Ich traute mich zwar nicht zu fragen, aber das Verdrängte brannte in mir und brodelte ganz nah an der Oberfläche. Ich begann den Fokus zu schärfen. Zuhause kramte ich nach einer Fotografie, die ich wenige Jahre zuvor im Wohnblock meiner Eltern in Zürich gemacht hatte. Mehrere Kinder sind auf diesem Foto zu sehen, mit denen meine Mutter über die Jahre oft gespielt und am Küchentisch gelernt hatte, weil sie nicht in die Schule gingen. Diese und andere Kinder, die kamen und gingen, man wusste nie, wann und weshalb – ich hatte mich so daran gewöhnt, dass ich das nie hinterfragt hatte. Sie durften kein Aufsehen erregen, das war mir klar, und wir, unsererseits, erregten uns selbstverständlich nicht darüber, dass sie in diesem Wohnblock versteckt gehalten wurden. Aus einem Instinkt heraus, dass ihre Sichtbarkeit auf einem Foto eine besondere Bedeutung für mich haben könnte, hatte ich sie fotografiert. Und obwohl sie gewusst haben mussten, dass sie unsichtbar bleiben sollten, taten sie doch, was die grosse Paola ihnen sagte: «Stellt euch hin, schnell-schnell, dai, che vi faccio una foto!» Das Foto wurde in der Eile unscharf und diese Unschärfe regte mich damals auf. Nachdem nun meine Mutter dieses Wir ins Spiel gebracht hatte, frage ich mich heute: War nicht gerade die Unschärfe – in eine Fotografie gebannt – ein präziser Ausdruck für meinen Zustand? Ich wollte und wollte doch nicht verstehen, welches Schicksal mich mit diesen Kindern verband.

2006

Es dauerte noch einmal 4 Jahre, bis es so weit war. Ich sass in einer Vorlesung der Uni Zürich über Sozial- und Wirtschaftsgeschichte und es ging um die Schwarzenbach-Initiative und den Überfremdungsdiskurs der 1970er-Jahre, um den Beitritt der Schweiz zur UNO 1992 und um die definitive Abschaffung des Saisonnierstatuts 2002 im Zusammenhang mit der Personenfreizügigkeit mit der EU. Es ging – in einem Nebensatz – um die erlittenen Menschenrechtsverletzungen der Saisonniers im Zusammenhang mit dem verhinderten Familiennachzug und den Tausenden von versteckten Kindern. Mir pochte das Herz rasend. Und erst da wurde mir in aller Schärfe bewusst, dass die achtzehnmonatige Differenz zwischen März 1967 und November 1968 damit zu tun hat, dass ich auch versteckt worden war.

Die brennende Unschärfe, welche das verschwiegene Wissen verursacht, ist Ausdruck des Versuchs, die Tragik zu bannen und gleichzeitig Zeugnis abzulegen. Seit Jahrzehnten sind Tausende von ehemaligen Saisonnier-Familien und Tausende Secondos und Secondas in diesem Land in einem Schwebezustand gefangen: Wir sind hier, vielleicht nach aussen hin gut integriert, vielleicht sogar eingebürgert – und doch trennt uns die unsichtbare Wand dieser nicht anerkannten Verletzung voneinander und von jenen, die diese Verletzung nicht erleiden mussten. Eine halbe Million Italiener:innen lebten bis zu den Ölkrisen der 1970er-Jahre in der Schweiz, heute machen sie immer noch die grösste Minderheit aus. Jeder kennt uns, jeder kennt irgendeinen Italiener oder irgendeine Italienerin in Pension oder einen ihrer Nachkommen, aber was weiss die breite Öffentlichkeit von unserem Trauma? Aus dieser Isolation können wir nur befreit werden, wenn die Öffentlichkeit daran teilhat, es bedarf einer echten Auseinandersetzung mit den bisher getrennten Ebenen der Erfahrung – «any genuine confrontation between these two levels of experience» –, wie James Baldwin das in Bezug auf die Rassendiskriminierung in den USA nennt. Eine echte Auseinandersetzung, das möchte ich betonen, ist eine öffentliche Angelegenheit, die mehr umfasst, als das Saisonnierstatut juristisch abzuschaffen und auf die besänftigenden Effekte des materiellen Wohlstands zu vertrauen, mehr auch, als auf die Karte des Multikulturalismus zu setzen. Zu glauben, das allein heile die gesellschaftlichen Wunden, die Menschenrechtsverletzungen hinterlassen haben, das war die grosse Illusion der letzten Jahrzehnte. Diese Illusion platzte mit der Initiative «Gegen Masseneinwanderung» am 9. Februar 2014.

2014–1965

Der Passus im Initiativtext lautet: «Der Anspruch auf dauerhaften Aufenthalt, auf Familiennachzug und auf Sozialleistungen kann beschränkt werden». Das Menschenrecht auf Einheit der Familie ist, laut dem neuen Verfassungstext, auf die «gesamtwirtschaftlichen Interessen der Schweiz» auszurichten, als wäre ein Menschenrecht ein Privileg. Wie das Eingangszitat von Luzi Stamm zeigt, sollte es nach dem Prinzip verteilt werden: Wer Geld und Prestige hat, dem wird auch das Menschenrecht gegeben. Meine Mutter sprach mich auf diese Debatten an. Sie hatte im italienischen Fernsehen davon gehört und fragte mich unvermittelt, wie es mir gehe. Ich sagte, etwas überrascht von ihrer plötzlichen Offenheit: «Mamma, sie haben die Möglichkeit eines beschränkten Familiennachzugs wieder in die Verfassung gebracht, mir geht es ganz und gar nicht gut». Und sie: «Ja, ich weiss, schrecklich». Ab diesem Moment gab es ein Zeitfenster von etwa einem Jahr, in welchem vor allem meine Mutter und manchmal auch mein Vater bereit waren, mir von ihrem Trauma zu erzählen. Ich möchte das betonen: Primär ist es ihr Trauma, denn ich war zu klein, um bewusst erlebt zu haben, was man uns angetan hat. Sie erzählten von der demütigenden Beamtenwillkür bei der Erteilung von Aufenthaltsbewilligungen, von der Angst, entdeckt zu werden und in der Folge die Stelle zu verlieren, davon, wie meine Schwester und ich zu Hause laut weinten, von der Abhängigkeit und Dankbarkeit gegenüber dem Arbeitgeber meines Vaters, weil er sie nicht bei der Polizei verriet, von der Reise meiner Mutter ohne mich, ihrem ersten Kind, kaum drei Monate alt, aus Italien zurück in die Schweiz, wo es Arbeit gab, wo man durch Arbeiten Geld verdienen konnte, wo die Wohnungen im Winter geheizt wurden. Ich überwand meine Furcht, ihr zu nahe zu treten und fragte vorsichtig: «Il viaggio, mamma, com'era stato?» «Wie war denn diese Reise, Mamma?» Sie senkte den Blick, und ich werde nie vergessen, wie sie leise sagte: «Terribile».

1965–2018

Schrecklich, Frau Bundesrätin, die Ohnmacht der eigenen Eltern zu ertragen, die vom Gesetz daran gehindert wurden, ihre Kinder zu umsorgen. Das ist mein Trauma. Die Ohnmacht kann im Übrigen so gross sein, dass es manchmal sogar besser erscheint, zu glauben, man sei selber schuld gewesen am Schicksal, das einem aufgezwungen wurde. Dieses Muster erkenne ich heute wieder bei meinen Freunden und Freundinnen aus Syrien, die flüchten mussten. Bei meinen Eltern äusserte sich das ein Jahr nach der Annahme der MEI so: Als ein Journalist der italienischen Tageszeitung *Il Corriere della Sera* meinen persönlichen Kommentar zur MEI wissen wollte, rief ich schnell meine Mutter an, ich wollte gewisse Daten und Fakten noch einmal prüfen. Ich ging davon aus, dass sie mit mir darüber reden wollte. Sie sagte, mürbe und dumpf: «Lass mich bitte in Ruhe, ich kann nicht mehr, wir waren doch einfach dumm damals und schlecht informiert, was konnte die Schweiz dafür? Nichts.» Sie sagte auch: «Ich mag es nicht, wenn die Italiener schlecht über die Schweiz reden, was blasen sie sich auf, sie sind kein bisschen besser, die Journalisten wollen dich doch nur missbrauchen für einen Skandal, der Kasse macht.» Und mein Vater doppelte nach, bevor er den Hörer auflegte: «Was willst du wieder, du warst halt eine von den Illegalen, ja, die wir verstecken mussten, so etwas kommt vor.»

So etwas kommt vor, Frau Bundesrätin, auch heute noch. Wie viele Eltern verstecken heute ihre Kinder, weil sie illegalisiert werden? Kurzaufenthalter, Flüchtlinge, Sans-Papiers – und wenn es nach dem neuen Verfassungsartikel geht, bald wieder neue Saisonniers, auch wenn man sie heute vielleicht anders nennen wird. Deshalb trete ich mit diesem öffentlichen Brief an Sie heran. Heute werden Italiener als Parade-Migranten und Lieblings-Ausländer betitelt, es ist nur ein Trick, um uns von denen zu trennen, die jetzt dasselbe erleben wie wir damals. Welch ein Hunger nach immer neuen Rechtlosen dieses Land doch kennt, kaum hat es die einen ausgesogen und verdaut, kommen schon die nächsten auf den Teller. Ich übernehme hiermit Verantwortung, damit das aufhört, Frau Bundesrätin. Deshalb schreibe ich Ihnen. Wie viele Betroffene reden nicht, weil das Sprechen zu schmerzhaft ist ohne den Schutz einer offiziellen Schweiz, die Verantwortung übernimmt für die ausgeübte Gewalt, zu schmerzhaft ohne die öffentliche Arbeit an einer ehrlichen, gemeinsamen Sprache?

Diese Sprache fehlt uns allen, auch jenen, die die Last der Traumatisierung nicht ertragen müssen. Schauen Sie, Frau Bundesrätin, die meisten Freunde und Bekannten in der Schweiz verstummen verlegen, wenn ich über das Erlittene reden möchte, und sie wechseln schnell das Thema. Sie fragen nicht nach. Es macht den Anschein, als ob sie das, was ich ihnen sage, nicht einordnen können, es liegt ausserhalb ihres Vorstellungsvermögens. Eine Freundin sagte zu mir: «Ich merke schon, dass du nicht lügst, Paola, aber wirklich glauben kann ich es doch nicht, dass so etwas geschehen konnte.» Wer darauf eingeht, macht es mit dem ungeduldigen Subtext: «Ich hab schon verstanden, hör jetzt endlich auf damit». Ein Kollege aus dem Kunstfeld beschwichtigte mich mit dem Argument, das geschehe anderswo doch auch, und eine andere Freundin damit, dass der neue Passus in der Verfassung nicht ernst gemeint sei, er beabsichtige doch nur die nächste, die SVP-Selbstbestimmungsinitiative zu provozieren. Welch ein Trost.

Professoren, die ich zu einem gross angelegten Forschungsprojekt anregen wollte, sagten etwas ungläubig, sie hätten bisher nichts davon gewusst. Einer hielt es für nötig, mich darüber aufzuklären, dass das Saisonnierstatut dem Rotationsprinzip geschuldet sei, man habe mit dem verhinderten Familiennachzug erreichen wollen, dass Ausländer sich nicht integrieren. Als ob ich das nicht gewusst hätte. Ich habe mich, das war mir immer klar, trotzdem integriert und später auch noch den paternalistischen Diskurs ertragen müssen über die Ausländer, die sich nicht integrieren können – oder die freche Unterstellung: nicht integrieren wollen. Zuerst legt man uns Steine in den Weg und dann redet man wortreich über unsere Schwierigkeiten, sie zu überwinden.

Schliesslich wandte ich mich an zwei Verantwortliche für die Aufarbeitung der Geschichte der Verdingkinder. Sie sagten mir, ja, nach den Kindern der Landstrasse und den Verdingkindern hätten sie intensiv nach einem weiteren historischen Kinderprojekt zum Aufarbeiten gesucht, sie seien einfach nicht auf dieses Thema gekommen – aber sie signalisierten dann doch Desinteresse an dem, was sie letztlich als mein Thema bezeichneten. Es sei ihnen zu wenig historisch, da zu politisch, und sie fänden es nicht so interessant aus der Sicht der Schweizer Mehrheit, weil es keine Schweizer, sondern Ausländer betreffe. Da habe ich begriffen, wie gross die Widerstände gegen die Aufarbeitung wirklich sind.

Mein Thema? Nicht interessant aus der Sicht der Schweizer Mehrheit? Ich bin nicht einverstanden. Wenn die Schweizer Mehrheit denkt, dass Menschenrechtsverletzungen an Ausländern in der Schweiz kein Schweizer Thema sind, dann muss sich das ändern. Ich sage bewusst, muss, Frau Bundesrätin, Sie kennen das. Denn ich stehe hier nicht als Bittende vor der politischen Vertretung der Schweiz, sondern als Fordernde. Auch wenn mein Ich unscharf verbunden ist mit Zehntausenden von anderen, die es jetzt und auf diese Art nicht sagen, ich muss es endlich tun, denn wir haben nicht unendlich Zeit, um unsere gesellschaftlichen Wunden zu heilen. Ich fordere:

1. dass die Illegalisierung der Kinder von Saisonniers und die damit verbundene Traumatisierung ihrer Familien und ihrer Communities in der Schweiz eine politisch angestossene, öffentlich breit und gut vermittelte historische Aufarbeitung erfährt:

2. dass die Menschenrechtsverletzungen an den Saisonniers von der höchsten politischen Vertretung der Schweiz öffentlich anerkannt und entschuldigt werden, auch wenn sie nach damaligem Recht «legal» geschahen. Es braucht eine symbolische Geste der Entschuldigung, es ist nicht damit getan, den damaligen Fremdarbeitern für ihre Arbeit am Aufbau der Schweiz danke zu sagen.

3. dass Hand geboten wird, damit die Betroffenen finanziell entschädigt werden. Die Traumata haben an unseren Ressourcen gezehrt. Diese fehlten, als wir sie nötig gehabt hätten, um ein Leben in Würde zu führen.

Das schuldet die offizielle Schweiz der italienischen und anderen Communities, die unter der Last der brennenden Unschärfe ausharren. Das schuldet die offizielle Schweiz aber auch jenen, die – gewollt oder ungewollt – einen makabren Vorteil aus diesem Erbe ziehen. Ist das der Grund ihres Schweigens?

Wenn wir nicht anfangen zu fragen, wissen wir es nie.

In Erwartung Ihrer Antwort und mit Hochachtung für Ihre immense Arbeit im Dienst der Öffentlichkeit grüsst Sie

Paola De Martin

Schweizerische Eidgenossenschaft
Confédération suisse
Confederazione Svizzera
Confederaziun svizra

Die Vorsteherin des Eidgenössischen Justiz- und
Polizeidepartements EJPD

P.P. CH-3003 Bern, GS-EJPD

Paola De Martin
Trottenstr. 15
8037 Zürich

Bern, 12. Oktober 2018

Sehr geehrte Frau De Martin

Besten Dank für Ihren Brief vom 21. September 2018. Ihre Zeilen mit dem Titel «Brennende Unschärfe» habe ich mit Interesse gelesen. Sie haben mich betroffen gemacht. Ich kann gut nachvollziehen, dass die Umstände – insbesondere für Ihre Eltern – sehr belastend waren.

Für Ihr Anliegen, das Geschehene politisch aufzuarbeiten, habe ich ebenso Verständnis. Eine solche Aufarbeitung ist zurzeit allerdings nicht vorgesehen, ein entsprechender Auftrag müsste das Parlament erteilen. Hingegen stelle ich fest, dass Schritt für Schritt eine gesellschaftliche Aufarbeitung erfolgt, so über Filme oder Bücher, die in den letzten Jahren erschienen sind. Ich danke deshalb auch Ihnen für Ihre Offenheit und die Bereitschaft, Ihre Vergangenheit mit der Öffentlichkeit zu teilen. Das ist ganz wichtig, denn gerade Schicksale wie das von Ihnen sollen uns dazu ermahnen, dass dies nicht noch einmal passieren darf.

Ich kann Ihnen versichern und habe dies bei Debatten rund um das Thema Zuwanderung auch immer wieder betont: Wir dürfen auf keinen Fall zurück in die Zeit des menschenunwürdigen Saisonnier-Statuts. Denn dieses hatte – wie Sie am eigenen Leib erfahren haben – dramatische Auswirkungen: Jahrelang mussten sich Familien und Kinder verstecken. Ich setze mich deshalb für eine gesellschaftliche Integration von Ausländerinnen und Ausländern ein, die in die Schweiz kommen, um zu arbeiten. Dazu gehört, dass auch Kurzaufenthalter ihre Familie nachziehen können. Denn alles andere ist unmenschlich und unwürdig.

Mit besten Grüssen

Simonetta Sommaruga
Bundesrätin

PER ARRIVARE, BISOGNA PARTIRE

Paola De Martin

Im Herbst 2018 schickte ich Bundesrätin Simonetta Sommaruga, damals noch Vorsteherin des Eidgenössischen Justiz- und Polizeidepartements, einen offenen Brief, der als Blog auf der INES-Website publiziert wurde. Im Blog stellte ich dar, weshalb ich meine Illegalisierung als ehemaliges Saisonnierkind von italienischen Migranten nicht als meine private Angelegenheit betrachte, und stellte Forderungen nach Anerkennung: an die Öffentlichkeit, die Wissenschaft und die Politik. Es war für mich, fünfzig Jahre nachdem ich illegalisiert wurde, ein riesiger emanzipatorischer Schritt, aus der Verschwiegenheit, aus dem Gefühl, Schuld am eigenen Leid zu sein und der damit einhergehenden Beschämung herauszutreten. Ganz bewusst hatte ich mit keiner Antwort auf meinen Blog aus dem Eidgenössischen Justiz- und Polizeidepartement (EJPD) gerechnet, um mich gegen die Enttäuschung zu wappnen, falls eine Reaktion ausbleiben würde. Und als tatsächlich der Brief von Bundesrätin Sommaruga Mitte Oktober 2018 eintraf, merkte ich beim Lesen, dass ich mir im Grunde doch mehr Entgegenkommen erhofft hatte. Die Einladung zu einem Round Table mit Betroffenen etwa oder ein Gespräch über Best Practices beim Umsetzen der im Blog formulierten Forderungen. Ich hatte gehofft, aus ihren Erfahrungen mit der Wiedergutmachungspolitik gegenüber ehemaligen Verdingkindern zu lernen – oder mir vielleicht auch nur die einfache Frage gewünscht: Kann ich aus meiner privilegierten Stellung heraus etwas für euch tun?

Klar, es ist nicht nichts, eine Antwort von Bundesrätin Sommaruga in den Händen zu halten. Aber ihr Schreiben wendet sich an mich, als ob meine Illegalisierung mein Einzelschicksal sei, dabei sind laut vorsichtigen Schätzungen rund 15.000 Kinder betroffen, und wenn man die Zahl der betroffenen Eltern und Geschwister, der Pflegefamilien mitbedenkt, so merkt man schnell: Dieses Trauma hat ein ungeheures Ausmass. Ich vertrete die Auffassung, dass dieses Ausmass uns alle zu «Betroffenen» macht. Und dass die Opfer nicht reden, solange sie den Schutz einer offiziellen Entschuldigung nicht erhalten. Ich hatte ja nicht umsonst die öffentliche Intervention auf der Website von INES gewählt. Im Brief der Bundesrätin ist Feingefühl spürbar, ist es Mitgefühl? Manifestiert sich hier nicht eher ein rituelles Mitleid, das sich umgehend wieder abgrenzt und die Verantwortung zurückgibt an diejenigen, die «ein Problem» haben, an die armen «Anderen»? Hat Frau Bundesrätin Sommaruga nicht anerkennen wollen, oder nicht können, dass die Art und Weise, wie über dieses Problem hinweggesehen wird, «der ganzen Schweiz» ein Armutszeugnis ausstellt? Nun gut, die Exekutive ist formell nicht die richtige Adressatin für die Forderungen des Blogs und das Parlament somit die nächste politische Station. Frau Sommarugas Schreiben ist eine wichtige Referenz in der Sache. Deshalb wird hier die Antwort der Bundesrätin auch publik gemacht.

Der Blog war ein wichtiger Aufbruch für mich und hat einiges in Bewegung gebracht, was zur Formierung eines «Wir» führte, und das auf ganz unterschiedlichen Ebenen: Das erste Echo in den sozialen Medien stimmte mich zuversichtlich. Ich hatte mich bis dahin vor allem ausserhalb der virtuellen Welt bewegt und war überrascht von der solidarischen Kraft, die sich hier zeigte. Dann hatte ich zum ersten Mal im Leben mit meinen Cousinen in Italien offen über das Geschehene reden können. Für sie war es ein produktiver Schock, zu erfahren, dass es nicht einfach ökonomische Gründe gewesen waren, weshalb ich die ersten Lebensjahre bei meinem Onkel und meiner Tante in Italien gelebt hatte. Viele aus unserer Sicht merkwürdige Verhaltensweisen unserer Eltern ergaben nun für uns alle einen gemeinsamen Sinn – wie wohltuend das war. Ähnliche Effekte erlebte ich in meinem Freundeskreis in der Schweiz. Nach meinem Blog gab es eine Transformation, die sich langsam anbahnte und im Endeffekt so gewaltig war wie die Verschiebung von tektonischen Platten, die ein Erdbeben auslösen. Meine – und allgemein die italo-schweizerische – Lebensfreude konnte danach als eine Form des alltäglichen, emotionalen Widerstands verstanden werden, alles andere als etwas Oberflächliches also. Das gleiche gilt für meine/unsere Melancholie als eine Form der lebendigen Verschlüsselung des Leids, auf der Schwelle zwischen Lebensfreude und Depression. Meine/unsere extreme Traurigkeit schliesslich sowie andere extreme emotionale Verrenkungen konnten als Formen der körperlichen Ablagerung und Speicherung dessen verstanden werden, was klar und wahr ist, aber – und das ist die eigentliche Verrenkung – von anderen nicht klar erkannt und als wahr anerkannt wird. Was dieser Perspektivenwechsel mit uns machte? Mehr Aufrichtigkeit, mehr objektive Nähe und Distanz stellten sich ein, das Wissen, mit wem man es zu tun hat und worin man gemeinsam verstrickt ist.

Mit Vincenzo Todisco, der *Das Eidechsenkind* (2018) geschrieben hat, gab es dann ein erstes Treffen. Das schöne lange Gespräch mit ihm hat mich in meiner Wahrnehmung bestärkt, dass dieses Trauma unser aller Problem ist. Nach seinen Lesungen melden sich oft ältere Schweizer und Schweizerinnen, die sich betroffen und voller Schuldgefühle an verbotene Kinder der Saisonniers erinnern und dies bezeugen wollen. Ich traf auch die Autorin Ivna Žic. Ihre Eltern sind aus Kroatien bzw. aus dem ehemaligen Jugoslawien in die Schweiz eingewandert. Ivna schreibt im Auftrag des Theater St. Gallen ein Stück mit dem Titel *Die Gastfremden* (2020) über Alter und Migration in der Schweiz. Wir konnten gar nicht mehr aufhören miteinander zu reden, und haben auch nicht aufgehört. Neue Freundschaften, neue Seilschaften. Es gibt Mitstreiter und Mitstreiterinnen, die für das kommende Jahr eine Intervention planen, zu der das Anti-Jubiläum der Schwarzenbach-Initiative gegen die «Überfremdung» der Schweiz Anlass gibt, die am 7. Juni 1970 zur Abstimmung kam. «Schwarzenbach 2020: seit 50 Jahren daneben!», so könnte das Motto lauten. Benyamin Khan, Geschichtsstudent an der Uni Bern, hat mich ebenfalls kontaktiert. Er hat kürzlich seine Masterarbeit abgegeben, die den Umgang der Behörden mit versteckten Kindern von Arbeitsmigrantinnen und -migranten in der Schweiz in den 1950er- bis 1970er-Jahren zum Thema hat. Die Arbeit hat mich in ihrer gedanklichen Klarheit und menschlichen Haltung sehr beeindruckt und es hat mich gefreut, dass er meinen Blog als Stütze seiner Argumentation verwendet hat. So ist auch der Kontakt zur Sozialhistorikerin Prof. Dr. Kristina Schulz entstanden, die Benyamins Arbeit als explorative Vorstudie für einen Antrag zu einem grösseren Forschungsprojekt beim Schweizerischen Nationalfond angenommen hat; der Antrag *Social-history of people who migrate: The «children of the wardrobe» (1946–2002)* wurde vom Schweizerischer Nationalfonds (SNF) in vollem Umfang gutgeheissen. Das Institut für Erziehungswissenschaften der Uni Zürich hat mich 2019 an die internationale Fachtagung *Migration. Erinnern. Praktiken des Erzählens und Erinnerns in der Migrationsgesellschaft* als Podiumsgast zum Thema «Erinnern und Vergessen (machen)» eingeladen. Eine Brücke zwischen Wissenschaft und Medien schlugen die Historiker:innen Bernhard Schär und Vera Sperisen, die mich für das Radio RABE interviewten. Ein weiterer Kontakt zu den Medien entstand, nachdem der *Beobachter*, der die Geschichte der verbotenen Kinder auf dem Titelblatt einer seiner Ausgaben platziert hat (26. September 2019), sich an der Weiterentwicklung meiner/unserer Forderungen sehr interessiert zeigte. Dann führte Eva Vögtli, eine meiner ehemaligen Studentinnen an der Zürcher Hochschule der Künste, über Skype, von San Francisco aus, ein Interview mit mir, das am 17. August 2019 in einer Sondernummer des Online-Magazins *zollfreilager.net* zum Zürcher Theaterspektakel veröffentlicht wurde, der Titel: «There's an elephant in the room». Sie stellte aus der Perspektive einer viel jüngeren Generation neue Fragen, und das wiederum eröffnete vor dem Hintergrund meiner Geschichte ungeahnte, neue Perspektiven für die Gegenwart. Mit David Garcia Nuñez von der Alternativen Liste Zürich tauschte ich mich über die alte Idee eines Migrationsmuseums der Stadt Zürich aus, in welchem die Geschichte der Menschenrechtsverletzungen, wie er betont, einen Raum für sich bekommen sollte. Im Gespräch erörterten wir die frappierenden Gemeinsamkeiten zwischen seinem Engagement für die LGBTIQ-Community und meinem für die illegalisierten Familien, insbesondere was soziale Beschämung und Wut, was das Begehren nach Transformation, was Sprache und Schweigen betrifft. Der gegenseitig geäusserte Wunsch nach Solidarität hat mich so glücklich gemacht, wie ich es schon lange nicht mehr gewesen war. Die Psychologin Marina Frigerio, die mit *Verbotene Kinder: Die Kinder der italienischen Saisonniers erzählen von Trennung und Illegalität* (1991) das vielleicht

Die Autorin (links) und ihr Vater (rechts, mit Fernglas), 1971.

engagierteste Buch zum Thema publiziert hat, ist auf den Blog aufmerksam geworden und hat mich mit der Filmemacherin Miriam Pucitta vernetzt, die ebenfalls ein illegalisiertes Saisonnierkind war und einen Kinofilm, *Mutterland,* mit dokumentarischen Elementen zum Thema dreht. Beim Treffen mit ihr stockte mir manchmal fast der Atem, weil scheinbar individuelle Familientragödien plötzlich als etwas ganz und gar Gesellschaftliches erkennbar wurden, als existentieller Abdruck, den die strukturelle Gewalt im Innersten unserer Familien hinterlassen hatte. Was hat diese Gewalt sonst noch mit uns angestellt, fragten wir uns, warum wurden wir beide so früh so stark und andere nicht, sind wir es freiwillig geworden? Wenig später traute ich mich, auf Catia Porri zuzugehen, es war an einer Lesung von Concetto Vecchios Buch über die Schwarzenbach-Initiative, *Jagt sie weg!* (2019). Catia und ich planen den Aufbau einer Aktionsgruppe von ehemaligen verbotenen Kindern, welche die Forderungen im Blog mit Nachdruck auf die politische Agenda setzen will. Unser erstes Treffen im erweiterten Netzwerk findet schon bald, im November dieses Jahres statt. Das sind die bisherigen Verknüpfungen von losen Fäden, den privaten und den politischen, den emotionalen, intellektuellen und künstlerischen. Und jede Woche kommen neue hinzu.

Nach jahrzehntelanger Stagnation in der brennenden Unschärfe geht mir jetzt manchmal alles gleichzeitig viel zu schnell und viel zu langsam vorwärts, der Blick ist zu nah und dann wieder zu weit weg von der eigentlichen Sache. Es geht um sehr Konkretes, aber eben auch um sehr Grundsätzliches. Das alles miteinander im Blick zu behalten ist eine Herausforderung. Aber ob mit oder ohne mein Zutun, ob mit oder ohne Rücksicht auf meinen eigenen Sinn für das richtige Mass: Die Suche nach Klärung von verdrängten Tataschen und die Justierung von verschobenen Verantwortlichkeiten hat an Fahrt gewonnen, und das offensichtlich nicht nur bei mir. Die produktive, heilsame Dynamik, die ich mit dem Blog auszulösen hoffte, ist nun am Werk. Was mit brennender Unschärfe begonnen hatte und sich als «Ich» im INES-Blog gezeigt hatte, ist zu einem «Wir» geworden.

«Wir» also, wir werden hartnäckig darauf pochen, bis die traumatische Geschichte der illegalisierten Saisonnierfamilien gebührend anerkannt und wiedergutgemacht wird und schliesslich zum kollektiven Gedächtnis der Schweiz gehört. Die Ressourcen, die es für diese Umwandlung braucht, sind enorm, ich weiss das aus eigener Erfahrung. Ein riesiger Kraftakt ist es zunächst einmal für die Betroffenen, dessen politischer Effekt jedoch ohne die Solidarität aus dem engen und weiteren Umfeld schnell verpufft. Und deshalb gehören zu unseren Weggefährten auch unsere Familienmitglieder, unsere Community, unsere Freunde und Freundinnen. Die Netzwerke, die uns tragen. Und die Wissenschaft, die Politik, die Künste, die Medien, die Justiz, die Zivilgesellschaft – und natürlich INES, die diese Zeilen veröffentlicht. «Per arrivare, bisogna partire» – «Um anzukommen, muss man losfahren». Das sagte mein Vater oft beim Abschied zu mir, wenn ich ihn in Italien besuchte, wo er seit der Pensionierung lebte, und wenn der Zeitpunkt meiner Rückreise nach Zürich, wo ich lebe, wieder einmal gekommen war. Er wollte mir damit Mut zum Aufbruch machen – und das schaffte er auch. Das ganze Ausmass der verborgenen Tragik auszuleuchten, die sich durch die Geschichte der Illegalisierung der Saisonnierfamilien tief in das latente Selbstverständnis der Schweiz eingeschrieben hat, ist eine kollektive Reise, die wir nur gemeinsam mutig antreten können, um auch gemeinsam ans Ziel zu kommen.

HABE BESCHLOSSEN
MICH AUS DEM
REGISTER DER
AUSLÄNDERBEHÖRDE
ZU ENTFERNEN
HABE BESCHLOSSEN IN
DIE STATISTIK
ALS
MUTANT
VORZUKOMMEN
HABE PRÄPARIERT
BLONDHAAR
KÜNSTZAHN
PILLENVERBRAUCH
TIEFE R AUS
MEINEM MUND
KANN
WENN ES DRAUF
ANKOMMT
AUF TREUME
HINWEISEN
IN
WELCHEM HERR
MÜLLER
MICH ALS
GELIEBTE AUS CHUR
ERTRINKT

MEIN BEFREMDEN SOLL
NICHT
ALS SKANDAL
AUFTAUCHEN
ZWISCHEN DENEN
WELCHE
MICH UNBEDINGT ALS
BEDROHUNG
BRAUCHEN.

UND ZU GUTEN LETZT
STATISTIK
WÄCHST IN KOPFEN
DAMIT SCHATTEN
LICHT GEBEN.

Dragica Rajčić Holzner, «Habe beschlossen», 2004.

FIRST CONTACT Anne Morgenstern

EIN CIVIL RIGHTS MOVEMENT IN DER SCHWEIZ?

DAS VERGESSENE ERBE DER MITENAND-BEWEGUNG (1974-1990)

Kijan Espahangizi

«Die hier versammelten Frauen und Männer, Ausländer und Schweizer, alles Bewohner dieses Landes, fordern das Schweizervolk und die Regierungen, Parlamente und Verwaltungen in Bund, Kantonen und Gemeinden auf, die Maximen der Humanität und Solidarität endlich auch in der Ausländerpolitik unseres Landes zu verwirklichen. [...] Wir fordern eine Politik, die davon ausgeht, dass der Ausländer ein Mensch gleichen Rechts und gleicher sozialer Ansprüche wie der Schweizer ist.»

Diese Worte wirken aktuell und doch stammen sie aus einer Resolution, die am 28. Oktober 1978 auf der nationalen Kundgebung für eine menschlichere Ausländerpolitik in Bern auf dem Bundesplatz vor rund 3000 Teilnehmer:innen verlesen wurde.[1] Die Kundgebung in Bern wurde als Mobilisierung für die sogenannte Mitenand-Initiative organisiert, die Mitte der 1970er-Jahre lanciert worden war (auf Französisch: *être solidaires,* und auf Italienisch: *essere solidali*). Heute ist die Erinnerung an die Mitenand-Initiative im kulturellen Gedächtnis der Schweiz weitgehend verblasst – und wird höchstens mit deren Scheitern an der Urne 1981 verknüpft. Vergessen ist, dass es sich um die erste breite zivilgesellschaftliche Bewegung handelte, die sich in der Schweiz für eine Demokratisierung der Ausländerpolitik einsetzte und den Weg für die integrationspolitische Öffnung in den 1990er-Jahren massgeblich mit vorbereitete. Diese historische Amnesie ist umso erstaunlicher, als dass das Themenfeld Migration und Integration seit Jahren im Zentrum öffentlicher Aufmerksamkeit steht. Doch wo sich die polarisierten migrationspolitischen Debatten heute vornehmlich um die Frage drehen, wie der Staat Zuwanderung regeln sollte, gerät die Gestaltungskraft zivilgesellschaftlicher Bewegungen aus dem Blick, wie die Geschichte der Mitenand-Initiative zeigt. Aber selbst in politischen Kontexten, die sich heute in der Schweiz für eine offenere Migrationspolitik, Diversität und gegen Rassismus und Diskriminierung einsetzen, ist das Bewusstsein für das Erbe der Mitenand-Initiative erstaunlich schwach ausgeprägt. Dabei wäre hier eine historische Aus-

---

1   *Mitenand-Bulletin* 10, Oktober 1978, S. 7.

einandersetzung nicht weniger wichtig, um aus den Erfahrungen zu lernen und an den wichtigsten Einsatz der Mitenand-Bewegung anzuknüpfen: die Vision einer solidarischen, demokratischen und sozial gerechten Gesellschaft im Zeitalter von Migration und Globalisierung.

WIE KAM ES ZUR MITENAND-BEWEGUNG?

Die Idee zur Mitenand-Initiative entstand nach der sogenannten Schwarzenbach-Initiative, der «Nationalen Aktion gegen Überfremdung von Volk und Heimat», die sich im Juni 2020 zum fünfzigsten Mal jährt. 1970 war die von James Schwarzenbach angestossene Initiative mit ihrer Forderung, den Anteil von Ausländer:innen in den Kantonen (ausser Genf) auf maximal 10% zu begrenzen, nur knapp mit 54,7% an der Urne abgelehnt worden. Wäre die Abstimmung anders ausgegangen, hätten Hunderttausende von Menschen das Land verlassen müssen und die Schweiz sähe heute anders aus. Für viele, die damals sprichwörtlich auf gepackten Koffern sassen, war die Schwarzenbach-Initiative ein prägender oder gar traumatischer Moment. Eine Reihe weiterer Volksinitiativen gegen eine vermeintliche «Überfremdung» wurden zwar auch abgelehnt, bestimmten aber das politische Klima der 1970er-Jahre. Gleichzeitig verstärkte die Erfahrung mit der Schwarzenbach-Initiative auch das Bewusstsein, dass es einen zivilgesellschaftlichen Einsatz für eine gerechtere Ausländerpolitik und eine Öffnung der Gesellschaft braucht. Aus diesem Geist entstand die Mitenand-Bewegung.

Das «Rotationsmodell» der Schweizer Arbeitsmarktpolitik nach dem Zweiten Weltkrieg hatte während des Wirtschaftsbooms Hunderttausende von «ausländischen Arbeitskräften» aus Italien und anderen südeuropäischen Ländern ins Land geholt. Gleichzeitig stellten gesetzliche und behördliche Regelungen, wie etwa das berüchtigte Saisonnierstatut, wonach ausländische Arbeitskräfte immer nur für neun Monate im Land bleiben durften, sicher, dass sich möglichst wenige Ausländer:innen in der Schweiz niederliessen. Mitte der 1960er-Jahre wendete sich das Blatt: Aufgrund von internationalem Druck musste die Schweiz 1964 mit Italien ein neues Abkommen mit besseren Bedingungen für Niederlassung und Familiennachzug abschliessen. Zudem kamen auch Wirtschaft und Politik zu der Erkenntnis, dass die Schweiz dauerhaft auf «ausländische Arbeitskräfte» angewiesen war. Im Bericht der vom Bundesrat eingesetzten Studienkommission zum «Fremdarbeiterproblem» wurde eine Wende in der Ausländerpolitik empfohlen. Einerseits sollte mit Hilfe von Kontingenten die Zahl der Ausländer:innen in der Schweiz «stabilisiert» werden. Andererseits sollten die im Land bleibenden Ausländer:innen, um eine «Überfremdung» zu verhindern, ganz in die Gesellschaft «assimiliert» werden. Darunter wurde die kulturelle Anpassung der «Fremden» an die «Schweizer Eigenart» verstanden. Wenn auch ein Film wie *Die Schweizermacher* schon 1978 dieses Assimilationsregime mit seinem Kontrollwahn und seinen permanenten Verdächtigungen gegenüber

Ausländer:innen kritisierte, hat diese Assimilationslogik noch während Jahrzehnten viele Lebensläufe und Familien geprägt. Ab Anfang der 1970er-Jahre gab es jedoch in der Mehrheitsgesellschaft immer mehr Menschen und Organisationen, die eine andere Vorstellung von Eingliederung hatten: Die Schweizer Gesellschaft sollte für die ausländischen Mitmenschen offen sein, diese sollten gleiche Rechte haben und beim Zugang zum Bildungssystem, Arbeits- und Wohnungsmarkt aktiv unterstützt werden.

VON DEN ANFÄNGEN BIS ZUR ABSTIMMUNG, 1974–1981

Als Reaktion auf die aufgeheizten Debatten nach der Schwarzenbach-Initiative rief die Katholische Arbeitnehmer-Bewegung (KAB) 1974 die Arbeitsgruppe «Mitenand für eine menschliche Ausländerpolitik» ins Leben. Die Mitenand-Bewegung wuchs in den folgenden Jahren zu einer breiten Allianz heran, die von kirchlichen und bürgerlich-liberalen Stimmen bis zur radikalen Linken reichte: von Mitgliedern der CVP und des Landesrings bis hin zur marxistischen Partei der Progressiven Organisationen der Schweiz (POCH). Auch die grossen Organisationen vor allem der italienischen und spanischen Arbeiter:innen wie die Federazione delle Colonie Libere Italiane in Svizzera (FCLIS) und die Asociación de Trabajadores Emigrantes Españoles en Suiza (ATEES) waren Teil der Allianz. Schon in den Jahren zuvor hatte es immer wieder vereinzelt lokalen Austausch und politische Zusammenarbeit zwischen Schweizer:innen und Ausländer:innen gegeben. So wurde 1975 im Kontext der Mitenand-Bewegung zum Beispiel auch das *Manifesto delle donne emigrate* formuliert. Das Besondere der Mitenand-Bewegung war, dass es sich um die erste gemeinsame landesweite Bewegung handelte. Das neue Zauberwort war hier «Integration» – im Gegensatz zu Assimilation. Integration bedeutete, dass sich Schweizer:innen und Ausländer:innen *mitenand* solidarisch für Gleichberechtigung einsetzten, dabei sich selbst und die Gesellschaft veränderten. Wenn auch dasselbe Wort seitdem längst seinen Klang verändert hat und heute oft dazu benutzt wird, um wieder Assimilation zu fordern, wurde es ab den 1970er-Jahren zum Schlachtruf derjenigen, die sich für Öffnung und Inklusion einsetzten.

1977 hatte die Mitenand-Arbeitsgruppe genügend Unterschriften gesammelt, um die «Initiative für eine menschlichere Ausländerpolitik» einzureichen. Die Forderungen umfassten folgende Punkte:

1. die Gewährung von Menschenrechten für Ausländer in der Schweiz insbesondere im Hinblick auf Familiennachzug und soziale Sicherheit;
2. eine Integrationspolitik, die von einem beidseitigen Eingliederungsprozess von «Schweizern und Ausländern» ausgehen sollte, ohne dass Letztere gezwungen werden durften, ihre kulturelle Identität aufzugeben;

Am 4./5. April 1981
stimmen wir «JA»

– für die Gleichbehandlung
  von Schweizern und Ausländern
– für die Aufhebung
  des Saisonnier-Statuts

**Wir brauchen Ihre
finanzielle Unterstützung für eine
aktive Abstimmungskampagne!**

1

3

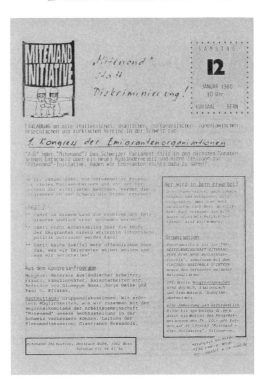

4

EIN CIVIL RIGHTS MOVEMENT IN DER SCHWEIZ?

1 Ein Flyer der Mitenand-Initiative, 1981.
2 Nationale Kundgebung, 1978.
3 Mitenand-Button.
4 Mitenand-Kongress der Ausländerorganisationen.

3. politische Meinungsäusserungs-, Versammlungs- und Vereinigungsfreiheit auch für Ausländer in der Schweiz;

4. Rechtsgleichheit inklusive Ausschaffungsverbot für Niedergelassene speziell auch nach Straftaten;

5. zudem wurde die Abschaffung des umstrittenen Saisonnierstatuts im Ausländergesetz gefordert.

Gleichzeitig akzeptierte die Mitenand-Initiative aber die «Stabilisierungspolitik» des Bundesrates, sprich den Erlass von Zulassungsbeschränkungen für ausländische Arbeitskräfte je nach Lage des Arbeitsmarktes.

Die Mobilisierungsarbeit begann 1977: Das mehrsprachige *Mitenand-Bulletin* wurde veröffentlicht, es gab Spendenkampagnen, und lokale Mitenand-Gruppen organisierten Strassenaktionen und Veranstaltungen, um auf ihre Anliegen aufmerksam zu machen. Im Oktober 1978 fand die erste grosse nationale Kundgebung in Bern statt und 1980 der erste Kongress der verschiedenen Ausländerorganisationen, die in der Mitenand-Bewegung mitwirkten. Es wurden mehrere Bücher publiziert, die die Anliegen der Mitenand-Initiative in einem grösseren Zusammenhang darstellten: Das *Weissbuch*, in dem die Arbeitsgemeinschaft die Ziele der Mitenand-Initiative darlegte (1979), die historisch-soziologische Überblicksdarstellung «...*und es kamen Menschen*» (1980) von Werner Haug und das Lesebuch *Basta!* der POCH-nahen «Arbeitsgruppe für eine fortschrittliche Ausländerpolitik» sollten die Forderungen der Mitenand-Initiative der breiten Bevölkerung näherbringen. Auch wenn sich die Mitenand-Bewegung auf die Situation in der Schweiz bezog, war man sich der transnationalen Verbindungen zu den politischen Kämpfen um Migration und Rassismus in Ländern wie USA, Grossbritannien und Frankreich durchaus bewusst.

Die Botschaft der Mitenand-Bewegung lautete: «Schweizer» und «Ausländer» unterscheiden sich durch ihren ungleichen rechtlichen Status. Um Gleichberechtigung zu erreichen, sollten sich die beiden Gruppen solidarisch *mitenand* verbünden. Die heute immer noch verbreitete, aber längst veraltete Wahrnehmung von zwei gegenüber- bzw. nebeneinanderstehenden Gruppen war damals also auch in diesem Kontext der Normalfall. Gerade in den verwendeten Bildern, wie etwa dem Mitenand-Logo selbst, zeigte sich diese Gegenüberstellung, wobei beide Gruppen zunächst eher männlich wahrgenommen wurden. Erst in den 1980er-Jahren wurde vermehrt auch von «Schweizerinnen und Ausländerinnen» gesprochen, sichtbar im Untertitel der Mitenand-Zeitschrift *Piazza*. Es ging in der Bewegung weniger darum, diese Unterscheidung kritisch zu hinterfragen, sondern darum, gemeinsam und solidarisch eine politische Veränderung herbeizuführen. Die späteren Erinnerungen eines Aktivisten der Mitenand-Bewegung an diese Zeit zeigen, dass die solidarische Zusammenarbeit in den lokalen Arbeitsgruppen der Bewegung die bestehenden Fremd- und Selbstbilder, die zwischen «Schweizern und Ausländern» bestanden, nicht einfach aufhob. Aber sie veränderte alle Beteiligten und es entstanden neue soziale Beziehungen und Visionen, die vorher nicht existiert hatten:

«Die Mitenand-Gruppe, die es seit kurzem in unserem Dorfe gab, organisierte [...] mit Ausländern und Ausländerinnen zusammen ein Fest. Ich war eingeladen, auf meiner Gitarre ein Paar zu begleiten und traf auf einen vollen Saal. Schweizer und Ausländer bunt gemischt, die spanische, italienische und türkische Spezialitäten ausprobierten. Sie unterhielten sich, lachten, sangen Lieder und schauten den Kindern zu, die sich zwischen Tischen und Bänken tummelten. [...] Nach dem Fest – es war mittlerweile Mitternacht geworden – sassen alle Mitglieder der Mitenand-Gruppe an einem grossen Tisch beisammen, assen von den übriggebliebenen Speisen, tranken Wein dazu, freuten sich am guten Gelingen des Festes und sangen Lieder aus verschiedenen Ländern. Ich erinnere mich, wie ich müde nach Hause kam und mich zufrieden ins Bett legte. Ich war auf eine Art mit fremden Menschen in Kontakt gekommen, die mein Interesse weckte, sie noch besser kennenzulernen. Ich trat deshalb der Mitenand-Gruppe bei, die nach über zehn Jahren noch heute aktiv ist. Die Erfahrungen, die ich in dieser Gruppe machen konnte, waren vielfältig und haben meine Einstellung gegenüber Fremden geprägt.»[2]

Diese Art des «bunten» Zusammenkommens und Austausches wirkt heute vielleicht schon kitschig und «Multikulti», war aber damals keinesfalls selbstverständlich, sondern transformativ. Die Mitenand-Bewegung zeigte in einer Schweiz, in der damals Ausländer:innen in Läden zuweilen nicht bedient wurden, dass man überhaupt zusammen feiern, singen, tanzen und essen konnte und wollte! Die seit den 1970er-Jahren veranstalteten solidarischen Feste waren für viele «Schweizer:innen» und «Ausländer:innen» wichtige Orte, um die politischen Forderungen nach Integration mit neuen Formen des Zusammenlebens in einer Einwanderungsgesellschaft im Alltag zu erproben und daran auch Freude zu finden. Gleichzeitig war das politische Ziel der Mitenand-Bewegung durch Werte wie Solidarität, Gerechtigkeit, Demokratie und Menschenrechte fundiert und reduzierte sich keineswegs auf interkulturelle Begegnungen.

MITENAND AUCH NACH DER ABSTIMMUNG? DIE 1980er-JAHRE

Ein Grund dafür, dass die Mitenand-Bewegung heute im kulturellen und politischen Gedächtnis der Schweiz verblasst ist, war ihr Scheitern an der Urne am 5. April 1981. Die politische Ausgangslage war komplex: Bundesrat und Parlament empfahlen die Ablehnung der Initiative. Die Abstimmung hatte sich wegen politischer Taktiererei zudem erheblich verzögert. Innerhalb der Bewegung traten im Vorfeld der Abstimmung zunehmend Spannungen zwischen verschiedenen politischen Lagern auf, als sich die Politik auf die Vorlage eines neuen Ausländergesetzes als indirekten Gegenvorschlag zur Mitenand-Initiative einigte. Ins-

2 «Mitenand – Ein Erfahrungsbericht von Urs Franzini», in: Sozialinstitut der KAB, *Ausländer in der Schweiz*, Zürich 1988, S. 9.

5

HELVETIAPLATZ SA, 2.JULI 10–24 ⁰⁰

TRIO GRANDE·MARIA CARTA·ERNST
BORN · DAVID TRACHSLER · EURELIO
CRUZ·FLAMENCO·TANZ·SPEZ.KÜCHE
BEI JEDEM WETTER · EINTRITT FREI

14⁰⁰ VOLKSHAUS: DEBATTE ÜBER DEN
'EUROKOMMUNISMUS'

PCI·POCH·PCE

6

Nostra Festa: Drei grossartige Tage!

7

5   Anzeige für «Festa Popolare», in: *POCH-Zeitung* 7(22),
     16. Juni 1977.
6   Anzeige für «Nostra Festa», in: *POCH-Zeitung* 7(21),
     9. Juni 1977.
7   Titel zum «Bericht Nostra Festa: Drei grossartige Tage!»,
     in: *POCH-Zeitung* 8(23), 22. Juni 1978.

besondere die Forderung, das Saisonnierstatut abzuschaffen, ging einigen zu weit. Gerade in den Schweizerischen Gewerkschaften, deren Basis für Überfremdungsargumente empfänglich war, taten sich viele schwer damit, sich für ausländische Genoss:innen und deren Anliegen zu öffnen. Schliesslich wurde die Initiative mit über 80% der Stimmen vom «Schweizervolk» abgeschmettert.[3]

Die Geschichte der Mitenand-Initiative könnte hier in der Tat enden. Doch trotz der grossen Enttäuschung über die hohe Ablehnung in der Bevölkerung wurde die Arbeit für eine solidarische und menschliche Ausländer- und Integrationspolitik fortgesetzt, allerdings nicht mehr auf der grossen Bühne der Politik. 1982 und 1985 wurden etwa Foren mit jeweils rund 500 Teilnehmer:innen organisiert, wo man sich mit anderen Organisationen, Betroffenen und Expert:innen aus der Praxis zu unterschiedlichen Aspekten der Integration vernetzte und austauschte. Die vierteljährliche Zeitschrift *Piazza* der Mitenand-Arbeitsgruppe informierte über die verschiedenen Themen und Projekte. Ein zentrales Problem, das ab Ende der 1970er-Jahre in den Fokus vieler staatlicher Einrichtungen und nichtstaatlicher Organisationen rückte, war die Integration der sogenannten «zweiten Ausländergeneration». Auch die Mitenand-Bewegung widmete sich ihnen und organisierte ab 1983 zum Beispiel auch Ferienlager, in denen ausländische und Schweizer Kinder zusammenkommen und sich besser kennenlernen sollten, um Integration zu fördern.

Wenn auch die Mitenand-Bewegung ihre bisherige Arbeit fortsetzte, hatte sich die Wahrnehmung des «Ausländerproblems» in der Öffentlichkeit gewandelt. Die Schweiz hatte mit der Weltwirtschaftskrise Mitte der 1970er-Jahre auf den damaligen Einbruch der Konjunktur mit einem «Export» der Arbeitslosigkeit reagiert. Hundertausende von ausländischen Arbeiter:innen und deren Familien verloren ihre Arbeit, mussten als sogenannter «Konjunkturpuffer» die Schweiz verlassen und kehrten oft ohne berufliche Perspektive in ihre Heimatländer zurück. Mit den sinkenden Ausländerzahlen sank auch das öffentliche Interesse an dem Thema, obwohl die Arbeitsmigration Anfang der 1980er-Jahre wieder an Fahrt aufnahm und zentrale Fragen der Integration keinesfalls gelöst waren.

Der öffentliche Fokus bei der «Ausländerfrage» verschob sich in den frühen 1980er-Jahren auf Flucht und Asyl. Die Schweiz hatte im politischen Kontext des Kalten Kriegs immer wieder Kontingente von Flüchtlingsgruppen aufgenommen – wenn sie aus kommunistischen Regimes flohen: Menschen aus Ungarn im Jahr 1956, aus Tibet in den frühen 1960er-Jahren oder aus der Tschechoslowakei nach dem Prager Frühling 1968. Auch *boat people* aus Vietnam, Laos und Kambodscha wurden von einer hilfsbereiten Bevölkerung aufgenommen und erhielten grosszügige Integrationsangebote. Linke Chilen:innen hingegen, die wegen des Militärputsches gegen Salvador Allende 1973 hatten fliehen müssen, waren weniger willkommen. Nicht anders erging es

---

3   Auch das von der Politik als indirekter Gegenvorschlag zur Mitenand-Initiative vorgelegte weniger inklusive Ausländergesetz wurde 1982 an der Urne abgelehnt.

Man hat Arbeitskräfte gerufen,

Menschen sind gekommen.
Max Frisch

PORTUGAL

SOPE DE TOMATE - TOMATENSUPPE

2	Zwiebeln (feingehackt)
4	Esslöffel Olivenöl
500 g	Tomaten (geschält und zerschnitten)
1/2	Liter heisse Knochenbrühe
etwas	Thymian oder Rosmarin
	Pfeffer
	Salz
4	frische Eier
4	Scheiben Weissbrot (kleingewürfelt)

Die Zwiebeln im Olivenöl etwas dünsten, die Tomaten hinzufügen und mit der heissen Knochenbrühe auffüllen. Mit Pfeffer, wenig Salz und Thymian oder Rosmarin würzen. Die Suppe 10 Min. bei kleiner Flamme sieden lassen. Vier frische Eier rasch aus der Schale in siedendes Esslgwasser gleiten lassen und wachsweich pochieren. Die vier Scheiben kleingewürfeltes Brot in Olivenöl goldgelb rösten. In jeden Teller ein pochiertes Ei und Brotwürfel geben, darüber die heisse durchgesiebte Suppe füllen.

Dazu kann eine gute geräucherte Scheibe Schinkenspeck gereicht werden.

den Flüchtlingen aus der Türkei und Sri Lanka, die in den frühen 1980er-Jahren in die Schweiz kamen, um einen individuellen Asylantrag vor Ort zu stellen. Ihnen begegneten die Medien und grosse Teile der Bevölkerung mit starken Ressentiments oder auch mit offenem Rassismus.

12
Letzte Ausgabe der Zeitschrift *Piazza*. Piazza –
*Die Zeitschrift für Schweizer:innen und
Ausländer:innen*, Juni 1990, Nr. 26, Cover.

Vor diesem Hintergrund entstand Mitte der 1980er-Jahre in der Schweiz eine Asylbewegung, die sich für die Rechte dieser Menschen, gegen eine Verschärfung des Asylgesetzes und gegen die zunehmende rechte Hetze gegen «Asylanten» (ein abwertender Begriff, der damals aufkam) einsetzte. Auch die Mitenand-Bewegung beteiligte sich hier massgeblich und initiierte 1983 zusammen mit anderen Organisationen eine landesweite Petition *Für eine offene Asylpolitik*, die sich an den Bundesrat richtete. Die Mitenand-Arbeitsgruppe trat Mitte der 1980er-Jahre der neu gegründeten und landesweiten Plattform der Asylbewegung Asylkoordination Schweiz bei. Ausserdem brachte sie sich in die mit der *Charta 1986* ins Leben gerufene Bewegung für eine offene und solidarische Schweiz (BODS) ein. Dabei handelte es sich um eine politische Plattform, die sich in den 1980er-Jahren vor dem Hintergrund asyl- und entwicklungspolitischer Anliegen formierte.

Die letzte Ausgabe der Zeitschrift *Piazza* von 1990 markierte das Ende der Mitenand-Arbeitsgruppe. Parallel zu den grossen politischen Umbrüchen mit dem Ende des Kalten Kriegs hatten sich auch die Bedingungen der «Ausländerpolitik» verändert, die die heutige Situation vorbereiteten: neue Mobilitätsdynamiken im Kontext der Globalisierung, eine ethnische Pluralisierung der Einwanderung, die Gründung der Europäischen Union mit ihrem Projekt der Personenfreizügigkeit, das Wiedererstarken eines fremdenfeindlichen Rechtspopulismus sowie ein neues Verständnis von Migrationspolitik als Querschnittsthema von Arbeitsmarkt-, Asyl- und Integrationspolitik. Vor dem Hintergrund dieser grösseren Transformation sahen die 1990er-Jahre auch

eine integrationspolitische und interkulturelle Öffnung, vorneweg in
den grossen Städten und im Umfeld der eidgenössischen sowie der
lokalen «Ausländerkommissionen». Die Mitenand-Initiative hatte für
diese Öffnung ebenfalls wichtige Vorarbeit geleistet.

1990/91 ging die Mitenand-Arbeitsgruppe in der BODS auf, die 2000
wiederum mit der Asylkoordination Schweiz zu Solidarité sans fron-
tiéres (Sosf) verschmolz. Der Mitenand-Geist wirkte somit nicht nur
in der integrationspolitischen Öffnung fort, sondern etwa auch in den
Kirchenbesetzungen der frühen 2000er-Jahre bis zur heutigen Sans-
Papiers-Bewegung. Auch wenn sich in den letzten Jahrzehnten die
Anzahl von migrationspolitischen und antirassistischen Initiativen
und Organisationen in der Schweiz vervielfältigt hat, deuten sich hier
widerständische Traditionslinien an, die bis in die Zeit der Mitenand-
Initiative und davor zurückreichen.

DAS ERBE DER MITENAND-INITIATIVE:
EIN CIVIL RIGHTS MOVEMENT?

Die Mitenand-Initiative mobilisierte die erste landesweite zivilgesellschaftliche Bewegung, die auf eine Demokratisierung der faktischen,
aber widerwilligen Einwanderungsgesellschaft Schweiz abzielte. Auch
wenn die Mitenand-Bewegung vor dem Hintergrund der globalen Entwicklungen um 1990 sprichwörtlich aus der Zeit fiel, so lebt ihr Geist
wie dargestellt in Folgeinitiativen und Bewegungen weiter fort.

Handelte es sich bei der Mitenand-Bewegung um eine Bürgerrechtsbewegung wie in den USA der 1960er-Jahre oder im Grossbritannien der 1970er- und 1980er-Jahre? Parallelen zwischen verschiedenen historischen Kontexten zu ziehen ist schwierig. Klar ist, dass
etwa die Geschichte der Sklaverei und des Rassismus in den USA nicht
einfach mit der rechtlich-sozialen Ausgrenzung und ökonomischen
Ausnutzung von sogenannten «Fremdarbeitern» in der Schweiz
gleichzusetzen ist. Auch leitete die Mitenand-Bewegung keinen derart
tiefgreifenden gesellschaftlichen Wandel mit internationaler Vorbild-
funktion ein. Das Civil Rights Movement in den USA inspirierte die
Mitenand-Bewegung jedoch, sich gegen Ausgrenzung und für die zivilen und sozialen Rechte derer einzusetzen, die vermeintlich nicht
dazugehören. Wie das Civil Rights Movement in den USA ging auch
die Mitenand-Bewegung davon aus, dass sich hierfür die Gesellschaft
als Ganze verändern und demokratisieren musste. Dass jedoch das
Erbe der Mitenand-Initiative und vieler anderer hiesiger migrantischer und antirassistischer Kämpfe seit den 1960er-Jahren selbst
unter denjenigen, die sich heute in der Schweiz gegen Rassismus und
Ausgrenzung einsetzen, weniger bekannt ist, deutet auf ein grundsätzliches Problem hin: Migrationspolitik wird heute in der Schweiz auch
im historischen Rückblick vor allem als technokratisches Feld staatlichen Handelns und weniger als Gegenstand zivilgesellschaftlicher
Visionen und widerständischer Gestaltungsprozesse wahrgenommen.
Dies spiegelt sich auch in der aktivistischen Fixierung etwa auf die

ebenso etablierte wie attraktive Geschichte der Bürgerrechtsbewegung in den USA und auf die politischen Antworten und Konzepte wider, die aus diesem sehr spezifischen Kontext entstanden sind. Dabei verstellen wiederum identitätspolitische Perspektiven aus dem angloamerikanischen Kontext, die primär von einer Politik der Hautfarben ausgehen, die Sicht auf gemeinsame Traditionslinien migrantischer Kämpfe in Ländern wie der Schweiz. Aus einer solchen Sicht mag es für People of Color in der Schweiz plausibler scheinen, sich in Verbindung etwa zu Schwarzen Kämpfen in den USA zu sehen als zu den Kämpfen von italienischen Fremdarbeiter:innen in der Schweiz der 1970er-Jahre. Tatsächlich müssten jedoch beide Perspektiven zusammengebracht werden, um ein vollständigeres Bild der Lage in der Schweiz heute zu zeichnen.

Auch die historische Kurzsichtigkeit in heutigen öffentlichen Debatten und innerhalb politischer Initiativen, sowie die mediale Obsession für die jeweils nächste Krise verstellen uns heute unter anderem die Sicht auf das Erbe von *Mitenand*. Bis heute hat es keine vergleichbar breite Demokratisierungsbewegung in der Migrationsgesellschaft Schweiz mehr gegeben. Dabei sind die Herausforderungen heute strukturell vergleichbar: Zum Beispiel ist die Frage, wie die sozial gerechte und demokratische Teilhabe der gesamten dauerhaften Wohnbevölkerung mit der Regelung weiterer Einwanderung zusammenhängt, keinesfalls geklärt. Gleichzeitig hat sich die Schweiz aufgrund von Migration und Globalisierung seit der Zeit der Mitenand-Initiative aber auch stark gewandelt und pluralisiert. Die Vorstellung, es gebe auf der einen Seite die «Schweizer» und auf der anderen Seite die «Ausländer», ist bis heute weitverbreitet, obwohl die soziale Realität längst vielfältiger und facettenreicher geworden ist. Viele politische, wissenschaftliche und mediale Diskurse, Narrative und Argumente – auch bei der Linken – stecken noch in den 1970er-Jahren fest, während Mehrfachzugehörigkeit und transnationale Lebenswelten den Lebensalltag auf den Strassen, in den Wohnzimmern, Quartieren, Schulen und Betrieben bestimmen. Die falsche Vorstellung zweier sich gegenüberstehender Bevölkerungsgruppen ist selbst heute, in einer Zeit, in der rund vierzig Prozent der Bevölkerung einen Migrationshintergrund haben und Mehrfachzugehörigkeit längst zu einer Normalität geworden ist, mehr denn je Teil des Problems.

Das Erbe von *Mitenand* anzuerkennen bedeutet nicht, die Ideen, Worte und Bilder der damaligen Zeit so unkritisch wie nostalgisch zu übernehmen oder deren internationalen Kontext auszublenden. Ziel muss sein, diese für die Gegenwart, in der wir leben, weiterzuentwickeln und sich vom Geiste der Solidarität, Empörung und des Aufbruchs inspirieren zu lassen. Es geht eben nicht einfach nur um die «Integration der Ausländer», sondern um die Zukunft unserer heutigen, postmigrantischen Gesellschaft als Ganzes. Die eigentliche Frage ist: Wie können wir eine Schweiz im globalen Kontext so gestalten, dass sie ihren eigenen Ansprüchen an Demokratie, Freiheit, Solidarität und soziale Gerechtigkeit heute und in Zukunft gerecht werden kann? In Anbetracht der Tatsache, dass mittlerweile rund ein Viertel der dauerhaften Wohnbevölkerung im Land kein Schweizer Bürgerrecht hat – Tendenz steigend aufgrund von restriktiven Gesetzen und mangelnden Angeboten der Zugehörigkeit –, ist die Zeit reif für eine neue Bürgerrechtsbewegung, die darauf abzielt, Bürgerschaft, Zugehörigkeit, Teilhabe und soziale Gerechtigkeit im Zeitalter der Migration und Globalisierung grundsätzlich neu zu denken und zu gestalten – für alle, die da sind und die noch kommen werden.

Weiterführende Literatur:

Baumann, Sarah, ...und es kamen auch Frauen, ... Engagement italienischer Migrantinnen in Politik und Gesellschaft der Nachkriegsschweiz, Zürich 2014.

Espahangizi, Kijan, «Das Paradox der Migration. Überlegungen zu einer Neuen Schweiz», in: Beat Jans, Guy Krneta und Matthias Zehnder (Hg.), Unsere Schweiz. Ein Heimatbuch für Weltoffene, Basel 2019, S. 270–275.

Espahangizi, Kijan, «Wie weiter mit Migration, Vielfalt und Antirassismus. Die Schweiz braucht eine Demokratisierungsbewegung!», in: Denknetz, 8 (November 2020), S. 3–7.

Espahangizi, Kijan, «Dialog – Zusammenarbeit – Solidarität. Lokale Akteurs-Netzwerke und das Wissen der Integration in Zürich, 1965–1975», in: Manuel Liebig, Jan Lange und Charlotte Räuchle (Hg.), Lokale Wissensregime der Migration, Wiesbaden 2021.

Espahangizi, Kijan, «The ‹Cultural Turn› of Postmigrant Conviviality. A Historical Case Study on Practices and Discourses of Cultural Diversity and Multiculturalism in Switzerland, 1970s–1990s», in: Lisa Gaupp und Giulia Pelillo-Hestermeyer (Hg.), Diversity and Otherness. Transcultural Insights into Norms, Practices, Negotiations, Warschau (im Erscheinen).

Holenstein, André, Patrick Kury und Kristina Schulz, Schweizer Migrationsgeschichte. Von den Anfängen bis zur Gegenwart, Baden 2018.

Jain, Rohit, Kosmopolitische Pioniere. «Inder_innen der zweiten Generation» aus der Schweiz zwischen Assimilation, Exotik und globaler Moderne, Bielefeld 2018.

Maiolino, Angelo, Als die Italiener noch Tschinggen waren. Der Widerstand gegen die Schwarzenbach-Initiative, Zürich 2011.

Piñeiro, Esteban, Integration und Abwehr: Genealogie der schweizerischen Ausländerintegration, Zürich 2015.

Skenderovic, Damir, und Gianni D'Amato, Mit dem Fremden politisieren. Rechtspopulistische Parteien und Migrationspolitik in der Schweiz seit den 1960er-Jahren, Zürich 2008.

HOW TO INHABIT A POSTCOLONIAL LIVING ROOM?

MEINE ZEITREISEN MIT SAID ADRUS

Rohit Jain

Unsere Leben waren durch postkoloniale Stränge verbunden, ohne dass wir es wussten. Ich wurde 1978 in der Berner Agglomeration als Sohn indischer Eltern geboren; fast zeitgleich verliess Said Adrus das nahe gelegene Gyrischachen in Burgdorf, um nach Grossbritannien zu ziehen. «London Calling», wie er es nannte. Dort, mitten in den Kämpfen gegen Rassismus im postkolonialen England fand er die Kunst, um seine «unmögliche» Geschichte zu erzählen. Gut zwanzig Jahre später entdeckte ich als Student diese Ära der 1980er-Jahre, um mich selbst und die postkoloniale Schweiz zu erforschen. Texte von Stuart Hall aus dem Feld der British Cultural Studies, Bücher wie *Buddha of Suburbia* von Hanif Kureishi, Filme wie *Handsworths Songs* von John Akomfrah oder Musik von Asian Dub Foundation waren für mich nahezu mythologische Geheimbotschaften, mit denen ich mich im Hier und Jetzt neu erfinden konnte. Für Said erschien es wiederum wundersam, jemanden zu treffen, der von (seinen) Kämpfen von damals inspiriert war, um die provinzielle, weisse Schweiz, die er als junger Mann kopfüber verlassen hatte, aufzumischen...

2015 – THE BEGINNING OF A WONDERFUL FRIENDSHIP

Wir begegneten uns in der Nische eines regnerischen Herbsttages. Said sass auf der Treppe neben dem Eingang der «Turnhalle», einer Bar im Berner Kulturzentrum PROGR. Ich grüsste ihn wie einen alten, vergessenen Bekannten, und er grüsste zurück. Am Tresen bemerkte ich, dass ich ihn gar nicht kannte. Ich ging wieder hinaus und entschuldigte mich für die Verwechslung. Wir kamen ins Gespräch. Ich hatte gerade meine Dissertation abgeschlossen, worin ich erforschte, wie sich schweizerisch-indische Second@s Wege durch die gesellschaftlichen Zumutungen von Assimilation, Exotisierung und Rassismus bahnten. Said weilte in der Schweiz, um seine Familie zu besuchen und eine Ausstellung vorzubereiten. Ich begleitete ihn ins Kulturbüro, wo er einen experimentellen Film kopieren wollte.

Lost Pavilion IV. In ruhigen Bewegungen bewegt sich das Bild über einen Friedhof, an rot-weissen Bauten mit geschwungenen Kuppeln vorbei. Zwischen Unkraut und buschigen Bäumen tauchen auf verschwommenen Fotografien Männer mit Turbanen und Waffen auf –

und verschwinden wieder. Wie ein Sog zieht der Film mein Bewusstsein in die Vergangenheit. Hunderttausende Soldaten aus Südasien, Afrika und dem Nahen Osten hatten im Ersten Weltkrieg in Europa auf der Seite der Alliierten gekämpft und sie vor einer Niederlage bewahrt. Auf diesem muslimischen Friedhof in der Nähe von Brighton waren Hunderte dieser Soldaten begraben – und vergessen – worden.

Ich war hin und her gerissen zwischen Unglauben und Aufregung. Wie so oft in den vergangenen Jahren erlebte ich dieses seltsame Gefühl, wenn sich die Geschichte durch die unzähligen Schleier der Amnesie in mein Bewusstsein drängte. Dass so viele Menschen als koloniale Subjekte für die Alliierten gekämpft hatten und wir so wenig darüber wussten – wie war das möglich? *Sometimes (postcolonial) truth is stranger than fiction.*

Mir kam es vor, als würden Raum und Zeit ineinanderfallen. Von Beginn an erkannten Said und ich bei uns denselben Wunsch, heimisch zu werden in einer Welt, die wir nicht gewählt hatten. Es erfasste uns ein Sog von Erinnerungen und Assoziationen. Wir tauchten ein in tiefe und vertraute Gespräche über unsere Biografien, über historische Archive, Rassismus und Politik.

2016 – THIS IS ME…

In einem der ersten der vielen darauffolgenden Gespräche erwähnte Said beiläufig, dass möglicherweise Archivmaterial vom Schweizer Fernsehen über die Ankunft seiner und weiterer Familien aus Kampala existiere. 1972 hatte der ugandische Diktator Idi Amin über Nacht rund 90.000 Südasiat:innen des Landes verwiesen, weil er sie als koloniale Kompliz:innen der Briten anprangerte. Innert Wochen mussten sie ihre Heimat ohne Hab und Gut verlassen.

Wir sitzen in meinem damaligen Wohnzimmer in Oerlikon. Ich lege eine DVD ein: Im ersten Clip berichtet ein Reporter über die «asiatischen Uganda-Flüchtlinge». Das Rote Kreuz werde sich um sie kümmern. Die lokale Industrie habe schon Interesse gezeigt und Stellen angeboten. Männer, Frauen und Kinder treten erschöpft aus dem Flugzeug ins kalte Schwarzweiss.

Der nächste Clip zeigt farbige Bilder einer Familie um den Wohnzimmertisch. Ohne Ton. Nach einigen Sekunden ruft Said erstaunt: «This is me!» – und streckt seine Hand aus meinem Wohnzimmer in seins, das auf dem Bildschirm flimmert. Er fotografiert das Bild von seinem jungen Ich inmitten seiner Familie – und dabei fotografiere ich ihn. Vergangenheit und Gegenwart fallen erneut in sich zusammen. Die Zeitschichten, wie sie ineinander liegen, werden sichtbar. Mir läuft ein Schauer über den Rücken. Es ist nicht nur das Fieber des Feldforschers, das nach Abschluss meiner Dissertation wieder ausbricht. Sondern das Gefühl, lebendig zu sein, ein Teil der Geschichte zu sein, diesem unaufhaltsamen Strom, der Menschen, Ereignisse, Erinnerungen und Wünsche verbindet.

Die Reise durch Raum und Zeit ging weiter, jedes Mal wenn wir uns trafen. Wie elektrisiert tauchten wir ein in diesen *stream of postcolonial consciousness.* Von einer Erinnerung in die nächste Analyse, von einem

Joke in die nächste Utopie. Wir unternahmen Roadtrips durch das Emmental und hörten dazu Qawwali von Nusrat Fateh Ali Khan oder Bollywood-Musik. Auf Spaziergängen durch Gyrischachen erkundeten wir die Migrationsgeschichte von Saids altem Quartier. Wir durchwühlten unsere Fotoalben, Said erläuterte mir seine Arbeiten und ich erzählte ihm von antirassistischen Happenings, an denen ich beteiligt war. Wir weiteten unsere Reisen durch Raum und Zeit auf London aus, flanierten durch East London und Brixton und trafen Saids Freunde aus alten Zeiten. So begannen wir, unser eigenes Archiv zu schaffen – das auch ein Zuhause wurde...

2017 – STRAIGHT OUTTA GYRI...

Wir hören den dubbigen Reggae von Black Uhuru. Uhuru bedeutet Freiheit in Swahili, in der Sprache, die Said in seiner Kindheit in Ostafrika sprach. Es war das erste Konzert, das er in London besuchte, erzählt Said lachend. Wir befinden uns weder in London noch in Kampala, sondern in Basel. Es ist Ende 2017 und wir richten uns ein in unserem imaginären, postkolonialen Wohnzimmer, das wir im Ausstellungsraum Klingenthal aufgebaut haben, um unser Archiv öffentlich zu teilen.

Der Sound von Black Uhuru katapultiert uns ins London von damals. Grossbritannien hatte nach dem Zweiten Weltkrieg seine «kolonialen Subjekte» rekrutiert. Hunderttausende südasiatische und afro-karibische Menschen wurden im Verkehrswesen, in Spitälern, in Fabriken angeheuert. Dadurch umging Grossbritannien den kontinentalen Wettbewerb um südeuropäische Gastarbeiter:innen. Salman Rushdie schrieb in *Die Satanischen Verse*: «*The trouble with the English is that their history happened overseas, so they don't know what it means*». Und nun war die Geschichte im eigenen Land angekommen – und die Gewalt des Kolonialismus entlud sich unmittelbar. Polizeigewalt und Rassismus im Alltag führten 1955 zum ersten Aufstand im Londoner Stadtteil Notting Hill. Von Anfang an bot sich diesem Rassismus ein Widerstand, der ab den 1970er-Jahren immer intensiver ausfiel. Reggae, Punk und Ska, Demonstrationen gegen die faschistische National Front und gegen die Schliessung von Kohleminen unter Margaret Thatcher, all dies diente als Nährboden für eine antirassistische Subkultur, die von den Rändern aus die Geschichte veränderte. Filme wie *Handsworths Songs* (1985) von John Akomfrah oder Bücher wie *The Buddha of Suburbia* (1990) von Hanif Kureishi bildeten diese neue Wirklichkeit wirkmächtig ab. In der engagierten Forschung rund um Leute wie Stuart Hall, Ambalavaner Sivanandan oder Kobena Mercer entstanden neue Institute und Publikationen. Diese mussten Ansätze von Repräsentation, Kulturpolitik und Hegemonie in die bestehenden marxistischen Theorien einbringen, um die Frage von *Race* in der weissen Akademie überhaupt erst stellen zu können. «Diese Analyse bezog sich auf die Marginalisierung der Erfahrung von Schwarzen [und anderen People of Color, R.J.] in der britischen Kultur; sie hatte ihren Platz an den Rändern der Gesellschaft. Sie war nicht zufällig, sondern die Konsequenz einer Reihe von ganz spezifischen politischen und kulturellen Praktiken, die die repräsentativen und diskursiven Räume der englischen Gesellschaft regulieren, beherr-

2

3

5

1   Fotografie aus der Mixed Media Serie *Lost Pavilion IV* (2008).
2   Film Still, *Tagesschau* vom 2.11.1972.
3   Film Still, *Tagesschau* vom 3.5.1973.
4   Living Room mit den Werken von Said Adrus, *Arsonists* (1988)
    und *Villa* (1980).
5   Ausschnitt aus *Nationalitaet – Identitaet* (1984–1986).

schen und ‹normalisieren›. Diese Praktiken formten die Existenzbedingungen einer Kulturpolitik, die entworfen wurde, um sich den herrschenden Repräsentationsregimes zu widersetzen, sie in Frage zu stellen und wenn möglich zu transformieren – zuerst in Musik und Stil, später in der Literatur und den visuellen Medien.»[1] Wer gehört dazu und wer nicht? Wer entscheidet darüber? Aufgrund welcher Normen und Machtressourcen? Wie eine Allegorie auf diese Zeit liest sich der Titel des einschlägigen Werks von Paul Gilroy aus dem Jahre 1978: *There Ain't No Black in the Union Jack!* Subkultur, Kunst, Aktivismus und Theorie verbanden sich auf der Strasse zu einem Wissen des Widerstands.

Said tauchte voll in diese Zeit ein, studierte Kunst in Nottingham, gründete das Asian Art Collective, war aktiv im Black British Art Movement und arbeitete später in Community-Art-Projekten in East London. In denselben Strassen und Räumen begann die Band Asian Dub Foundation Musik zu machen und ebenfalls mit Jugendlichen zu arbeiten. Said zeigt dem Publikum in Basel die Platte *Savage Culture* von Headspace, einem Vorprojekt von Asian Dub Foundation, und erzählt, wie er durch eine Begegnung dazu kam, das Cover zu gestalten. Einige Jahr später, so Said, wurde in einem Haus in diesen Strassen eine südasiatische Familie von Anhängern der National Front durch einen Brandanschlag getötet. In seiner Arbeit *Arsonists* von 1988 dokumentierte er die darauffolgende antifaschistische Protestwelle: ein wütendes Gedicht des Poeten Sadiq in triefenden schwarzen Buchstaben auf knallgelbem Hintergund mit rotem Rand.

Die Assoziationen und unsere *critical fabulations* treiben uns weiter nach Kampala und zu den Qawwali-Klängen in den multireligiösen Quartieren und von dort zum indonesischen Bandung, wo 1955 der erste Kongress dekolonisierter Länder aus Asien und Afrika stattfand. Schliesslich landen wir wieder in unserem Wohnzimmer in der Schweiz: Angesteckt vom Widerstandsgeist der 1980er steckt sich Said eine Schweizer Cigarillo an und ruft voller Witz und schwelender Wut: «Nimmsch no nes Bier? Wosch o ne Wurscht?» Die satirische Erinnerung an die Gebrüder Luginbühl, als Said in den 1990er-Jahren seine Arbeiten in einer Gruppenausstellung in Burgdorf präsentierte, wirkt geradezu sinnbildlich für die Schweizer Provinz. Bodenständig und massig im Overall stelle ich mir die beiden berühmten Berner Bildhauer und Eisenplastiker vor, wie sie an ihren gigantischen und genialen Installationen schrauben und hämmern – desinteressiert an den antirassistischen Werken des feingliedrigen, zurückhaltenden muslimischen Künstlers.

Hatte sich seither so viel verändert? Wir schreiben das Jahr 2017. Die Schweiz hat angeblich weiterhin nichts mit Kolonialismus zu tun und kämpft um ihre reine, weisse Weste. Kritik an Blackfacing im Fernsehen und an der Fasnacht wird als «Rassismushysterie» abgetan. Das Trauma der Schwarzenbach-Initiative lebt weiter und die Archive zu

---

1   Stuart Hall, «Neue Ethnizitäten», in: ders., *Rassismus und kulturelle Identität (Ausgewählte Schriften 2)*, Hamburg 1994, S. 15.

den Beziehungen der Schweiz zu Südafrika bleiben weiterhin unter amtlichem Verschluss. Geschichte zu vergessen passiert nicht von selbst, sondern ist Arbeit. Die Schweiz scheint darin eine Meisterin zu sein. Doch in unserem Wohnzimmer – zwischen Kampala, London, Mumbai und Gyrischachen – bricht diese historische Amnesie in sich zusammen. Die Verflechtungen werden in uns allen spürbar – und der *stream of postcolonial consciousness* öffnet das Tor zu einer anderen Gegenwart. Im Hintergrund wummert heilsam Bob Marleys «Redemption Song».

2021 – LIVING ROOM UND RECREATING THE ARCHIVE

Wie können wir heimisch werden in einem diasporischen Leben, in einer Welt, deren transnationale Verflechtungen an staatlichen Grenzen und am Verschweigen der Geschichte abprallen?

Wie lässt sich ein Leben zwischen Kampala, Gyrischachen, East London und Mumbai repräsentieren? Ein Leben, das durch postkoloniale Umbrüche und Kontinuitäten auf drei Kontinenten gezeichnet ist. Ein Leben, das geprägt ist von Bewegung und gleichzeitig eingeengt wird von der strukturellen Gewalt des rechtlichen Status: Zunächst die Geburt als «British Colonial Subject», dann der UN-Flüchtlingsstatus, später eine Schweizer Aufenthaltsbewilligung, und nach langen Jahren die britische Staatsbürgerschaft, die nun – nach dem Brexit – die Familienbesuche in der Schweiz erschwert. Die Arbeit *Identitaet – Nationalitaet* ist ein Versuch, dieser *condition postcoloniale* einen Ausdruck zu verleihen: ironische Interpretation eines Selbstporträts in Anlehnung an die Schweizer Identitätskarte, an Andy Warhols Pop-Art und an die Graffiti, welche an den Mauern Birminghams und Nottinghams prangten, als Said dort studierte – und die ihn schon zu seiner frühen Batik-Arbeit *Villa* (1980) inspirierten. Vielschichtig, voller Brüche und Verbindungen – und mitten in der Geschichte.

Was ich aus Büchern und Filmen gelernt hatte, habe ich durch die Freundschaft mit Said und durch unsere Zeitreisen am eigenen Körper erfahren: Heimisch zu werden hat nichts mit Willkommenskultur oder mit Humanitarismus zu tun, sondern mit kultureller Selbstrepräsentation, politischen Interventionen, mit Community Building, mit Widerstand. Saids Arbeiten, Erfahrungen und Erinnerungen, unsere Gespräche, das gesammelte Filmmaterial, die Fotos aus Familienalben sowie Dutzende von Treffen in London, Zürich und Bern sind zu einen Archiv dieser anderen Geschichte geronnen.

Im Sommer 2021 fand dieses lebendige Archiv für zwei Monate ein Zuhause im Living Room in Berns Breitenrainquartier und hauchte den Geist des Widerstands in dieses noch junge Community Arts Center ein. Wir präsentierten Saids Arbeiten, zeigten Filme, erzählten an verschieden Anlässen persönliche und politische Geschichten und diskutierten über die politische Bedeutung von Archiven, wir hörten Musik und teilten Essen aus Kampala, Gyrischachen, East London und Mumbai. Und als Said und ich in unserer buntscheckigen Gemeinschaft arbeiteten, lachten, plauderten und tanzten, fühlten wir uns heimisch in unserer Geschichte…

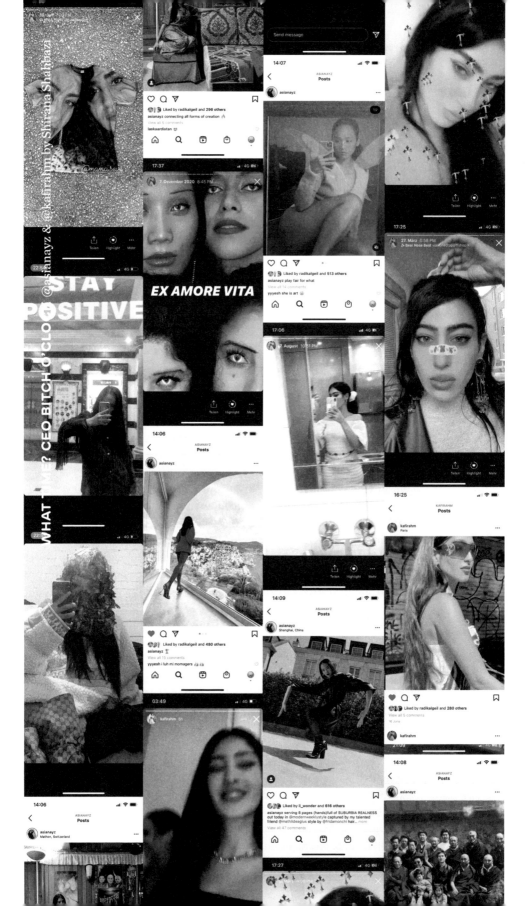

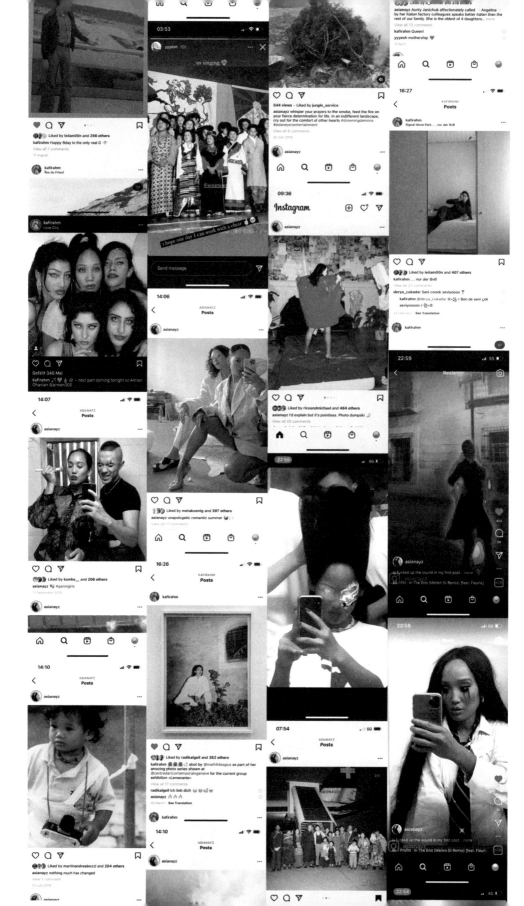

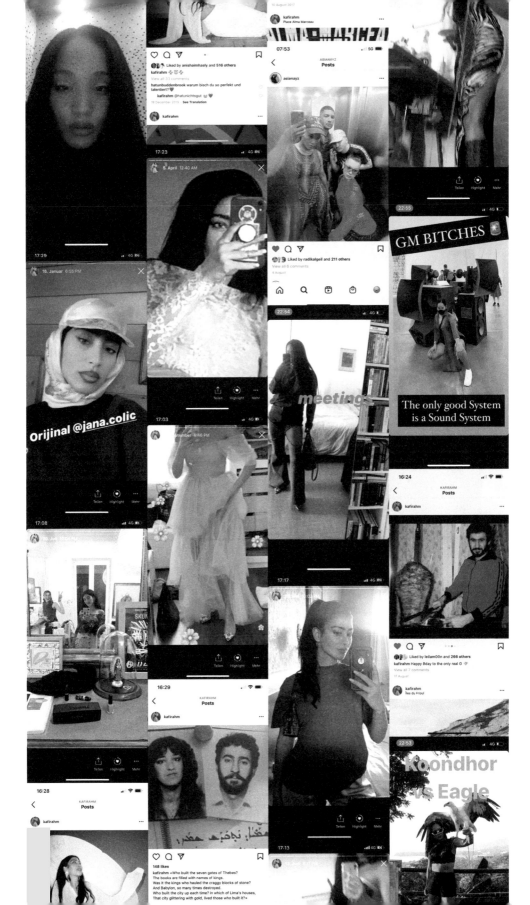

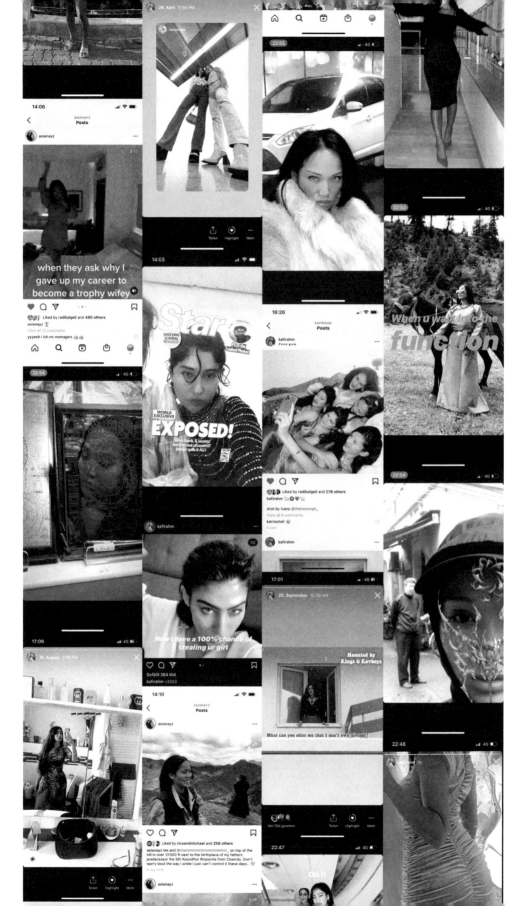

SCHREIB KEIN GEDICHT SCHREIB KEIN GEDICHT GEHE SCHREIB TELEGRAMM KEIN FUSS GEFASST ZU VIELE STOP FALSCHE SCHRITTE GELERNT STOP SCHREIB NICHT ZURÜCK STOP

Dragica Rajčić Holzner, «Schreib kein Gedicht», 2004.

ANTIRASSISMUS IN THE MAKING

EIN WERKSTATTGESPRÄCH ZU ALLIANZEN, IDENTITÄTSPOLITIK UND INTERSEKTIONALITÄT

TEIL 1

Rahel El-Maawi, Rohit Jain, Tarek Naguib, Franziska Schutzbach

Bei der Planung des Handbuches Neue Schweiz *entstand früh der Wunsch, laufende Debatten in der jüngeren antirassistischen Bewegung der Deutschschweiz zu dokumentieren, verschiedene Ansätze in Austausch zu bringen und offene strategische Fragen zu diskutieren. Das folgende Gespräch zwischen Rahel El-Maawi, Franziska Schutzbach, Tarek Naguib und Rohit Jain fand am 16. Januar 2020 im Schwobhaus in Bern statt. Es wurde transkribiert, editiert und dann von den Beteiligten gegengelesen. Redaktion: Rohit Jain; Transkription: Selina Felber*

VERORTUNGEN

TAREK NAGUIB — Ich komme aus dem juristischen Bereich und zwar mit dem Schwerpunkt Antidiskriminierungsrecht. Ich hatte zwischen 2004 bis 2014 in verschiedenen Praxiskontexten gearbeitet. Zum Beispiel bei der Eidgenössischen Kommission gegen Rassismus, dann bei der Fachstelle Égalité Handicap, welche für das Behindertengleichstellungsgesetz lobbyierte. Ich führte in dieser Zeit vor allem Sensibilisierungsveranstaltungen durch und war irgendwann frustriert, weil diese Arbeit eigentlich ein Tropfen auf den heissen Stein war. Es wurde oft über «Vorurteile» gesprochen, doch es war schwierig, über «Macht» zu sprechen. Ich habe dann 2013/2014 einen Kick bekommen, als ein Netzwerk entstand, in dem sich immer mehr Leute an der Schnittstelle von Wissenschaft und Aktivismus engagierten, um eine neue antirassistische Praxis in der Öffentlichkeit auszuprobieren.

Ich überlegte, wie ich als Jurist das Recht als Instrument nutzen könnte, um Handlungsspielräume für emanzipatorische Kämpfe zu unterstützen. Die Idee strategischer Rechtsverfahren (*strategic litigation*) war dazu ein wichtiger Ansatzpunkt. Mit strategischen Klagen meine ich nicht, konkrete Rechtsprechungen zu erwirken oder Lücken in den Gesetzen aufzuzeigen, sondern: das Charisma und die Autorität des Rechts zu nutzen, um Widerstand zu formulieren und Schwarze Menschen, People of Color, Menschen mit Migrationsgeschichte sowie Alliierte zu mobilisieren, sich gegen strukturelle und institutionelle Formen von Rassismus einzusetzen. Meine intensivsten Erfahrungen dazu habe ich mit der Allianz gegen Racial Profiling gemacht.[1] Ab 2016 nutzten wir das Rechtsverfahren rund um Mohamed Wa Baile, um sichtbar zu machen, dass eine rassistische Polizeihandlung nicht einfach eine Einzeldiskriminierung ist, sondern dass sich in solchen institutionellen rechtsstaatlichen Praxen struktureller Rassismus widerspiegelt.[2] Ziel war es, rund um das Verfahren unterschiedliche Widerstandspraxen auszuloten, sei es in der Forschung, sei es in der Bildung, sei es in kulturpolitischen Formaten wie Tribunalen, Publikationen, Workshops und direkten Interventionen gegen Polizeikontrollen.[3] In Bezug auf unser Gesprächsthema hier: Es fiel uns auf, dass mit Blick auf Racial Profiling Schwarze Männer sehr sichtbar waren, was eine gewisse Legitimation

Tarek Naguib

hatte und hat. Aber es betrifft ganz viele andere Menschen auch, z.B. Frauen of Color in der Sexarbeit (Stichwort «Underprotected/Overpoliced»). Ist das auch Racial Profiling und wenn ja, wie unterscheidet sich die Logik bei der Kontrolle von nicht-weissen Sexarbeiter:innen von der Kontrolle von nicht-weissen Männern im Alltag? Oder wie lassen sich polizeiliche Ausschlusspraxen gegenüber fahrenden Roma, Sinti, Jenischen miteinbeziehen, die beim Zugang zu Stand- und Durchgangsplätzen polizeirechtlich diskriminiert werden? Kurz: Es stand – und steht – die Herausforderung an, die spezifischen Konstellationen von Ausschluss in Bezug auf unterschiedliche Gruppen und Kontexte als Teil eines grösseren Systems sichtbar zu machen. Das ist das Spannungsfeld, in dem wir uns bewegen. Und INES wurde für mich zu einem Ort, wo sich die spezifischen Problemstellungen

1   www.stop-racial-profiling.ch (zuletzt aufgerufen am 12.09.2021).
2   Siehe Fanny de Weck, Tarek Naguib, «Vor Gericht die Schweizer Migrationspolitik ändern?», in diesem Band, S. 251–266.
3   Mohamed Wa Baile, Serena O. Dankwa, Tarek Naguib, Patricia Purtschert, Sarah Schilliger (Hg.), *Racial Profiling: Struktureller Rassismus und antirassistischer Widerstand*, Bielefeld 2019; https://www.transcript-verlag.de/978-3-8376-4145-5/racial-profiling/, und Kollaborative Forschungsgruppe Racial Profiling, *Racial Profiling: Erfahrung – Wirkung – Widerstand*, Berlin 2019; https://www.rosalux.de/publikation/id/40493/ (beide zuletzt aufgerufen am 12.09.2021).

des identitätspolitischen Empowerments *und* der sowohl vielstimmigen als auch bündnisorientierten Repräsentationspolitik in einem grösseren Rahmen zusammenführen liessen.

FRANZISKA SCHUTZBACH — Es hat mich sehr inspiriert, was du gesagt hast. Vor allem die Schnittstelle von Wissenschaft und Aktivismus. Ich verorte nämlich meine politische Praxis beim Transfer von Wissenschaft zu einer interessierten Öffentlichkeit. Ich würde das politische Bildungsarbeit nennen. In der Schweiz gibt es zu wenig Strukturen für politische Bildung. Wenn ich in Deutschland unterwegs bin, habe ich den Eindruck, dass da mehr investiert wird. Nun gut, meine Arbeit dreht sich darum, Gendertheorie und queer-feministische Ansätze –

Franziska Schutzbach

und diese natürlich intersektional gedacht – an eine interessierte Öffentlichkeit zu vermitteln. Wenn ich jetzt über Ziele sprechen soll, dann würde ich dafür plädieren, dass man Strukturen an der Schnittstelle von Wissenschaft, politischer Bildung und Aktivismus aufbauen sollte. INES ist für mich eine solche Institution, die auch politische Bildungsarbeit betreibt und gleichzeitig Empowerment. Es würde mich sehr interessieren, genau so etwas mit einem feministischen Schwerpunkt zu etablieren. Das ist aber nicht der Auftrag der Universitäten. Die Wissenschaftler:innen können politisch sein, aber *müssen* nicht. Hier müssen Akteur:innen aus anderen Strukturen ins Spiel kommen, die Lust haben auf aktivistische Forschung, die gesellschaftskritische Wissensvermittlung betreiben. Damit muss man sich auch nicht mehr hinter den Dogmen einer Pseudo-Objektivität verstecken, sondern kann sagen: Ja, wir haben einen ideellen Hintergrund, wir haben Ansprüche an emanzipatorische Veränderung der Gesellschaft. Wir wollen gestalten. Das wäre gerade für diejenigen Leute wichtig, die keine klassische Unikarriere machen möchten nach dem Motto: «Entweder man wird Professor:in oder ist nichts». Zurzeit ist es kaum möglich zu forschen, ohne in diesen universitären Strukturen sein zu müssen. Leute, die total wichtige Arbeit an der Schnittstelle von Forschung, Bildung und Aktivismus machen, haben in diesem System kaum einen Wert und steigen früher oder später aus. Diese Krux kennt ihr ja alle (*lacht*). Neben dieser politischen Bildungsarbeit war für mich in den letzten zehn Jahren auch der Netzaktivismus wichtig; die sozialen Medien habe ich – neben all den negativen Seiten – auch als Self-Empowerment erlebt. Durch kontinuierliche Äusserungen auf meinem Blog, auf Facebook, auf Twitter, konnte ich eine politische Stimme entwickeln und so in den öffentlichen Diskurs eingreifen. So habe ich zum Beispiel den #Aufschrei lanciert, ein #MeToo in der Schweiz «avant la lettre». Dies war der Moment, als ich die emanzipatorische Kraft der sozialen Medien stark spürte und ganz viele Leute auf diesen Zug aufgesprungen sind, die vorher überhaupt nicht politisch oder aktiv in den sozialen Medien waren.

Schliesslich gehört zu meiner Arbeit die Bildung von kritischem Bewusstsein im Kampf gegen rechts. Zum einen, weil ich selber von Rechten attackiert wurde. Zum anderen, weil ich in der Schweiz und global eine klare Gefahr antidemokratischer Mobilisierung sehe. In der hiesigen Tagespolitik geht man gemeinsam ein Bier trinken, egal ob jemand gerade eine ultrarassistische Position im Nationalrat durchgedrückt hat. Das Konkordanzsystem und die Konsenspolitik – die auch viele Vorteile haben – ermöglichten es rechten und populistischen Akteur:innen immer darauf zu bestehen, eingebunden zu werden. Es gelten in der Schweiz Meinungen als «normal», d.h. als «bürgerlich», die anderswo als rechtsextrem definiert sind. In Deutschland ist die Abgrenzung konservativer Kräfte gegenüber der AfD ebenfalls teilweise schwammig geworden, ist aber verhältnismässig immer noch klar vorhanden. Diese Abgrenzung findet in der Schweiz kaum statt, da die Rechten schon so stark an der Macht sind. Wer sich distanziert, kriegt sofort den Stempel Antidemokrat:in verpasst. Es ist mir wichtig zu analysieren und aufzuzeigen, wie die rechten Taktiken funktionieren. Gleichzeitig will ich nicht in diesem Kampf «gegen rechts» hängen bleiben und so diesen Akteur:innen Potenz und Macht zusprechen. Ich versuche deshalb bewusst, immer wieder darauf umzulenken, worum es eigentlich geht: nämlich darum, die progressiven, marginalisierten Kräfte zu stärken. Denn: Womit die reaktionäre Mitte eigentlich ein Problem hat, ist, wenn die Gesellschaft pluraler, emanzipierter und antirassistischer wird. Deshalb ist es wirklich wichtig, Graswurzelarbeit zu machen und diejenigen Stimmen zu Wort kommen zu lassen, die nicht oft gehört werden. Wie etwa in diesem Buch, wo wir über die Geschichte(n) Schwarzer Frauen in Biel schreiben.[4] Es sind diese Stimmen, die die reaktionären Tendenzen aufweichen und deutlich machen, dass es längst eine andere, eine plurale Schweiz gibt.

4   Fork Burke, Myriam Diarra, Franziska Schutzbach (Hg.), *I Will Be Different Every Time. Schwarze Frauen in Biel*, Biel 2020.

RAHEL EL-MAAWI — Das ist ein guter Übergang zu meiner Arbeit. Ich motiviere Leute, dass sie sich für sich und ihre Anliegen einsetzen – und damit für Gerechtigkeit einstehen. Deshalb bin ich Soziokulturelle Animatorin geworden. Während ich euch zuhörte, realisierte ich, dass sich die Schwerpunkte in meiner emanzipatorischen Arbeit von feministisch zu queerfeministisch, und dann zu antirassistisch erweitert haben. Ich kann diese Veränderungen geradezu in Jahrzehnte einordnen. Mit über vierzig kann man das (lacht). Zurzeit sage ich manchmal auch, dass ich Social Justice Trainerin bin. Da vermischt sich sehr stark die berufliche und aktivistische Arbeit. Vielleicht könnte ich auch sagen ich bin Berufsaktivistin: mit 60% Lohn arbeite ich einfach 100%.

Der zweite Aspekt, der ebenfalls immer eine Rolle spielte, ist der Glaube an demokratische Prozesse. So habe ich das erste Jugendparlament im Kanton Zürich mitbegründet, die erste Zürcher Jugendsession organisiert sowie geleitet und war im Vorstand des Dachverbandes Schweizer Jugendparlament. Klar, in der Schweizer Demokratie gibt es Elemente, die man auch kritisch betrachten kann und muss, wie du, Franziska, schon angedeutet hast. Und trotzdem müssen wir gemeinsam einen Weg finden. Und ich will, dass diejenigen Kräfte, welche nicht so geübt sind, sich einzubringen, dies tun können. Damit meine ich nicht die formelle, institutionelle Politik per se. Ich verstehe das Private als das Politische. Meine Arbeit sehe ich darin, Räume und Plattformen zu kreieren, damit Leute gehört werden. Gleichzeitig geht es mir darum, Leute zu motivieren, kritisch nachzudenken und solche Räume zu nutzen und gemeinsam weiterzuentwickeln. Auch als Lehrbeauftrage vertrete ich diesbezüglich eine ähnliche Haltung in der Arbeit mit Studierenden.

Diese Arbeit ist für mich ein Gegengewicht in einer Zeit, wo die rechtsextremistischen Tendenzen und der Rechtspopulismus stark sind. Ich spüre einen Widerstand in mir, mich da zu sehr hineinzubegeben und ich bin sehr dankbar, wenn andere dies aufarbeiten und kritisieren. Mir zieht es selbst zu viel Energie ab und es trifft mich zu persönlich. Ich möchte lieber die Arbeit leisten, die Leute stärkt. Gestern Abend habe ich zum Beispiel einen Antirassismus-Workshop geleitet, an dem 20 Leute teilnahmen und wir gemeinsam versuchten, ins Handeln zu kommen. In der Schlussrunde erwähnten alle, dass sie sich nun zutrauen, Rassismus anzusprechen. Wenn Menschen solche wichtige Schritte machen, dürfen sie auf diesem Weg auch Fehler machen. Daran möchte ich appellieren. Es sind diese zu beobachtenden Aspekte, die mir die Hoffnung geben zum Weitermachen.

Gemeinsam mit anderen gründete ich zudem vor gut sieben Jahren Bla*Sh – Netzwerk Schwarzer Frauen in der Deutschschweiz.[5] An meinem Küchentisch, bei einem Frühstück im Jahr 2013, wurde Bla*Sh geboren – dieses Informelle ist seit Beginn Teil von Bla*Sh (lacht). Bla*Sh war und ist im Kern ein Netzwerk, in dem wir uns gegenseitig unterstützen, auch im Umgang mit Erfahrungen mit Alltagsrassismus.

5   Heute: Bla*SH – afro- und queerfeministisches Netzwerk von Schwarzen trans, inter, nicht-binären und cis Frauen in der Deutschschweiz, www.histnoire.ch (zuletzt aufgerufen am 12.09.2021).

Darüber hinaus haben wir seither auch verschiedene öffentliche Formate entwickelt, um die Stimmen Schwarzer Frauen und non-binärer Personen zu verstärken. So ist die «Mehrstimmige Lesung» entstanden, aber auch die Sammlung «Vor.Bilder.Bücher», damit unsere BIPoC-Kinder sich in Kinderliteratur wiederfinden. Auch organisierten wir verschiedene Gesprächsformate, in denen wir das Engagement Schwarzer Personen in der Schweiz über verschiedene Generationen hinweg sichtbar machten. Es ist ein Zeichen unserer Zeit, dass wir beginnen, eine gemeinsame Praxis zu entwickeln, um uns einzumischen, um uns Gehör zu verschaffen. Wir sind nicht mehr vereinzelt, sondern viele. Bla*Sh ist in kurzer Zeit sehr gross geworden, und auch selbstständig, mehrstimmig und divers. Es ist keine homogene Gruppe mehr. Wir waren von Anfang an grösstenteils gebildete Frauen. Und wir sprachen

Rahel El-Maawi

von einer bestimmten Schwarzfeministischen Position, auch gegen aussen. Aber die Diversität der Erfahrungen im Netzwerk hat sich verändert. Ich empfinde es als eine Stärke, dass über diese Zusammenschlüsse erneut eine Diversität sichtbar wird. Die damit verbundene Arbeit absorbiert im Moment viel Zeit, aber sie ist sehr wertvoll.

Bei INES wiederum arbeite ich an einem Bildungsprojekt mit.[6] Konkret geht es dort darum, dass wir die Geschichten der jungen Menschen in Bezug auf Vielfalt, Zugehörigkeit oder Rassismus hören und kennen: Was erleben Kinder mit Migrationshintergrund in ihrer Bildungskarriere? Wie geht es den Akteur:innen in den Schulen? Auf welche Schwierigkeiten stossen sie zusammen mit ihren Familien? Ich denke, dass wir einen Teil der politischen Arbeit aufgrund konkreter Geschichten machen müssen. Geschichten sind notwendig, weil sie anschaulich sind, weil sie berühren und etwas transportiert werden kann. Ich glaube, die abstrakten Fragen sind für sehr viele zu weit weg, nicht vorstellbar.

---

6   www.ines-schulgeschichten.ch (zuletzt aufgerufen am 12.09.2021).

ROHIT JAIN — Ich selbst bin von Hause aus Sozialanthropologe mit Fokus auf Fragen von Migration, Globalisierung und Postkolonialismus. Gleichzeitig wollte ich immer mehr bewirken. Ich war immer politisch interessiert, aus der Notwendigkeit heraus, in der Welt und in der Schweiz «heimisch» zu sein. Ich hatte als Kind indischer Eltern in der Schweiz das Gefühl, dass meine Erfahrungen nicht öffentlich abgebildet waren – und daher irgendwie auch nicht existierten. Ich kann mich erinnern, wie ich mit 15 Jahren den Begriff «Zweite Generation» und dann «Secondo» zum ersten Mal hörte. Da dachte ich: Ah, endlich, das trifft es, das bin ich. Dann fand ich an der Uni ein Thema, um mich mit diesem «unmöglichen Subjektstatus» auseinanderzusetzen. Inhaltlich kam ich aber eher durch Zufall dazu. Ich musste ein Thema für meine Lizentiatsarbeit (Masterarbeit) finden und in dieser

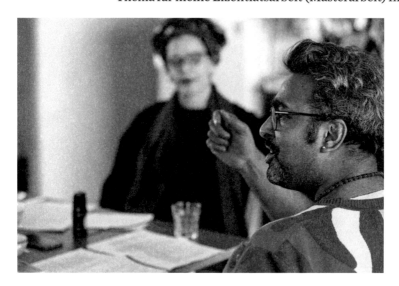

Rohit Jain

Zeit fiel mir auf, dass ich ständig auf die Blackfacing-Comedy-Figur Rajiv angesprochen wurde, die der Kleinkünstler Viktor Giacobbo in seiner Late-Night-Show im Schweizer Fernsehen spielte. Mich störte der Rassismus in der Figur. Ich wusste aber nie, wie ich darauf reagieren sollte, wenn jemand im Alltag mich darauf ansprach – meistens durch das Parodieren eines indischen Englischakzents. Entweder ich war Spielverderber oder leugnete mich selbst. Und da dachte ich, ich mache eine Arbeit darüber. Während meiner Dissertation, die ich danach zur transnationalen Repräsentationspolitik schweizerisch-indischer Second@s schrieb, war ich mehrere Jahre in einem jungen Netzwerk, dessen Mitglieder zur postkolonialen Schweiz arbeiteten.[7] Mit der Zeit wurde mir klar, dass es nicht reicht zu forschen, da ich eigentlich nur durch Aktion und Veränderung heimisch werden könnte. Aber dazu benötigte es Kompliz:innen, die sagten: «Ja komm, das machen wir». Konkret war dies zum Beispiel Katharina Morawek, die damals die Shedhalle Zürich leitete. Zusammen mit ihr, Shpresa Jas-

7   Rohit Jain, *Kosmopolitische Pioniere. Subjektivierungsprozesse von «Inder_innen der zweiten Generation» aus der Schweiz zwischen Assimilation, Exotik und globaler Moderne*, Bielefeld 2018.

hari und Geesa Tuch organisierte ich 2015 und 2016 das rassismuskritische Humorfestival *Laugh up! Stand up!* Dies war ein entscheiden-
der Moment: Ich hatte das erste Mal das Gefühl, nicht allein zu sein.
Und, ich machte die Erfahrung, vom Analysieren ins Handeln zu kommen. In dieser Zeit sind diese spannenden rassismuskritischen Netzwerke jenseits vom Mainstream entstanden, die auch ihr angesprochen
habt. Dann war ich ab 2015 immer mehr in kollektiven Projekten engagiert, in denen ich versuchte, Ethnographie, Kulturproduktion und
Aktivismus zu verbinden, so etwa im Salon Bastarde oder im Berner
Rassismus-Stammtisch. Im Kern interessierten mich dabei immer
Geschichten, Bilder und Wirklichkeiten aus der postmigrantischen
und postkolonialen Schweiz, die aus dem öffentlichen Bewusstsein
verdrängt wurden. Wie kann man Gegenarchive sichtbar und fruchtbar
machen? Wie kann man diese aktivieren, um gesellschaftliche Veränderungen anzustossen?

Die Mitarbeit am Aufbau von INES ab 2017 war dann eine entscheidende Phase, wo sich meine strategischen und persönlichen Perspektiven verschoben. Ich fand es bis dahin interessanter und produktiver an
den Rändern, in den Zwischenräumen der Gesellschaft zu arbeiten, um
ungehindert neue politische Identitäten, utopische Visionen und antirassistischen Praxen zu entwickeln. Ich dachte: Wenn wir zu Medien,
zur Politik oder zur Öffentlichkeit sprechen, müssen wir ja zuerst deren Annahmen akzeptieren, und wirken nur reaktiv, statt eigene Positionen und Ansätze zu entwickeln. Für mich war klar, dass die formalen
politischen Institutionen in der Schweiz keine genuinen Transforma-
tionen befördern können und im allerbesten Fall Ideen aus sozialen
Bewegungen ins System integrieren. In den letzten Jahren war ich aber
schockiert zu sehen, wie sich protofaschistische Tendenzen weltweit
ausbreiten. Nicht nur in Europa, sondern auch in den USA, in Indien,
in Brasilien, Russland und der Türkei. Können wir es uns noch leisten,
an den avantgardistischen Rändern der Gesellschaft rumzutummeln?
Müssen wir nicht auch in die Institutionen reingehen, müssen wir
nicht in die Mitte, müssen wir nicht dort gegen das Biest kämpfen – und
damit meine ich nicht nur die Rechten, sondern primär auch die Mitte, die vom strukturellen Rassismus profitiert, aber die Schuld nur zu
oft nach rechts ablenkt. So habe ich mich wieder ein wenig aus den
avantgardistischen, hybriden Räumen wegbewegt. Das erlaubt allenfalls, mehr zu bewirken, ist aber wieder mit einer gewissen Heimat-
losigkeit verbunden. Vielleicht hat dieser Weg auch mit einer Frage zu
tun, die mich zurzeit sehr beschäftigt: Welche Rolle sollen wir einnehmen in einem Generationenwechsel in der Bewegung, in unseren Kollektiven und Institutionen? Wir sind alle über vierzig. Wie können wir
Platz machen für eine neue, junge Generation und diese von unseren
neuen Positionen aus unterstützen?

ROHIT JAIN — Identitätspolitik ist ein Begriff, welcher in der Schweiz vor fünf Jahren nur in Fachkreisen von Aktivist:innen oder Wissenschaftler:innen präsent war. Jetzt ist er in aller Munde. Was versteht ihr unter Identitätspolitik?

RAHEL EL-MAAWI — Wenn weisse Männer für weisse Männer Rechte erschaffen und absichern. Ganz einfach. Ich habe es jetzt einfach mal umgedreht. Ehrlich gesagt, weiss ich nicht genau, worüber man in diesem Diskurs spricht. Ich frage mich ernsthaft, wer will wem was vorwerfen? Und warum machen Minderheiten angeblich Identitätspolitik und die Dominanzgesellschaft macht keine Identitätspolitik? Ich glaube, wir müssen selber für die Rechte kämpfen, die wir wollen. Die Gleichheit wird uns nicht gegeben. Die ist immer erkämpft worden und dafür muss man sich zusammenschliessen, weil man sonst zu einsam ist. Nur so kann man aufzeigen, dass es um strukturelle Probleme geht, um eine systematische Ungleichheit in der Gesellschaft. Wer das Identitätspolitik nenne möchte, kann das von mir aus machen. Ich nenne es nicht so: Denn ich verstehe meine Arbeit nicht als Identitätspolitik, ich habe viel zu viele unterschiedliche Identitäten, die ich vereine. Ich sehe meine Arbeit als Beitrag zu einer intersektionalen Gerechtigkeitspolitik.

FRANZISKA SCHUTZBACH — Mir fällt auf, dass in der Schweiz der Vorwurf der Identitätspolitik in dem Moment passiert, wo massgeblich Frauen die sozialen Bewegungen prägen. Sowohl in der Klimabewegung als auch in der queerfeministischen Bewegung. In den letzten vier Jahren gibt es eine Sichtbarkeit von sozialen Bewegungen durch weibliche Figuren. Durch «Me Too» natürlich sowieso. Und dann heisst es plötzlich: Das ist jetzt Identitätspolitik. Während die Antiglobalisierungs- oder die Occupy-Bewegung noch sehr männlich dominierte Bewegungen waren. Und so unterschiedlich sind die Kritiken ja auch wieder nicht. Ich habe den Verdacht, dass der Vorwurf der Identitätspolitik zurzeit auch stark frauenfeindlich motiviert ist.

RAHEL EL-MAAWI — Ich unterstütze diese These, aber ich glaube nicht nur feindlich gegen Frauen, sondern auch gegen Queers – gerade, wenn sie of Color sind.

FRANZISKA SCHUTZBACH — Ja, genau.

RAHEL EL-MAAWI — Es ist perfid, wie langsam deswegen die soziale Gerechtigkeit voranschreitet, da so eine klare gesellschaftliche Hierarchisierung entsteht, wer an die Macht darf und wer nicht. Jede Gruppe muss wieder neu für sich kämpfen und wird dadurch in diese Identitätsschublade gesteckt; weil wir als Gesellschaft möglichst einen Status quo aufrechterhalten wollen, welcher gewisse Menschen mit Privilegien und Rechten ausstattet. Und heute sind dies vor allem weisse Männer. Vielleicht teilweise noch weisse bürgerliche Frauen, welche dann auch in diesen Zirkel hineinkommen. Aber auch wenn ich mich für Schwarze Menschen einsetze, gibt es hier auch wieder Hierarchien. Ich erreiche gut ausgebildete Frauen und kämpfe mit ihnen, und es gibt klar einen Klassismus, den wir als Netzwerk durchbrechen möchten, aber bisher noch ohne grossen Erfolg. Weniger ausgebildete Personen haben viel weniger Ressourcen, ihre Zeit so einzusetzen, wie wir dies im Netzwerk tun.

ROHIT JAIN — Ich finde es wichtig zu betonen, dass Nationalismus, Rassismus, Klassismus oder Sexismus eigentlich *die* Identitätspolitik in Reinkultur darstellen, da sie gewisses Wissen, gewisse Stimmen, gewisse Geschichten und Wirklichkeiten gemäss Race, Gender und Class tendenziell aus der Öffentlichkeit ausschliessen, ja strukturell zensieren, wie Judith Butler schreibt. Diese Ungleichheiten zu benennen, das marginalisierte Wissen zu mobilisieren und dazu politische Identifikationen zu schaffen, ist ja nur eine logische Form von Politik, die eigentlich sehr nahe beim liberalen Modell der Interessenpolitik liegt. Die aktuelle Debatte um Identitätspolitik wurde von rechts lanciert, um Kritik und Widerstand an diesem Status quo zu disqualifizieren. Wenn jemand in einer Debatte «identitätspolitisch» sagt, dann ist jegliche Form von antirassistischer oder feministischer Kritik sofort diffamiert, weil es spalterisch sei, gar die Dominanzgesellschaft diskriminiere oder Tugendterror sei. Das gleiche kennen wir alle auch, wenn Kritik als «politisch korrekt» lächerlich gemacht wird. Diese grössere ideologische Bewegung ist jetzt auch in der Mitte angekommen – und auch in gewissen Teilen der Linken à la Sahra Wagenknecht, wo die sogenannte soziale Frage gegen Fragen von Gender, Queerness und Race ausgespielt wird, statt die Themen zu verbinden und ihre Strukturen zu diversifizieren. Ich sehe daher Identitätspolitik vor allem als ein umkämpftes Diskursfeld, in dem Kritik am Status quo verunglimpft wird. Aber tatsächlich tauchen auch wichtige Fragen auf, wie etwa diejenige nach Repräsentation und Solidarität: Kann etwa nur eine Person of Color über Rassismus sprechen und sich dagegen einsetzen? Wenn man zu deutlich sagt «Wir als People of Color wollen über unsere Erfahrung sprechen», gibt es auch Leute, welche sagen: «Ich bin sehr mit euch, aber irgendwie fühle ich mich ausgeschlossen. Wie kann ich mich engagieren?»

RAHEL EL-MAAWI — Menschen, die nicht selber betroffen sind, können sich einsetzen, in dem sie zuhören und sich dann als Alliierte einsetzen. Also die eigenen Privilegien hinterfragen und denen zuhören, die diese Privilegien eben nicht haben. Ich muss mich ja auch mit meiner Cis-Identität auseinandersetzen und meine eigenen Privilegien hinterfragen.

FRANZISKA SCHUTZBACH — Ich finde es sehr wichtig, sich Raum zu nehmen, um aus der eigenen Betroffenheit, aus der eigenen Erfahrung heraus Politik zu machen. Aber ich finde auch den Anspruch wesentlich, dass ich mich für Themen einsetze, wenn ich selber nicht direkt betroffen bin. Warum sollte ich dies nicht können? Natürlich fordert dies eine gewisse Sensibilität. Ich falle womöglich auf die Schnauze. Ich erhalte Kritik. Zum Beispiel von Trans Menschen, wenn ich etwas transfeindlich formuliert habe. Aber das heisst ja nicht, dass ich danach beleidigt bin und mich anschliessend nicht weiter engagieren darf oder soll. Es ist notwendig, dass sich weisse Leute öffentlich zu Antirassismus äussern. Das Risiko, dass man etwas falsch macht, besteht natürlich. Ich habe einmal ein Interview zu dieser M-Kopf-Debatte gegeben, wo ich haderte und dachte: Ist das jetzt richtig, darüber zu sprechen, warum dieser Begriff schwierig ist? Habe ich dazu genug und legitime Expertise? Ich habe mich mit unterschiedlichen Leuten ausgetauscht. Einige fanden es problematisch und andere sagten, ich soll es unbedingt machen, da ich zwar vielleicht angegriffen werde, aber sicher nicht rassistisch, wie es bei People of Color der Falle wäre. Es braucht kritische Reflexionen darüber, wer wie zu welchen Themen spricht, das ist klar. Doch das Resultat kann sicher keine allgemeine Regel sein, dass nur noch diejenigen sprechen, die zu einem Thema eigene Erfahrungen haben. Das würde wichtige Bündnisse, Allianzen und Bündelung der Kräfte verunmöglichen. Das schliesst wiederum nicht aus, dass es manchmal absolut Sinn macht, dass vor allem die Betroffenen sprechen. Es gibt ja nicht nur Entweder-oder.

TAREK NAGUIB — Das finde ich auch. Ich glaube nichtsdestotrotz, dass eine grosse Verunsicherung vorherrscht, wie man emanzipatorische Praxen in dem umkämpften Diskursfeld der Identitätspolitik umsetzen kann und soll. Einerseits scheint es mir wichtig, dass man spezifische, strukturelle Ausschlusslogiken benennt. Ich meine, es ist ja klar, dass man als Mensch mit einer Mobilitätsbehinderung ganz spezifische Probleme erfährt, etwa den Zugang zum öffentlichen Verkehr, und diese thematisieren muss. Und dass zum Beispiel Menschen, die antiziganistischen Rassismus erfahren wieder andere spezifische Problemstellen und ihre eigene Geschichte haben – wobei auch im «Binnenverhältnis» grosse Unterschiede bestehen: So ist eine sesshafte Romnja anderen Formen des Antiziganismus ausgesetzt wie ein weisser jenischer Fahrender. Ich glaube hier würde ich den Begriff Identitätspolitik, obwohl ich ihn nicht sehr oft verwende, auch nicht negativ betrachten. Andererseits muss möglich sein, dass unterschiedliche Priorisierungen in den emanzipatorischen Kämpfen stattfinden. Ich habe lange im Bereich der Behindertengleichstellung gearbeitet. Jetzt fokussiere ich mich auf die Allianz gegen Racial Profiling. Das ist ein anderer, spezifischer Kontext. Wir müssen uns aber die Frage stellen: Wie können wir angesichts der unterschiedlichen Zeitlichkeiten, Organisationsformen und Priorisierungen, Raum schaffen für die Solidarisierung untereinander? Wie strukturieren wir – zum Beispiel bei INES – Debatten, in denen unterschiedliche Kämpfe in Austausch kommen? Was hat man für ein gemeinsames Ziel? Schafft man es, das Gemeinsame zu bündeln und gleichzeitig das Spezifische immer wieder zuzulassen? Für mich sind identitätspolitische Strategien wichtig in diesen Kämpfen um mehr Gleichheit. Und gleichzeitig ist damit die Herausforderung verbunden, wie man es schafft, untereinander solidarisch zu sein und voneinander zu lernen.

ROHIT JAIN — Ich bin einverstanden, sehe da aber noch kaum Versuche, die Dinge zusammenzudenken und zusammenzubringen. Ich glaube es gibt noch zu wenige solcher verbindenden und überschneidenden Debatten, Positionen und Räume. Diese müssen wir aktiv schaffen. Das ist das eine, und das andere ist, dass wir selbst beim Sprechen nur allzu oft zu Vereinfachungen tendieren. Ist das so, weil wir zu wenig Zeit haben, da wir politische Arbeit machen und diese immer sehr dringlich wirkt, oder weil die Medien so funktionieren. Wir sprechen zum Beispiel von antimuslimischem Rassismus, anti-Schwarzem Rassismus, antiziganistischem Rassismus, als wären es klar voneinander trennbare Erfahrungen und Mechanismen, obwohl sie natürlich eng miteinander verschränkt sind: historisch, politisch, theoretisch. Wir müssen aufpassen, dass wir Identitäten, Erfahrungen und Körper dadurch nicht «verobjektivieren». Das wird dann so in der Öffentlichkeit und in der Bewegung aufgenommen, verbreitet. Der afroamerikanische Diskurs zu Race ist in den letzten Jahren sehr stark geworden. Es hat auch hier viel ausgelöst, was gut ist, aber wir müssen Rassismus in der Schweiz und Europa verorten, analysieren und bekämpfen. Im europäischen Kontext spielen Kolonialismus, Migration, Antisemitismus und Antiziganismus auf eine andere Art zusammen als in der ehemaligen Sklavenhaltergesellschaft der USA. Das heisst nicht, dass es hier weniger relevant ist – nur anders. Zudem ist hier der Begriff «Rasse» seit dem Holocaust so stark verpönt, dass ein «Rassismus ohne Rassen» wirksam ist. Man vergisst hierzulande in der Hitze des Gefechtes schnell, dass Race eigentlich ein Konstrukt ist, eine strukturelle Position in der Gesellschaft, die subjektive Erfahrungen und soziale Beziehungen prägt, und nicht eine Essenz der Hautfarbe oder des Körpers. Wenn man in den USA von Race spricht, ist es für die meisten Beteiligten in den aktivistischen, wissenschaflichen oder medialen Debatten klar, dass es sich um ein tief verankertes politisches Konstrukt handelt, das Lebenschancen existenziell prägt. Hierzulande muss man wirklich auch aufpassen mit zu eindeutigen Zuschreibungen. Im Worst Case könnte dies sonst bedeuten, dass man beginnt, sich selbst oder andere zu essenzialisieren.

RAHEL EL-MAAWI — Ja, das ist ein Problem. Du hast vorhin gesagt, dass wir einen vielschichtigen Diskurs stärken müssen. Einen solchen Diskurs benötigt es auf jeden Fall, damit unser Handeln spezifischer sein kann und wir in der Überschneidung mehr erkennen können. Zudem stelle ich fest, dass die Race-Diskussionen sehr akademisch geprägt sind. Wir akademisch geschulten Leute müssen einen Weg finden, damit die Argumente für alle verständlich werden. Damit es einen Effekt auslöst und wir als Gesellschaft lernen. Wenn ich das sage, habe ich eine jüngere, nicht-akademische Generation vor Augen, die eine solche Vermittlung benötigt, damit sie Lust hat, sich anzuschliessen und diese emanzipatorische Bewegung zu unterstützen.

ETHIK & MIKROPOLITIK

ROHIT JAIN — Du, Franziska, hast immer wieder thematisiert, dass du eine Politik problematisch findest, wenn sie zu streng und erbarmungslos ist. Gerade mit Leuten, welche wenig Erfahrung mit gewissen Themen haben.

FRANZISKA SCHUTZBACH — Die Art und Weise, wie miteinander umgegangen wird, erscheint mir tatsächlich oft problematisch – gerade im Internet. Das ist übrigens nicht nur ein Problem von rechts. Die Linken können erbarmungslos sein und die Nuancen in den Debatten werden zum Teil nicht mehr wahrgenommen. Es ist nicht das Gleiche, ob jemand eine transfeindliche Position vertritt, weil er tatsächlich gegen Trans Menschen ist oder ob jemand einfach einen Begriff falsch benutzt. Man muss zuerst wissen, dass es nicht «Geschlechtsumwandlung», sondern Geschlechtsangleichung heisst. Das weiss man nur, wenn man sich intensiv damit beschäftigt hat – zudem ändert sich der Diskurs sehr schnell. Im Netz besteht ein aktivistisches Potenzial, Druck aufzubauen und dies ist für meine feministische Politisierungsarbeit wichtig gewesen. Es gibt Shitstorms, die berechtigt sind. Allerdings gibt es immer wieder Formen des *calling out*, die mich abstossen. Wir brauchen eine abstufende Unterscheidung zwischen schwerwiegenden Verfehlungen und kleineren Fehltritten, die ohne böse Absicht erfolgen. Auch die Letzteren sollten dann benannt und problematisiert werden, aber verhältnismässig und ohne Forderungen nach Entlassung oder Rücktritt. In analogen Gesprächen ist es oft so, dass man sich an den Mindeststandard von Anstand hält und die Leute nicht sofort total in die Pfanne haut. Und dieselben Leute, die *in real life* relativ gelassen sind, können dann auf Social Media unerwartet aggressiv werden. Und ich will mich da gar nicht ausschliessen. Ich glaube, wir brauchen hier eine neue Kultur, wir müssen Umgangsformen und auch Fehlertoleranz entwickeln, genau wie wir es in der analogen Welt haben. Ich rede nicht nur von Gesetzen oder juristischem Vorgehen gegen Hate Speech. Wir haben jetzt 15 Jahre lang die neuen Möglichkeiten genutzt, um im Netz zu kommunizieren und zu mobilisieren, es braucht nun aus meiner Sicht auch gewisse «Zivilisierungsprozesse». So, wie wir in der analogen Welt in der Regel auch nicht gleich gewalttätig auf Menschen losgehen, wenn sie Dinge sagen, die uns nicht passen.

TAREK NAGUIB — Da bin ich voll dabei. Hinzu kommt: Ich sehe momentan wenig Spielraum, kontroverse Debatten digital produktiv zu führen, solange es darum geht, schnell zu reagieren und Standpunkte unter auch Unbekannten auszutauschen. Einfache Missverständnisse und auch Übergriffe sind da vorprogrammiert. Darum verwende ich die sozialen Medien momentan vor allem als Einwegkommunikation, wo ich mich mit einem Gedanken äussere, aus anschliessenden Kommentardiskussionen halte ich mich meist raus.

RAHEL EL-MAAWI — Ich schreibe einzelne private Nachrichten. Ich versuche die Leute individuell und auf ihr Fehlverhalten aufmerksam zu machen. Alle haben das Recht, etwas falsch zu machen und sich zu verbessern – ohne öffentliche Ächtung.

FRANZISKA SCHUTZBACH — Genau, du hast ja ganz am Anfang die Fehlerkultur angesprochen, Rahel, die in deinen Antirassismus-Workshops wichtig ist. Gerade wenn die Grundbereitschaft zum Dialog existiert, dann ist die Fehlertoleranz sehr wichtig.

TAREK NAGUIB — Ja, das kommt nicht von allein. Wenn wir politische Bildung betreiben, haben wir eine grosse Verantwortung. Ich versuche einmal ein Beispiel aus dem Kontext der Allianz gegen Racial Profiling zu nennen. Am Anfang war die Allianz gegen Racial Profiling stark von Mohamed Wa Baile und seinem Fall geprägt. Er hat mehrere Schwarze Männer angefragt, sich auch öffentlich dazu zu äussern. Und dann ist einmal ein weisser, jenischer Fahrender dazugestossen und hat erzählt, dass er stets Bewilligungen und den Strafregisterauszug zeigen müsse. Es kam zu einem spannenden Moment zwischen Mohamed und ihm und der Frage, ob das jetzt auch Racial Profiling sei. Aus dieser Auseinandersetzung entstand der Impuls: Wir müssen das Thema komplizierter angehen und wir müssen uns solidarisieren. Aber plötzlich wurde dann das Wort «Zigeuner» von jemandem gesagt, in einem Kontext mit einer hohen Sensibilität bezüglich dem N-Wort oder der M-Wort-Debatte.

RAHEL EL-MAAWI — Du meinst das Z-Wort.

TAREK NAGUIB — Das war ja genau der Punkt und der jenische Fahrende hat interveniert. Ich bringe diese kleine Anekdote, weil sie beschreibt, wie ein Raum entstanden ist, wo Solidarisierung via Sprachkultur stattgefunden hat. Dort ist die Frage: Wie schaffen wir es, diese Solidarisierung strategisch zu organisieren?

ROHIT JAIN — Bei der Frage, von wo und wem der Impuls für solche Gespräche und Veränderungen kommt, sehe ich eine seltsame Ambivalenz. Zum einen möchten wir People of Color eigene Stimmen entwickeln und unsere Themen selbst repräsentieren. Gleichzeitich verstehe ich, wenn man nicht ständig Alliierten, den Medien oder Institutionen erklären will, was sie tun sollen: *Do your homework*! Wenn aber wiederum jemand die «Hausaufgaben nicht richtig» gemacht hat, sind es trotzdem oft wieder People of Color oder ganz verbissene Weisse, die sagen: Hey, du hast die Hausaufgaben nicht gemacht. Schlussendlich halten wir uns dadurch alle selbst in der Schublade «Race» gefangen. Für mich persönlich ist die Frage: Wie kommt man da raus und kann gleichzeitig neue antirassistische Öffentlichkeiten schaffen? Es ist mir daher ein persönliches Anliegen, weisse Alliierte und Freund:innen zu finden, in welche ich Vertrauen habe und sagen kann: Wir haben gemeinsame Kämpfe. Und da gehört es für alle Beteiligten – natürlich auch für mich – dazu, Differenzen anzuerkennen, eigene Privilegien in Frage zu stellen und Beziehungen neu zu gestalten.

RAHEL EL-MAAWI — Ich würde sagen, es gibt unterschiedliche biografische Momente. Und es gibt Menschen, die Kapazitäten und Privilegien haben, wie zum Beispiel ich, eine solche Arbeit zu machen und Leute zu sensibilisieren. Andere stehen biografisch an einem anderen Punkt und können und wollen diese Arbeit nicht machen. Es ist dabei wichtig, dass wir zusammenkommen und Räume kreieren, wo man offen spricht. Wo auch Fehler gemacht werden dürfen und die Bereitschaft besteht, daraus zu lernen. Ich werde auch in gewissen Fragen korrigiert und das ist auch richtig so. Nur so steigere ich meine Sensibilität. Wir müssen lernen, einen Umgang mit Kritik zu finden. Das ist soziales Lernen. Voraussetzung dafür ist einerseits ein Verständnis, dass wir alle rassistisch sozialisiert wurden und dies jetzt verlernen müssen. Und andererseits müssen wir anerkennen, dass es sich viele zu wohnlich eingerichtet und die Arbeit den Betroffenen überlassen haben – und dabei nicht erkennen, dass sie es sind, die etwas verändern könnten. Was ich selbst am Lernen bin, ist, immer zu intervenieren. Vorbild ist mir Sara Ahmeds Figur «the feminist killjoy».[8] Dabei gibt es Kontexte, bei denen ich nachsichtiger bin, und es gibt Kontexte, da bin ich nicht so nachsichtig. Ich bin kritisch, wo sich Leute auf die Fahne schreiben: Ich bin links und kämpfe für Social Justice, sich aber nicht überlegen, wie Sprache ausschliesst, welche Privilegien sie haben und wer wie viel Teilhaberrechte hat. Die Bereitschaft, weiter darüber zu reflektieren, möchte ich spüren. Jede Person ist in der Mitverantwortung, Diskriminierung abzubauen.

ROHIT JAIN — Die Frage der Verletzlichkeit, die du anschneidest, scheint mir generell eine wichtige Ressource in diesem transformativen Prozess. Humor ist da ein gutes Beispiel, weil es sehr persönlich ist. Oft passiert es ja, dass jemand oder eine Organisation wegen eines rassistischen oder sexistischen Witzes kritisiert wird und dann darauf beharrt, diesen verteidigt und schliesslich wiederholt – sei dies im Alltag, an der Fasnacht oder in der Comedy. Die Akteur:innen des Schweizer Fernsehens waren im Umgang mit Blackfacing rund um den Skandal um Oprah Winfrey ein Paradebeispiel dafür. Dabei könnte ein selbstkritischer Umgang gerade erlauben, sich in Bewegung zu setzen, etwas zu lernen – und im besten Fall neue Humorformen zu entwickeln. Die Fähigkeit, Fehler zuzugeben und sich dadurch verletzlich zu zeigen, würde erlauben, die historisch gewachsenen Identitätsmuster und Machtverhältnisse zu hinterfragen und sich zu verändern. Das muss in der Dominanzgesellschaft klar werden: Es geht nicht primär um Unterstützung von Marginalisierten, sondern um eine Transformation, die *alle* verändert und allen etwas bringt. Auch ich als Aktivist of Color muss in diesem Prozess eine gewisse Verletzlichkeit zeigen, statt alles im Griff zu haben. Manchmal habe ich das Problem, dass ich eigentlich lieber Fragen stellen oder Ambivalenzen diskutieren möchte, aber die Leute möchten oft wissen, wie es ist oder was man tun sollte. Dadurch entsteht erstens ein neues Hierarchieverhältnis und zweitens werden die Probleme vereinfacht. Ich glaube, das passiert, wenn Rassismus als moralisches, individuelles Fehlverhalten verstanden wird, für dessen Lösung es eine Handlungsanleitung gibt. Stattdessen besteht das politische Projekt des Antirassismus wohl eher darin, sich als Teil rassifizierter Beziehungen, Diskurse und Strukturen zu reflektieren, um diese kollektiv zu verändern. Es braucht die Bereitschaft, Widersprüche auszuhalten, statt klare Antworten zu suchen.

Die Fortsetzung dieses Werkstattgesprächs findet sich auf den Seiten 303–313.

8   Vgl. www.feministkilljoys.com (zuletzt aufgerufen am 12.09.2021).

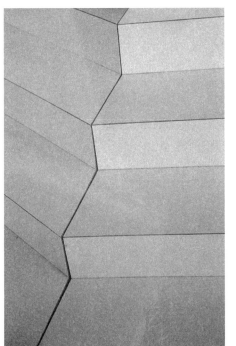

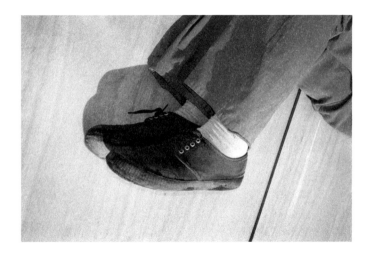

FREIHEIT ZUM FEHLER

Irena Brežná

«Haben Sie nach Ihrer Ankunft in der Schweiz Deutsch gelernt mit dem Ziel, sich zu integrieren?» Die Frage einer Siebzehnjährigen an mich während der Diskussion an einem Schweizer Gymnasium zeigt exemplarisch auf eine naive Art die Arroganz des Begriffs Integration. Was für eine realitätsfremde Vorstellung, dass ich als Flüchtling danach streben sollte, mich diesem Postulat zu unterwerfen, statt in dem Ausnahmezustand, in dem ich mich befinde, mit Einsatz aller Kräfte das Beste für mich herauszuholen. Das Meiste von dem, was unter gelungener Integration verstanden wird – Sprache lernen, Arbeit finden, gesetzestreu sein –, wird ein überlebenswilliger Mensch ganz natürlich befolgen (vorausgesetzt die Gesellschaft bietet die Bedingungen dafür), doch nicht aus vorauseilendem Gehorsam, sondern aus Einsicht in die Führung einer guten oder zumindest erträglichen Existenz.

Niemand weiss, was das Unwort konkret bedeutet und trotzdem wird es ständig verwendet, als handle es sich um etwas Klares und Konstantes. Das Gastland behandelt diese zu Integrierenden, als wären sie keine vernunftbegabten Wesen, und als wäre all das, was sie mitbringen, wertlos, ja zu entsorgender Müll. Sie sollen möglichst bald die landesüblichen Regeln und Sitten befolgen. Dass das Leben in einer neuen Kultur Horizonte eröffnet, interkulturelles Denken, überhaupt Denken mobilisiert, beinhaltet der Begriff nicht, soll er auch nicht, denn es geht um Machtverhältnisse. Es ist bloss ein vornehmeres Wort für Assimilation. Vor ein paar Jahren tauchte der Begriff Partizipation auf – wohin ist er verschwunden? Integration und Partizipation sind ganz unterschiedliche Konzepte: das Erste heisst «Sich-Einfügen in ein Ganzes» und das Zweite «Teilhabe an einem Ganzen».

Wie lange sollen Einwanderer als Gäste wahrgenommen werden, die in einer schweigsam höflichen Haltung zum Geschehen im Lande – auch zu dem, was sie existenziell betrifft – zu verharren haben? Es wird von ihnen lediglich erwartet, sich an etwas angeblich Bestehendes anzupassen, ohne es mitverändern zu dürfen. Das höchste Gut, Freiheit zum Fehler, wird den Fremden nicht ohne weiteres zugestanden. Zwei Fehler haben sie ja schon gemacht: Dass sie überhaupt gekommen sind, und dass sie so sind, wie sie sind. Begeben sie sich auf kreative Irrwege, gelten sie als suspekt. Dabei liegt es im Wesen der Sache, dass man bei der Konfrontation mit Unbekanntem verschiedene Verhaltensweisen ausprobiert und auch mal danebengreift. Um die Neuankömmlinge «integrieren» zu können, muss man sie entwerten, sie der Experimentierfreude, des kritischen Denkens und Selbstbewusstseins berauben.

Integration suggeriert, dass die Mehrheitsgesellschaft den Eingewanderten diktieren muss, was sie sich von ihr anzueignen haben, ohne deren mitgebrachten Rucksack an Werten und Erfahrungen zu beachten, als wäre der Rucksackinhalt nutzlos, wertlos, und diese Ausserirdischen kämen aus einem grossen Nichts und hätten Nichts und bräuchten Etwas. Als könnten sie dieses Etwas nur durch Integration erwerben. Während die Fremden sich anstrengen sollen, müssen die Einheimischen ausser ihrer pädagogischen Rolle, die sie den «Anderen» angedeihen lassen, nichts tun. Es gibt keinen gleichwertigen Austausch, bloss einen einseitigen Informationsstrom und Gestaltungsdrang mit Machtanspruch. Statt sich all das anzuschauen, was Einwanderer mitbringen und ihre Stärken zu fördern, betreibt man durch die Asymmetrie Ressourcenverschleiss und versteht es nicht, die fremden Schätze zu heben.

Statt in Integrationskursen zu büffeln, wie man den Einheimischen immer ähnlicher zu werden hat, um ja nicht aufzufallen, sollte es ein begehrtes Diplom in transkultureller Kompetenz geben. Dieses würde ein stetiges, sich wandelndes, anregendes, schlagfertiges Zwiegespräch zwischen den kulturellen Schichten bescheinigen, die sich bei Menschen, die in mehreren Kulturen navigieren, übereinanderlegen. Dabei muss man das Wort «integrieren» nicht einmal aus der Welt schaffen. Anstatt mich ins Gastland zu integrieren, so wie dieses es verlangt, integriere ich in meine Persönlichkeit jene Aspekte aus anderen Kulturen, die ich für geeignet halte und bringe sie mit dem, was ich schon besitze, in Einklang. Damit bin ich a priori im Vorteil gegenüber den Hinter-dem-Ofen-Hockern.

Wesentlich dabei ist: Ich habe die Wahl. Dadurch erweitere ich meine Persönlichkeit, werde fähig, kulturelle Vorstellungen mit einem hinzugewonnenen Abstand zu hinterfragen und entscheide je nach Kontext, ob und wie ich sie befolge oder aus meiner Ausstattung streiche. Ich bin frei, damit zu spielen, zu experimentieren, Altes und Neues miteinander innovativ zu kombinieren. Ich bin Subjekt und nicht zu integrierendes Objekt. Das kommt einer dynamischen und offenen Gesellschaft zugute, die keine verunsicherten, gestutzten, fügsamen Mitbürger und Mitbürgerinnen braucht, sondern erfinderische, mitgestaltende, flexible Geister.

DU CHASCH
NID WEICH SY
WENN D
TATSACHE
HERT SY,
   IG TRAGE Z
USWÄRTS TRIKOT
 BIM HEIMSPIEL,
STABILER
GWORDE,
JEDES MAU
WONI KHEIT BI,
   IG TRAGE Z
USWÄRTS TRIKOT
BIM HEIMSPIEL

Dezmond Dez, aus «Heimspiel», 2020.

MIT EINEM DOPPELPASS INS ABSEITS

Pascal Claude

Pristina. Das sagte Granit Xhaka vor der WM 2014 auf die Frage nach seinem Lieblingsort. Gostivar in Mazedonien, sagte Admir Mehmedi. Omis nahe Split, sagte Josip Drmić. Und Haris Seferović: Sursee und Bosnien.

Es waren kurze Antworten in einer kleinen Rubrik auf den Sportseiten der *Neuen Zürcher Zeitung (NZZ)*, doch sie deuteten etwas an. Die Schweizer Nationalspieler, die für das WM-Turnier in Brasilien aufgeboten worden waren, wurden in einer Randspalte in Kurzportraits vorgestellt, jeden Tag ein anderer Spieler, über drei Wochen. Die Frage nach dem Lieblingsort diente als Einstieg. Während ein Grossteil der Antworten so ausfiel, wie wir es von professionellen Fussballspielern erwarten – Malediven, Miami, Italien, Schweiz –, war da auf einmal auch dieses Neue, Unerwartete. Pristina. Gostivar. Omis. Und diese Kombination: Sursee und Bosnien.

Xhaka, Mehmedi, Drmić und Seferović, die alle den Sprung in europäische Topligen schafften, mochten ihre Lieblingsorte aus dem Bauch heraus oder mit Kalkül gewählt haben. Sicher ist, dass sie sich damit exponierten. Mehrfachzugehörigkeiten von Nationalspielern waren wenige Jahre zuvor einmal mehr zu einem Thema von öffentlichem Interesse geworden, als sich kurz nacheinander die beiden kroatisch-schweizerischen Doppelbürger Mladen Petrić und Ivan Rakitić entschieden, für die Nationalmannschaft Kroatiens zu spielen. Beide waren zuvor in Schweizer Nachwuchsauswahlen zum Einsatz gekommen. Sie waren hochtalentiert und heftig umworben. Und sie standen vor der Wahl, denn so wollen es die Statuten des Weltverbandes Fifa: Sobald ein Spieler in einem Pflichtspiel eines A-Nationalteams zum Einsatz kommt, ist er für kein anderes Land mehr spielberechtigt. Der Polarität dieses Systems sind Konflikte und nationalistische Überhitzung eingeschrieben: Ein Spieler entscheidet sich nicht nur für, sondern immer auch gegen einen Verband, eine Nationalmannschaft, ein Land – während es in der Schweiz seit 1992 möglich ist, Pässe zweier oder mehrerer Länder zu besitzen.

2013, ein Jahr vor den erwähnten Steckbriefen, machte die Zeitung *Blick* deutlich, über wie viel rechtspopulistisches Potenzial die Doppelbürgerthematik im Fussball verfügt. In einer Bildergalerie mit dreizehn

Spielern präsentierte sie «Die Verräter-Nati»: Fussballer, die für Schweizer Nachwuchsauswahlen gespielt, sich dann aber für ein anderes Land entschieden hatten. Auch Petrić und Rakitić gehörten dazu. Das im Zusammenhang mit der Fussballnationalmannschaft einflussreichste Medium der Schweiz hatte sich terminologisch festgelegt: Wer sich nicht für die Schweiz entscheidet, wird zum Feind, gilt als nicht integriert.

Die Brachialrhetorik des *Blick* hatte ihre subtilere Entsprechung zuvor auch in seriöseren Medien gefunden. So war etwa auf Radio DRS (heute SRF) in einem Bericht zu einem Europacupspiel zuerst vom «halben Schweizer», dann vom «Ex-Schweizer» Mladen Petrić die Rede, der für den Hamburger SV gegen Aston Villa ein Tor erzielt hatte; eine beeindruckend aufwendige Suche nach einer passenden diskriminierenden Bezeichnung für einen Menschen, der zwei Pässe besitzt, aber nur für eine Nationalmannschaft spielen darf. Im Printbereich erfolgte die rhetorische Ausschaffung der Doppelbürger über die Zeichensetzung: «Die beiden ‹Schweizer› Mladen Petrić und Ivan Rakitić sind für die EM-Qualifikationsspiele Kroatiens aufgeboten worden», berichtete die *NZZ*.

Die Statuten der Fifa, die Fussballtalente mit Mehrfachzugehörigkeiten zum «Verrat» zwingen, gelten heute als alternativlos: Die Verbände, die Geld in die Ausbildung ihrer Talente stecken, pochen darauf, dass sich Spieler früh und unwiderruflich entscheiden. Fast vergessen ist heute, dass grosse Namen des Weltfussballs wie Ferenc Puskás, Alfredo di Stéfano, Omar Sívori, Josef Bican oder László Kubala für zwei oder gar drei Länder spielten. Kubala etwa, in Budapest als Sohn einer ungarisch-slowakischen Mutter und eines slowakisch-

Algiers – Blick auf das Stadion, ca. 1940.

polnischen Vaters aufgewachsen, spielte zuerst für die Tschechoslowakei und für Ungarn, ehe er 1953 nach Spanien floh, als Spieler von Barcelona die spanische Staatsbürgerschaft erhielt und bis 1961 für Spanien in 19 Spielen 11 Tore erzielte.

Selbst ohne Pass war es in der Vergangenheit möglich, Länderspiele zu bestreiten, wie die Geschichte von Eugène «Genia» Walaschek zeigt, die der Autor Beat Jung 2006 unter dem Titel «Der Sans-Papier der Nati» veröffentlichte. Walaschek, 1916 in Moskau in eine deutschungarisch-russisch-tschechisch-schweizerische Familie geboren, wurde nach der russischen Revolution von seiner Neuenburger Grossmutter mit falschen Papieren versorgt und nach Genf gebracht. Der Schwindel kostete Walaschek Jahre später den Schweizer Pass. Trotzdem wurde er, inzwischen Stürmer beim Servette FC, für die WM 1938 aufgeboten. Die Fifa hatte Walaschek im letzten Moment die Spielberechtigung erteilt. So kam es, dass im wohl politischsten und denkwürdigsten Spiel der Schweizer Verbandsgeschichte, dem 4:2 gegen Hitlers Grossdeutschland, ein Staatenloser ein Tor zum Sieg beisteuerte. Karrieren wie jene von Kubala oder Walaschek will das rigide Reglement von heute unterbinden. Karim Benzema, im Unfrieden aus dem französischen Nationalkader ausgeschieden, verlangte 2019 öffentlich, nun für Algerien spielen zu dürfen, dessen Staatsbürger er ebenfalls ist – ein aussichtsloser Appell. So bleiben einem der erfolgreichsten Stürmer der Welt bis an sein Karriereende Länderspieleinsätze verwehrt.

Auch in der Schweiz bildet die Fussballnati immer auch die reale Migration ab, sei es Walaschek in der Zwischenkriegszeit oder seien es die Gastarbeiterkinder Sforza, Türkyılmaz oder David Sesa in den 1990er-Jahren. Der Tessiner Filmemacher Fulvio Bernasconi, dessen Eltern aus Italien eingewandert waren, begleitete 1999 für seinen Kurzfilm *Hopp Schwyz* Sesas Vater nach Udine zum Länderspiel seines Sohnes gegen Italien. In der für Vater Sesa kaum auszuhaltenden Zerrissenheit reflektiert Bernasconi dabei lakonisch die eigene Geschichte seiner zwei Identitäten und führt die Frage nach der wahren Heimat ad absurdum.

Viele Fussballer, die sich für eine Nationalmannschaft entscheiden mussten, suchen heute Wege, um zu zeigen, dass sie sich lieber nicht hätten entscheiden wollen. Das kann über die Nennung eines Lieblingsortes in der Rubrik einer Sportseite geschehen oder durch eine andere Geste, etwa auf Ferienfotos auf Instagram oder beim Torjubel. An der WM 2018 in Russland feierten Granit Xhaka und Xherdan Shaqiri ihre Tore in einem im Vorfeld durch Gehässigkeiten und Provokationen aufgeladenen Spiel gegen Serbien, indem sie mit ihren Händen den albanischen Doppeladler formten. Was folgte, war ein reaktionär aufgeladener Aufschrei. Der ehemalige Nationalspieler Stéphane Henchoz etwa äusserte öffentlich den Wunsch, Spieler wie Xhaka zu ohrfeigen, wenn sie vor den Spielen die Nationalhymne nicht mitsingen – als hätten all die Lüdis, Eglis oder Geigers jemals den Mund aufgemacht beim Schweizer Psalm. Die Debatte um Mehrfachzugehörigkeiten hatte einen neuen Tiefpunkt erreicht.

Einer, der sich im Verlauf dieser Debatte mehrfach öffentlich geäussert hatte, war Stephan Lichtsteiner, neben Granit Xhaka der wohl
einflussreichste Nationalspieler des letzten Jahrzehnts. Lichtsteiner
bediente in mehreren Interviews Mitte der 2010-Jahre rechtsnationa-
listische Ressentiments, indem er etwa von «richtigen und anderen»
Schweizern sprach oder konstatierte, das Schweizer Nationalteam sei
früher «eidgenössischer» gewesen. Bewusst oder unbewusst bediente
er sich damit eines einschlägigen Jargons, der sich unter anderem auch
auf T-Shirts rechtsextremer Parteien wiederfindet: «Du Schweizer, ich
Eidgenoss», ein Slogan, der die Angst aus der Zwischenkriegszeit vor
«Papierli-Schwyzer» aufnimmt. Es war jedoch genau dieser Lichtsteiner, der sich im WM-Spiel gegen Serbien Xhakas Torjubel anschloss
und ebenfalls den Doppeladler formte. Dieser dritte Adler war die eigentliche Geschichte.

Lichtsteiner – und das war das Erstaunliche – verlieh seiner Geste
Nachdruck, indem er sich in den Tagen nach dem Spiel mit seinen an-
gefeindeten Teamkollegen solidarisierte. «Der Schweizer muss offen
sein», sagte er bodenständig, und nahm in Kauf, dass er damit bei genau
diesem Schweizer auf Unverständnis stösst. Lichtsteiner, so scheint es,
hatte dazugelernt. Weil er, wie berichtet wurde, die Eltern seiner ko-
sovarisch-schweizerischen Teamkollegen kennengelernt hatte? Wie
dem auch sei: Nun stellte er sich an die Seite jener, die sich nicht mehr
dafür entschuldigen wollen, dass Pristina ihr Lieblingsort ist, dass sie
sowohl in Sursee zuhause sind als auch in Bosnien, sowohl in Gostivar
als auch in Winterthur. Der Aufschrei nach dem dreifachen Doppeladler: Er war so laut, weil die Schreihälse merkten, dass ihnen etwas
entgleitet.

DER KANAK-AHA-EFFEKT

EINE MIGRANTISCH-KÄMPFERISCHE GESCHICHTE DEUTSCHLANDS

Massimo Perinelli

Eine Gruppe italienischer Gastarbeiter in der Schweiz, die in einem Hühnerstall eingezogen sind und bereits selber nur noch wie Hühner gackern, beobachten durch ein vergittertes Fenster, wie einige junge Schweizerinnen und Schweizer auf Pferden an einen nahegelegenen See geritten kommen. Die von Hühnerkot überzogenen kleinwüchsigen italienischen Männer bestaunen diese von der Mittagssonne beschienenen wohlgeratenen blonden Lichtgestalten, die wie göttliche Wesen von ihren Pferden gleiten und nackt in den glitzernden See eintauchen.

Szene aus dem Film *Pane e cioccolata*, Regie Franco Brusati, Italien 1974.

Die Stimmen der Migration sprechen stets aus der Zukunft zu uns, denn sie nehmen jene Verhältnisse zum Ausgangspunkt, die es noch gar nicht gibt, die in ihren Kämpfen jedoch bereits angelegt sind. Mit dem Blick in unsere Geschichte schreiben wir unsere Zukunft.

Die lange Geschichte der Kämpfe rund um Migration in Deutschland findet ihren Widerhall in der Biografie jeder/s Einzelnen, der/die in diesem Land mit Rassismus konfrontiert war und ist. Egal, ob es um Roma geht, die seit Hunderten von Jahren hier leben, Schwarze Deutsche, die seit dem Ende der deutschen Kolonialzeit in Afrika im frühen 20. Jahrhundert dieses Land prägen, Nachfahren polnischer Eingewanderter in den Kohlegebieten an der Ruhr, die Nachkommen verschleppter «Fremdarbeiter:innen» aus der Zeit des Nationalsozialismus in Deutschland, die zweite, dritte, vierte Generation der sogenannten Gastarbeiter:innen aus dem Wirtschaftswunderdeutschland, die Kinder der ehemaligen sogenannten Vertragsarbeiter:innen und jene der zahlreichen binationalen Ehen aus der ehemaligen DDR, ehemalige sogenannte Asylsuchende aus den Diktaturen und Militärregimes Chiles, Griechenlands, Spaniens, der Türkei, des Irans, Boat People aus Vietnam, Übersiedler:innen aus den GUS-Staaten am Ende des Kalten Kriegs oder Menschen, die an den grossen Migrationsbewegungen des «Sommers der Migration» von 2015 beteiligt waren – in all der ihnen aufgezwungenen Ein- und Unterordnung, in der fein austarierten Hierarchisierung bezüglich der Rechte, die sie besitzen oder

verweigert bekommen, eint sie alle dies: die Erfahrung der strukturellen Entrechtung, der permanenten Infragestellung ihrer Existenz
und der potenziellen Gefahr, Opfer rassistischer Gewalt in ihren unterschiedlichen Facetten zu werden. Die Forderung des Integrationsdispositivs (→ siehe unten), sich aus der jeweiligen Entrechtung individuell herauskämpfen zu sollen, deren kollektivierende Gewalt dadurch aber unsichtbar werden zu lassen, prägt als Widerspruch jedes
migrantische Leben. Sprechen wir über Migration und ihre Effekte,
sprechen wir also immer auch über uns selbst, über die gewonnenen
und verlorenen Kämpfe, unsere Niederlagen und Unterwerfungen,
über Zufälle und glückliche Fügungen, wir sprechen über den even-
tuellen Erfolg, dem oftmals der Verrat an Anderen intrinsisch eingeschrieben ist.

INTEGRATIONSDISPOSITIV → Historisch ist die Rede von der Integration seit den 1970er-Jahren als eine
staatliche Entgegnung auf die Kämpfe von Migrant:innen zu verstehen. Deren Forderung nach gleichen Rechten
wurde darin zwar prinzipiell anerkannt, jedoch gleichzeitig in Gegenforderungen der Anpassung übersetzt.
«Integration» hat sich mittlerweile zum zentralen Werkzeug zur Durchsetzung rassistischer Unterwerfung
durchgesetzt. Als Begriff funktioniert «Integration» in doppelter Bedeutung: zunächst als Forderungskatalog
gegenüber Migrant:innen, und dann, indem er ein falsches Versprechen auf Anerkennung in Aussicht stellt, als
Zwang für Migrant:innen, sich intellektuell und politisch selbst zu entwaffnen.
Auch in der sogenannten Zivilgesellschaft hat sich der Begriff – bis weit in die Linke hinein – durchgesetzt. In
der Reduktion migrantischer Alltagsverhältnisse auf Fragen des falschen (kulturellen, ethnischen) Lebensstils
erfüllt sich der Zweck des Integrationsdispositivs: den kollektiven Kampf um ein gutes Leben in ein individuelles Projekt des Scheiterns zu überführen.

PIZZA ESSEN SEELE

Als die Schwester meines Grossvaters, selbst noch ein Kind, ihre beiden
kleinen Brüder auf den Strassen der Vorstadtghettos Neapels durch-
brachte, waren ihre Lebensentwürfe vorgezeichnet. Sie verdingte sich
später als Hausmädchen bei einer Familie in Rom, während der eine
Bruder die leeren Tanks der Öltanker im Hafen von Neapel schrubbte,
woran er dann später lungenkrank starb. Meinem Grossvater gelang
es, in den 1930er-Jahren dem italienischen Faschismus zu entkommen
und als Koch in Kassel zu arbeiten. Dank seiner Kochkunst konnte er
der Internierung der italienischen Fremdarbeiter 1943 entgehen. Als
1945 seine Landsleute allesamt in die Heimat zurückkehrten, blieb er
und versorgte die amerikanischen GIs in ihren Bars und Nachtclubs
mit Essen. Mein Vater wurde als kleiner Junge derweil in einem nord-
hessischen Kinderheim untergebracht, wo die Kinder von den from-
men Nonnen gequält, misshandelt und an die Bauern in der Umgebung
als billige Arbeitssklaven vermietet wurden.

Als der Grossvater 1960 die erste Pizzeria dieses Landes in Frankfurt
eröffnete, musste der Junge dort weiterarbeiten. Doch ein Lehrer er-
kannte in ihm ein gewisses Potenzial und erteilte ihm eine Realschul-
empfehlung. Dieses kleine Wunder ermöglichte meinem Vater, von
dem für ihn vorgesehenen Weg abzuweichen. Der spätere Gang aufs
Wirtschaftsgymnasium und dann an die Uni erforderte jedoch den
Bruch mit der engeren und weiteren Familie und mit der Community

– Integration bedeutete schon damals den Zwang, die Erfüllung des Glücksversprechens als individuellen Weg anzuerkennen und dafür eine kollektive migrantische Forderung nach Rechten aufzugeben.

Als ich an der Grenze zur Schweiz der einzige Schüler am Gymnasium mit einem italienischen Namen war, obwohl ein grosser Teil unseres Ortes aus italienischen Gastarbeiterfamilien bestand, die in der chemischen Industrie am Rhein schufteten, wurde mir bereits als Kind klar, dass die Abwendung von der Community Bedingung war, sich der systematischen gesellschaftlichen Abwertung zu entziehen. In der bitteren Filmkomödie *Pane e cioccolata*, aus der die eingangs zitierte Szene stammt, wird dieses Verhältnis anhand der Geschichte eines italienischen Saisonniers in der Schweiz in seiner gesamten Brutalität vor Augen geführt. Auch im abfälligen Diskurs über «Tschinggen» und «Spaghettifresser» an der Deutsch-Schweizerischen Grenze der 1970er-Jahre waren die Rollen klar verteilt. Um aus dieser Rollenverteilung auszuscheren, blieb mir in diesem kleinen Ort nichts anderes übrig, als die eigene Herkunft zu verleugnen – ganz so, wie es dem Protagonisten im Film ergeht, als er sich die Haare blond färbt und in eine Schweizer Eckkneipe geht, wo er mit den anwesenden Gästen beim Fussball um die Wette patriotische Kommentare brüllt. Dass diese Camouflage schliesslich auffliegt, wissen jedoch ebenfalls alle, die diesen Weg der Assimilation gegangen sind.

Auch die zunächst angenehme Color-Blindness der Hamburger Autonomen, bei denen ich nach dem Wegzug aus Süddeutschland mein neues Zuhause fand, führte zur fortgesetzten Verleugnung der eigenen biografischen Kanakisierungserfahrungen, d.h. als «Kanake» beschimpft oder generell zum rassistisch markierten Anderen gemacht zu werden. Als nach der deutschen Vereinigung Anfang der 1990er-Jahre etliche Flüchtlingsheime angegriffen wurden, tausende Rassist:innen aufmarschierten, sich vom Staat ungehindert zu Pogromen zusammenrotteten und nachts Menschen, die als nichtdeutsch gekennzeichnet wurden, angriffen und oftmals töteten, empfanden die wenigen kanakischen Genoss:innen in der radikalen Linken noch ein anderes Gefühl als das der Wut und der Bedrohung. Es wurde uns klar, dass in der gesamtgesellschaftlichen Infragestellung unserer Existenz nicht nur unsere Leben, sondern auch das kollektive Gedächtnis an unsere aus der Migration heraus erkämpfte Geschichte ausgelöscht werden sollte. In der damaligen zugespitzten Situation, in der handfeste antifaschistische Kämpfe gegen Nazis stattfanden und hunderttausende Menschen bei Lichterketten ihre liberale Empörungsgeste über den entfesselten Rassismus zeigten, fand unsere spezifische Erfahrung mit Rassismus und unsere Positionierung als Migrant:innen keinen Platz in den Debatten.

OPEL – PITBULL – AUTOPUT:
DIE KANAK HISTORY REVUE

Aus dieser politischen Selbsterkenntnis gründete sich Ende der 1990er-Jahre das migrantisch selbstorganisierte Netzwerk Kanak Attak. Es ging zunächst darum, der bisherigen «Arbeitsteilung» von paternalistischem Antirassismus, migrantischer Identitätsfalle und bürgerlichem Integrationsdispositiv ein Manifest[1] entgegenzusetzen. Darin machte die Gruppe klar, dass sie aus einer migrantischen Perspektive den Scheindialog mit der Mehrheitsgesellschaft aufkündigte, zugleich aber auch jede Frage nach Pass, Identität und Herkunft in den Reihen der eigenen Familien und Communites zurückwies. Diese Haltung war neu und begründete in der Folge eine massive Theoriebildung im Feld des Antirassismus, etwa eine *kanak-operaistische* Perspektive. Das bedeutete erstens, Einwanderung als eine Geschichte von Kämpfen zu beschreiben. Zweitens liess sich mit dem Konzept der relativen Autonomie der Migration Mobilität nicht mehr als passiv und reaktiv gegenüber den jeweiligen wirtschaftlichen und politischen Konjunkturen begreifen, sondern als eigensinnig und selbstverständlich. Und drittens bedeutete dies die Zurückweisung identitärer Positionierungen, die in dem Konzept der postmigrantischen Gesellschaft mündete (→ siehe unten). Parallel dazu entstand eine neuartige Kulturproduktion, verbunden mit Namen wie Feridun Zaimoglu, Fatih Akin oder Hussi Kutlucan, die als *neue deutsche* Filmemacher:innen, Autor:innen oder Schauspieler:innen populär wurden. Vor allem aber entstand ein neues Selbstverständnis und Selbstbewusstsein von Menschen mit Kanakisierungerfahrungen, die sich für nichts mehr entschuldigten und jenseits von Staatsbürgerschaft und Haarfarbe gesellschaftliche Teilhabe für sich beanspruchten.

POSTMIGRANTISCH → Nach der Migrationsforscherin Naika Foroutan, die diesen Begriff aus dem Kulturbetrieb um Shermin Langhoff übernam, hat das «post» in postmigrantisch eine dreifache Bedeutung. Zunächst verweist es auf die Frage, wie sich nach erfolgter Migration Sprache, Arbeit und Wahrnehmung von Eingewanderten und Alteingesessenen verändert und wie sich Institutionen, Diskurse, Identitäten, Anerkennungsprozesse und Einstellungen transformiert haben. Der zweite Aspekt fordert uns auf, hinter dem omnipräsenten Thema «Migration» das zu erkennen, was der Migrationsdiskurs stets überdeckt: Klassenverhältnisse, soziale Ungleichheit, Sexismus, Rassismus. Drittens soll postmigrantisch als Aufforderung verstanden werden, Prozesse des «Othering» sichtbar werden zu lassen. Der Begriff ermöglicht es, neue Formen der Inklusion jenseits der Trennlinie von migrantisch und nichtmigrantisch zu denken. Es geht nicht mehr allein darum, sich als Herkunftsdeutsche:r schützend vor den Migranten oder die Migrantin zu stellen, sondern einen demokratischen Block zu bilden, der mehr bedeutet, als solidarisch für Andere einzustehen. Wir sind die Anderen, und wir sind es gleichzeitig schon lange nicht mehr.

Die erste Aufgabe, die sich das Netzwerk vornahm, war die Erforschung der Einwanderungsgeschichte der ersten Generation von Gastarbeiter:innen. Nach zweijähriger Recherche wurde 2001 mit einer Revue an der Berliner Volksbühne und an zahlreichen anderen Spielstätten gezeigt, dass unsere Eltern nicht die braven, alles erduldenden Menschen waren, die sich für das zukünftige Wohl ihrer Kinder in Almanya

---

1   https://www.kanak-attak.de/ka/about/manif_deu.html (zuletzt aufgerufen am 18.03.2021).

aufopferten. Stattdessen lernten wir, dass die Geschichte der Einwanderung immer von zahlreichen harten und immer wieder erfolgreichen Kämpfen um Rechte geprägt war. Bereits in den späten 1950er-Jahren rebellierten die Gastarbeiter:innen gegen ihre Einpferchung in schäbigen Werksbaracken und probten den Aufstand. Die Phase der massiven wilden Streiks in den Industrien und Betrieben Ende der 1960er- bis Anfang der 1970er-Jahre liess das fordistische System endgültig kollabieren. Mit der Ölkrise 1973 wurde das sogenannte Anwerbeabkommen beendet und die Leute sollten mit Prämienanreizen unter Verlust ihrer Rentenpunkte und Sozialversicherungsbeiträge und durch starken Druck wieder dorthin verschwinden, woher sie gekommen waren. Aber dafür war es bereits zu spät. Die gefeuerten Industriearbeiter:innen begannen, sich in verlassenen und für den Abriss freigegebenen Innenstadtgebieten anzusiedeln und setzten die verfallenen Häuser auf eigene Kosten instand. Die ersten Hausbesetzungen und Stadtteilzentren wurden von ehemaligen Gastarbeiterfamilien durchgesetzt. Vor allem aber gründeten sie als Vorhut postfordistischer Ökonomien eigene kleine Familienbetriebe, viele davon Restaurants, Imbisse, Eisdielen und Mittagslokale. Sie schufen in Vierteln wie Berlin-Kreuzberg, Köln-Mülheim, Hamburg-Ottensen, München-Westend, Kassel-Nordstadt, Dortmund-Nordstadt oder Frankfurt-Westend jene Möglichkeitsräume, in denen sich ab Ende der 1970er-Jahre dann die sogenannte Studentenbewegung mit ihren gegenkulturellen WGs und Kollektivbetrieben einnisten konnte. Diese Ausweitung der Kämpfe auf das ganze Leben brachte nicht nur wilde Streiks und Fabrikkämpfe, Hausbesetzungen, feministische Initiativen und solidarische Strukturen in den Stadtteilen hervor, sondern auch die Normalität von Diversität und eine neue Qualität einer Gesellschaft, die von Vielheiten geprägt war. Als im September 2019 die Grünen-Abgeordnete Canan Bayram im deutschen Bundestag der AfD entgegenrief, «eure Kinder werden so wie wir», sprach sie nur das aus, was seit Jahrzehnten in diesem Land passiert – die postmigrantische Multitude – die Gesellschaft der Vielen – hatte sich unwiderruflich etabliert.

RASSISTISCHE KONJUNKTUREN UND MIGRANTISCHE BÜRGERRECHTSKÄMPFE

Parallel zu den innerstädtischen migrantischen Kämpfen seit Ende der 1970er- und Anfang der 1980er-Jahre reagierte der Rassismus mit immer neuen Konjunkturen. Als die Regierung Helmut Kohl 1983 im Schatten der Stahlkrise den Plan fasste, die Hälfte der türkischen Bevölkerung loszuwerden, begleiteten «Türken raus»-Parolen den politischen Diskurs der Bundesregierung. Zahlreiche rassistische Morde wie derjenige an Ramazan Avcı in Hamburg 1985 oder mörderische Brandanschläge wie in Duisburg im August 1984 waren die Folge. Dem Versuch, eine dauerhafte Niederlassung der ehemaligen Gastarbeiter:innen zu verhindern, stellte sich nun eine breite, migrantisch geprägte Bürgerrechtsbewegung entgegen. Themen wie Asylrecht, vor allem nach dem Tod des von Abschiebung bedrohten Cemal Kemal Altun 1983, rückten plötzlich in den Vordergrund. Die 1980er-Jahre waren geprägt von gewaltigen Demonstrationen gegen das Ausländergesetz, und Forderungen nach politischer Partizipation, etwa nach dem kommunalen Wahlrecht und anderen umfassenden Rechten standen Ende der 1980er-Jahre ganz oben auf der politischen Tagesordnung der Bundesrepublik. Mit dem Fall der Mauer wurde nicht nur diese Bewegung, sondern bis heute auch jede Erinnerung an sie zerstört. Die rassistische Konjunktur nach der deutschen Vereinigung zwang die Migrant:innen zur Selbstverteidigung und in die Defensive.

Wie oben beschrieben, zwang die Welle offen rassistischer Gewalt nach dem Mauerfall zu einer Neuausrichtung migrantischer und linker Kämpfe, die das Feld des Antirassismus zum bestimmenden Ort gesellschaftlicher Aushandlungsprozesse werden liess. War vor 1989 der Begriff Rassismus in der deutschen Linken quasi inexistent, wurde der Kampf gegen ihn auf theoretischer, politischer, identitärer und pragmatischer Ebene zum Kristallisationspunkt einer ganzen Generation – und eben auch von uns Kanakstas. Das Pogrom von Hoyerswerda 1991 gegen ehemalige DDR-Vertragsarbeiter:innen und gegen Geflüchtete, das Pogrom von Rostock Lichtenhagen im August 1992 und zahlreiche Brandanschläge mit vielen Toten wie der in Mölln 1992 und in Solingen 1993 führten zur Bildung einer Antifa-Bewegung, aber auch zu einer migrantischen Selbstorganisierung von Angehörigen der Zweiten Generation, die sich nicht mehr auf die Verhältnisse in den Herkunftsländern konzentrierte, sondern auf das Leben und Überleben in Deutschland. Der Antirassismus in Verbindung mit dem neuen postmigrantischen Selbstverständnis bestimmte ab den späten 1990er-Jahren für einige Zeit das politische und kulturelle Klima in Deutschland – was sich u.a. auch in der Gründung von Kanak Attak manifestierte. Nach der Grundgesetzänderung von 1993, die die faktische Abschaffung des Asylrechts bedeutete und derselben Logik folgte wie die mörderischen Angriffe der Nazis – «das Boot ist voll» –, beendete der deutsche Staat am Ende des Millenniums schliesslich die offene Strassengewalt. Die rot-grüne Bundesregierung positionierte sich gegen Ende der 1990er-Jahre explizit und lautstark gegen Rassismus und rief 2000 zum «Aufstand der Anständigen» auf. Die Nazi-Szene organisierte sich da bereits schon zunehmend klandestin.

DER NSU-KOMPLEX UND
DER EXTREMISMUS DER MITTE

Während der 2000er-Jahre entstand aus der sogenannten Generation Hoyerswerda eine zunehmend terroristische Szene. Aus der Erfahrung der Straffreiheit in den Pogromjahren der 1990er-Jahre keimte ein gut organisiertes Netzwerk, das sich zunehmend bewaffnete und zum «führerlosen Widerstand» aufrief. Die Kader in diesen Netzwerken waren in der Regel V-Leute, d.h. vom Bundesamt für Verfassungsschutz betreute, finanzierte und mit Straffreiheit ausgestattete Vertrauenspersonen aus der Naziszene. Das Netzwerk des Nationalsozialistischen Untergrunds (NSU), dessen Wirken bis auf die Zwickauer Zelle behördlicherseits bis heute unaufgeklärt ist und das weiterhin unbehelligt existiert, war ein Ergebnis dieses geheimdienstlichen – wie es der VS selber nannten – «Versuchslabors Ost», das in den 2000er-Jahren acht als «Türken» identifizierte Männer ermordete sowie aus bisher unbekannten Gründen eine Polizistin erschoss und ihren Kollegen schwer verletzte. Mehrere Sprengstoffanschläge trafen darüber hinaus viele Menschen; vor allem die Nagelbombe vom Juni 2004 auf der Kölner Keupstrasse, einer türkisch geprägten Geschäftsmeile, hatte zum Ziel, möglichst viele Passant:innen wahllos zu töten. Einzig die Opfer und ihre Angehörigen wurden bis zur Selbstenttarnung des NSU 2011 von den Behörden als Verdächtige geführt und von der Politik und der Presse als Schuldige gebrandmarkt. Der fünf Jahre dauernde Prozess gegen die einzige Überlebende des sogenannten Kerntrios und gegen vier Mitangeklagte sparte das bundesweite Netzwerk, in dem die Terrorzelle ihre Taten plante und von dem sie jahrelang im Untergrund versorgt wurde, sowie das Wirken der behördlich bezahlten Kader darin systematisch aus. Die Mitangeklagten wurden im Sommer 2018 mit äusserst milden Strafen auf freien Fuss gesetzt, was als Fanal für militante Neonazis verstanden werden konnte, auch nach einer Mordserie wie dieser keine grösseren Repressionen fürchten zu müssen. Folgetaten dieses Netzwerks wie der Mord an dem Politiker Walter Lübcke im Juni 2019 zeigen, dass diese Netzwerke gestärkt aus dem Verfahren herausgegangen sind und dass der NSU-Komplex weiterhin aktiv ist. Der NSU-Komplex, sprich das ungeplante und dennoch reibungslose Ineinandergreifen von Nazis, Geheimdiensten, Polizei, Politik und Öffentlichkeit fand seinen diskursiven Resonanzraum im Extremismus der Mitte, für den das Buch *Deutschland schafft sich ab* von Thilo Sarrazin von 2010 exemplarisch zu nennen ist.

WIR KLAGEN AN – DAS NSU-TRIBUNAL

Der strukturelle Rassismus (→ siehe unten) ist weder falsches Bewusstsein noch Ideologie, sondern zielt auf den grundsätzlichen Abbau von Rechten für alle ab. Das haben uns die Stimmen der migrantischen Betroffenen im NSU-Komplex gezeigt, die nicht erst seit 2011 ihr situiertes Wissen (→ siehe unten) zu den Mustern und Wirkungsweisen des strukturellen Rassismus artikulierten. Weder dem NSU-Terror noch den angesichts des Sterbens im Mittelmeer «Absaufen, absaufen!» grölenden Pegida-Aufläufen, nicht einmal dem Massenmörder von Hanau, der im Februar 2020 neun als nichtdeutsch markierte Menschen unter anderem in Hanauer Shisha-Bars hinrichtete, ging es darum, die vermeintlich nichtdeutsche Bevölkerung zu dezimieren. Sie alle eint vielmehr eine antisemitische, antimuslimische, rassistische und heterosexistische Einstellung und der wahnhafte Glaube daran, dass sogenannte Eliten mit Hilfe von forcierter Einwanderung eine «Islamisierung des Abendlandes» und eine «Umvolkung» vorantreiben, während der Feminismus den Widerstand der letzten aufrechten weissen Männer gegen dieses Komplott schwächen würde. Diese umfassende Gewalt zielt auf die Absicherung von Herrschaftsverhältnissen durch öffentlich wirksames Fremdmachen von Menschen, die ständige Bedrohung ihres Lebens und die soziale, ökonomische und juristische Entrechtung migrantischer Communities – und damit auf die Einübung einer allgemeinen Verrohung der Gesellschaft in Vorbereitung künftiger illiberaler Demokratien zugunsten von nationalistischen, patriarchalen und rassistischen Positionen.

MIGRANTISCH SITUIERTES WISSEN → Für die feministische Debatte entwickelte die Philosophin Donna Haraway 1988 das Konzept eines situierten Wissens. Mit diesem Begriff können partielle und lokale Perspektiven innerhalb marginalisierter Communities und Lebenswelten gefasst werden, die fähig sind, die Muster eines ihnen begegnenden strukturellen Herrschaftsverhältnisses zu erkennen und zu beschreiben. Dabei geht es auch um ein Wissen über solidarische Netzwerke und Aneignungskämpfe. Migrantisch situiertes Wissen ist dabei gerade nicht als eine Identitätsressource zu verstehen. Vielmehr versucht der Begriff, einen gesellschaftlichen Ort auszumachen, von dem ausgehend spezifische inkorporierte Bestände von Geschichten, Erklärungen und Werten entwickelt und in das eigene Leben sinnhaft eingebettet werden. Dieses Wissen verweist auf individuelle wie kollektive Erfahrungen, die mit konkreten Situationen einhergehen. Das situierte Wissen der Migrant:innen begreift Rassismus also nicht als ein abstraktes Gegenüber, sondern vielmehr als alltäglich erlebten gesellschaftlichen Akteur, mit dem umgegangen werden muss, weil er das eigene Leben prägt und bedroht. Nicht der einzelne Migrant oder die einzelne Migrantin sind darin die Expert:innen, sondern ihr kollektives Wissen unter den Bedingungen von Mobilität und systematischer Entrechtung.

Aus der bundesweiten solidarischen Arbeit mit den Betroffenen des NSU-Terrors, den Überlebenden und den Angehörigen der Mordopfer entstand das Tribunal «NSU-Komplex auflösen». Bei zahlreichen Veranstaltungen sowie bei drei Tribunalen in Köln (2017), Mannheim (2018) und Chemnitz (2019) erhob das Tribunal im Namen der Betroffenen Klage wegen der erfahrenen Gewalt und der Beschädigungen in den Communities. In diesem Prozess wurde ein neuer Dreiklang der Solidarität entwickelt, der die antirassistische Arbeitsteilung und das seit fast dreissig Jahren existierende Nebeneinanderher von Antira, Antifa, migrantischen Selbstorganisierungen und Antideutschen teilweise überwinden konnte.

STRUKTURELLER RASSISMUS → Struktureller Rassismus produziert das Phänomen der «Migration» und «Migrant:innen» als Störung einer Ordnung, die vor allem national begründet wird. Dies spiegelt sich in der Fremdmachung in staatlichen, kulturellen und medialen Institutionen und im damit verbundenen erschwerten Zugang zu sozialen und politischen Rechten, zu wirtschaftlichen Ressourcen und zu gesellschaftlicher Repräsentation. Dieser Rassismus versucht reflexartig, migrantische Lebenswelten zu verunsichern und zu destabilisieren. Die auf Entrechtung und soziale Unterordnung zielenden Diskriminierungen von kanakisierten Communities durch die Mehrheitsgesellschaft und ihre Institutionen reagieren dabei auf die seit Jahrzehnten durch Migrant:innen erkämpften sozialen und politischen Rechte. Damit destabilisiert dieser Rassismus auch die demokratisierenden Effekte von Migration, aus der heraus es – etwa durch Kämpfe um Lohngleichheit oder Zugang zu Bildung für alle – immer wieder gelang, gesellschaftliche Ausschlüsse zu überwinden. Der Kampf um Rechte – das zentrale Ziel aller demokratischen Bewegungen – wird mit einer permanenten Zurückweisung beantwortet, die sich zwischen rassistischen Anschlägen und falschem Integrationsversprechen aufspannt.

Es war erstens eine Klage um die Toten und Verletzten, um das Unrecht und die Verweigerung von Gerechtigkeit. Zweitens klagte das Tribunal die Verantwortlichen aus Nazikreisen, Geheimdiensten, Politik, Polizei, Justiz und Presse an, die migrantisches Leben und die Opfer des NSU angriffen, statt sie zu schützen, und diese diffamierten, quälten, verhöhnten und bedrohten. Zwar wurde in der Offenlegung des unabge-

Das Tribunal «NSU-Komplex auflösen» vom 17.–21. Mai 2017 in Köln.

sprochenen, indes reibungslos funktionierenden Zusammenwirkens von Nazis, Polizei, Geheimdienst, Justiz, Politik und Medienberichterstattung gezeigt, dass der NSU-Komplex ein strukturell rassistischer Mechanismus ist. Gleichsam wurde betont, dass sich jede einzelne Person dennoch entscheiden kann, diese Struktur aufrechtzuerhalten oder ihr den Dienst zu verweigern. Gerade das Moment der Anklage brachte das offensive Potential einer direkten politischen Intervention mit sich. Die dritte und vielleicht wichtigste Klage war das Einklagen einer anderen Gesellschaft, einer postmigrantischen Gesellschaft der Vielen, die dieses Land seit Jahrzehnten geprägt und verändert hat und hinter die nicht zurückgefallen werden kann. Diese dritte Klage machte klar, dass der Rassismus im Grunde keine gegen tatsächlich «Fremde» gerichtete Gewalt ist, sondern dass er die Fremden über seine Gewaltförmigkeit erst herstellt. Gerade die Reaktionen der Angehörigen der Ermordeten des Terroranschlags in Hanau machen das deutlich, indem sie unermüdlich betonen, dass hier nicht Migrant:innen, sondern ganz normale Hanauer:innen getötet worden seien. Damit verweisen sie auf eine längst realisierte Gesellschaft der Vielen – eine Realität, die Rassist:innen wie der Attentäter zugunsten einer homogenen nationalen Gemeinschaft rückgängig machen wollen. Trotz des Schmerzes und der politischen Wut verweist dieses Einklagen auf die Macht der Migration, die jeder Fantasie einer statischen Nation mit Verweis auf die migrantischen Realitäten eine krachende Absage erteilt.

DIE MACHT DER MIGRATION UND DER SOMMER 2015

Seit 2012 haben sich die Kämpfe von Refugees in ganz Europa massiv verstärkt. Ein Ausdruck davon war der Marsch der Geflüchteten von Österreich nach Berlin und die sehr sichtbare anderthalbjährige Besetzung des Oranienplatzes in Berlin-Kreuzberg. Vor allem erreichte ein neuer demokratischer Impuls die Länder Europas, als sich 2015 eine Million Menschen einen Korridor nach Deutschland schlugen und mit ihrer Forderung nach Freizügigkeit und Partizipation das europäische Versprechen zurück nach Europa brachten. Dieser sogenannte Sommer der Migration brachte einen gewaltigen Affekt der Solidarität bei den Alteingesessenen hervor, den die Geflüchteten in ihrer Behauptung ihrer Existenz und Forderung nach einem guten Leben erzeugten. In einer historisch nie dagewesenen Dimension organisierten Millionen Menschen – viele von ihnen ehemalige Migrant:innen – Formen eines postmigrantischen Gemeinwesens, das auf Teilhabe, Vielheit, Empathie und Gerechtigkeit ausgelegt war. Auch heute noch sind rund acht Millionen Menschen in Deutschland an diesen Formen der Solidarität beteiligt, die historisch beispiellos sind. In der Rückgewinnung des öffentlichen Raums und der Selbstorganisierung der nachbarschaftlichen oder lokalen Belange werden die eigenen und die «fremden» Bedürfnisse auf inklusive Art in ein Verhältnis zueinander gestellt: Der eigene soziale Raum wird geöffnet. Solidarity Cities, sichere Häfen, Urban-Citizenship-Initiativen, Mietenbewegungen und die generelle Forderung nach Bürgerrechten unabhängig von Aufenthaltsrechten haben eine Vorahnung einer zukünftigen solidarischen, postmigrantischen Gesellschaft der Vielen Realität werden lassen.

Im Gegensatz zu der Zeit nach dem Mauerfall in den frühen 1990er-Jahren, mit den zahllosen Brandanschlägen und den vielen Toten, gibt es heute trotz der neuen Konjunktur rassistischer Gewalt in wirklich jedem noch so kleinen Ort Menschen, die es als eine Bereicherung empfinden, wenn Leute zu ihnen kommen, die ihnen zunächst als fremd erscheinen. In der Öffnung des sozialen Raums findet eine umfassende Demokratisierung statt, bei der ganz grundsätzlich und auch gegenseitig gefragt wird: «Wie wollen wir zusammenleben?» Diese Frage ist eine radikal andere Frage als jene nach Identität oder dem Subjekt. Es ist die gegenseitige gesellschaftliche Solidarität unter Verschiedenen.

Heute existiert somit eine Spaltung zwischen der Solidarität und dem identitären Denken, das im sogenannten Rechtsrutsch seit dem parteipolitischen Durchmarsch der AfD, aber auch in anderen Formen identitärer Politik seinen Ausdruck findet. Die Solidarität, die aus der Migration erwächst, steht der gegenwärtig parallel stattfindenden gesellschaftlichen Verrohung wie nichts anderes entgegen. Sie ist nicht taktischer Natur, sondern richtet sich auf eine Zukunft aus, deren Begriffe wir zwar noch nicht besitzen, deren Praxis aber bereits Realität ist. In der solidarischen Arbeit wird das Politische «migrantisiert», d.h. in den Migrationsbewegungen sehen wir die Ausgangsbedingungen für eine generelle Transformation hin zu gerechten Verhältnissen. Gleichzeitig muss der Migrationsdiskurs «entmigrantisiert» werden, um zu zeigen, dass die Angriffe auf migrantisches Leben letztendlich Angriffe auf das gute Leben von allen darstellen.

Es geht also um die Erfindung einer Sprache des Widerstands, die den Umgang mit Unterdrückung und Leid ebenso einschliesst wie Perspektiven der Befreiung. Sie legt den transformatorischen Charakter im Zusammenhang zwischen Migration und gesellschaftlicher Produktion offen und verweist auf eine Praxis des Widersetzens, die den Kampf gegen Rechtlosigkeit und für soziale Rechte *für alle* stärkt.

Dieser Text basiert auf einem Vortrag, den Massimo Perinelli am INES-Vernetzungstreffen vom 30. März 2019 in Bern hielt.

ICH Kindergarten Hardau I

HAUTFARBEN

Fatima Moumouni

WIE IST DEINE HAUT?
WEISS.

WEISS?
WIE FRISCHER SCHNEE, REINES KOKS,
  PASTEURISIERTE MILCH?
VIELLEICHT EIN WENIG DUNKLER.

SO WIE... VERGILBTES ODER SCHLECHT
  GEBLEICHTES?
ÄH... JOAH...

ALSO GRAU? WIE EIN ALTES IPHONE-KABEL,
  DIE FEINEN LINIEN EINES KARIERTEN BLATTS,
  ANGESCHMÜRZELTES WACHS? ODER MEHR...
  KAFFEERAHM?
WENIGER GLATT VON DER TEXTUR HER.

HM. WIE BILDRAUSCHEN, WASCHPULVER,
  KIESBODEN, BLUMENKOHL?
JA. VIELLEICHT IST DAS SCHON ZU GROB.

EHER FEINSTER SANDSTRAND, GISCHT,
  MILCHGLASFENSTER, ÖKOPAPIER?
SIE HAT AUCH ETWAS RÖTLICHES.

RÖTLICH? SO WIE MUMPS? MASERN? RÖTELN?
  SPORTPLATZ, BACKSTEIN, GLUT?
NEIN. BRÄUNLICHER.

BRÄUNLICH-WEISS? DU MEINST BEIGE.
  KORK, EIN SEIL, EINE KORDEL?
JA AUCH. ABER DU VERGISST DAS RÖTLICHE!

SÜSSKARTOFFEL, LAUB, TONTOPF, KLOSTOPFER,
SCHMIRGELPAPIER.
HMM. AUCH NICHT. ICH GLAUBE, ES SIND
VERSCHIEDENE FARBEN GLEICHZEITIG!

WIE PICKEL? ROT, GELB, WEISS. – KRUSTE?
NEIN. NEIN, KEIN GELB. MEHR ROSA!

DANN MEINST DU WOHL EIN SCHWEIN.
EIN NAGELBETT. ODER ROHES HÄHNCHEN.
HMM. MIT DEM HÄHNCHEN KÖNNEN WIR ARBEITEN.
KENNST DU DAS, WENN EIN GEGRILLTES
HÄHNCHEN NOCH NICHT DURCH IST?
DAS SIND DIE FARBEN. DIE HELLBRAUNE HAUT,
DAS WEISSE FLEISCH, DAS ROSA AM KNOCHEN.

DU MEINST, WENN ICH DIE FARBPALETTE
FÜR EIN HALBROHES HÄHNCHEN HÄTTE,
KÖNNTE ICH DICH FARBGETREU MALEN?
HMM... ICH DENKE SCHON.

HAST DU DICH JEMALS GEFRAGT
WELCHE HAUTFARBE DU HAST?
IM SCHWÜMBI,
BEIM BÄCKER,
AM ERSTITAG,
DU HAST DICH JEMALS GEFRAGT
WELCHE HAUTFARBE DU HAST?
BEIM FRAGEN NACH DEM WEG
IN EINER FREMDEN STADT?
BEIM JOBINTERVIEW,
BEI EINER POLIZEIKONTROLLE?
GLATTES, BLONDES HAAR,
ODER BRAUN,
VIELLEICHT SCHWARZ.
AUCH IN DEN AUGEN HAST DU FARBE,
UND WENN SIE TRIEFT WOHL UM DIE NASE,
EIN BISSCHEN ROT AN DEN WANGEN,
UND WENN SONNE, DANN FANGEN
SIE BRENNENDE FLAMMEN,
BALD FALLEN DIE SCHUPPEN VON DER HAUT.
AUTSCH.

«HAUTFARBEN»

SONNENBRAND MUSS SCHMERZHAFT SEIN,
DOCH ICH MAG DIE MUSTER, DIE ER MALT,
KREBSROT, GETRÄUMTES BRAUN,
VERSENGTE HAUT SÄUMT DIE BRAUEN
UND DEN HAARANSATZ.

DAS LÄSST MICH AN 'NEN PFIRSICH DENKEN.
UND DIE SONNE SCHEINT SO ANMUTIG
    DURCH DEINE HELLEN, FAST DURCHSICHTIGEN
    OHREN! WIE BEI KIRCHENFENSTERN.

ABER,
HAT DEINE HAUT JEMALS GESAGT:
«ICH VERTICK GRAS!»
ODER: «ICH SPRECH KLICK SPRACHE,
PUTZE WCS ODER DIE STRASSE»?

HAT DEINE HAUT JEMALS GESAGT:
«MEINE ELTERN HABEN GEHEIRATET
    DER PAPIERE WEGEN.»
ODER: «ICH LAUFE HERUM,
    DAS KONTROLLIERT MAN EBEN»?

HAT MAN DEINER HAUT JEMALS «STOPP» GESAGT
    VOR DEM ZOLL?
HAT MAN DEINER HAUT JEMALS ERZÄHLT:
    «DAS BOOT IST VOLL!»

HAT SIE JEMALS GESAGT:
«ICH HAB' SWAG, KANN TANZEN
    UND AUCH LIEDER SINGEN!»
SPIELT SIE AUCH EINE ROLLE,
    ALS WÄR' SIE EINE SCHAUSPIELERIN?
NEIN. MEIN HAUTTON IST STUMM.

ALSO DU MEINST, MAN HÖRT ODER
    SIEHT DEINE HAUT NICHT?
NUR WENN DIE SONNE SIE VERBRENNT?
DAS IST WIE GEHEIMSCHRIFT
    MIT ZITRONENSAFT AUF PAPIER.
SIE IST ALSO DURCHSICHTIG.
    ODER DU BIST BLIND.

HAT DEINE HAUT AMERIKA ENTDECKT
UND SCHMINKT SICH AN FASNACHT ALS INDIANER[1]?
DENKT DEINE HAUT, ISST DU DEIN Z'NACHT
    NICHT FERTIG
AN ARME AFRIKANER?

HAT DEINE HAUT ANGST VOR
TRUMP, BREITBART, BLOCHER, KÖPPEL,
    DEN RECHTEN?
NEIN?
DANN HAST DU DIE WEISSHEIT WOHL
    MIT LÖFFELN GEFRESSEN.
ODER SAGEN WIR, SIE WURDE DIR
    IN DIE WIEGE GELEGT.

ICH HOFF', DU FÜHLST DICH NICHT VON MIR
AN DER BORKE DEINER BIRKE GESÄGT.
ICH WOLLT' NUR, DASS DU'S WEISST,
DEINE HAUT IST DIR PRIVILEG.

DU FRAGST MICH: «UND WIE IST DEINE?»
ICH REICHE DIR DIE HAND,
DAS STÜCKCHEN WEISSHEIT, DAS AUCH ICH HABE,
UND SAG' DIR: «MEINE, DIE IST HAUTFARBEN.»

«HAUTFARBEN»

1   Achtung: «Indianer» ist eine rassistische Fremdbezeichnung. Sie wird an dieser
    Stelle reproduziert, um auf den gewaltvollen Umstand der Fremdbezeichnung
    aufmerksam zu machen, während der häufig an Schulen gelehrte Euphemismus
    «Entdeckung Amerikas» für einen Genozid an indigenen Amerikaner:innen steht.

ICH Kindergarten Hardau I

ON WHITENESS AS THEORY

Ntando Cele / Kadiatou Diallo

The following interview features transcribed excerpts from a 45-minute conversation between performer-artist Ntando Cele with curator, facilitator and cultural practitioner Kadiatou Diallo. The original interview from 2018 forms part of the podcast series Artists on Africa: *"The third season considers the diasporic experiences of artists based in Berlin, Paris and Switzerland, asking how notions of home and transnational identities are negotiated, how race/ism and gender are navigated, how context impacts the work, how the art market is maneuvered – in short: what it means to be a Black artist in Europe today."*

Editorial notes are set in [brackets].

ON DEALING WITH ISSUES OF IDENTITY

KADIATOU DIALLO — Your work is unbelievably "in your face." I'm curious about your take on what audiences allow to happen to them with these kinds of works, especially Swiss audiences who are quite polite.

NTANDO CELE — In the beginning I was scared of this work because I've never wanted to be a female artist who talks about identity. I remember how maybe ten years ago it was a big deal to have all these female Black artists who were coming up with the issue of identity, and I was like (*screaming face*) ... I don't want to be one of those. I thought there are already way too many of us dealing with identity. So then, to be here and end up talking about prejudice is quite funny, because it meant I had to find a really interesting way to do it, since I had earlier stated that I wouldn't go in this direction.

[...] Working in Europe, "being Black" became an issue. And not that it wasn't an issue in South Africa, but it was a different kind of issue. And this is what I struggle to fully explain here, when I get asked about the two: why now and why here. It feels like it's necessary ... that's what gives it a certain strength on the private side ... It is necessary, it needs to have a place, it needs to belong somewhere! [...] And ... theatre, luckily for me, is just one of those spaces where I can create the context and do it the way it is.

Ntando Cele/Kadiatou Diallo, *On Whiteness as Theory*, video still, 2018.

ON THE BIRTH OF BIANCA WHITE

NC — Bianca came out of … some interesting things for me come from (*laughs*) anger. Being angry and wanting to deal with a certain issue: frustration. So, I was very frustrated with blackfacing in Holland. I felt embarrassed and ugly and hurt, which also has a lot to do with me personally. It's not only about the image of blackfacing … And then the comments around it were more frustrating, around "Yeah, but it's normal here. It's funny … It's not about *you* actually." And I didn't feel like that at all, so that's how Bianca came about.

It's like you cannot make fun of the opposite. That was the biggest frustration. You cannot make fun of the opposite of blackface. There is no opposite of blackface, and how is that even possible? And so that's how Bianca came about, to solve this riddle.

ON GETTING TO KNOW VERA BLACK

NC — […] Vera is actually even still not finished as a person. I'm just using her from a very artificial level, because there are certain things that I have to confront about myself in order to pursue her more. And I just don't have the time (*laughs*). Bianca is of course older, so therefore I had more time to sit in it more and take it away, look at it, be okay with it, laugh. And maybe also Vera is just not funny. Vera Black is just not funny (*laughs*). That's a bit more difficult to deal with.

THANK YOU, I DON'T NEED YOUR HELP.
THANK YOU, I'M ALL FUCKED UP BY MYSELF.
THANK YOU, YOU CAN IGNORE ME NOW.
FUCK YOU, YOU ARE BORING ME NOW.

[Lines from a song performed by the character Vera Black, in *Face Off*, performance, 2012.]

NC — She [Vera Black] feels like the side of me that I try not to put first in any situation that is not a part of me, that I would let come forth; the angry side, the hurt side, the truthful side. I would coat it a bit more with more nervous laughter. Vera Black has none of this, and so it's very difficult to do. So, we have moments of toning her down and trying to speak in a neutral voice, because again we have the same problem of … she comes across as an angry Black woman and people then close their ears or people are not going to hear what she says.

KD — Well, she is also sexy, she is attractive on a number of levels.

NC — (*laughing*): I forget that she is attractive!

KD — She is attractive, and also she is "exotic."

NC — Ja, ja. True.

KD — To me there's a strange sort of way-back-when object of desire that's negotiating the now-moment.

NC — True. It's such a nice way of putting it, because for me what you just said … That image, for me, that's what has translated to me or my presence here … It's *exactly* the kinds of things that I try to negotiate in my work and in my daily living in Europe. It's this way-back-when image of certain things about me, but being negotiated here, now, quickly, like really quickly … (*laughs*)

Ntando Cele as Bianca White in *Black Off*, performance, 2012.

ON NEGOTIATING PROVOCATION AND VULNERABILITY

NC — As for the vulnerability, I remember feeling it in the beginning and how uncomfortable it was. I know why it was so hard to get here. But now I've been doing it for so long that it's become normal. It has become so normal that it's part of the show. I completely ignore it. I have moments of catching it when I'm performing in Brazil, because sometimes the response is so personal.

NC — Somebody in Brazil once asked me in an interview, "How should we feel when we laugh with the racists?" It was one of the first questions. How should we feel or how do you feel when we laugh together in the theatre during your show, with the racists? And this was one of my first issues with this kind of work or with using humour. [...] Where do I place myself? It's a very thin line, and maybe the vulnerability comes in here, because it then helps me to send a secret code to somebody who knows what this feels like or where it's coming from, if that makes any sense. The intention is very clear.

Whereas in Brazil it's more like, "No! She didn't!" They have moments of, "Oh shit!"... Or then there would be really amazing things where people who in South Africa I would classify as Black or "coloured" would come up to me and say, "Hey, thank you so much. Just so you know, I didn't know that I'm Black." And I'm like, "What the fuck is happening?" So my Brazil experience made whiteness a theory for me and not a color. That's an interesting thing. Not a skin color but a theory. Because before it was a reality for me... Brazil made it a theory. That's something that's also so difficult to think about when I'm not there. It made sense when I realized it there [whiteness] ... it's a construct—a complete construct! That's something so mind-blowing for my brain to accept with the kind of history that I have, to think of whiteness as a theory, a construct. "What do you mean?!" My brain was like ... (*gesture of head explodes*)

KD — The show is for white people in Switzerland. But they are not the only ones who are coming to see it and I'm curious about the different kinds of responses you get from white Swiss people, or just white people in Europe, or from South Africans or other Africans who haven't spent all that much time here, and from Black people that are actually Swiss in the sense that this is their place of birth, this is their context. Is there a difference?

NC — Yeah. There is a huge difference. I was saying to somebody this morning who was asking about *Black Off* for Berlin and then I remembered that actually even talking to other Black people about the difficulties of living in Europe as a Black person is problematic. So, it needs a context almost, and I've learned also that I don't speak to everybody about this. I speak to very specific people because there are people who believe that it doesn't happen to them—and maybe it's true and I can't then force my beliefs on them about what my experience is. So I've also had this, of people who are like "oh I'm so sorry that you feel this way, but I have never had this problem." A friend of mine is like that, so I've learned also to take it back, so that my complaining about life in general is not solely focused on the fact that "It's because I be Black!" Swiss white people respond in a certain way of course I think because of what the history is in Switzerland and again now I face a new ... I don't wanna say problem ... a new challenge in Switzerland.

KD — Such a neutral word!

NC — A neutral word—hence I am now very neutral!

[Here in Europe] this work is difficult for them [the white audience] to accept, mostly because people who come to the theatre believe that they are the ones who are doing the "right thing" in this society. And so some of them get very offended and can't listen to anything else afterwards because they're offended … because they think that they are doing the right thing and that makes them feel helpless, like, "Okay, so then if I'm doing this wrong, then what is it that I should be doing?" So there's *that* type of white person in Europe, and then there is the type of person that says, "Not my problem. It's your problem, and it's not true! It can't be true. Because you are the only one complaining about it. Everybody else is not complaining about it." I also found out also that things to do with *race* are so easy to dismiss.

ON FLOWING, SHIELDING, AND THE HELMET

KD — When you choose to become a Bianca or Vera and you do these kinds of shows, it's a very different kind of stage presence, a different kind of relationship with an audience. [...] I think even at the time we had a conversation about the fact that there comes a moment where one needs a bit of a break from this constant exposure, and that something like *Black Milk* might just be a little softer … do you remember?

NC — Yeah, it's true, I remember. It's to get a break. It's to get a bit of a breather and to explore something else. And it comes as a very welcome break actually. And I was looking for … the intention was flow. That was the intention.

[...] I take a lot of time to develop something. And also, for me right now it could be that the helmet is not at the right place at the moment. The image of the helmet, the dress … But I really like it though. It's hilarious and it's so random. I like that. And actually, it read completely differently later.

Ntando Cele, *Black Milk*, performance, festival *A Piece of Street*, Basel 2017.

*I HAVE NEVER, NEVER BEEN A SLAVE BUT
    I SMELL THE BOTTOM OF A SHOE EVERY TIME I
    WALK INTO A MOVIE THEATRE.
I HAVE NEVER BEEN A SLAVE BUT I FEEL THE
    BEATINGS FOR WEARING MY HAIR IN
    A CERTAIN WAY.
I WAS NEVER IN PRISON, PACKED UP LIKE LUNCH,
    BUT I KNOW THE CLAUSTROPHOBIA OF BLACK
    DREAMS ALL PACKED INTO SARAFINA.
I HAVE NEVER SEEN THE INSIDE OF AMISTAD
    BUT I GOT GIVE US US FREE?
I HAVE NOT SEEN 12 YEARS A SLAVE BUT
    I RUN FROM ANYONE WHO ASKS
    IF I KNOW THAT DUDE FROM AFRICA.
I HAVE NEVER HAD A DOMPAS BUT I REMEMBER
    THAT SOME LIVES MORE IMPORTANT
    THAN OTHERS AND THAT A PENCIL TEST HAS
    NOTHING TO DO WITH LEAD.
I HAVE NEVER BEEN EXILED FOR WEARING THE
    WRONG SKIN COLOR BUT I KNOW
    THAT WHITENESS IS A LIE.
I HAVE NEVER BEEN TO HELL BUT I HOPE
    BLACK JESUS IS ALSO COMING BACK.*

*IF I WERE TO BE FREE, I WOULD SOAR
    LIKE A BUTTERFLY IN AN IMAGINARY PARADISE
    WHERE ADAM SHAMED EVE.
I WOULD WANT TO WITNESS THE MOMENT
    WE BECAME NAKED AND I BECAME BLACK.
THEY AIN'T TALKING ABOUT ME ...*

*OH WHAT IS THIS FREEDOM I LONG FOR?
PERHAPS IT'S TO SWIM THE SEAS
    AND TASTE THE WONDERS THAT ZWARTE PIET
    SAW WHEN HE BECAME A MOOR.
PERHAPS IT'S TO WALK THE PATH AND LAY TO REST
    THE TURMOIL OF CENTURIES OF OPPRESSION
    I KNOW NOTHING ABOUT EXCEPT THROUGH THE
    WHISPERS OF THE CANALS.
THE RIVER SHOUTS N***** WHEN I WALK PAST.
NOW I KNOW THEY AIN'T TALKING ABOUT ME
    BUT I KIND OF HAVE TO WONDER ...*

[«Never Say Neva», from From *Black Milk*, 2017.]

Ntando Cele as Bianca White in *Black Off*, performance, 2012.

KD — I've had conversations with performance artists who use various forms of "masquerading." Would you say that in some way Bianca and Vera and the helmet are masquerades?

NC — Yeah, I think it starts off as a shield and then later it develops into something else. When I start it, I don't usually know where I'm going with it. But I take forever to make sense of what it is, of what it is that this image should be. And this as well, I think it needs time. Maybe that's where the helmet comes from. I did another poetry thing with the helmet, but dressed in a full biker outfit, with very sexy boots. It doesn't matter. The banging came from a story in which she is a being from the future … She is a being from the future who asks the audience to help her to get back to where she came from, because she is stuck on earth and hence the banging. Banging was with the percussion only and a lot of traditional dancing, in boots. Which is also funny because I would never do traditional dancing at home.

KD — I'm curious about your experience as a Black female artist here. And your experience of either liberties or limitations that maybe you have observed, heard of, or otherwise.

NC — When we think of something, we always think of a man. So, for example if you say, "African dance," I think of a man for sure. Even now when you said in the work that you do, I thought of men only. Not women at all … Theatre, performance … men. More interesting than what women do. That's the message. If I am to be interesting, what would I have to do? To take off my clothes, which I've tried thus far not to do. I mean the latex outfit is pretty close, and that's as far as I will go.

That's the message though.

When I'm told that a Black female artist from South Africa is really interesting, it's usually somebody who is talking about their lesbian identity or somebody who is performing a naked piece. The biggest reason why I decided to pursue this topic or this kind of work [prejudice or identity work], especially here, is to promote a different *kind of me*. Or to show a different *face* of me. Just to say, come on, there's more! I have so much more! But at the same time, within that, to accept for myself that I'm more than what is projected around me. "It's for the children!" (*laughs*)

Living in Europe I have not had the pleasure to even explore that far as a woman, because I'm stuck with the issue of prejudice.

KD — You feel limited and trapped by that? Workwise?

NC — Sometimes. I remember wanting it as a challenge, in the beginning. And now because I know *how* I would like to work with it. For example, "Enjoy Racism" [a theatre experiment where people are discriminated against purely based on the color of their eyes, directly, in person] has helped me to define *how I* want to deal with it. Because that's definitely not how I want to go. That's not the direction I want to go. I don't want the personal-personal, hands-on attacking. I prefer the veil of theatre and the lights and the distance. Maybe when I won't live here anymore I will have a different subject to talk about. Because every time I do something there is no way that I can ignore the fact that I am a Black body in Europe. No matter how much people are saying, "Oh, but isn't her work always about racism?" (*rolls her eyes*) I don't think it's me necessarily boxing myself in. I mean maybe it is. That's possible, but I think that it's more because of how slowly things are changing here.

This was a nice discussion, I hope I look amazing.

KD — You look pretty amazing. (*laughs*)

ICH BIN IN DIE
SCHWEIZ
GEKOMMEN
UND VIELE
MENSCHEN
SAGEN,
DIE SCHWEIZ SEI
DAS PARADIES

FÜR MICH IST ES
SCHWIERIG, IM
PARADIES ZU
BLEIBEN
WEIL IN MEINEM
LAND IMMER
NOCH DAS
GLEICHE
FEUER BRENNT

Muska Murad, aus «Mein Land», 2020.

GESCHICHTE DEKOLONISIEREN

EIN KRITISCHER BEITRAG ZU EINER GLOBALEN SCHWEIZER GESCHICHTE

Izabel Barros / André Nicacio Lima

Heute ist nicht unbekannt, dass Schweizer Persönlichkeiten, Familien und Institutionen in verschiedenster Weise intensiv am europäischen Kolonialprojekt beteiligt waren und zu dessen Erhaltung und Expansion beigetragen haben. Dies reicht von Investitionen in Menschenhandel, der Gründung von Kolonien, dem Söldnerwesen, der Missionierung und dem Absatz von Industriegütern bis hin zu Handel und Verbrauch kolonialer Rohstoffe. Diese historischen Tatsachen sind Teil der nationalen Geschichte. Darüber hinaus trugen Schweizer Persönlichkeiten zur Schaffung und Verbreitung von Ideen bei, die in Wissenschaft, Kunst und Bildung das Kolonialsystem und die Ausbeutung von Menschen rechtfertigten. Das Narrativ der nationalen Geschichtsschreibung bleibt jedoch im öffentlichen Bewusstsein meistens auf die engen territorialen Grenzen des Landes beschränkt.

Eine der Herausforderungen bei der Aufarbeitung der Kolonialgeschichte der Schweiz ist die Auseinandersetzung mit der Auslöschung – von Menschen, historischen Ereignissen, Gemeinschaften, kulturellen und religiösen Praktiken – und der Amnesie, die der Kolonialismus in Bezug auf Menschen betrieben hat, die ausserhalb des Landes durch ihre Arbeitskraft, ihr Wissen, ihre Technologien, ihre Kulturgüter und ihre natürlichen Ressourcen zur Akkumulation von Reichtum und zum Aufbau der heutigen Schweiz beigetragen haben.

Es ist jedoch nicht unser Ziel, Sprecher:innen dieser partikulären geografischen Perspektiven zu sein, damit Europäer:innen ein vermeintlich universelles Wissen über sich selbst erarbeiten können. Noch weniger wollen wir die Seiten der Schweizer Nationalerzählung einfach mit neuen Informationen über die Gräueltaten und «Missgeschicke» der Siedler und Siedlerinnen in den Tropen erweitern. In unserem Text geht es vielmehr um *apagamento* (Auslöschung), Amnesie und Unsichtbarmachung im dominanten Verständnis von Geschichte als um die konkrete Praxis des Kolonialismus selbst. Denn noch so viel Wissen über Kolonialgeschichte kann die Gesellschaft nicht verändern, wenn wir uns nicht anders zu ihr in Beziehung setzen, uns in ihr verorten. Um das zu verdeutlichen, werden wir zunächst darüber sprechen, woher wir kommen und wie wir auf diese Geschichte schauen.

Wir sind Historikerinnen und Historiker aus Brasilien. Wir haben unseren Affekt und unsere Vernunft innerhalb der spezifischen Verflechtung der globalen Widersprüche in diesem Land erlernt; in Brasilien als demjenigen Land, das am längsten in der modernen Geschichte Menschen versklavt hat, und in dem der transatlantische Handel mit versklavten Menschen das grösste Ausmass erreicht hat. Ein Land, in dem die Schrecken der Versklavung gleichwohl bis heute geleugnet und relativiert werden. Brasilien ist ein Land mit einer Schwarzen Mehrheit, in dem die Elite des 19. Jahrhunderts einen Nationalismus aufbaute, dessen Zukunftsideal darin bestand, das Land *weiss* zu machen. Ein Land der systematischen Auslöschungen, in dem der Widerstand immer auch neue Formen der Erkenntnis und des Wissens annimmt.

Wir sind in einer Gesellschaft mit Menschen aller Hautfarben aufgewachsen, in der aber die Schule, die Bücher und das Fernsehen ausschliesslich die Geschichte und Wertschätzung von *weissen*, christlichen und europäischen Männern vermittelt haben. Unser Geschichtsbegriff wurde auf dieser vermeintlichen Norm aufgebaut. Unsere persönlichen und familiären Herkunftsgeschichten sind geprägt von Assimilation und von der Auslöschung indigener und afrikanischer Wurzeln.

Die Helden in unseren Geschichtsbüchern waren ausschliesslich *weisse* Männer – oder nicht-*weisse* Männer, die als *weiss* verewigt wurden, so wie etwa der Schriftsteller Machado de Assis.
Als wir vor gut zwanzig Jahren an die Fakultät für Geschichte an der Universität von São Paulo kamen, gab es noch kein Gesetz, welches die Geschichte und Kultur Afrikas und von Menschen afrikanischer Herkunft im Schulunterricht in Brasilien zum Pflichtfach machte.

Die Pflichtfächer an der Universität waren an ein europäisches Geschichtsverständnis angelehnt, mit allenfalls winzigen Zugeständnissen an die Geschichte Afrikas und unter gänzlicher Auslassung der Geschichte Asiens. Es gab einen einzigen Schwarzen Professor unter Dutzenden *weisser* Historiker:innen.

Nach dem Beginn unserer Ausbildung als Historiker:innen trennten sich unsere Wege: André richtete sein Interesse auf die Erforschung der brasilianischen nationalen Identität, Izabel studierte in der Schweiz weiter und erforschte die Geschichte des Kolonialismus in der Schweiz. Heute vereinen sich unsere Blickwinkel wieder in der Infragestellung der bestehenden akademischen Instrumente zur Analyse der postkolonialen und nationalistischen Wirklichkeiten in Brasilien und in der Schweiz.

Die folgenden Überlegungen sind das Ergebnis persönlicher Wege, die je zu einer Kritik dieses Sachverhalts und zu der Erkenntnis führten, dass unsere akademische Tradition, die nach dem Bild und den Denkstrukturen der europäischen Moderne geschaffen wurde, erkenntnistheoretische, ethische und politische Grenzen hat. Es ist eine gemeinsame Überprüfung unserer Perspektiven basierend auf Dialogen darüber, wie historische Reflexion über Brasilien und die Schweiz innerhalb und ausserhalb von Universitäten stattfindet.

SCHWEIZER KOLONIALISMUS UND ANTIKOLONIALER GESCHICHTSAKTIVISMUS (Izabel Barros)

Als ich 2005 in der Schweiz zu studieren begann, war Kolonialismus kaum ein Thema. Die Bibliographie, die uns an der Universität zur Verfügung stand, enthielt auch keine weiblichen oder nicht-europäischen Namen. Ich hatte den Eindruck, dass die Universität ein wahres Wunder vollbrachte: Sie brachte es fertig, beim Nachdenken über die Globalisierung nicht über Kolonialismus zu sprechen oder die Geschichte der haitianischen Revolution unerwähnt zu lassen, wenn es um die Geschichte der Demokratie ging.

Von 2013 bis 2020 war ich in der Stiftung Cooperaxion[1] als Projektleiterin in Brasilien tätig und als wissenschaftliche Mitarbeiterin in einem Projekt zur Schweiz. Die Aktivitäten der Stiftung beinhalteten das Eröffnen sozialer und wirtschaftlicher Perspektiven in Brasilien und Liberia sowie die Sensibilisierung der Schweizer Bevölkerung für die Verwicklung ihres Landes in den transatlantischen Handel mit versklavten Menschen. 2009 hatte Cooperaxion eine Datenbank lanciert, welche die Beteiligung von Schweizern in den Handel mit versklavten Menschen dokumentierte; ebenso entwickelte sie einen Stadtrundgang durch Neuenburg, der die koloniale Geschichte der Stadt aufzeigte.

Im Lichte aktueller Forschungsergebnisse erweiterten meine Kolleg:innen Lisa Bissegger, Mira Koch, Marianne Naeff, Timo Righetti und Katharina Steinegger und ich die Geografie und das Konzept des Projekts – und wir beleuchteten den Einfluss der Schweiz auf das Kolonialsystem neu. Die Popularisierung dieses Wissens wurde auch über den Stadtrundgang in Neuenburg hinaus verstärkt, indem wir neue Führungen zu den Spuren des Kolonialismus in Bern, Winterthur und Freiburg einführten. Wir beschäftigten uns mit der Ausarbeitung von pädagogischen Materialien, Ausstellungen und Workshops und schliesslich mit der Schaffung einer interaktiven postkolonialen Karte von Bern.[2]

Im Gegensatz zu rein akademischer Forschung hat unsere Arbeit immer transformative Ziele verfolgt und war in einem nationalen und internationalen Netz von Aktivist:innen, Forscher:innen, Künstler:innen und weiteren am Thema interessierten Menschen verankert. Wir bekräftigten den Ansatz, dass die Kenntnis der Geschichte ein grundlegendes Instrument ist, um die gesellschaftlich konstituierten Machtverhältnisse zu verstehen und zu demontieren. Einige dieser empirischen Erfahrungen und konkreten Beispiele der Unsichtbarmachung in der Schweizer Geschichte sowie einen Vorschlag, «Geschichte anders zu schreiben», möchten wir hier vorstellen. Ein emblematisches Beispiel ist die Gründung der Schweizer Kolonie Nova Friburgo in Brasilien.

1   https://cooperaxion.org/ (zuletzt aufgerufen am 26.05.2021).
2   https://bern-kolonial.ch (zuletzt aufgerufen am 26.05.2021).

NOVA FRIBURGO: «WIR WERDEN FÜR IMMER BÜRGERLICH SEIN!»[3]

ES IST WEDER FEMINISTISCH NOCH ANTIRASSISTISCH, SOLANGE ES NICHT INTERSEKTIONAL IST
Einweihung des Tilo-Frey-Platzes in Neuenburg, 6.6.2019. Auf dem Foto von re. nach li.:
Jovita dos Santos Pinto, Martha Zurita, Laura Flores und Izabel Barros.

Es wäre unmöglich, die Ankunft des Kontingents von mehr als zweitausend Schweizer:innen in Rio de Janeiro im Jahr 1820 zu verstehen, ohne sie in die Geschichte des portugiesischen Reiches, sein Kolonialprojekt und die Dynamik der Macht im frühen 19. Jahrhundert einzubetten. Über viele Jahrzehnte haben die brasilianische und schweizerische Geschichtsschreibung über Nova Friburgo die globalen Verstrickungen der damaligen Zeit aus einem spezifischen Blickwinkel betrachtet. Dabei wurde die Zentralität der Versklavung vollständig ignoriert oder stark heruntergespielt. Um diese Auslöschung herum entwickelte sich in Brasilien der Mythos, dass Nova Friburgo eine brasilianische Schweiz sei, eine fortschrittliche Insel der Freiheit, eine Siedlungskolonie, welche die brasilianische Rassenstruktur «korrigieren» sollte. Die Schweizer Geschichtsschreibung wiederum fokussierte sich auf die Armut und das letztendliche Scheitern der Kolonie. Der öffentliche Diskurs in der Schweiz befasste sich grundsätzlich nur mit den Identitäten der Schweizer:innen, die ihr Heimatland verliessen und selten als «Siedler:innen», sondern als «Auswander:innen» bezeichnet wurden, die schwierigen ökonomischen Verhältnissen den Rücken kehrten.

Um jedoch die Geschichte von Nova Friburgo zu verstehen, müssen wir mit der Anwesenheit der portugiesischen Königsfamilie in Brasilien beginnen. Anfang des 19. Jahrhunderts floh D. João VI. vor den napoleonischen Truppen, die rasch nach Portugal vordrangen, und reiste mit seinem gesamten Hofstaat nach Brasilien. So landeten am 8. März 1808 in der Bucht von Guanabara 40 Schiffe mit ungefähr 15.000 Menschen an Bord, darunter die königliche Familie, der Adel und die Verwaltungsschicht. Das führte zu einer besonderen Situation: Die Kolonie wurde zur Metropole.

3   Zeile aus dem Abschiedslied der Freiburger nach Brasilien, *Chant de Départ des Fribourgeois pour le Brésil* (Casimir Meister), Arr. Vicente Fonseca (Noneto), in: Martin Nicoulin, *A Gênese de Nova Friburgo: Emigração e Colonização Suíça no Brasil (1817–1827)*, Rio de Janeiro, 1996, S. 13; https://soundcloud.com/vicentemalheiros-da-fonseca/chant-de-d-part-des (zuletzt aufgerufen am 26.05.2021).

Doch Rio de Janeiro war weit davon entfernt, mit Lissabon mithalten und den Ansprüchen der Krone gerecht werden zu können. Die Landschaft war strahlend, aber Rios Demografie und seine städtische Geografie fanden beim Hof von Lissabon kein Gefallen. Für den Hof bestand die grösste Herausforderung darin, die Europäisierung der neuen Metropole mit der vielfältigen afrikanischen und afrodiasporischen sowie der indigenen Präsenz in Einklang zu bringen, die mehr als die Hälfte der Stadtbevölkerung ausmachte.

Durch die Einrichtung verschiedener Institutionen wie einer allgemeinen Polizeieinheit versuchte der Hof, die öffentliche Sichtbarkeit der Schwarzen Bevölkerung zu kontrollieren und einzuschränken, indem er nicht-*weisse* Körper kriminalisierte, bestrafte und ausschloss. Die Situation war höchst widersprüchlich: Um die Nachfrage nach Arbeitskräften für den Kaffeeanbau zu befriedigen, der zu Beginn des 19. Jahrhunderts in großem Umfang expandierte, war Rio de Janeiro das grösste Eintrittstor für versklavte Menschen in Amerika geworden. Die afrikanische Versklavung durchdrang alle Aspekte des täglichen Lebens und ging einher mit einer erschreckenden Gewaltanwendung, um dies gleichzeitig zu verbergen.

Wo Unterdrückung ist, da ist aber auch Widerstand. Die portugiesische Krone sah sich in Brasilien mit einer langen Tradition von Revolten gegen Gewalt und Kolonialismus konfrontiert. Diese Zeit war auch stark von der haitianischen Revolution beeinflusst, als 1804 nach jahrelangen Kämpfen der erste Schwarze Nationalstaat ausgerufen wurde, der insbesondere politische Rechte für nicht-*weisse* Menschen verbriefte. Sowohl Versklavte als auch Besitzende nahmen dieses historische Ereignis wahr. Sklavenhalter und Beamte der Krone hatten Angst, weil ihre Gefangenen «über den fatalen Erfolg der Insel São Domingos Bescheid wissen und darüber sprechen».[4]

In diesem historischen Moment bat der zum Diplomaten umfunktionierte Händler und neue Vertreter des Kantons Freiburg, Sébastien-Nicolas Gachet, König D. João VI um Land und um Unterstützung für die Gründung einer Schweizer Kolonie in Santa Catarina im Süden Brasiliens – ein Vorschlag, der D. João VI wie eine perfekte Lösung für seine Probleme erscheinen musste: Die Region lag in Reichweite des königlichen Hofs, war dünn besiedelt und würde den Transport des Kaffees nach Rio erleichtern. In Abwesenheit seiner Bewohner:innen wurde das Vila de Nova Friburgo 1818 durch ein königliches Dekret gegründet, das als Kolonisationsvertrag galt. Der oben beschriebene Aspekt der «Rassifizierung» ist in dem königlichen Dekret durch das Recht zur Gründung einer Miliz von 150 Schweizern verankert, die bei der Aufrechterhaltung der *weissen* europäischen Vorherrschaft mit den portugiesischen Regimenten zusammenarbeiten soll.

Die unerwartete grosse Nachfrage nach Boden zog jedoch 206 statt 100 Schweizer Familien an. Zusätzlich zu den knappen Ressourcen, die

4   «Representação do Corpo do Comércio e mais Cidadões da Praça da Bahia» [1814], BNRJ Ms. II-34,6,57, in: Kirsten Schultz, «Perfeita civilização: transferência dacorte, a escravidão e o desejo de metropolizar uma capital colonial. Rio de Janeiro, 1808–1821», *Revista Tempo*, Bd. 12 (2008), Nr. 24, S. 5–24.

unter den Familien aufgeteilt werden mussten, war der Boden karg, das Gelände steil und das Klima für bestimmte Pflanzenkulturen zu unwirtlich. Die Siedler:innen erkannten dies rasch. Diejenigen, welche die Möglichkeit hatten, verliessen das Dorf und verteilten sich auf drei Achsen: in Richtung der Metropole; in die Region Cantagalo, wo der Kaffeeanbau bereits florierte; und in Richtung Macaé. Letztere liessen sich auf dem Land nieder, das ihnen 1821 vom Direktor der Kolonie zugewiesen worden war, das aber ursprünglich von einem Quilombo besetzt war. Quilombos waren autonome Gemeinschaften, die sich vor allem aus Schwarzen Menschen zusammensetzten, die sich dem Sklavereiregime widersetzten. Die Schweizer:innen denunzierten das Quilombo und eigneten sich das Land der Quilombolas an, was die Bewohner:innen allerlei Grausamkeiten durch die Behörden aussetzte.

Die Schweizer:innen integrierten sich auf diese Weise schnell in das herrschaftliche bürgerliche *Ethos* und viele Familien wurden zu wichtigen Kaffeeplantagenbesitzer:innen und Sklavenhalter:innen dieser Gegend. In Nova Friburgo war mehr als die Hälfte der Bevölkerung versklavt und der lokale Reichtum stammte nicht nur aus dem Kaffeeanbau, sondern auch aus dem Handel mit versklavten Menschen. Das gebirgige Terrain schützte weiterhin widerständige Quilombolo-Gemeinschaften vor kolonialer Gewalt. Informationen über antikoloniale Widerstandskriege und Revolten wie den Malês-Aufstand in Salvador verbreiteten sich und stifteten versklavte Menschen aus dem Dorf Nova Friburgo an, weiter für die Freiheit zu kämpfen.

Im Jahr 1835 verbreitete sich das Gerücht eines möglichen Sklavenaufstandes in Nova Friburgo und den umliegenden Gemeinden. Es gab eine Beschwerde, dass eine Gruppe von bewaffneten versklavten Menschen durch Höfe und Strassen zog und zu einem Aufstand am 25. Dezember aufrief.

In diesem Zusammenhang verabschiedete Vila de Nova Friburgo ein Notstandsgesetz, das jenen eine hohe Belohnung versprach, die geflüchtete versklavte Menschen gefangen nahmen, und diejenigen bestrafte, die Menschen Verstecke und Fluchthilfe anboten.

Das Beispiel von Nova Friburgo – von der Kolonisierung über die Sklaverei, den Widerstand (*aquilombamento*) bis hin zum Versuch der Niederschlagung – zeigt, wie das hierzulande herrschende Narrativ der mutigen und geschäftstüchtigen Schweizer Auswander:innen, eine gewaltvolle Geschichte auslöschen und gar zum eigenen Ruhm umdeuten kann. Der Fall Nova Friburgo erfordert eine multiperspektivische Geschichtsschreibung von Brasilien und der Schweiz. Das ist unser Ausgangspunkt.

EINE KRITIK DER BRASILIANISCHEN GESCHICHTSSCHREIBUNG (André Nicacio Lima)

Zwischen 2003 und 2016 untersuchte ich politische Konflikte in der Geschichte Brasiliens während der ersten Hälfte des 19. Jahrhunderts, als Menschen begannen, sich als «Brasilianer:innen» zu definieren und im Namen dieser «Nation» zu töten. Das Hauptergebnis dieser Forschung ist die Doktorarbeit über die Geschichte des Massakers an allen in Portugal geborenen Männern, die 1834, zwölf Jahre nach der Unabhängigkeit Brasiliens, in der Provinz Mato Grosso im Westen Brasiliens lebten. Mit diesem Ereignis, das als «Rusga» bekannt wurde, verschärfte sich die politische Polarisierung zwischen den zur Wahl stehenden Parteien des liberalen Regimes des Kaiserreichs. Zum Zeitpunkt der Rusga gipfelte die Spannung zwischen «Brasilianern» und «Portugiesen» in der Ausarbeitung und Ausführung eines Vernichtungsplans der Letzteren. Unter den Vollstreckern befanden sich alle Teile der damaligen «brasilianischen» Gesellschaft von Mitgliedern der *weissen* Provinzelite (in Brasilien geboren) bis zu ehemaligen Versklavten, die befreit worden waren, um im Unabhängigkeitskrieg zu kämpfen, und ihre eigene Interpretation dieses Krieges als radikalen Widerstand gegen die Europäer entwickelt hatten. Eine Untersuchung dieser blutigen Episode ermöglicht eine historische Einordnung der Vorkommnisse nach der formellen Unabhängigkeit, als die Elite eine brasilianische Nationalerzählung der «Harmonie zwischen den ‹Rassen›» entwickelte. Die gelebte Realität war eine andere, und soziale, rassifizierte Hierarchien waren weiterhin tief verankert. Um Widerstandskämpfe wie die *Rusga-, Balaiada-, Guerra dos Cabanos* und *Cabanagem*-Revolten zu unterdrücken, war ein hoher militärischer Einsatz erforderlich. Die brasilianische Armee bildete ihre Identität in diesen Kriegen und Revolten des 19. Jahrhunderts heraus; die politischen und gerichtlichen Institutionen wurden durch die Schwierigkeiten, diese Revolten einzudämmen, wesentlich geprägt, und Brasiliens eigene Geschichtsschreibung wurde mit dem Ziel entwickelt, eine Nation von «pardos», «pretos», «caboclos», «índios», «tapuios», «cabanos» zu «befrieden». Diese bis heute gültigen Begriffe wurden im 19. Jahrhundert für die Rassifizierung der vielfältigen Teile der nicht-*weissen* Bevölkerung verwendet. Gleichzeitig verweisen die Begriffe auf ethnisch und historisch sehr vielfältige Gemeinschaften mit sehr unterschiedlichen Auffassungen davon, was es bedeutete, als «brasilianisch» identifiziert zu werden.

Vor diesem Hintergrund konstruierten die Eliten in Brasilien des 19. Jahrhunderts eine spezifische Form der Identität als ein Land der «mestiços», das aus drei «Rassen» bestand, von denen eine die «Hauptwirkenden» (die *weissen* Menschen) und die anderen die «Mitwirkenden» (Schwarze Menschen und die indigene Bevölkerung und ihre Nachfahren) waren. Diese Idee, die ursprünglich vom deutschen Naturforscher Carl Friedrich Philipp von Martius (1794–1868) formuliert wurde, entstand aus der zivilisatorischen Aufgabe der «Hauptwirkenden», die Erbschaften der «Mitwirkenden» auszulöschen, die als «minderwertig» gelten. Der einflussreichste Historiker des brasilianischen Nationalismus des 19. Jahrhunderts, F. A. de Varnhagen (1816–1878), war wie Martius einer der wichtigsten Befürworter und Verfechter der Ausrottung der indigenen Bevölkerung, der Versklavung und der sozialen Kontrolle Schwarzer Menschen sowie der Förderung der Einwanderung von armen *weissen* Menschen aus Europa. Dieses Denken war das Fundament der Politik des zukünftigen *branqueamento* des Landes, der physischen und kulturellen «Aufhellung» der Bevölkerung, stimuliert durch europäische Migrationspolitik und eugenische Praktiken. Diese Politik, für die Nova Friburgo ein Beispiel *avant la lettre* darstellte, wurde seither wirksam umgesetzt und die brasilianische Realität ist von der staatlichen Politik bis hin zu den Ehestrategien armer Familien bis heute von ihr geprägt.

Ab dem 20. Jahrhundert erkannten Autoren:innen durchaus den Schwarzen und indigenen Protagonismus in unserer Gesellschaft, passten jedoch Martius' Schema an ihre Zeit an. So behauptete etwa Gilberto Freyre (1900–1987), der für Brasilien die theoretische Grundlage für den Mythos der «Democracia Racial» geschaffen hat, es gebe in Brasilien im Gegensatz zu anderen Siedlergesellschaften wie den Vereinigten Staaten und Südafrika, keine Rassenkonflikte. Marxistische Autor:innen wiederum kritisierten zwar die wirtschaftlichen und sozialen Dimensionen des Kolonialismus, doch auch sie griffen Ideen der zivilisatorischen Überlegenheit des Westens auf und produzierten Werke, die ausgesprochen rassistisch waren. Dies war zum Beispiel der Fall bei der Arbeit des Historikers Caio Prado Jr. (1907–1990), der die wichtigste kritische Analyse des Kolonialismus im Brasilien des 20. Jahrhunderts niederschrieb[5]. Obwohl im Zuge der ersten Schwarzen Bewegung der 1970er-Jahre die Debatte um strukturellen Rassismus in Brasilien eröffnet wurde und die Praxis der *affirmative action* im Land ab den 1990er-Jahren Einzug hielt, werden an brasilianischen Universitäten die Quellen der Geschichte von Schwarzen und indigenen Menschen erst seit Kurzem wahrgenommen. Trotzdem gibt es kaum Berührung mit grundlegenden theoretischen Werken wie denen der Historikerin Beatriz Nascimento, die schon in den 1970er- und 1980er-Jahren im Bemühen um eine Schwarze atlantische Geschichte einen Bruch mit der dominierenden Nationalgeschichte der «Harmonie der drei Rassen» propagierte.

In der letzten Zeit, insbesondere seitdem autoritäre Regimes das Land regieren, kommt es zu einem Aufflammen von Angriffen auf Schwarze Forscher:innen, und zwar sowohl durch Behörden im Bildungs- und Kulturbereich als auch durch Menschen, die durch rassistische Propaganda im Land mobilisiert wurden (etwa bei den jüngsten Angriffen auf von brasilianischen Universitäten geförderte Veranstaltungen über afrikanische Geschichte). Angesichts dieser Realitäten wurde es für mich noch dringlicher, unsere nationale Identität aus einer kritischen Perspektive der internen Reproduktion von Kolonialismus

5   Beatriz Nascimento, *Quilombola e intelectual: possibilidade nos dias da destruição*, São Paulo 2018.

und Rassismus zu verstehen. In einem Artikel von 2018 analysierte ich diese neuerliche Mobilisierung von Rassist:innen in Brasilien. Dies war jedoch nur im Dialog mit anderen Denktraditionen möglich, im Gegensatz zu denen, die mich geprägt hatten. Afrobrasilianische Intellektuelle wie etwa Salloma Jovino Salomão stellen die Vergangenheit aus einer diasporisch-atlantischen Perspektive in neue Zusammenhänge und richten dabei den Fokus auf kollektive Schwarze Kämpfe in der Geschichte der brasilianischen Nationalformation.

Sie fügen der nationalen Geschichte nicht nur neue Fakten hinzu, sondern denken in multiperspektivischen Globalitäten – anstelle der ewigen Wiederholung eines Universalismus, ja eines Universums, das auf *weisse*, christliche und europäische Männer zugeschnitten ist. Diese geschichts- und erkenntnispolitischen Debatten, die heute von Schwarzen und indigenen brasilianischen Autor:innen geführt werden, haben mir gezeigt, wie begrenzt mein Untersuchungshorizont, der in einem bestimmten Kreis von Referenzen verortet ist, gewesen war. Insbesondere wurde mir klar, wie wichtig es ist, die kollektiven Pfade, die systematisch gelöscht wurden, gemeinsam neu wiederherzustellen.

Diese historische Reflexion verkörpert auch meine letzte Publikation, der *Kalender der Aufstände 2021*. Es handelt sich um einen Wandkalender, der die wichtigsten Aufstände der kaiserlichen Periode Brasiliens aufzählt und damit die Dekolonisierung der nationalen Geschichte aufgreift.

Aufstand, der infolge des Lynchmords am Schwarzen Journalisten Apulcho de Castro durch Soldaten, die den Kaiser Pedro II bewachten, stattfand. *Kalender der Aufstände 2021*, Monat Oktober, Coletivo História da Disputa, Disputa da História.

WAS STEHT AUF EINEM DENKMAL?
DAVID DE PURY UND DIE BANDEIRANTES

Im Jahr 2020 – als Reaktion auf die globalen #BlackLivesMatter-Proteste – wurden wir im Zusammenhang mit dem Umstürzen von Statuen und Denkmälern auf allen Kontinenten dazu aufgefordert, über koloniale Symbole in unserer Gegenwart nachzudenken. Fragen nach der aktuellen Relevanz und der sozialen Funktion dieser Symbole sowie der Geschichte der dargestellten Persönlichkeiten werden auch in der Schweiz gestellt. So etwa im Falle des Investors David de Purry, der als Statue auf dem nach ihm benannten Platz in der Stadt Neuenburg verewigt wurde. Im 18. Jahrhundert war er 27 Jahre lang Partner bei Pury, Mellish und Devisme, einem Rohstoffunternehmen, das ein Monopol für die Exploration und den Verkauf von Pau-Brasil (Brasilholz) innehatte. Er war auch ein wichtiger Aktionär der Handelsgesellschaft Companhia Geral Pernambuco e Paraíba (CGPP). Die CGPP hatte zu dieser Zeit ein Monopol auf den Verkauf europäischer Produkte in Brasilien, auf den Verkauf versklavter Menschen im Hafen von Luanda (Angola) sowie auf den Verkauf von Zucker, Diamanten und Tabak aus Brasilien in Europa. Obwohl de Pury sein Vermögen in Portugal auf-

Intervention der indigenen Guarani am «Monumento às Bandeiras», einem der symbolträchtigsten Orte São Paulos, 01.10.2013.

gebaut und mit dem portugiesischen Reich (insbesondere mit Brasilien) gehandelt hatte, zog er es vor, am Ende seines Lebens sein gesamtes Vermögen der Heimatstadt Neuenburg zu hinterlassen – ein Vermögen, das nach heutigem Wert auf rund 600 Millionen Schweizer Franken geschätzt wird. Die Geschäftsstruktur und die Anhäufung seines Vermögens wären ohne die indigene und afrikanische Versklavung undenkbar gewesen – ebenso die damit verbundenen Investitionen in das Stadtbild und die Wohlfahrt Neuenburgs.

Mitte 2020 geriet die Statue von Pury in Neuenburg in die öffentliche Kritik. Es wurde eine Petition lanciert und es gab eine künstlerische Intervention an der Statue. Die Chancen, dass die Statue abgebaut wird oder Reparationszahlungen aus dem Vermögen von de Pury stattfinden oder dass dieses in antirassistische Projekte in Neuenburg fliessen wird, sind zwar vorerst klein, aber es scheint nicht unmöglich. Es würde erfordern, dass der Panzer der Amnesie durchbrochen wird und sich die Öffentlichkeit in einer anderen Geschichtsschreibung verortet.

In Brasilien wird die Erinnerung an den Kolonialismus oft durch solche Interventionen in Frage gestellt. In São Paulo sind die Denkmäler der «Bandeirantes» Hauptziel der Kritik, weil diese das deutlichste Zeichen der Ehrung des Sklavenregimes sind. «Bandeirantes» nennt man jene Männer, die Expeditionen zur Gefangennahme und Versklavung von Indigenen Nationen und Quilombolas im Inneren des südamerikanischen Kontinents organisierten. Diese Männer waren nicht die primären Nutzniesser der Versklavung, sondern die eigentlichen Vollstrecker der schlimmsten Brutalitäten. In São Paulo tragen fast alle Autobahnen die Namen von «Bandeirantes», der Regierungspalast heisst «Palácio das Bandeiras», eines der grössten Radio- und Fernsehnetzwerke heisst «Bandeirantes» und die Symbole und Abbildungen dieser Menschen, die andere Menschen jagten, sind überall zu sehen. Diese Symbole werden durch die Künste, die Geschichtsschreibung und durch die antirassistischen, aktivistischen Bewegungen stark in Frage gestellt, doch sie bleiben auf ihren Plätzen und sind auf den Wappen von Militärpolizei-Gruppierungen, deren Praktiken besonders rassistisch sind, weiterhin zu sehen.

All diese postkolonialen Kontinuitäten sind in Brasilien heute erkennbarer denn je, denn wir erleben eine Zunahme der Spannungen und Konflikte angesichts der Radikalisierung eines «bleichenden» Nationalismus (*branqueamento*), der in Regierung und Gesellschaft operiert. Gleichzeitig haben die Erinnerungspraktiken, die über Jahrhunderte von Schwarzen Widerstandsbewegungen aufgebaut wurden, einen einfachen oder endgültigen Vormarsch des *weissen* Nationalismus durch die brasilianische Gesellschaft nicht zugelassen.

Die Zukunft der physischen und symbolischen Denkmäler der Barbarei und einer postkolonialen Demokratie in Brasilien und der Schweiz wird massgeblich von den Kämpfen abhängen, die gegenwärtig stattfinden, um das Leben rassifizierter Menschen zu verteidigen und um ihrer Geschichte, Erinnerung, Kultur und Kosmologie Rechnung zu tragen.

VON DER ERKENNTNISTHEORIE ZUR ERKENNTNISPOLITIK: DAS LEBEN IST ZU KURZ, UM SICH ZU ISOLIEREN

Eine vom französischen Historiker Marc Bloch vorgeschlagene historische Perspektive erfordert, dass niemand das alleinige Monopol des Wissens über die Welt besitzt. Um eine wirklich zusammenhängende Geschichte denken zu können, benötigen wir demnach eine Bescheidenheit, die die Begrenztheit der eigenen Perspektive zu erkennen erlaubt. Dies ermöglicht erst, eine Vervielfältigung der Stimmen zu erreichen und die Aufmerksamkeit auf die Unsichtbarmachung von Persönlichkeiten, Gruppen und Bewegungen zu lenken. Bloch schlägt daher die Notwendigkeit einer Zusammenarbeit vor – eine inklusive

Zusammenarbeit bei der Konstruktion historischen Wissens. Der deutsche Philosoph Walter Benjamin wiederum formuliert in seiner Historismuskritik das Problem der Empathie bei der Konstruktion von historischem Wissen: Mit wem identifiziert sich der Historiker schliesslich affektiv? Es stellt sich die Frage: Werden wir weiterhin die Geschichte unserer Länder erforschen, ohne die zum Schweigen gebrachten Perspektiven der Menschen zu kennen, die sie gebaut haben? Welches historische Wissen wird sich aus dieser strategischen Ignoranz und Amnesie ergeben, wenn nicht ein verstümmeltes und instrumentelles Wissen zur Reproduktion von Machtverhältnissen?

Wenn man versucht, die Geschichte der Sklaverei oder die Verwicklungen von Schweizer Organisationen in heiklen Phasen der Geschichte, etwa Apartheid oder Kolonialismus, zu erforschen, wird stets auf das Problem fehlender Quellen hingewiesen. Dem gegenüber schlägt der Historiker Flávio Gomes vor, die Mehrstimmigkeit in der Geschichte wiederzugewinnen – basierend auf der Lebenserfahrung und dem *Lugar de fala* (der Ort, von wo ich spreche) der Menschen, die an der Forschung teilnehmen. Für Gomes gibt es so etwas wie das Schweigen oder das Fehlen von Quellen nicht. Wir können vorhandene Dokumente in Frage stellen, indem wir sie diversifizieren, indem wir den Blickwinkel jener erweitern, die sie betrachten.

EPILOG: VORWORT FÜR EINE ANDERE SCHWEIZER GESCHICHTE

In den letzten 15 Jahren hat die Geschichtsschreibung über die koloniale Vergangenheit der Schweiz einen enormen Aufschwung erfahren. Eine neue Generation von Forschenden und anti-rassistischen Aktivist:innen hat in der Geschichte nach Wegen gesucht, die Mythen der räumlichen Isolation und ideologischen Neutralität der Schweiz zu dekonstruieren. In Brasilien wird gegenwärtig ein intensiver Dialog zwischen akademischer Forschung, den Künsten, Aktivismus und den Alltagsrealitäten geführt. Hier wie dort müssen sich kritische Stimmen gegen eine wachsende Bündelung politischer Kräfte wehren, die einer Vision der Überlegenheit der europäischen, *weissen* und christlichen Zivilisation anhängen. Sowohl für die Schweiz als auch für Brasilien ist die Auseinandersetzung mit ihrer kolonialen Vergangenheit aus mehreren Perspektiven entscheidend, um die aktuellen Dynamiken von Ausgrenzung, Widerstand und sozialen Spannungen zu verstehen. In Gesellschaften, die eine koloniale Geschichte teilen, wie in Brasilien und der Schweiz, ist es aus unserer Sicht entscheidend, dass die Stimmen von Schwarzen, indigenen nicht-*weissen* und migrantischen Intellektuellen und Communities anerkannt werden. Denn die historischen Kontinuitäten treten nicht nur im physischen Raum der Stadt zutage, sondern auch in ihren Praktiken, Diskursen und Machtstrukturen.

GESCHICHTE DEKOLONISIEREN

Dem Schweizer Publikum, welches unsere Worte liest, schlagen wir hier eine Umkehrung zum kolonialen Projekt vor: eine umgekehrte Entwicklungszusammenarbeit, die durch die Anerkennung von diasporischen Erfahrungen auf dem nationalen Territorium und im Ausland erfolgt. Das Gelingen dieser Umkehrung des historischen Blicks hängt nicht nur davon ab, diskursive Räume zu öffnen, sondern sie verlangt konkrete Handlungen und Interventionen, die materielle Realitäten verändern und neue affektive und humanisierte Beziehungen schaffen.

Dazu wollen wir unsere Vorfahren und uns selbst als historische Akteur:innen zeigen, die nicht mehr als Objekte, sondern als Subjekte im Hier und Jetzt, mit aller unserer politischen und geschichtlichen Aufladung existieren. Durch die Selbstverortung unserer diasporischen Körper in einer multiperspektivischen Geschichte laden wir alle ein, den naiven Glauben an die Gültigkeit von Normen in Institutionen und in öffentlichen Räumen in Frage zu stellen und aus dem Traum der Amnesie zu erwachen.

Übersetzung: Pedro Paulo de Araujo Moraes

Weiterführende Literatur:
Bloch, Marc, *Apologia da História ou O Ofício de Historiador. Edição anotada por Etienne Bloch*, Rio de Janeiro 2001.
David, Thomas, Etemad Bouda und Janick M. Schaufelbuehl, *Schwarze Geschäfte. Die Beteiligung von Schweizern an Sklaverei und Sklavenhandel im 18. und 19. Jahrhundert*, Zürich 2005.
Dias, Thiago Alves, *Monopólio indireto: Colonização mercantil no norte do Estado do Brasil (c. 1710 – c. 1780)*, Programa de Pós-Graduação em História Econômica, Universidade de São Paulo FFLCH, korrigierte Version, São Paulo 2017.
«Histórias negras, com Flávio dos Santos Gomes e Wlamyra R. de Albuquerque», *#NaJanelaFestival*, Companhia das Letras, 23 de maio 2020; https://www.youtube.com/watch?v=J-exuGv-bTA (zuletzt aufgerufen am 01.06.2021).
Knupp, Jéssica Magaldi, «Negociação e Resistência escrava no século XIX: o caso de Nova Friburgo», in: *Revista Mosaico*, Bd. 5, Nr. 1, 2014.
Lima, Renata, *Conflitos de terra e quilombos a colonização do Rio de Janeiro (1808–1831)*, dissertação de Mestrado apresentada no programa de pós-graduação em História, Universidade Federal Fluminense, Niterói 2013.
Nascimento, Beatriz, *Quilombola e Intelectual: Possibilidades nos dias da destruição*, São Paulo 2018.
Nicacio Lima, André, *Rusga: participação política, debate público e mobilizações armadas na periferia do Império (Província de Mato Grosso, 1821–1834)*, Doktorarbeit, Universidade de São Paulo 2016.
Purtschert, Patricia, Harald Fischer-Tiné (Hg.), *Colonial Switzerland: Rethinking Colonialism from the Margins*, Cambridge Imperial and Post-Colonial Studies Series, Basingstoke 2015.
Riberio, Djamila, *Lugar de Fala, Feminismos Plurais*, São Paulo 2019.
Schär, Bernhard C., *Tropenliebe. Schweizer Naturforscher und niederländischer Imperialismus um 1900*, Frankfurt a.M. 2015.
Zangger, Andreas, *Koloniale Schweiz. Ein Stück Globalgeschichte zwischen Europa und Südostasien (1860–1930)*, Bielefeld 2011.

C'EST MIEUX QU'TU RANGES TON SOURIRE SI C'EST POUR QU'IL SOIT FAUX

ÇA M'ÉNERVE

TU SAIS MÊME PAS CUIRE DU RIZ MAIS TU METS TES DOIGTS DANS MA SAUCE

ÇA M'ÉNERVE

KT Gorique, aus «Ça m'énerve», 2020.

Plantações	Proprietarios	Brancos	Escravos
Germania	Carlos Augusto Taulones	2	9
	Gurneuf	1	22
Esperança	João Baptista Bacalhao	1	24
... de Risso	Os herdros de Augto de Coffrane	5	84
Providencia	Os herdro de Alfredo de Coffrane	1	32
...mbal Iº	Pedro Henrique Bageio	8	44
...mbal IIº	Henrique Huguenin	4	48
...llo de Pombal	Eugenio Borel e os herdro de J. Borel	2	80
Constancia	Os herdro de Alexo Borel	2	36
...ira	Luiz Borel	1	93
...luetia	João Martinho Flach	4	108
Somma		3	512
Total		130	1267

A esportação do caffé esteve no anno de 1847 entre 66.000 e 70.000 arrobas, augmentando-se annualmente.

DIE KOLONIALEN WURZELN DES «ERFOLGSMODELLS SCHWEIZ»

WESHALB DIE ÜBERWINDUNG (POST-)KOLONIALER STRUKTUREN IN DER SCHWEIZER BANKEN- UND KONZERNPOLITIK NOCH AUSSTEHT UND WIE SIE GELINGEN KÖNNTE

Dominik Gross

«Tanger durchziehen viele Sphären. Man findet immer wieder Orte, die man noch nie zuvor gesehen hat. Es gibt keine Grenze zwischen der realen Welt und der Welt des Mythos und der Symbole. Dinge und Gefühle schlagen mit der Wirkung von Halluzinationen ein.»[1] Das schrieb der US-amerikanische Schriftsteller William S. Burroughs in den 1950er-Jahren über die marokkanische Hafenstadt Tanger in den «Ginsberg Notes». 1912 war die Stadt zur «Internationalen Zone» (auch «Interzone» genannt) erklärt worden, um einen Konflikt zwischen Frankreich und Spanien um die koloniale Vorherrschaft im westlichen Mittelmeer zu schlichten. So wurde Tanger im Unterschied zum übrigen Marokko nicht Teil des französischen Protektorates, sondern fiel unter internationale Verwaltung der USA und der europäischen Grossmächte. Tanger entwickelte sich zu einer multiethnischen Gesellschaft mit kolonialen Hierarchien; und nach dem Ende des Zweiten Weltkrieges auch zu einem Sehnsuchtsort westlicher Avantgarden.

Tanger war aber nicht nur eine orientalistische Projektionsfläche wie etwa für Burroughs. Die Stadt war bis zur Unabhängigkeit von Frankreich 1956 auch ein wichtiger Finanzplatz. Hier parkierten die Gewinner der französischen Kolonialökonomie ihre Vermögen, es florierten die organisierte Kriminalität, die Geldwäscherei und der Schmuggel. Diese Schattenwirtschaft hielt die Stadt und so auch ihre Mythosmaschine am Laufen.

In einem kürzlich publizierten Aufsatz mit dem Titel «Funk Money»[2] schreibt die kalifornische Historikerin Vanessa Ogle über die Zusammenhänge der Geschichte der Dekolonisierung in der Mitte des 20. Jahrhunderts und dem Aufstieg der globalen Steueroasen zur selben Zeit. Der Status als internationale Zone sorgte in Tanger gemäss

---

1   William S. Burroughs, «Ginsberg Notes», in: ders., *Interzone*, New York 1990, S. 128, zit. nach: Michael K. Walonen, *Writing Tangier in the Postcolonial Transition. Space and Power in Expatriate and North African Literature*, Farnham/Burlington 2011, S. 82 (Ü.d.A.).

2   Vanessa Ogle, «‹Funk Money›: The End of Empires, the Expansion of Tax Havens, and Decolonization as an Economic and Financial Event», in: *Past and Present*, Bd. 249 (November 2020), S. 213–249.

Ogle für ein behördliches Vakuum. Stringente Regeln und Kontrollen fehlten in der Zwischenkriegszeit und dann umso mehr nach dem Zweiten Weltkrieg. Ab 1945 zog die Stadt sowohl Kapital aus dem Mittleren Osten, aus Nordafrika und auch aus Europa an. «Die Aufteilung von Autorität und Verantwortung hat Tanger zu einer der wenigen verbliebenen Zitadellen des finanziellen Laissez-faire in einer Welt der kontrollierten Währungen, der Planwirtschaft und der sozialisierten Besteuerung gemacht», schrieb die *New York Times* 1956.[3] Auf dem Höhepunkt des Booms soll es in Tanger 145 Banken und 6.000 Firmen gegeben haben. Die meisten davon waren Briefkastenfirmen, die die wahre Identität und Herkunft ihrer Investor:innen verschleierten. Als Marokko 1956 von Frankreich unabhängig wurde, war die Party vorbei. Die Kapitalflüchtigen, die in den Jahrzehnten zuvor in Tanger gut gelebt hatten, mussten sich ein neues Versteck suchen.

WIE DER FINANZPLATZ MIT KOLONIALEM GELD WUCHS

Wie so oft, wenn Geld infolge politischer Krisen verschoben und umgeschichtet wird, öffneten sich für das Kapital aus Tanger die Tresortüren der Banken in der neutralen Schweiz. Der hiesige Finanzplatz hatte bereits während des Ersten Weltkrieges und in der Zwischenkriegszeit einen Boom erlebt. Damals trieben die politische und wirtschaftliche Instabilität sowie neu eingeführte Einkommensteuern in ihren Nachbarländern neues Geld auf Schweizer Bankkonten und in Holdingfirmen.

Die Ursprünge des Schweizer Bankgeheimnisses gehen weit zurück. Bereits 1713, 135 Jahre vor der Gründung des Bundesstaates, verbot das Kantonsparlament in Genf den dortigen Bankiers, Details über ihre Kunden bekannt zu geben. Schon damals galt der Genfer Finanzplatz der europäischen Aristokratie als sichere Schatzinsel. Mit dem Wirtschaftsboom in den 1920er- und 1930er-Jahren wurde das Bankgeheimnis dann 1934 in der ganzen Schweiz institutionalisiert, wodurch die Herausgabe von Kundendaten durch die Banken per Bundesgesetz unter Strafe gestellt wurde. Dieser Gesetzesartikel steht bis heute im Bankengesetz (Art. 47) und wurde in jüngerer Vergangenheit mehreren Whistleblower:innen aus der Schweizer Vermögensverwaltung zum Verhängnis (der prominenteste Fall ist jener von Rudolf Elmer, einem ehemaligen Angestellten der Bank Julius Bär).

Der Schweizer Finanzplatz profitierte dann im Zuge der Dekolonisierung nicht nur von der Steuerflucht aus Marokko, sondern auch aus Tunesien und Algerien. Letzteres wurde erst 1962 und nach einem achtjährigen Krieg gegen das brutal agierende Frankreich unabhängig. Bei der Schweizer Nationalbank war man über diesen Schub für den Finanzplatz allerdings – und aus heutiger Perspektive eher überraschenderweise – alles andere als erfreut. Man befürchtete ob des Geldsegens

3   Zit. nach ebd., S. 8 (Ü.d.A.).

eine Überhitzung der Wirtschaft und übermässige Liquidität im Schweizer Geldkreislauf. Gleichzeitig hatten die Schweizer Behörden Mühe, auf diese Entwicklungen durch entsprechende neue Regulierungen Einfluss zu nehmen, weil sie auf Grund der extremen Intransparenz des Schweizer Finanzplatzes diese neuen unlauteren Finanzflüsse selbst nicht restlos durchschauten.

Mit den neuen Geldflüssen eröffneten auch mehr ausländische Banken mit engen Verbindungen zu den früheren Kolonialmächten Filialen in der Schweiz. Das trug zur Internationalisierung des Schweizer Finanzplatzes nach dem Zweiten Weltkrieg bei, von der dieser bis heute profitiert: Immer noch werden nirgendwo auf der Welt so viele ausländische Vermögen verwaltet wie in der Schweiz. Gemäss den Zahlen der Schweizerischen Bankiervereinigung stehen 2021 1.400 Milliarden Franken Vermögen von in der Schweiz wohnhaften Personen 2.300 Milliarden privaten Vermögen aus dem Ausland gegenüber. Dazu kommen 4.200 Milliarden Franken verwaltete Gelder von Unternehmen, Pensionskassen oder Versicherungen. Wie viel davon aus dem Ausland kommt, schlüsselt die Bankiervereinigung nicht auf.

Der Schweizer Finanzplatz profitiert damit bis heute von einer weltpolitischen Entwicklung der 1950er- und 1960er-Jahre, als mit der formalen Abwicklung der kolonialen Imperien gleichzeitig die Entwicklung eines globalen Netzwerks von Kapitalfluchthäfen und Tiefsteuergebieten begann.

Mit der Entstehung der globalen Offshore-Industrie vollzogen koloniale Wohlstands- und Machtverhältnisse zwar eine rechtliche und politisch-formale Metamorphose. In der Praxis blieben sie aber unter anderen institutionellen Bedingungen bis heute über weite Strecken erhalten. Im Zuge der Dekolonisierung zogen Investor:innen ihr Kapital aus den neuen Nationalstaaten ab, die aus den Kolonien hervorgegangen waren. Diese Investor:innen operierten fast immer von den Machtzentren der alten Imperien aus. Während Gelder aus dem französischen Imperium zu einem grossen Teil in die (West-)Schweiz flossen, landete Kapital aus den britischen Kolonien vornehmlich auf den Karibikinseln Bahamas und Bermudas. So fehlte in den postkolonialen Nationalstaaten das Geld für den Aufbau einer unabhängigen Verwaltung, eines Bildungs- und Gesundheitswesens, für die Entwicklung einer unabhängigen Wirtschaft oder die Erneuerung der zunehmend überalterten Infrastruktur. Erstmals war von *capital flight* oder eben Kapitalflucht die Rede. Und die Schweiz gehörte von Anfang an zu den wesentlichen Treiberinnen und Profiteurinnen dieser Entwicklung.

KOLONIALE KONTINUITÄTEN DES HEUTIGEN FINANZPLATZES

Unmittelbar nach der formalen Dekolonisierung und der ersten Welle der Kapitalflucht durch das koloniale Establishment hatte sich dieses Modell schon etabliert. Vielerorts entwickelte sich eine neue regionale

Elite, die die finanzökonomischen Kanäle aus der Kolonialzeit neu zu nutzen wusste und mit ihren Vermögensverwaltungs- und Investitionspraktiken den früheren Kolonisator:innen in nichts nachstand – zum weiteren Schaden der gerade dekolonisierten Länder. Vanessa Ogle schreibt: «Als weitere dauerhafte und damit verbundene Auswirkung des Abzugs von Vermögenswerten aus der sich entkolonialisierenden Welt verursachten Steueroasen bald wirtschaftliche Probleme in denselben Entwicklungsländern, aus denen einige der ursprünglichen Steueroasengelder stammten. […], die Hauptlast des späten kolonialen Abzugs von Vermögenswerten fiel nicht auf Europa, sondern auf die neuen unabhängigen Länder. Es dauerte nicht lange, bis die Eliten in den ehemaligen Kolonien die Vorteile eines Schweizer Bankkontos entdeckten.»[4]

Ein Beispiel für Kapital, das den lokalen Steuerbehörden entzogen wurde, sind die sogenannten Potentatengelder. 1986 flogen Schweizer Konten der Diktatoren und Kleptokraten Jean-Claude Duvalier (Haiti) und Ferdinand Marcos (Philippinen) auf, die ab den 1960er-Jahren riesige Vermögen in die Schweiz transferierten. Später kamen Gelder des mexikanischen Präsidenten Carlos Salinas und von Joseph Mobutu ans Licht, der die demokratische Republik Kongo (früher Zaire) von 1960 bis 1997 autokratisch regierte. Und während ihrer Herrschaft – vor dem Sturz im arabischen Frühling 2011 – verschoben etwa der tunesische Diktator und Kleptokrat Ben Ali oder sein ägyptisches Pendant Husni Mubarak ihre Vermögen in undurchsichtige Konten auf Schweizer Banken. Mittlerweile sind viele dieser Gelder von den Schweizer Behörden entweder gesperrt oder in die geprellten Länder zurückgeführt worden. Trotz redlicher Bemühen fällt es ihnen aber in einigen Fällen immer noch schwer, diese so zu restituieren, dass sichergestellt ist, dass sie nicht in die Taschen der Herrscherfamilien zurückfliessen. Umgekehrt fehlt es der bürgerlichen Mehrheit in der Schweizer Politik am Willen, griffige Gesetze zu erlassen, die verhindern, dass neue Gelder aus ähnlichen Quellen in die Schweiz gelangen.

An dieser Dynamik – dem strukturellen Abfluss essenzieller finanzieller Ressourcen aus den ökonomisch benachteiligten Ländern des Südens in die reiche Schweiz – hat sich also im Grundsatz seit der Dekolonisierung bis heute nichts geändert. Zwar musste die Schweiz ihr finanziell äusserst einträgliches Bankgeheimnis auf starken Druck der USA und der EU ein paar Jahre nach der letzten grossen globalen Finanzkrise von 2008 lockern. Andere Staaten wie Indien oder Argentinien hatten dies von der Schweiz schon früher gefordert, blitzten aber immer ab. Auch im Inland hatte die sogenannte «Bankeninitiative» der SP, der Gewerkschaften und der «Dritte-Welt-Bewegung» bereits 1984 dessen (Teil-)Abschaffung verlangt. Sie erzielte nach einer massiven Nein-Kampagne der Wirtschaftsverbände und bürgerlicher Parteien, die vor allem unbegründete Ängste vor dem Verlust der «Privatsphäre» aller Bürger:innen schürten, nur gerade eine Zustimmung von 27%.

4   Ebd., S. 28 (Ü.d.A.).

Seit 2017 tauscht die Schweiz nun Daten von im Ausland wohnhaften Kunden Schweizer Banken mit dem Wohnsitzland dieser Kunden aus. Dieser sogenannte automatische Informationsaustausch für Bankkundendaten (AIA) soll es den Steuerbehörden in den Herkunftsländern der Gelder ermöglichen, Vermögende zu enttarnen, die in der Schweiz Steuern hinterziehen oder Geld waschen. Doch auch hier zeigen sich wieder die alten kolonialen Gräben: Die Schweizer Steuerbehörden tauschen mittlerweile mit über 100 Staaten weltweit Daten aus. Vom afrikanischen Kontinent gehören bloss Ghana, Nigeria und Südafrika dazu. Alle anderen erfüllen die entsprechenden internationalen Standards nicht. Diese wurden jedoch von der OECD definiert, die aus bloss 38 Mitgliedsstaaten besteht und in der noch immer die ehemaligen kolonisierenden Staaten und weitere reiche Länder (darunter die Schweiz) des globalen Nordens dominieren. Tot, wie oft behauptet wird, ist das Schweizer Bankgeheimnis also noch lange nicht – und dies vor allem auch zu Schaden derjenigen ökonomisch und politisch benachteiligten Bevölkerungsschichten in den ehemaligen Kolonien, welche auf gute, öffentlich finanzierte Bildungs- und Gesundheitswesen angewiesen sind. Zum Vergleich: Die gesamten Kosten des Schweizer Gesundheitswesens betragen heute über 80 Milliarden Franken. In den 69 ärmsten Ländern der Welt – fast ausnahmslos ehemalige Kolonien – sind es gemäss Daten der Weltgesundheitsorganisation WHO insgesamt nur 20 Milliarden.

DER KOLONIALISMUS UND DIE SCHWEIZER ROHSTOFFGIGANTEN

Im «Sustainable Development Report», den die deutsche Bertelsmann-Stiftung im Zweijahresrhythmus verfasst[5], erscheint die Schweiz regelmässig als eines der schädlichsten Länder weltweit. Die reichen Länder des globalen Nordens schneiden auf Grund des starken Imports von grauem Wasser (in der Produktion von Importprodukten verwendetes Wasser) und grauem CO_2 (in der Produktion von Importprodukten entstandenes CO_2) darin generell schlecht ab. Die Schweiz sticht aber wegen ihres Finanzplatzes und ihrer Rolle als Tiefsteuergebiet für multinationale Konzerne besonders negativ hervor. Denn ein wesentlicher Mechanismus, mit dem multinationale Konzerne Steuern sparen, sind Gewinnverschiebungen. Dabei verbuchen Konzerne mit buchhalterischen Tricks Gewinne in ihren Hauptsitzen oder Tochtergesellschaften in der Schweiz, die von Konzerneinheiten in anderen Ländern erarbeitet wurden. Sie tun das, weil die Schweizer Kantone zu jenen Gebietskörperschaften in der Welt gehören, die seit Jahrzehnten sehr tiefe Gewinnsteuersätze für Unternehmen definiert haben und verschiedene steuerrechtliche Mechanismen anbieten, die solche Gewinnverschiebungen begünstigen. Auch diese Gewinnverschiebungspraktiken entwickelten sich dabei gleichzeitig mit der Dekolonisierung

---

in Afrika und Asien in den 1960er- und 1970er-Jahren. Dazu schreibt Vanessa Ogle: «In den 1960er- und 1970er-Jahren waren viele westliche multinationale Unternehmen geschickt darin geworden, künstliche Buchführungsmethoden zu verwenden, um in Entwicklungsländern erwirtschaftete Gewinne so umzuleiten und zu verbuchen, als ob sie in Steuerparadiesen angefallen wären, so wie multinationale Unternehmen heute scheinbar einen Grossteil ihrer Gewinne aus Verkäufen in der ganzen Welt in winzigen Steuerparadiesländern mit winziger Bevölkerung erzielen. Indem sie die Gewinne in einkommensschwachen Ländern künstlich reduzierten, entzogen diese Unternehmen den neuen unabhängigen Volkswirtschaften dringend benötigte Steuereinnahmen.»[6]

In der Schweiz erwies sich dabei der Kanton Zug als Vorreiter. Als Erster führte er bereits zu Beginn der 1920er-Jahren ein Steuerprivileg für Holdingfirmen ein. Damit bot der Kanton vor allem ausländischen Konzernen die Möglichkeit, ihre internationalen Geschäfte von der Innerschweiz aus zu steuern und die entsprechenden Gewinne dort zum steuerlichen Nulltarif zu verbuchen. Im Laufe des 20. Jahrhunderts etablierten sich dieses und weitere Steuerprivilegien für multinationale Konzerne in der ganzen Schweiz. Erst im Zuge der letzten Unternehmenssteuerreform (STAF), die die Stimmberechtigten 2019 guthiessen, wurden sie – erneut auf Grund von internationalem Druck aus der OECD – abgeschafft. Allerdings wurden die alten Privilegien gleichzeitig durch mehrere neue, international akzeptierte Steuerprivilegien ersetzt. Damit ist es für Konzerne, die in der Schweiz ihren Hauptsitz haben oder Tochtergesellschaften betreiben, weiterhin möglich, hier Gewinne, die im Ausland erarbeitet wurden, zu sehr tiefen Sätzen zu versteuern.

MAN LEBT AUF KOSTEN ANDERER

Dieses Geschäftsmodell des Schweizer Wirtschaftsstandortes steigert also das Steuersubstrat in der Schweiz und vermindert es andernorts. Economists Without Borders – eine transnationale Arbeitsgemeinschaft kritischer Ökonom:innen um Gabriel Zucman – errechnete, dass multinationale Konzerne jährlich 98 Milliarden Dollar Gewinne in die Schweiz verschieben. Während Gewinne von Unternehmen im globalen Durchschnitt mit 25% versteuert werden, liegt diese Quote in der Schweiz durchschnittlich (jeder Kanton legt seine Steuersätze selbst fest) bei aktuell 14,4%.[7] Damit nehmen der Bund und die Kantone gemäss den Berechnungen von Zucman und Kolleg:innen jährlich 7,8 Milliarden Dollar (bzw. ca. 7,2 Milliarden Franken) an zusätzlichen Steuern ein. Das sind 38 Prozent der gesamten Schweizer Steuereinnahmen aus Firmengewinnen. Folgerichtig steht die Schweiz im «Cor-

6   Ogle, «Funk Money›, a.a.O., S. 30 (Ü.d.A.).
7   https://baktaxation.bak-economics.com/besteuerung-von-unternehmen (zuletzt aufgerufen am 02.09.2021).

porate Tax Haven Index» (CTHI) des Tax Justice Networks (TJN) denn auch auf Platz 5 der undurchsichtigsten Tiefsteuergebiete weltweit.[8] Vor ihm liegen nur drei der eng mit der Geschichte des Empire verbundenen britische Überseegebiete und die ehemalige Kolonialmacht Niederlande.

Auf Grund fehlender Daten sind allerdings Gewinnverschiebungen aus den allermeisten afrikanischen Ländern und auch aus den ärmeren Ländern aus Lateinamerika und Asien gar nicht eingerechnet. Was man aber weiss: Jährlich gehen Ländern mit tiefen und tiefen mittleren Einkommen durch Gewinnverschiebungen multinationaler Konzerne mindestens 30 Milliarden Euro Steuergelder verloren. Das ist also weit mehr als die bereits erwähnten gesamten Gesundheitskosten der 69 ärmsten Länder (20 Milliarden Dollar).

Die erwähnte Lücke bei den Steuerdaten in Afrika ist im Schweizer Kontext auch deshalb besonders relevant und stossend, weil die Schweiz die grösste Drehscheibe im globalen Rohstoffhandel ist. «Schätzungsweise ein Fünftel bis ein Viertel des gesamten weltweiten Rohstoffhandels wird heute über die Schweiz abgewickelt», schreibt die Historikerin Lea Haller in ihrem brillanten Buch zur Geschichte des globalen Rohstoff- bzw. Transithandels von 2019[9]. Der Schweizer Rohstoffhandel steht dabei in einer langen (post-)kolonialen Tradition und kann durchaus als zentraler Wirtschaftszweig des Schweizer «Kolonialismus ohne Kolonien» betrachtet werden. Lea Haller schreibt: «Bereits im 19. Jahrhundert hatte der Kleinstaat einen gigantischen Transithandel; er übertraf den Import und Export der Schweiz um ein Vielfaches. Als Vermittler zwischen Produzenten und Abnehmern in verschiedenen Weltregionen organisierten die Schweizer Handelsfirmen den Warenhandel völlig unabhängig von ihrem Domizilland. Sie lieferten japanische Seide, indische Baumwolle, westafrikanischen Kakao und zahlreiche andere Rohstoffe in alle Welt – nach Europa, Russland, Amerika und Asien. Hier lässt sich also über einen langen Zeitraum beobachten, was im ausgehenden 20. Jahrhundert allgemeine Praxis geworden ist: dass Unternehmen ihren Firmensitz und ihr Geschäft trennen.»[10]

Heute haben mit Vitol (vor allem Öl), Glencore (u.a. Kupfer, Kobalt, Zink und Nickel), Trafigura (vor allem Öl), Mercuria (Öl) und Cargill (Agrarrohstoffe) mit die grössten Rohstoffhandelsfirmen der Welt in der Schweiz ihren Hauptsitz. Sieht man vom Banken- und Versicherungssektor einmal ab, gehören diese Rohstoffgiganten zu den umsatzstärksten Unternehmen des Landes[11]. Erst hinter ihnen folgen grosse Schweizer Nahrungsmittel- und Pharmakonzerne wie Nestlé, Novartis oder Roche. Auch wenn der Anteil der Länder mit tiefem Einkommen am gesamten Wert der global gehandelten Rohstoffe sehr tief ist (nur

8   https://cthi.taxjustice.net/en/ (zuletzt aufgerufen am 02.09.2021).
9   Lea Haller, *Transithandel. Geld- und Warenströme im globalen Kapitalismus*, Berlin 2019, S. 7.
10   Ebd., S. 8.
11   https://www.swissinfo.ch/ger/schweizer-multis--globale-schwergewichte-in-hochrisiko-sektoren/46144834 (zuletzt aufgerufen am 02.09.2021).

2%), ist die Rohstoffindustrie für viele arme Länder des Südens wirtschaftlich von grosser Bedeutung.[12] Allerdings bleibt ein sehr kleiner Anteil der Wertschöpfung dieser Industrie in den Abbauländern. Vielmehr gelangt sie durch Steuer(vermeidungs-)praktiken der entsprechenden Konzerne auch in die Schweiz. Man kann also davon ausgehen, dass auch ein beträchtlicher Teil des Schweizer Gewinnsteuersubstrats von Unternehmen aus Gewinnverschiebungen in der Rohstoffhandelsbranche kommen.

EIN KNOTENPUNKT IN EINEM GEFLECHT GLOBALER BEZIEHUNGEN

Betrachtet man das Verhältnis zwischen der politischen und der wirtschaftlichen Schweiz kommt die burroughsche Beziehung zwischen Mythos und Realität aus Tanger wieder ins Spiel. Während sich bei Burroughs im Tanger der 1960er-Jahre die Grenzen zwischen Mythos und Realität auflösten, trafen sich diese beiden Sphären des kollektiven Bewusstseins in der Schweiz bis heute fast nie. 1891 wurde der 1. August als Schweizer Nationalfeiertag offiziell eingeführt – und damit der erst 53-jährige Nationalstaat rückwirkend in einer Jahrhunderte alten Geschichte verankert. Zusammen mit dem imaginären Bundesbrief von 1291, Schillers Drama von Wilhelm Tell, einer mythologisch aufgeladene Alpenwelt sowie einer rassenanthropologischen Identität als *homo alpinus helveticus* wurde am Ende des 19. Jahrhunderts der Mythos der Schweiz erschaffen, der – immer wieder erneuert – bis heute wirksam ist. Dieser Mythos erzählt uns in immer neuen Auflagen (aktuell: «Erfolgsmodell Schweiz») vom Sonderfall Schweiz, deren Erfolg auf Freiheit, Neutralität, Unabhängigkeit, Fleiss, Sparsamkeit und unternehmerischem Geschick beruhe.

Dem gegenüber stehen die wirtschaftlichen Realitäten der Schweiz als koloniale Komplizin und Jahrhunderte alte Handelsnation: «Schon ein kurzer Blick in die Geschichte des Landes verdeutlicht, dass die Schweiz stets auf den Handel mit anderen Weltregionen angewiesen war und dass umgekehrt die Entwicklung des Handels wesentlich von eidgenössischen Besonderheiten profitierte: von Söldnerkompanien und Durchmarschrechten (die mit Handelsprivilegien aufgewogen wurden), von Staatsanleihen und privatem Investitionskapital, von der politischen Neutralität, von Steuerprivilegien und von der Unversehrtheit durch Kriege», schreibt Lea Haller.[13] Während die eigenen Grenzen für die politische Debatte in der Schweiz seit der Zwischenkriegszeit konstitutiv sind, wie fast kein anderer Parameter, ist für die wirtschaftliche Schweiz die Grenzüberschreitung eine notwendige Bedingung. Da kommt dann eine andere Schweiz ans Tageslicht: Das Land erscheint nun als Knotenpunkt in einem Geflecht globaler Be-

12 https://www.seco.admin.ch/seco/de/home/Aussenwirtschaftspolitik_Wirtschaftliche_Zusammenarbeit/Wirtschaftsbeziehungen/Rohstoffe.html (zuletzt aufgerufen am 02.09.2021).

13 Haller, *Transithandel*, a.a.O., S. 41.

ziehungen und Geschichten. Sie entstehen zwischen jenen Menschen, die entlang der globalen Geld- und Warenwege, die durch die Schweiz führen, leben und arbeiten. Aus dieser Perspektive wird auch die globale Verantwortung dieses Kleinstaates deutlich, der zwar gemessen an seiner Bevölkerung nur das 99. grösste Land der Welt ist, und gemessen an seiner Fläche sogar nur das 132., deren Volkswirtschaft (gemessen am Bruttoinlandprodukt) aber eben auf Rang 18 steht. Und gemäss *Fortune* sind sogar in keinem Land der Welt pro Million Einwohner:innen mehr der 500 reichsten Konzerne niedergelassen als hier. Kein anderes Land weltweit ist also gleichzeitig geo- und demographisch so klein und wirtschaftlich so gross. Und zwar so gross, wie man aus eigener Kraft gar nie hätte werden können: Man lebt hier heute – das zeigen unter anderem die Gewinnverschiebungen der Konzerne – nicht primär von der eigenen Hände Fleiss, sondern auf Kosten der Welt.

Die politische Neutralität der Schweiz – eine Neutralität, die in ihrer Geschichte notabene nie für wirtschaftliche Unparteilichkeit stand – begünstigte wiederum ihren wirtschaftlichen Aufstieg als Handelsnation. Und sie befreite das kollektive Gewissen der Schweiz gleichzeitig von einer Mitverantwortung für globale Ungleichheiten, Ungerechtigkeiten und Gewalt. Insofern basiert die Schweizer Interpretation staatlicher Neutralität auch auf einer strikten Trennung von Wirtschaft und Politik, die aus der Perspektive einer kritischen politischen Ökonomie natürlich völlig unhaltbar ist. Das zeigen die hier verhandelten Zusammenhänge genauso wie etwa die Aufarbeitung der wirtschaftlichen und politischen Verstrickungen der Schweiz mit Nazi-Deutschland während des Zweiten Weltkrieges, die ab den späten 1970er-Jahren von kritischen Historiker:innen, Kulturschaffenden und Journalist:innen geleistet wurde. Demnach erlaubte z. B. die formale Etablierung des Schweizer Bankgeheimnisses um 1930 deutschen Juden nicht etwa – wie infamerweise behauptet –, ihr Vermögen vor der nazistischen Verfolgung in Sicherheit zu bringen. Die historischen Zusammenhänge um die «nachrichtenlosen Vermögen», die im Zuge der öffentlichen Aufarbeitung der Rolle der Schweiz im Zweiten Weltkrieg in den 1990er- und frühen 2000er-Jahren ans Licht kamen, zeigen eher das Gegenteil: Auf dem Schweizer Finanzplatz störte man sich in der Nachkriegszeit über Jahrzehnte hinweg kaum daran, dass hier mit Geld hantiert wurde, das Juden gehörte, die von den Nationalsozialist:innen umgebracht worden waren.

Bis heute ist es nicht gelungen, den Sonderfallmythos aus dem Zentrum des kollektiven Bewusstseins der Schweiz wirklich herauszudrängen. Vermutlich auch deswegen nicht, weil er für den Wirtschaftsstandort Schweiz kommerziell immer noch sehr erfolgreich ist. Er dient ihm als Abwehrnarrativ gegen politische Bemühungen, die die Schweiz wirtschaftlich auf eine weltverträglichere, aber dann weniger einträgliche Basis stellen wollen.

DIE TRANSNATIONALE DEMOKRATISIERUNG WIRTSCHAFTLICHER BEZIEHUNGEN

Wie könnte eine Neue Schweiz mit Blick auf ihre wirtschaftlichen Strukturen und deren Verwurzelungen im (Post-)Kolonialismus also agieren? Statt als zu verdrängende Gefahr für ihr traditionelles Selbstverständnis und Geschäftsmodell, könnte die Schweiz die Tatsache ihrer dichten wirtschaftlichen Verflechtungen und ihre Einbindungen in postkoloniale Machtverhältnisse als Instrumentarium begreifen, um entlang der Linien ihrer globalen Wirtschaftsbeziehungen zu einer gerechteren, demokratischeren und ökologisch überlebensfähigen Welt beizutragen. Die Berliner Philosophin und Politaktivistin Bini Adamczak brachte diese Idee einer gerechteren Globalisierung entlang bestehender transnationaler Wirtschaftsbeziehungen sehr gut auf den Punkt: «Milliarden von Menschen, die sich nicht kennen, stehen in Beziehung und sind aufeinander angewiesen. Allerdings hat diese Beziehung, vermittelt über Weltmarkt und Tauschwert, die Form von Indifferenz und Konkurrenz, Ausbeutung und Unterdrückung. Ich halte es aber weder für möglich noch für wünschenswert, sich aus dieser Abhängigkeit wieder zurückzuziehen. Stattdessen sollten wir die gegenseitige Abhängigkeit zum Ausgangspunkt nehmen, um zu fragen, wie wir sie demokratisch und egalitär gestalten können.»[14] Welches Land könnte für eine transnationale Demokratisierung wirtschaftlicher Beziehungen ein besserer Ausgangspunkt sein, als das selbsterklärte Mutterland der Direkten Demokratie, das aber gleichzeitig wirtschaftlich so verflochten ist mit der Welt wie kaum ein anderes?

In der internationalen Steuerpolitik sowie im Feld der transnationalen Verwaltung privater Vermögen wären die Modelle für eine gerechtere Verteilung der Gewinne multinationaler Konzerne vorhanden. Zum einen ist die Aufhebung der rechtlichen Unterscheidung zwischen legaler Steuerhinterziehung und illegalem Steuerbetrug, auf der das real existierende Bankgeheimnis basiert, immer noch ein sehr wichtiger Schritt. Das wäre quasi die Neuauflage der erwähnten Bankeninitiative von 1984. Zudem müssten sich die tatsächlichen Besitzer:innen des Kapitals auf entsprechenden Konti und Briefkastenfirmen in ein öffentlich zugängliches Register eintragen («Beneficial Ownership Registry»), während sich heute noch viele hinter den Anwaltskanzleien und Banken verstecken, die ihre Vermögen verwalten.

In der Konzernsteuerpolitik wiederum könnte sich die Schweiz gemeinsam mit anderen wichtigen Sitzstaaten multinationaler Konzerne sowie mit Produktionsländern im globalen Süden für eine sogenannte Gesamtkonzernbesteuerung einsetzen («Unitary Taxation»). Heute werden die Teilgewinne eines multinationalen Konzerns in jedem Land, in dem dieser aktiv ist, separat auf nationaler (oder in der Schweiz sogar auf kantonaler) Ebene versteuert. Das macht Gewinnverschiebungen von Hochsteuer- in Tiefsteuerländer erst so lukrativ.

14   «Die Linke ist so fragmentiert, dass das Gemeinsame sehr schwer herzustellen ist», Interview von Raul Zellik mit Bini Adamczak, *WOZ*, 8. März 2018, https://www.woz.ch/-8786 (zuletzt aufgerufen am 02.09.2021).

Mit dem System einer Gesamtkonzernbesteuerung würden die gesamten globalen Gewinne eines Konzerns am Ort seines Sitzes (also zum Beispiel im Kanton Zug) zusammengerechnet und dann gemäss einem Verteilschlüssel, der Faktoren wie Anzahl der Beschäftigten und Umsatz beinhalten würde, in die beteiligten Länder zurückverteilt. Würde der Faktor Arbeit darin stark gewichtet, könnten auch die Produktionsländer im globalen Süden von einem solchen Systemwechsel profitieren.

Für eine globale ökosoziale Wende wären solche globalen Umverteilungsmechanismen essenziell. Laut der UNO braucht es jährlich 7.000 Milliarden weltweit, um die 17 Nachhaltigkeitsziele im Rahmen der «Agenda 2030» zu erreichen, auf die sich die UNO-Mitgliedsstaaten 2015 geeinigt haben. Die Notwendigkeit dieser ökosozialen Wende ist durch die sich verschärfende Klimakrise, die Covid-Pandemie, die zunehmende soziale Ungleichheit und die politischen Verwerfungen rund um den Globus, die mit diesen Krisen einhergehen, umso zwingender geworden. Die Schweiz könnte als wirtschaftliche Grossmacht dazu einen wesentlichen Beitrag leisten.

Dass der transnationale Blick auf die wirtschaftlichen Realitäten der Gegenwart in der Schweiz wichtiger wird, zeigt das Abstimmungsresultat der Konzernverantwortungsinitiative vom November 2020. 50,7 Prozent der Stimmenden legten ein Ja für ein Anliegen in die Urne, von dem sie selbst kaum profitiert hätten. Denn die Initiative hätte ausschliesslich die Rechte von Arbeiter:innen Schweizer Konzerne im Ausland und vor allem in den Rohstoffabbauländern des globalen Südens gestärkt. Ihre Annahme wäre in diesem Sinne ein paradigmatischer Akt internationaler Solidarität geworden, der die Beziehungen zwischen Schweizer Konsument:innen und Arbeiter:innen Schweizer Konzerne in den Ländern des Südens zumindest ein wenig egalitärer gemacht hätte. Am Ende scheiterte die Initiative am Ständemehr, dieser politischen Rückversicherung der reaktionären Schweiz: Verantwortlich dafür waren just jene Kantone wie Schwyz, Zug, Nidwalden oder die beiden Appenzell, die sowohl das geografische Rückgrat des Sonderfallmythos wie auch jenes der Schweizer Steuerfluchtpolitik bilden. Was wäre wohl herausgekommen, hätten alle Mitarbeiter:innen der zehn grössten Schweizer Konzerne weltweit mitstimmen können? Ihre Beteiligung an der Abstimmung wäre gemessen an den normativen Prinzipien moderner Demokratien («nothing about us without us») ja nur folgerichtig gewesen. Die Initiative ist gescheitert, ihre Idee aber wird nicht mehr verschwinden.

Weiterführende Literatur:

Crasnic, Loriana, «Resistance in tax transparency standards: Small states' heterogenous responses to new regulations», *Review of International Political Economy*, 26. August 2020, https://www.tandfonline.com/doi/full/10.1080/09692290.2020.1800504

Erklärung von Bern (Hg.), *Rohstoff. Das gefährlichste Geschäft der Schweiz*, Zürich 2012, https://www.publiceye.ch/fileadmin/doc/Rohstoffe/2012_PublicEye_Rohstoff_Das_gefaehrlichste_Geschaeft_der_Schweiz_Buch.pdf (zuletzt aufgerufen am 02.09.2021).

Farquet, Christophe, *Histoire du paradis fiscal suisse. Expansion et relations internationales du centre offshore suisse au XXᵉ siècle*, Paris 2018.

Gross, Dominik, «Das Märchen von der sparsamen Nation», in: Caritas Schweiz, *Almanach Entwicklungspolitik. Klimaschutz und Energiewende*, Luzern 2021.

Haller, Lea, *Transithandel. Geld- und Warenströme im globalen Kapitalismus*, Berlin 2019.

Janský, Petr, Miroslav Palanský, «Estimating the scale of profit shifting and tax revenue losses related to foreign direct investment», in: *International Tax and Public Finance* 26 (2019), S. 1048–1103.

Knowbotiq, Nina Bandi (Hg.), *Swiss Psychotropic Gold*, Basel 2020.

Ogle, Vanessa, «‹Funk Money›: The end of empires, the expansion of tax havens and decolonization as an economic and financial event», in: *Past and Present*, Bd. no. 249 (November 2020), S. 213–249.

Shaxson, Nicholas, *Schatzinseln. Wie Steueroasen die Demokratie untergraben*, Zürich 2011.

Speich Chassé, Daniel, «Verflechtung durch Neutralität. Wirkung einer Schweizer Maxime im Zeitalter der Dekolonisation», in: Patricia Purtschert, Barbara Lüthi, Francesca Falk (Hg.), *Postkoloniale Schweiz. Formen und Folgen eines Kolonialismus ohne Kolonien*, Bielefeld 2012, S. 225–244.

Uster, Hanspeter, «Rohstoff-Rhizom und die Herausforderung für die Linke. Politische und soziale Folgen des Steuerwettbewerbs im Kanton Zug», in: *Widerspruch, Beiträge zu sozialistischer Politik* 35 (2016), S. 57-69.

Walonen, Michael K., *Writing Tangier in the Postcolonial Transition. Space and Power in Expatriate and North African Literature*, New York 2016.

Weiterführende Websites:

Alliance Sud, Steuer- und Finanzpolitik: https://www.alliancesud.ch/de/politik/steuer-und-finanzpolitik

Economists Without Borders: https://missingprofits.world /

Konzernverantwortungsinitiative: https://konzern-initiative.ch

Public Eye, Potentatengelder: https://www.publiceye.ch/de/themen/archiv/potentatengelder

Public Eye, Rohstoffhandel: https://www.publiceye.ch/de/themen/archiv/potentatengelder

Tax Justice Network, *Corporate Tax Haven Index*: https://cthi.taxjustice.net/en/

Tax Justice Network: *Financial Secrecy Index*:/: https://fsi.taxjustice.net/en/introduction/fsi-results

IN DER SORGE
DASS ES
SCHLIMMER WIRD
VERSCHLIMMERN
SIE UNS
MORGEN.

WIR STIMMEN ZU.
OHNE STIMMEN.

WARTEN AUF
BESSERE ZEITEN

HABEN RECHT
AUF UNRECHT
DURCH DAS
AUSLÄNDER-
RECHT.

Dragica Rajčić Holzner, «Politisches 2 / Ausländergesetz», 2004.

TRAJECTORIES OF STRUGGLE

MIGRATION, BORDERS AND THE POLITICS OF FREEDOM OF MOVEMENT AT THE EU'S MARITIME FRONTIERS

Charles Heller

For Fernand Braudel, the Mediterranean was not reduced to the sea, or even to the limits marked by the growth of olive trees. The Mediterranean was rather a "wide zone, extending well beyond the shores of the sea in all directions. We might compare it to an electric or magnetic field, or more simply to a radiant centre whose light grows less as one moves away from it, without one's being able to define the exact boundary between light and shade. For what boundaries can be marked when we are dealing not with plants and animals, relief and climate, but men, whom no barriers or frontiers can stop?"[1] No barriers or borders can stop the movement of men and women, and yet states and the owners of capital have constantly attempted to limit and channel human mobility according to their interests and the social hierarchies of class, race, and gender.

In recent years I have been analyzing and contesting the violence of borders across the Mediterranean frontier through research, activism and aesthetic practice. I have also sought to conceptualize approaches and develop activist tools to support illegalized migrants in the exercise of their freedom to move despite legal denial. In this article, foregrounding my own experience and position, I reflect on the transformations of the Mediterranean border regimes in the last two decades and the new activist practices that have transformed the sea into a laboratory of transnational non-governmental politics. From this vantage point I ask what strategic political perspectives might enable us not only to oppose the violent attempts by states to seal off the Mediterranean frontier at all and any cost, but also to further embed struggles surrounding migration and borders within a process of emancipatory transformation.

1   Fernand Braudel, *The Mediterranean and the Mediterranean World in the Age of Philip II*, trans. by Sian Reynolds (New York: Harper and Row, 2nd ed. 1976), p. 168.

The regime of uneven mobility that we are currently witnessing has emerged in tandem with European imperial expansion and the consequent transformation of the Mediterranean into a colonial sea. While European settlers migrated in great numbers to North African colonized territories, the northbound movement of colonized populations to European metropolitan space (for example France) was subject to successive moments of partial opening and closure of borders. Following the First World War these restrictions on the mobility of the colonized people resulted in early cases of deaths at sea. While after the Second World War European countries established countless programs for recruiting cheap labor from former colonies, the 1960s saw the rise of discriminatory migration policies across Europe. The consolidation of freedom of movement for European citizens within the EU through the Schengen Agreement as of the mid-1980s has gone hand in hand with the denial of access to the EU for most citizens of the global South. The standardization of European migration policies, which also entailed the establishment of a common European border at the external edges of the EU, has thus entailed the institution of a truly European "color line" cutting across the Mediterranean.

However, the systemic conditions that underpin migrants' movements towards Europe continued—in particular the need for highly qualified but also de-qualified migrant labor, global inequalities, and existing migrant networks. Hence the illegalization of the mobility of certain migrants only forced them to move in clandestine ways—frequently by crossing the sea on overcrowded and ill-suited vessels. As a result of illegalized migrants' refusal to accept their geographical exclusion, and of European states' attempts to prevent and police their mobility, the Mediterranean has become the liquid terrain of an enduring mobility conflict, in which postcolonial inequalities manifest themselves. The sight of overcrowded migrants' boats being intercepted at sea or migrants' bodies washing up on European shores has become tragically common since the early 1990s. In an attempt to control the Mediterranean, European coastal states, later joined by Frontex (the European border-management agency) and a growing number of international military operations, have deployed a vast array of militarized border-enforcement practices and techniques to contain and channel migrants' movements, turning the sea into a vast frontier zone. Crucially, since the early 2000s the EU has increasingly outsourced border control to authoritarian regimes in North Africa so that they might contain migrants on their shores. This task has been undertaken in exchange for funding, military equipment and advantages at other levels of political and economic cooperation with Europe. These policies have never more than temporarily succeeded in stemming migrants' crossings, and for every route that was sealed off, several new ones—often longer and more dangerous—were opened. Migrant populations have paid a heavy price for their persistence: since the end of the 1980s more than 40,000 migrant deaths at sea have been recorded, turning the Mediterranean into a liquid grave.[2] Those who succeed in arriving safely on EU territory face precarious legal conditions, waiting in the limbo of the asylum process, or being driven into an illegalized labor force and thus existentially absorbed into Europe's economy through their very exclusion.

Over time, the Mediterranean has seen the trajectories of illegalized migrants continuously evolve in response to the increasingly militarized means deployed by states to police them. By using the concept of *trajectory* I want to underline the way illegalized migrants' persistence and precarious mobilities have no predetermined destination, and nor do they follow a fixed path. As opposed to a route from A to B that might be drawn on a map, a trajectory is not an abstract line but rather the *embodied* path that is the product of the *encounter* between the movement of the mobile subject and the friction of the real world—including the limits imposed by bordering practices. Likewise, my practice as a researcher, aesthetic producer, and human rights activist evolves as a trajectory. Its development takes the shape of bifurcated paths and ruptures, which are the product of *encounters* with outside forces, which force me to think and reposition myself.

In what follows I will start by narrating my own trajectory into struggles surrounding borders and migration, which began nearly twenty years ago, before discussing current activist practices at sea. If I mix the academic, the biographical and the political, it is because I believe that if we wish to bring the recognition of the migratory and postcolonial reality of Switzerland into existence, we should start from a place of recognizing and locating ourselves within historical and political realities—and address the ambivalences that come with it.

ENTANGLED TRAJECTORIES

I was born in the United States, but have lived in francophone Switzerland for most of my life. My family's migration history was the product of meandering paths of migration and exile. Jewish members of my family fled to the US from Eastern Europe at the beginning of the twentieth century, some later migrating back again to the old continent. As a result of the tangled routes of my family's history, I will never belong to any essentialized nation (including of the Zionist sort). Among many other things I might characterize myself as a "non-Jewish Jew"—in the sense that I am not part of any religious community but cannot help feel targeted by banal and not so banal expressions of antisemitism. At the same time I have benefited from the privilege of being born as the citizen of two powerful countries, Switzerland and the USA, and my appearance, name, or accent do *not* result in my constantly being marked as un-belonging. Mostly, rather than something that I lived adversely, I experienced dimensions of my difference positively and

2   See the list of migrant deaths at the European borders established by UNITED for Intercultural Action, http://unitedagainstrefugeedeaths.eu/about-the-campaign/about-the-united-list-of-deaths/ (accessed March 24, 2021).

affirmatively. As an adolescent at least I would rather foreground my Americanness (through adherence to music, sport, clothes, food, and so on), which I took to be "cool." I could also pass as Swiss, or overplay my role as the American. In all this, my non-Jewish Jewishness remained rather a taboo for a long time.

As a privileged citizen with a migrants' history myself, it was only in 2003 that I really connected with migrants with precarious conditions and status. Then, after refusing to serve in the Swiss military, I took up voluntary service at the Agora, an ecumenical organization in Geneva that offered different activities for asylum seekers. It was quite an encounter for the twenty-two-year-old I was at the time. Many of the people who joined the activities were about as young as I was, and had only recently arrived in Switzerland. In this sense, even if it was from a very different and unequal position, all of us were "discovering" at the same time what it means to be a migrant or an asylum seeker and more broadly diasporic conditions. Faced with the discrimination and precarity that this condition implies, together we began exploring the history of migration and migration policies in Switzerland within a history workshop, reading Hannah Arendt's *Origins of Totalitarianism* (1951) or Aimé Césaire's *Discours sur le Colonialisme* (1950). We were trying to understand what this condition was about and how it had historically emerged. It was also a time when regular cases of police violence against Black citizens and asylum seekers alike were being reported, some concerning my own friends, and so questions of race had gained an urgency for us. It is in the aim of making the Swiss population aware of and protesting the condition of foreigners and racialized people in Switzerland that I picked up a camera for the first time, and we

Film still from *Home Sweet Home* (2009).

began organizing street-theatre interventions in demonstrations together. Part of this material would be brought together in my film *Home Sweet Home* (2009).

This first encounter with precarized migrants in Switzerland within an activist context was transformative for me. On the one hand it shaped the focus of my work on migration, race, and borders to this day, as well as the particular form it took: research, aesthetic production, and activism have since then been inextricably bound together in my work. On a more intimate level I partly discovered my own migration and racialized past and present—a condition that, apart from rare antisemitic jokes, I am not assigned to on a daily basis, but that is nonetheless part of my self. The reasons that shape our political commitments are always multiple and messy. There is no doubt however that in order to be faithful to my family history, I had to contest the present manifestations of the violence of borders and social boundaries, as these present a continuity with the past. I felt that, despite my privilege, my own being and condition resonated with that of precarized migrants from the global South and allowed a specific form of solidarity.

So far, I have rarely brought up my family history in relation to my research and activism, for it raises a number of challenging questions: Can one foreground one's location and identity without being reduced and assigned to it? Does this risk to self-legitimize my work in relation to the incommensurable experience of those who today cannot escape their racialization? I have no definite answers to these questions. But in the context of the political project of a "New Switzerland" I think it's important to recognize my positionality in order to affirm our postmigrant and postcolonial reality, so that it may be further culturally and politically recognized. Also, in order to build strong emancipatory alliances, we need to subvert the old binaries of supposedly clear-cut categories such as citizen/foreigner, white/of Color, victim/helper that structure both domination based on status and race, as well as opposition to it.

RUPTURES AT THE EU'S MARITIME FRONTIERS

I began to focus my work on the Mediterranean frontier in the wake of the 2011 Arab uprisings. For me, this was a time of opening new horizons on different levels. The then emerging Forensic Architecture research project was forging new conceptual and technical tools for documenting and contesting violence in its multiple guises. These new tools allowed me to engage differently with political upheavals in the Mediterranean region. The "delayed defiance" of the Arab uprisings, which constituted a moment of rebellion against "domestic tyranny and globalized disempowerment alike,"[3] kicked off a sequence of unprecedented defiance against the European border regime itself. By toppling or destabilizing the authoritarian regimes in North Africa that had served as the pillars of Europe's policy of externalized border control, these popular uprisings (and the foreign military interventions that accompanied them in the case of Libya) also caused the European border regime to vacillate. In Tunisia, migrants took advantage of the power vacuum to seize their freedom to move, which the Ben Ali regime had denied them in tandem with the EU. The counter-revolutionary turmoil that spread in Libya and Syria further triggered the large-scale movement of populations across the region.

3   Hamid Dabashi, *The Arab Spring: The End of Postcolonialism* (London: Zed Books, 2012), p. 3.

In the wake of the Arab uprisings it was not only migrants who decided to take to the sea. They were followed by a multitude of non-governmental actors who deployed highly innovative strategies to support the migrants' freedom to move as well as block the violence of borders. Together, they have turned the in-between space of the "Medi-terra-nean" into a transnational space of experimental resistance and solidarity, and into a domain of politics in its own right. In 2011, families of the disappeared in Tunisia mobilized, with the support of Italian activists, to demand truth and accountability for the disappearance of their loved ones.[4] My colleague Lorenzo Pezzani and I contributed to this renewed phase of activism at sea by initiating a research project called Forensic Oceanography in the same year, deploying surveillance technologies against the grain as a way to document and litigate the violations of migrants' rights at sea.

Since 2013, we have shared these tools by making them available via the WatchTheMed platform.[5] The Alarm Phone project emerged from this process in 2014, extending the underground networks of solidarity of No Border activists across the sea through a civilian emergency phone line to support migrants during the crossing.[6] These initiatives challenged the boundaries of what and who can be seen and heard across the Mediterranean frontier, and particularly who has the power to represent and define and police this reality.

Envisat satellite image from the Report on the Left-to-Die Boat Case (2012).

FROM THE SUMMER TO THE AUTUMN OF MIGRATION

2015 marks a watershed moment for the European border regime. During what has been referred to as the "Long Summer of Migration" by Bernd Kasparek and Mark Speer, migrants' capacity to overcome European borders reached its peak as Syrians crossed the Aegean in great numbers to reach the Greek shores and make their arduous passage across European territory. It showed the agency and the will to free movement of tens of thousands of people. It also mobilized scores

4   For Forensic Oceanography's reports see https://forensic-architecture.org/ category/forensic-oceanography (accessed March 24, 2021).
5   http://watchthemed.net/ (accessed March 24, 2021).
6   https://alarmphone.org/en/ (accessed March 24, 2021).

of activists across Europe to develop new forms of solidarity. In the central Mediterranean, where the Italian Mare Nostrum rescue operation had been terminated, resulting in a lethal rescue gap, 2015 saw the deployment of rescue vessels, which soon numbered a rescue flotilla. Their operators took it upon themselves to make up for the EU's policies of illegalization and abandonment.

At the same time, the year 2015 also signalled the beginning of a violent rollback of the European border regime. In the name of preserving a neoliberal peace in Europe against further infighting and the rise of the far-right that has threatened the "extreme center" governments in several European states, EU institutions and member states have desperately attempted to reimpose policies of control on migrants' entire trajectories. New practices of externalized border control have reached far beyond the Mediterranean frontier, and subjected those already within EU territory to new and more draconian regimes of control. In the process, the EU has once again banked on those authoritarian regimes along the North African Mediterranean that have survived the revolutionary turmoil.

After successfully sealing off the Aegean sea, thanks to the EU-Turkey deal in March 2016, the policymakers returned their attention to the central Mediterranean, where the only available partner facing Italian shores was the shattered Libyan state, and particularly its abusive coastguard units. Outsourcing border control once again to these Libyan partners—as had been the case in 2009—required the sidelining of NGOs. After all, if the newly equipped Libyan units were to intercept migrants leaving their shores effectively, the same migrants could not be rescued by NGOs that would bring them to European soil. Furthermore, to permit the Libyan coastguard to intercept migrants at gunpoint with impunity, the monopoly of states over the regime of (in)visibility operating at the maritime frontier had to be restored. For all purposes, then, the humanitarian and human rights actors had to be expelled from the Mediterranean. Since the summer of 2016, with the full support of the EU, Italy has stepped up its collaboration with the Libyan coast guard, and at the same time led a virulent campaign of delegitimization and criminalization of NGOs—a two-pronged policy we have called Mare Clausum. Despite the extraordinary persistence and inventiveness of both migrants and non-governmental actors since 2011, the Mediterranean frontier is closing down once again.

RE-INVENTING THE POLITICS OF FREEDOM OF MOVEMENT IN A CLOSING SEA

As I write in January 2021, Europe has managed to outsource the task of its border control to its neighbors, and with it the human rights violations that always accompany it. The few NGOs that strenuously continue to conduct search-and-rescue operations are being criminalized and the at-risk passengers they take on board are denied disembarkation. The situation has only been made worse in the context of the

COVID-19 pandemic, in which "the war on the virus" fuels the "war on migrants."[7] Reopened in 2011 in the wake of the Arab uprisings, the Mediterranean frontier is being violently sealed off once again—even though illegalized migrants persist in slipping through the cracks that remain open.

Film still from *Home Sweet Home* (2009).

In this moment of violent rollback, which is hardening state borders and social boundaries alike, I am convinced that forms of immediate resistance should be accompanied by renewed strategic thinking and geared towards a broader horizon of transformation. *How do we define and even prefigure our political horizon at this particular historical juncture? How can we create the necessary alliances to advance towards it? Under what conditions can migration struggles become an engine of a broader project of political transformation operating across different boundaries of class, gender, race, and citizenship?* These are some of the questions that several colleagues and myself have been asking.

In the migrant-solidarity movement the urgent need to resist state violence is often foregrounded, and for a good reason. Yet this focus means that alternative visions to the current exclusionary migration regime are too often left undefined—or defined negatively as the *absence* of state-sanctioned violence imposed through border controls. The focus on state borders and policies in turn risks ignoring the role borders play as a political technology used to govern racialized populations and labor for postcolonial European capitalism. An absence of border violence would leave the very system of domination and exploitation embedded in borders unchallenged. Abolishing state borders or border control would be insufficient to enable migrants to fully exercise their freedom of movement and life aspirations as long as their bodies also continue to be channeled towards capitalist regimes of exploitation, and as long as they encounter discrimination along race and gender lines. Furthermore, the focus on state borders risks unwillingly reinforcing the split between different subject positions (such as citizen vs. illegal migrant), and thus making it even more difficult to see commonalities and forge alliances across those divisions. As a contribution to working through these difficulties—in terms of practical realization, with all the ambivalences and contradictions that forging

7   www.migreurop.org/article2974.html?lang=en (accessed March 24, 2021).

an alternative horizon entails—I have begun to reflect, with my colleagues Lorenzo Pezzani and Maurice Stierl, on what we call the *politics of freedom of movement*.

While certainly not discarding the focus on state violence at state borders—the effects of which are all too observable—this approach involves taking as its starting point the multiform constraints encountered by migrants along their trajectories as a potential site of struggle. The struggle towards freedom of movement starts with the recognition that, through their unauthorized movements, migrants seize and partly realize the rights that are denied to them. It then demands that one contest, block, and undermine *all* the practices that are deployed to police migrants' *entire trajectories*. Through this lens we can see more clearly that illegalized migrants may experience the violence of state borders. But *before* the border they have experienced the violence of authoritarian rule or extractive neocolonial relations. And *after* the border they face the constant threat of racial profiling within our cities, are subject to discriminatory naturalization regulations, and suffer the direct effects of neoliberal capitalism's flexible labor market. From this perspective, struggles surrounding state borders can only be articulated with a broad range of practices and demands at other levels. This is one of the lessons we may learn from the intersectional politics pioneered by Black feminists. This acknowledged that the forms of oppression based on race, class, gender, and sexuality "weren't separate in our bodies," as Angela Davis puts it, and that as such they could not be separated in terms of struggles.[8] Likewise, the entangled forms of oppression impacting migrants' experiences demand that we weave entangled struggles to contest them.

In the summer of 2018, in collaboration with Simon Noori, I convened a workshop aimed at exploring the potentials and challenges of this approach as part of an INES forum in Bern. It brought together several activists, scholars, and journalists in order to assemble various voices and perspectives to decipher both the multitude of constraints encountered by migrants and the many forms of resistance these generate. From the global scale of the uneven relations linking Europe and Africa and within which migration is embedded (Etonam Akakpo-Ahianyo) to the internal boundaries and constraints on asylum seekers' mobility within Switzerland (Saule Yerkebayeva and Jennifer Steiner), from the struggles of the Alarm Phone across the EU's maritime frontier (Simon Noori) to the fight against the racialized subjects' everyday experience through racial profiling (Vanessa E. Thompson), we discussed and highlighted different interlinked forms of boundary-making and struggles. While we acknowledged the unresolved tensions, divisions, and contradictions that make the forging of alliances difficult (Kijan Espahangizi), we also recalled Marx's comments in thinking through the necessity of overcoming multiple social boundaries within our political organization. Considering the divisions into "hostile

---

8   Angela Davis, *Freedom Is a Constant Struggle: Ferguson, Palestine, and the Foundations of a Movement* (Chicago: Haymarket Books, 2016), p. 19.

camps" between competing English and Irish workers in nineteenth-century England, which he considered to be "much the same as that of the 'poor whites' to the Negroes in the former slave states of the U.S.A.," Marx concluded that "this antagonism is the secret of the impotence of the English working class, despite its organization. It is the secret by which the capitalist class maintains its power."[9] This divide-and-rule strategy remains as effective today as it was in the past. Acknowledging the stark realities of our divisions and hierarchies—as I sought to do earlier in relation to my own position and social location—yet seeking to find points of commonality to work through and ultimately overcome them, may be a good place to start to break this spell of impotence.

This text is based on a talk held by Charles Heller at the Forum #NeueSchweiz on September 22, 2018, in Bern.

References:

Anderson, Bridget, Nandita Sharma, and Cynthia Wright. "Editorial: Why No Borders?" *Refuge* 26(2) (2009): 5–18.

Braudel, Fernand. *The Mediterranean and the Mediterranean World in the Age of Philip II.* Sian Reynolds, trans. (New York: Harper and Row, 2nd ed. 1976).

Dabashi, Hamid. *The Arab Spring: The End of Postcolonialism* (London: Zed Books, 2012).

Davis, Angela. *Freedom Is a Constant Struggle: Ferguson, Palestine, and the Foundations of a Movement* (Chicago: Haymarket Books, 2016).

Forensic Oceanography reports: https://forensic-architecture.org/category/forensic-oceanography (accessed March 24, 2021).

Heller, Charles, Lorenzo Pezzani and Maurice Stierl. "Towards a Politics of Freedom of Movement," *Open Borders: In Defense of Free Movement*, Reece Jones, ed. (Athens, GA: University of Georgia Press, 2018).

Hinger, Sophie. "Transformative Trajectories—The Shifting Mediterranean Border Regime and The Challenges of Critical Knowledge Production. An Interview with Charles Heller and Lorenzo Pezzani." *Movements: Journal for Critical Migration and Border Regime Studies* 4 (2018).

Kasparek, Bernd and Marc Speer. "Of Hope. Hungary and the long Summer of Migration," Borderminitoring.eu, September 9, 2015, https://bordermonitoring.eu/ungarn/2015/09/of-hope-en/ (accessed March 24, 2021).

Marx, Karl. "Letter to Sigfrid Meyer and August Vogt, 9 April 1870." *Karl Marx and Friedrich Engels. Selected Correspondence* (Moscow: Progress Publishers, 1975), pp. 220–224, https://www.marxists.org/archive/marx/works/1870/letters/70_04_09.htm#ireland (accessed March 24, 2021).

Walia, Harsha. *Undoing Border Imperialism* (Oakland, CA, Washington, D.C: AK Press, 2013).

9   Karl Marx, "Letter to Sigfrid Meyer and August Vogt, 9 April 1870," in *Karl Marx and Friedrich Engels. Selected Correspondence* (Moscow: Progress Publishers, 1975), https://www.marxists.org/archive/marx/works/1870/letters/70_04_09.htm#ireland (accessed March 24, 2021).

I
GLAUB
I MÖCHTI SÄGA,
DASS DR GANZI
SCHEISS TAG
I
HIN
UND HER PENDLA
ZWÜSCHA
IDEALISIARTER
UND REALER
HEIMAT

Milchmaa, aus «Todorova», 2013.

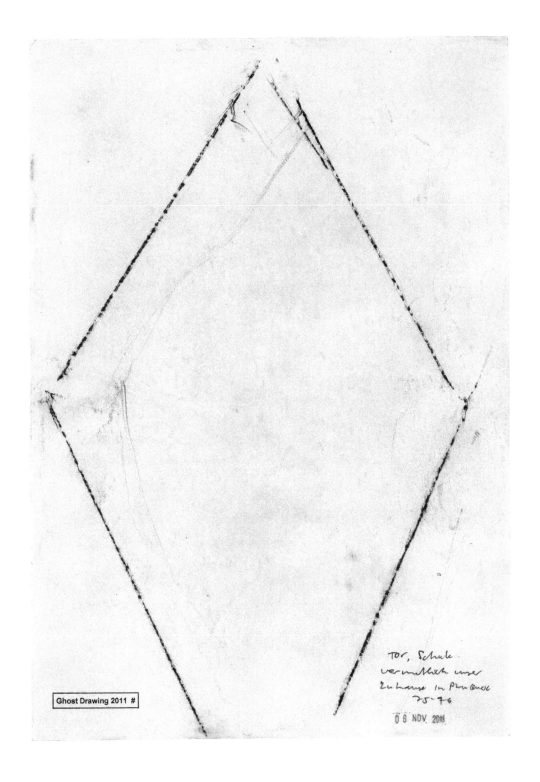

Ghost Drawing 2011 #

Tor, Schule.
vermutlich unser
Zuhause in Phu Quoc
75-76
0 8 NOV 2011

GHOST DRAWING Cat Tuong Nguyen

Ghost Drawing 2011 #

Fragmentation of the
Wreckage of a B 52 Plane

[2.8 OCT 2011]

M107 - 175mm Gun
'King of the
Battlefield'
Self - propelled
artillery Piece

2 8 OCT 2011

The Ghost Exhibits and Memorable Palace

Ghost Drawing 2011 #

01286380889 phuoc

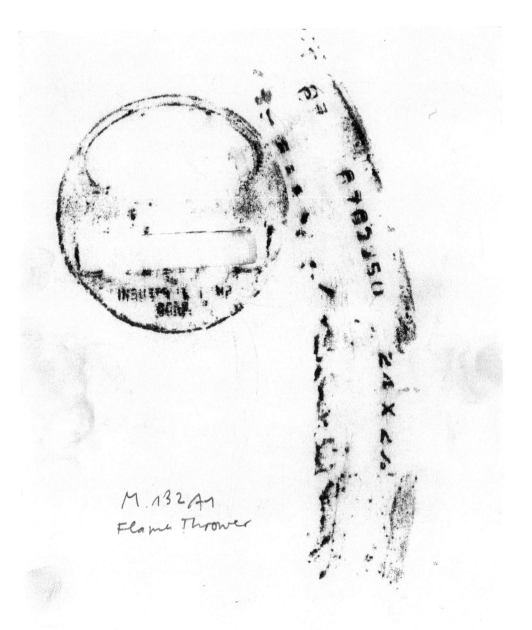

M. 132 A1
Flame Thrower

2 8 OCT 2011

Btt lake
um Regen of
6.7. OCT 2011

Ghost Drawing 2011 #

KANN MAN
VON EINEM TAG
AUF DEN
ANDEREN,
VON EINER
NACHT
AUF DIE
NÄCHSTE
IN EIN
NEUES
LEBEN
HINEINFAHREN

Melinda Nadj Abonji, aus *Tauben fliegen auf*, 2010.

SCHWARZE BEWEGUNG UND ANTIRASSISTISCHE ALLIANZEN IN DEUTSCHLAND UND EUROPA

Bafta Sarbo

Antischwarzer Rassismus, Schwarze Bewegungen und afrodiasporische Geschichte werden in der allgemeinen Geschichtsschreibung ausserhalb Afrikas eher mit den USA, Grossbritannien und Frankreich in Verbindung gebracht. In deutschsprachigen Debatten wird daher auf den Kolonialismus nur mit Bezug auf die anderen Kolonialmächte Europas verwiesen. Deutschland und Österreich werden dabei verkürzt als relativ unbedeutende Kolonialmächte beschrieben, weil das Deutsche Reich nach der sogenannten «Kongo-Konferenz»[1] in Berlin offiziell «nur» 35 Jahre Kolonialmacht war. Dabei ging dieser Epoche zum einem eine vorkoloniale Aktivität voraus und zum anderen war Preussen aktiv am Versklavungshandel beteiligt. Ähnliches gilt für die Schweiz, die zwar nie im Besitz eigener Kolonien war, aber mittels Banken und Handelsfirmen wirtschaftlich vom europäischen Kolonialismus profitierte. Solange diese Vergangenheit nicht anerkannt wird, können der Kolonialismus und der daraus resultierende Rassismus nicht adäquat bekämpft werden.

Dass darüber hinaus auch nach der formalen Dekolonisierung neokoloniale und imperialistische Beziehungen zu den ehemaligen Kolonien aufrechterhalten wurden, die die materiellen Realitäten in den ehemaligen Kolonien prägen, bedeutet, dass viele Menschen aufgrund von Krieg und Armut gezwungen sind, ihre Heimatländer zu verlassen und nach Europa zu flüchten. Diese Kontinuität ist ein weiterer Grund, der die Aufarbeitung des Kolonialismus im deutschsprachigen Raum erschwert.

Anhand einiger historischer Momente möchte ich in diesem Beitrag Aspekte der globalen Geschichte des Schwarzen Widerstandes in Deutschland und Europa nachzeichnen.

1 Vom 15. November 1884 bis zum 26. Februar 1885 tagte im Berliner Reichskanzlerpalais in der Wilhelmstrasse 77 die sogenannte «Berliner Konferenz», auch «Westafrika-Konferenz» oder «Kongo-Konferenz» genannt. Die Vertreter von 13 europäischen Staaten sowie der USA und des Osmanischen Reiches teilten auf dieser Konferenz fast den gesamten Afrikanischen Kontinent unter sich auf.

The Negro Worker, Vol. 2, No. 7, 1932, edited by George Padmore.

GESCHICHTE DER BEWEGUNG

Erste politische Organisierung Schwarzer Menschen in Europa gab es bereits in den 1920er-Jahren. Damals wurden unter dem Dach der Kommunistischen Internationalen (Komintern 1919–1943) erste Büros in Berlin und Hamburg eröffnet, um von da aus Schwarze und anti-koloniale Aktivitäten zu organisieren. Deutschland galt als strategisch günstiger Ort in Europa, da Deutschland seit dem Ersten Weltkrieg keine Kolonien mehr besass und eine relativ starke Kommunistische Partei hatte. Im Juli 1930 wurde im Rahmen der International Conference of Negro Workers (Internationale Konferenz Schwarzer Arbeiter) in Hamburg das International Trade Union Committee for Black Workers (Internationales Gewerkschaftskomittee Schwarzer Arbeiter) gegründet. Die dazugehörige Zeitung mit dem Namen *The Negro Worker* (1928–1937) wurde von George Padmore, einem Kommunisten und Panafrikanisten, gegründet und einige Jahre herausgegeben. Diese Organisationen brachten in Europa eine ganze Generation Schwarzer antikolonialer Intellektueller und Aktivisten hervor. Diese Entwicklung und die antikolonialen Bestrebungen wurden mit der Machtergreifung der Nazis allerdings wieder zerschlagen. An eine weitere Organisierung war damit vorerst nicht zu denken. Theodor Wonja Michael sagte treffend über die Situation Schwarzer Menschen im Nationalsozialismus: «Man tötete uns nicht, aber man liess uns auch nicht leben».[2]

2 https://www.spiegel.de/geschichte/afrodeutsche-im-nationalsozialismus-a-1270980.html (zuletzt aufgerufen am 26.05.2021).

Nach dem Zweiten Weltkrieg gab es zwar vereinzelte politische Aktivitäten Schwarzer Menschen wie Fasia Jansen[3], die aber nicht als systematische politische Organisierung im eigentlichen Sinne bezeichnet werden können. So gab es Schwarze US-Soldaten in den US-Kasernen, die lokale Black-Panther-Gruppen[4] bildeten, um etwa den Rassismus in der Armee sichtbar zu machen oder um gegen den Vietnamkrieg zu protestieren. Es gab auch in in der DDR als auch in der BRD Solidaritätskampagnen für Angela Davis, die aufgrund ihrer antirassistischen Aktivitäten in der US-amerikanischen Schwarzen Bewegung wegen Terrorismusunterstützung angeklagt wurde. Im Kontext der Dekolonisierung in den 1960er-Jahren entfachten sich in den Metropolen der meisten europäischen Kolonialstaaten wie Portugal, Frankreich und Belgien antikoloniale Proteste.

In dieser Tradition entstand in den 1980er-Jahren die jüngere Schwarze Bewegung in Westdeutschland. Entscheidend hierfür war ein Lehrauftrag von Audre Lorde an der Freien Universität Berlin. Die afroamerikanische Schriftstellerin und Frauenaktivistin lernte 1984 in ihren Vorlesungen Schwarze deutsche Frauen kennen und nahm Kontakt zu ihnen auf. Lorde ermutigte diese Frauen, ihre persönlichen Geschichten und damit die Geschichte der Schwarzen Diaspora in Deutschland aufzuschreiben und somit der einseitigen Geschichtsschreibung ein eigenständiges Bild entgegenzusetzen. Im Zuge dessen entstand das Buch *Farbe bekennen*[5], das zu den ersten Zeugnissen Schwarzer Selbstdarstellung in Deutschland zählt und zugleich der Startpunkt einer Erfolgsgeschichte jüngerer Schwarzer Bewegung war. Die Bewegung differenzierte sich inhaltlich vor allem ab den 1990er-Jahren immer weiter aus und es entwickelte sich eine aktive und heterogene Schwarze Community. Während sich Schwarze Menschen vorher eher in ihren Diaspora-Communities und deren Organisationen und Vereinen zusammenfanden, lösten sich die nationalen Trennungen mehr und mehr auf und es entstand ein grösserer Zusammenhang. Es wurden gemeinsam antirassistische Demonstrationen organisiert, der Black History Month[6] wurde in zahlreichen Städten gefeiert und Geflüchtetenproteste wurden von und mit Geflüchteten organisiert. Dank dieser Bewegung, die vor allem nicht ohne die Zusammenarbeit mit anderen migrantischen Communities sowie antirassistischen und antifaschistischen Initiativen denkbar ist, wurde Rassismus in der deutschen Öffentlichkeit zunehmend thematisiert und zwar als etwas, das sich nicht auf eine sogenannte «Ausländerfeindlichkeit» reduzieren lässt. Es ging dabei vor allem darum, dass die Vorstellung, bei von Rassismus Betroffenen handle es sich automatisch um Ausländer, be-

---

3   Fasia Jansen wurde 1929 als uneheliches Kind in Hamburg geboren. Sie wurde nach dem Krieg eine bekannte Antifaschistin, Friedensaktivistin und Liedermacherin und starb 1997 in Bochum.

4   https://www.sozialismus.net/2020/06/11/die-black-panther-party/ (zuletzt aufgerufen am 26.05.2021).

5   Katharina Oguntoye, May Ayim, Dagmar Schultz (Hg.), *Farbe bekennen. Afro-deutsche Frauen auf den Spuren ihrer Geschichte*, Berlin 1992.

6   Auch bekannt als African American History Month, entstand die Veranstaltung aus der Negro History Week, einer Idee des bekannten Historikers Carter G. Woodson und anderer prominenter Afroamerikaner.

reits Teil eines rassistischen Ausschlusses ist. Es wurden im Kontext der Rassismusdiskussion deshalb Fragen von Asyl- und Migrationspolitik und der rassistische Diskurs erstmals als voneinander getrennte Themen behandelt. Dass es einen Zusammenhang zwischen einer rassistischen Gesellschaft und einer restriktiven Migrationspolitik gibt, wurde erst mit der Zeit und vor allem durch eine gemeinsame politische Praxis zu einer politischen Selbstverständlichkeit. Die Initiative Schwarze Deutsche benannte sich in den 2000ern um in Initiative Schwarze Menschen in Deutschland. Bei dieser Umbenennung ging es nicht bloss um einen symbolischen Akt, sondern darum, einen Richtungswechsel im Diskurs des deutschen Antirassismus sichtbar zu machen, nämlich die Aufhebung der arbeitsteiligen Trennung von Antirassismus und Migrationspolitik in der Deutschen Linken.

SCHWARZE KÄMPFE IN DEUTSCHLAND UND EUROPA HEUTE

Nach wie vor lassen sich die Kämpfe Schwarzer Menschen nicht ausserhalb des globalen Kontexts betrachten. Mit der Verschärfung des Migrationsregimes in den letzten Jahren ist in aktuellen Diskussionen und Kämpfen die Frage von Flucht und Migration sowie der Aufarbeitung der Kolonialgeschichte zentral.

Ein sehr anschauliches Beispiel für Kämpfe, in denen nicht nur antirassistische und migrationspolitische Forderungen zusammenkamen, sondern auch eine transnationale Dimension sichtbar wurde, waren 2012 die Geflüchtetenkämpfe am Oranienplatz und in der Gerhart-Hauptmann-Schule in Berlin-Kreuzberg. Viele Geflüchtete, die sich zu dem Zeitpunkt in Bayern aufhielten, unternahmen einen Marsch von Würzburg nach Berlin und besetzten anschliessend den Oranienplatz. Diese Proteste erhielten ihre besondere Relevanz durch die Selbstorganisation von Geflüchteten. Die Forderungen waren vor allem die Abschaffung der Residenzpflicht, das Ende von Polizeigewalt, Abschiebung und vor allem des Lagersystems, das durch endwürdigende Lebensbedingungen Migrant:innen vom Bleiben abbringen sollte. Diese Regelungen schliessen Geflüchtete vom gesellschaftlichen Leben aus, sodass sie keinen Fuss fassen können. Dies wurde zum Anlass genommen, um darauf aufbauend weitere politische Forderungen zu artikulieren, die über das Thema Fluchtmigration hinausgingen, wie Diskriminierung in Bildung, Wohnung, Arbeitsmarkt. Die kolonialen Produktionsbeziehungen und die vom Westen geschürten Konflikte, die die globale Ordnung nach wie vor massiv prägen, zählen zu den wichtigsten Fluchtursachen für Menschen aus dem globalen Süden. Eine der Parolen der Geflüchtetenproteste lautete etwa: «we are here because you destroy our countries». Die kolonialen Kontinuitäten der Migrationspolitik wurden ausserdem aufgezeigt, indem thematisiert wurde, wie die Residenzpflicht, die Geflüchteten Bewegungsfreiheit untersagt, aus der Kolonialzeit entstammt. So kam es zur Zusammenführung unterschiedlicher Gruppen und von politischen Zusammenhängen, die solidarische Bündnisse auf gemeinsamer Basis, von unten erichteten.

Ausgelöst unter anderen durch den Krieg in Syrien und andere globale Krisen kamen im Sommer 2015, der heute noch als der lange Sommer der Migration bekannt ist, Millionen Geflüchtete nach Europa. Mit der Stärkung des europäischen Zusammenhangs in den letzten Jahrzehnten entwickelte sich zunehmend eine gemeinsame EU-Migrationspolitik, die vor allem Abschottungspolitik ist und Migration insbesondere in Bezug auf Arbeitsmarktanforderungen reguliert. Die damit einhergehende Liberalisierung des innereuropäischen Grenzregimes wurde begleitet durch eine verschärfte Sicherung der EU-Aussengrenzen, die quasi-militärisch geschützt werden. Frontex, die Europäische Agentur für die Grenz- und Küstenwache, ist mittlerweile zum Synonym einer unmenschlichen und mörderischen Migrationspolitik geworden, die es aktiv in Kauf nimmt, dass jährlich tausende von Menschen im Mittelmeer ertrinken oder auf libyschen Sklavenmärkten enden. In diesem Zusammenhang erstarkte europaweit auch ein neuer Rechtspopulismus, der sich der Anwesenheit der neuen Migrant:innen bediente, um einen rassistischen Diskurs zu entfachen. Parallel entstand eine breite Kampagne der Solidarität mit Geflüchteten, damals unter dem Begriff der «Willkommenskultur», bei der die Zivilgesellschaft an Stelle des deutschen Staates Unterstützungen für Geflüchtete erbrachte.

Während also politische und soziale Krisen sich international zuspitzen, organisierte sich auch der Widerstand über nationale Grenzen hinaus. Transnationale Bündnisse entstanden in den letzten Jahren vor allem im Zusammenhang rassistischer Praxis von Polizei und Justiz wie «Racial Profiling» und rassistischer Polizeigewalt. Racial Profiling ist eine Polizeipraxis, bei der Menschen anhand phänotypischer Merkmale wie der Hautfarbe verdächtigt und kriminalisiert werden. Die Thematik ist vor allem aus den USA bekannt, weshalb das Phänomen insbesondere unter dem englischen Titel bekannt ist, aber es ist auch in Europa ein grosses Problem. Nicht zuletzt Ereignisse wie der Fall des aus Gambia geflüchteten Asylbewerbers Oury Jalloh, der in Dessau gefesselt und verbrannt in einer Polizeizelle aufgefunden wurde, machen die grausamen Dimensionen dieser Polizeipraxis sichtbar. In europäischen Staaten dient Racial Profiling neben der Feststellung von Drogendelikten vor allem der Migrationskontrolle. Mit der Verschärfung des europäischen Grenzregimes nach aussen und der Liberalisierung der Grenzen zwischen EU/Schengen-Staaten verlagerten sich auch die Grenzkontrollen von den tatsächlichen nationalen Aussengrenzen nach innen an öffentliche Orte. In nationalen und transnationalen Bündnissen mit unterschiedlichen Initiativen wurden bereits konkrete Fälle durch Kampagnen öffentlich angeprangert, und in der Schweiz wurde durch die Allianz gegen Racial Profiling ein Forschungsprojekt ins Leben gerufen sowie im Juni 2019 ein begleitendes Buch namens *Racial Profiling. Erfahrung. Wirkung. Widerstand* herausgegeben, das auch in Deutschland vorgestellt wurde.[7] Eine europaweite Vernetzung des antirassistischen Widerstandes wird in Zukunft immer notwendiger, da die EU ihre Sicherheitspolitik zunehmend transnational regelt.

Eine der relevantesten Diskussionen in allen ehemaligen Kolonialstaaten dreht sich um die Aufarbeitung der jeweiligen Kolonialgeschichte und deren Nachwirkungen bis heute. Nach einem Bericht des senegalesischen Schriftstellers und Wirtschaftswissenschaftlers Felwine Sarr und der französischen Kunsthistorikerin Bénédicte Savoy überraschte Frankreichs Präsident Emmanuel Macron die Öffentlichkeit, als er bekannt gab, dass die französischen Museen und Sammlungen voll kolonialen Raubgutes seien und er das Recht auf Restitution von Kulturgütern offiziell anerkannte. Die Frage, welche Folgen diese Anerkennung für die anderen ehemaligen Kolonialstaaten haben kann, stellt sich dabei ganz konkret, denn die Forderung nach der Rückgabe von kolonialem Raubgut wird in vielen postkolonialen Gesellschaften laut. Deutschland mit seiner vergleichsweise kurzen Kolonialgeschichte weigert sich nachhaltig, diese adäquat aufzuarbeiten. Die Schwarzen-Community im Bündnis mit zahlreichen Organisationen fordert deshalb im Rahmen von Kampagnen und Konferenzen nach wie vor die Anerkennung des Völkermordes an den Herero und Nama 1904, verbunden mit einer umfassenden Aufarbeitung sowie Entschädigung der Nachfahren und auch die Rückgabe von kolonialem Raubgut, das immer noch Teil der ethnologischen Sammlungen in Museen ist. So schrieb etwa «No Humboldt21», ein grosses Bündnis aus Schwarzen, postkolonialen und antirassistischen Organisationen über das Berliner Schloss, in dem genau solche Sammlungen ausgestellt werden sollen: «Das Humboldt-Forum steht dem Anspruch eines gleichberechtigten Zusammenlebens in der Migrationsgesellschaft entgegen».[8]

«Räumt die kolonialen Schatzkammern!» – Schutzgott Makabu Buanga des Fürsten Ischiehwu, Kongo, Posterkampagne: Dekoloniale Einwände gegen das Humboldt Forum, 2017.

SCHWARZSEIN: DEHUMANISIERUNG UND WIDERSTAND

Seit vielen Jahrhunderten leben Schwarze Menschen bzw. Menschen afrikanischer Herkunft in Deutschland, allerdings ist über ihre Präsenz bislang nur wenig bekannt. Während sie in der offiziellen Geschichtsschreibung kaum auftauchen, dominieren im öffentlichen Diskurs zumeist stereotype Klischees. Ob es harmlosere Fragen nach der «wirklichen Herkunft» sind oder rassistische Polizeikontrollen, die nichtweisse Menschen quasi-automatisch als «Ausländer» markieren, der rassistische Ausschluss ist alltägliche Praxis. Dabei ist die Schwarze Präsenz wie kaum eine andere mit der europäischen Geschichte verbunden. Schwarzsein ist mit der Vorstellung von Europa, wie wir es heute kennen, untrennbar verbunden. Im kolonialen Zeitalter sollte

7   Kollaborative Forschungsgruppe Racial Profiling, *Racial Profiling. Erfahrung. Wirkung. Widerstand*, Berlin, 2019.
8   http://www.no-humboldt21.de/resolution/ (zuletzt aufgerufen am 26.05.2021).

sich im Schwarzsein «des Afrikaners» eine natürliche Minderwertigkeit widerspiegeln, die Kolonialismus und Versklavung nicht als ausbeuterische Praxis, sondern als Folge natürlicher Unterlegenheit darstellte. In Abgrenzung dazu konstruierte sich auch die weisse Identität, die Überlegenheit repräsentierte.

Mit dem Kolonialismus entsteht gleichzeitig auch der antikoloniale Widerstand Schwarzer Menschen, der die kolonialen Verhältnisse und den aus ihnen entspringenden Rassismus immer wieder angreift und bekämpft. Der transatlantische Dreieckshandel zwischen Europa, Afrika und Amerika schuf gleichzeitig auch den Black Atlantic[9], eine Widerstandskultur von Schwarzen Menschen, die die europäische Aufklärung mitprägten. Die Schwarze Bewegung, die sich in allen diesen Kontinenten formierte, hält seit jeher Europa und seiner unmenschlichen Politik den Spiegel vor. So schrieb der antikoloniale Intellektuelle Frantz Fanon im Schlusswort zu seinem Buch *Die Verdammten dieser Erde* bereits im Jahr 1961: «Verlassen wir dieses Europa, das nicht aufhört, vom Menschen zu reden, und ihn dabei niedermetzelt, wo es ihn trifft, an allen Ecken seiner eigenen Strassen, an allen Ecken der Welt.»[10]

Heute dürfen wir auf eine 400-jährige Geschichte Schwarzer Präsenz und eine 100-jährige Geschichte Schwarzer Organisierung in Deutschland und Europa zurückblicken. Die Schwarze Bewegung in Europa setzt an den Zentren der kapitalistischen Produktion an, von denen ausgehend die globale Ordnung gestaltet wird. In der politischen Aufarbeitung der kolonialen Machtbeziehungen und des Rassismus geht es nicht einfach um kleine Veränderungen, sondern um die Frage nach der Umgestaltung dieser globalen Ordnung in eine Welt, die nicht durch Ausbeutung und Ausgrenzung, sondern durch eine vernünftige und kollektive Organisierung der Gesellschaft geprägt wird.

Weiterführende Literatur:
Fanon, Frantz, *Die Verdammten dieser Erde*, Frankfurt a.M. 1981.
Gilroy, Paul, *The Black Atlantic. Modernity and Double Consciousness*, London/New York 1993.
Oguntoye, Katharina; Ayim, May; Schultz, Dagmar (Hg.), *Farbe bekennen. Afro-deutsche Frauen auf den Spuren ihrer Geschichte*, Berlin 1992.
Weiss, Holger, *Framing a Radical African Atlantic. African American Agency, West African Intellectuals and the International Trade Union Committee of Negro Workers*, Cambridge 2014

9   Titel des gleichnamigen Buches von Paul Gilroy.
10 Frantz Fanon, *Die Verdammten dieser Erde*, Frankfurt a.M. 1981, S. 263.

YEAH, HAHA
DU FRAGSCH
WÜRK WARUM
DAS IH MI IMMER
SCHWÄRZER HA
GFÜUT AUS
WIISS?
DS ISCH GANZ
EIFACH: WEGE
ÖICH

Nativ, aus «noir», 2018.

RACE IM ALLTAG

REDE DES SCHWARZFEMINISTISCHEN KOLLEKTIVS AN DEN BLACK-LIVES-MATTER-DEMONSTRATIONEN IN BERN UND ZÜRICH VOM 13. JUNI 2020

Schwarzfeministisches Kollektiv

An den verschiedenen Demonstrationen und Mahnwachen der letzten zwei Wochen und auch heute werden immer wieder Namen genannt von Personen, die durch institutionelle rassistische Gewalt in der Schweiz gestorben sind. So zum Beispiel: Mike Ben Peter, Lamine Fatty, Hervé Mandundu, Subramaniam H.

Viele mehr sind durch institutionelle rassistische Gewalt – auch in der Schweiz – frühzeitig gestorben. Viele ihrer Namen kennen wir nicht. Gerade auch diejenigen von Illegalisierten, Armutsbetroffenen, Frauen, queeren, Transmenschen und nicht geschlechtskonformistischen Personen und Sexarbeitenden. Je grösser die Marginalisierung, desto grösser die Unsichtbarkeit.

Immer wieder gibt es Todesfälle in Polizeigewahrsam. Aber sie sind nur die Spitze des Eisbergs. Wie die Schwarze Anthropologin Serena Dankwa vor kurzem sagte, sind es nicht einzelne böse Polizist:innen, die dafür verantwortlich sind, sondern Vorstellungen von Ungleichheit, die inmitten der Gesellschaft als Normalität zirkulieren. Rassistische Polizeikontrollen führen uns vor Augen, was viele hier nicht sehen wollen: Die Polizei als Schutz empfinden zu können, ist innerhalb unserer rassistischen Strukturen ein weisses Privileg.

In Basel sagte eine Schwarze Aktivistin: «Rassismus ist kein amerikanisches Problem, weit weg von uns. Rassismus ist nicht nur Mord durch die Polizei auf offener Strasse. Rassismus ist auch die unzähligen Mikroaggressionen, die wir Betroffenen Tag für Tag erleben. Hände in unseren Haaren, hasserfüllte Blicke. Beleidigungen. Albtraummässige Wohnungs- und Arbeitssuchen. Das ständige Sich-Erklären und Sich-Legitimieren-Müssen, dass wir tatsächlich auch von hier und auch echte Schweizer:innen sind».

Viele Schwarze und andere Menschen of Color, die hier leben, sind Schweizer:innen. Einige leben hier in der 2., 3., 4. Generation ohne roten Pass. Einige sind geflüchtet. Einige sind illegalisiert. Aber nicht aller Rassismus, der die Schweiz betrifft, findet auf Schweizer Territorium statt. Sondern auch an ihren Grenzen, auf Fluchtwegen, im Mittelmeer. In Camps an den europäischen Grenzen, wie die Revoltierenden in Moira uns das während der Coronakrise zeigten.

Marginalisierung, Diskriminierung und Entmenschlichung sind Teil des Alltags von Schwarzen und anderen Menschen of Color weltweit aber auch hier in der Schweiz. Was uns unterscheidet, ist nicht der Rassismus, sondern der Alltag, den wir führen, aufgrund unserer unterschiedlichen gesellschaftlichen Positionen. Aufgrund von Geschlecht, Sexualität, Behinderung, Alter und vor allem auch Aufenthaltsstatus und Klasse.

Wir können nicht atmen, metaphorisch aber auch physisch. Das zeigen uns das Ersticken von Eric Garner und George Floyd in den USA. Oder der Tod von Keyla Williams während der Coronapandemie in Grossbritannien. Oder die Ertrinkenden im Mittelmeer. Oder auch der Tod von Mike Ben Peter in Lausanne und der Überlebende Wilson A., der in Zürich in Lebensnot um Atem rang, als er von der Polizei gewaltsam in Gewahrsam genommen wurde.

Die Schweiz war am Kolonialismus, der Ausbeutung von Arbeitskräften, der Versklavung von Menschen, und an den daraus entstandenen Profiten ebenso beteiligt wie an der Produktion von rassistischem Wissen. Wissen, das Weisse ins Zentrum der Menschheit setzte, Schwarze an deren Ränder und andere nicht-weisse Menschen irgendwo dazwischen.

Wieso sollten diese Vorstellungen verschwunden sein, wenn Rassismus hier nicht anerkannt wird? Nur wenn eine Auseinandersetzung stattfindet, kann sich etwas verändern.

«Wir revoltieren schlicht, weil wir – aus unterschiedlichen Gründen – nicht mehr atmen können.» So sagte es der Antikolonialist Frantz Fanon in den 1950er-Jahren über die globalen antikolonialen und Schwarzen Revolten. 70 beziehungsweise 500 Jahre später können wir immer noch nicht atmen.

Heute und jetzt trauern wir um Menschen, die frühzeitig gestorben sind. Gleichzeitig sind wir erschöpft, traumatisiert, und müde. Weil wir immer wieder dasselbe erzählen. Weil unsere Leben erst dann zählen, wenn wir sterben. Weil immer wieder erneut unsere persönlichen Traumata und Wunden medial aufbereitet werden für einen Rassismuss-Skandal, der am nächsten Tag wieder vergessen ist. Wir sind müde und erschöpft, denn wir leben in einer Gesellschaft, die immer wieder die Augen vor Rassismus verschliesst. Verschliesst, indem sie unsere Erfahrungen individualisiert, bagatellisiert oder als übertrieben und uns als hypersensibel abtut. Wir leben in einer Gesellschaft, die kaum gegen Rassismus ankämpft, weil sie diese strukturelle Ungleichheit als Meinungsfrage abtut. Unser Leben ist keine Meinung. Es reicht. Enough is enough!

Liebe Schwarze Menschen und Menschen of Color, wir müssen uns dieser Vereinzelung verweigern. Wir haben es in den letzten Wochen gesehen, wir sehen es auch heute. Wir sind so überwältigend viele. Organisieren wir uns. Lasst uns immer wieder zusammentreten, wenn jemand unter uns an den Rand gedrängt wird, mit einem lauten mehrstimmigen Echo.

Liebe weisse Allies, eine antirassistische Bekundung ist ein wichtiger Schritt. Aber noch wichtiger ist, dass diese Bekundungen auch euren Alltag verändern. Lebenswichtig für uns ist, welche dezidierten antirassistischen Handlungen ihr vollzieht und welche ihr unterlasst. Interveniert. Interveniert, immer! Interveniert mit uns. Interveniert auch, wenn wir nicht da sind. Tut es nicht für uns, sondern weil auch ihr genug davon habt.

Wir haben es satt, in einer Gesellschaft zu leben, in der die Entmenschlichung von einigen die Normalität von anderen ist. Rassismus entmenschlicht. Rassismus betrifft uns alle.

Schwarze Leben sind wertvoll. Schwarze Leben zählen.

BLACK LIVES MATTER.

GEDANKEN ZUM FEMINISTISCHEN STREIK

Bla*Sh, vorgetragen am feministischen Streik 2019[1]

Wenn auch ich eine Frau bin, warum ist dann mein Körper einer er-höhten Wahrscheinlichkeit unterworfen, dass er routinemässig über-prüft, inspiziert, zum Spektakel gemacht, hypersexualisiert, angehal-ten, gebrochen, zu Boden gedrückt und dem Tod überlassen wird? Und warum werden auch die Körper meiner Brüder und Schwestern, Väter und Mütter sowie meiner Freund:innen mit einer erhöhten Wahr-scheinlichkeit routinemässig angestarrt, sexotisiert, zum Spektakel gemacht, inspiziert, vermessen, zu Boden gedrückt und dem Tod über-lassen? Racial Profiling muss aufhören. Unsere Zukunft muss Verschie-denheit zur Tugend und nicht zu einem Verbrechen machen.

Wenn ich eine Frau bin, warum sind dann die Pussy Hats, die Müt-zen, die bei den Frauenmärschen getragen werden, alle rosa und schei-nen ausschliesslich Vulvas zu symbolisieren? Nicht alle Vulvas sind rosa, und nicht alle Frauen haben eine Vulva. Unsere Unsichtbarkeit muss beendet werden und die Mützen müssen uns alle repräsentieren. Unsere Zukunft muss aus der Verschiedenheit eine Wahrheit machen und nicht ein Detail.

Wenn ich eine Frau bin, warum werde ich dann im Durchschnitt immer noch schlechter bezahlt als meine weissen Kolleg:innen und als mein Schwarzer Kollege? Und warum versteht es sich für die anderen von selbst, dass ich jederzeit verfügbar bin, um anderen zur Hand zu gehen, Ratschläge zu liefern, bei der Organisation zu helfen, und das alles gratis? Die ungleiche Anerkennung der Arbeit von verschiedenen sozialen Gruppen und innerhalb dieser Gruppen muss aufhören. Unse-re Zukunft muss aus der Verschiedenheit eine Qualität machen, die wertgeschätzt wird, und nicht eine Ressource, die geleugnet und aus-gebeutet werden kann.

Übersetzung aus dem Französischen von Serena Dankwa.

---

1   Verfasst von Noémi Michel und Bérénice Schramm, als Teil des Collectif
     Afro-Swiss in Genf 2017, inspiriert von der berühmten Rede von Sojourner Truth:
     «Ain't I a Woman?» (1851). Der Begriff Frau ist hier ein inklusiver und bezieht
     sich auf alle Personen, die sich selber als Frau verstehen. Vorgetragen von Bla*Sh
     am Frauenstreik & feministischen Streik 2019.

GEBOREN UM ZU BLEIBEN

Samira El-Maawi

ICH BIN DIE SCHWEIZ, MANCHMAL –
UND LEBE DIE SCHWEIZ
WIE ALLE ANDEREN AUCH.

ICH GEHE ÜBER BERGE
UND IN MIR FLIESST DIE LIMMAT.
ICH FAHRE ÜBER DEN VIERWALDSTÄTTERSEE
UND ZELTE IM JURA.

ICH BIN DIE SCHWEIZ, MANCHMAL –
ABER MANCHMAL WERDE ICH
NUR VON AUSSEN BETRACHTET
UND VERWANDLE MICH IN OBERFLÄCHE.
DANN TRAGE ICH NUR SCHWARZ
UND DIE LAST DES GESAMTEN KONTINENTS
DER EIGENTLICH NUR ZUR HÄLFTE MEINER IST.
AFRIKA!
SO NENNEN SIE ALLE
55 LÄNDER
UND VERBINDEN DIE VIELFALT
ZU EINER EINFALT.

ABER ZURÜCK ZU MIR,
DENN ICH BIN
ICH –
IN ERSTER LINIE EINE FRAU
UND WÄRE DA NICHT DIESES
SCHWARZ MEINER HAUT
DAS IMMERZU
AN MIR KLEBT
UND MICH
BEHAFTET,
DANN WÄRE ICH
EINFACH NUR
SCHWEIZERIN.

ABER MANCHMAL BIN ICH DAS EBEN NICHT,
DANN WENN MEIN NEUER WEISSER FREUND
MIR SAGT:
«HEY SÜSSE, SO EINE HATTE ICH NOCH NIE –
MIT SOLCHEN HAAREN
UND SOLCHEN LIPPEN
MIT SOLCHEN HÜFTEN
UND SOLCHER HAUT.
I HAVE NEVER FUCKED ONE OF YOU!»

ICH WECHSLE DAS BETT IM NU
UND WACHE AUF
NEBEN MEINEM SCHWARZEN FREUND,
DER GLEICH WIE ICH
HIER AUFGEWACHSEN IST.
DER GLEICH DENKT
UND GLEICH FÜHLT
UND ER ERZÄHLT MIR DINGE,
DIE SIND MIR BEKANNT:
«IMMER TAUSEND MAL BESSER SEIN
UND TAUSEND MAL NETTER SEIN»,
UM ZU BESTEHEN
IN DIESER WEISSEN WELT.

UND ICH NICKE IHM ZU:
«HEY CLYDE,
HIER IST BONNIE!»
ZUSAMMEN SIND WIR
SCHWARZ
UND STARK
UND STOLZ.
WIR GEGEN DEN REST DER WELT!

MEIN HERZ BEGINNT ZU POCHEN:
«FUCK YOU ALL!»
IN MIR IST DER MUT VON ROSA PARKS
UND DIE WEISHEIT VON NELSON MANDELA.
ICH ZITIERE MARTIN LUTHER KING
UND LESE AUDRE LORDE.
ICH FÜHLE DIE GANZE
STÄRKE VON DAMALS
UND WEISS ZU DIESER ZEIT
WAR ALLES NOCH VIEL VIEL
SCHLIMMER –
UND NICHT NUR WOANDERS,
SONDERN GENAU
HIER!
HIER IN DER SCHWEIZ:

«MEINE SCHWARZE FREUNDIN ERZÄHLT MIR,
MENSCHEN VOM LANDE
SEIEN ANGEFAHREN,
UM IHREN SCHWARZEN VATER ANZUSCHAUEN» –
BEGAFFEN DER AFFEN
NACH DEM ZOO AUCH AUSSERHALB.

ICH BIN DIE SCHWEIZ, MANCHMAL –
ICH MÖCHTE DIESES LAND LIEBEN,
DOCH FÄLLT ES MIR SCHWER,
DANN, WENN ICH FÜHLE,
ICH BIN NICHT ERWÜNSCHT,
WENN ICH UNTER VIELEN DIE EINZIGE BIN,
DIE, DIE KONTROLLIERT WIRD –

DU BIST NUR DAS «N-WORT»,
DAS SITZT TIEF
IN MIR.

UND DANN VERGRABE ICH MICH
IN JAMES BALDWINS BÜCHERN
UND GEHE DEM NACH,
WOHER ICH KOMME,
UND FINDE HERAUS,
WOHIN ICH GEHE.

MEIN WEG FÜHRT MICH
ÜBER DEN SCHWARZEN KONTINENT
ZURÜCK.

ICH BIN DIE SCHWEIZ, IMMER –
IN DER BIN ICH GEBOREN,
IN DER BIN ICH GEWACHSEN,
IN DER MÖCHTE ICH BLEIBEN.

GENAU –
ICH BLEIBE!

DENN DAS IST MEIN ORT
UND MEINE HEIMAT
UND IN DIESE HEIMAT GEHÖREN
NOCH HUNDERTTAUSEND ANDERE, DIE
GENAU DASSELBE
FÜHLEN.

WIR SIND DIE SCHWEIZ.

CITIZENS OF THE WORLD – MEYRIN Nicolas Faure

WÄR WEISS
VILICHT HESCH DU
JO RÄCHT
WÄR WEISS
VILICHT SEHN I'S JO
Z'SCHLÄCHT
ABER AINS DAS
BESCHÄFTIGT
MI ÄCHT
WORUM ISCH'S NIT
FÜR ALLI
GERÄCHT
PEUT-ÊTRE QUE
J'AI RAISON.
TOUT L'MONDE RÈVE
D'UNE BELLE
MAISON
MAIS
TOUT L'MONDE
N'A PAS L'ARGENT
D'SES AMBITIONS

Black Tiger feat. Apache, aus «2 Wälte», 2006.

STELLUNGNAHME GEGEN DIE DEMO FÜR DIE BASLER FASNACHTSCLIQUEN MIT RASSISTISCHEN NAMEN

Bla*Sh, Schwarzfeministisches Kollektiv und
Migrant Solidarity Network

Am letzten Wochenende [12. August 2018, Anm. d. Red.] feierte die Fasnachtsgugge «Clique Negro-Rhygass» ihr jährliches «Negro-Fest». Aufgespannt war ein Banner mit ihrem Logo: Eine karikierte Schwarze Person mit hervorstehenden Lippen, Bastrock, Ringen und einem Knochen im Haar. Passant:innen meldeten das rassistische Emblem und Namen [der Gugge, Anm. d. Red.] bei Zeitungen und bei der Organisation «Stopp Rassismus». Inzwischen wurde auch eine Petition lanciert, die gar die Auflösung dieser Gugge und der «Gugge Mohrekopf» fordert. Laut Medien sehen weder der Obmann der «Clique N** Rhygass» noch das Basler Fasnachts-Comité Handlungsbedarf. Es sei keine rassistische Intention dahinter, sondern es handle sich um Tradition. Diese «Tradition» wollen auch andere Fasnächtler:innen beschützen. In den sozialen Medien wird Solidarität bekundet mit den beiden Fasnachtsgruppen und über die Rassismuskritiker:innen hergezogen. Zudem wurde für morgen zu einer bewilligten Demonstration aufgerufen, ein «Solidaritätsmarsch» für die beiden Fasnachtsgruppen. Über 1600 Personen zeigen sich (auf Facebook) interessiert daran teilzunehmen.

Wir befinden uns inmitten der UNO-Dekade für Menschen mit afrikanischem Hintergrund (2015–2024). Diese wurde in der Schweiz letztes Jahr lanciert und folglich anerkannt. In dieser wird festgehalten, dass Rassismus gegenüber Schwarzen Menschen auf einer Geschichte von Kolonialismus, Versklavung und Genozid beruhe. Wir wissen inzwischen, dass die Schweiz Teil solcher kolonialen Projekte war. Das N- und das M-Wort sind Begriffe, die innerhalb von «Rassentheorien» Menschen in unterschiedliche «Rassen» einteilte. Schwarze wurden als «N» und «M» klassifiziert, an der Grenze zum Tier verortet und meistens als «wild», «unzivilisiert» deklassiert. Sie wurden als Gegensatz zu weissen Kolonisatoren verstanden, die wiederum als aufgeklärt, fortschrittlich und zivilisiert gesehen wurden. Mit solchen «Rassentheorien» wurden Ausbeutung, Entmenschlichung und die Vernichtung von Lebenskulturen legitimiert. Diese wirken bis heute in Diskriminierungen und Ungleichheit fort. Wie die neuesten Studien der Eidgenössischen Kommission gegen Rassismus und der Fachstelle für Rassismusbekämpfung bestätigen, gilt das auch für die Schweiz.

Das Emblem der «Clique N** Rhygass» bestärkt solche Ideen. Baströcke und nackte Haut waren in Europa zu Zeichen von «Unzivilisiertheit» und «Dekadenz», sowohl 1927 als auch 1958, die beiden Gründungsjahre, auf die sich die Gruppe beruft. Dasselbe gilt für den Knochen im Haar, der darüber hinaus noch die koloniale Fantasie befeuert, in der Schwarze des Kannibalismus und Aberglaubens bezichtigt werden. Wenn diese Begriffe und Embleme als «Tradition» beibehalten werden, wird auch die koloniale Tradition von Rassismus legitimiert. Schwarzen Menschen, die sich allenfalls durchaus an der Fasnacht und Gugge erfreuen könnten, wird damit signalisiert, dass sie vor allem dann willkommen sind, wenn über ihre Entmenschlichung und Diskriminierung gelacht werden darf. Nicht mit ihnen, sondern über sie.

Wir nehmen die Äusserungen des Obmanns und des Fasnachts-Comités beim Wort, dass sie nicht rassistisch sein wollen. Aber rassistische und koloniale Fantasien dementieren und somit Rassismus zur Ansichtssache und subjektiven Empfindung herabzustufen, führt nicht zu weniger Diskriminierung. Rassistische Vorstellungen zirkulieren ganz offensichtlich noch heute. Wer diese Bilder reproduziert trägt dazu bei, dass sie der Welt erhalten bleiben. Intention reicht nicht, sondern auf die Wirkung kommt es an! Wir müssen also unsere Handlungen und Denkweisen ändern. Es geht nicht darum, bestimmte Fasnachtsgruppen aufzulösen, sondern darum die Tradition der Basler Fasnacht auf ihre rassistische Praxis hin zu prüfen, gegen Rassismus anzutreten und eine Tradition aufzubauen, die nicht diskriminierend ist. Dass N-Wörter und M-Köpfe nicht als rassistische Symbole an/erkannt werden, zeigt vor allem auf, wie fest sie in unserem Alltag verankert sind. Und somit, dass wir alle uns mit Rassismus, seiner Struktur und wie er wirkt, auseinandersetzen müssen. Setzen wir bei Antirassismus, Antikolonialismus und Antidiskriminierung an. Ihre Traditionen sind ebenso lang, wie die des Rassismus.

Wir, verschiedene Schwarze und andere antirassistische Kollektive und Einzelpersonen rufen gegen die Demo auf und fordern stattdessen eine vertiefte Auseinandersetzung mit alltäglichen kolonialen Symbolen in der Schweiz. Wir fordern eine Fasnachtskultur, die Rassismus und anderen Formen der Diskriminierung entgegentritt!

BASEL, THE DISCREET HEART OF THE WORLD[1]

Henri Michel Yéré

How do I make sure that my children growing up in Basel do not inherit the typically skewed image of the country—Côte d'Ivoire—and the continent I come from—Africa—and consider this skewed image to be a normal part of their lives? How do I make sure that they do not develop an inferiority complex because of this image? How do I pass down to my kin a world in which we respect and admire one another, not just as individuals but as people, as cultures, as contributors to the beauty of this challenging life?

How do we make sure that the next generation inherits and takes further these productive tensions?

By way of answering these questions, I propose that we could imagine a way of teaching a world history to our children, growing up here in Basel, a world history stemming directly from the experience of living in this city. I would like to trace the genealogy of this thought here. I am not certain as to whether I can offer a clear answer to this question. Sometimes it is best to spend time on the answering, for answering reveals hidden cities when we thought all we had was a piece of broken pottery.

It is often that I say to people that

I ended up in Basel

That phrase, "ended up," speaks to a feeling of surprise at my being here, a surprise that has not gone away after all these years. When I remember the person that I used to be when I first came here, before the ending up, I see that I had scripted in my head a clear trajectory for my life. And in that trajectory, Basel was supposed to be just one pit stop, certainly not the end point.

In "ended up here" the surprise is in fact an unspoken justification, unspoken because it addresses an invisible audience, an audience made of the many selves you were supposed to have become, the incarnations you have not embodied. The many people you once imagined you were going to become are like visitors who came to spend time with you. You took the time to talk to them, to feed your soul off their energy. In the end, you moved on, because your attention was caught by yet another

1 Deutsche Übersetzung: https://www.republik.ch/2019/12/26/basel-das-unscheinbare-herz-der-welt

one of those visitors, a new idea, a new ambition. But the old visitors did not just vanish. They stayed, and they found accommodation in a corner of your soul. At times they wander the space of your soul, as if in a waiting room. Although the appointment never took place, they still never quite forgot it. From where they stand they are looking at you with their grave eyes, they have come to you with questions, questions you have long tried not to hear: Why did you *choose* to live here? How come you settled here? Why are you not in Zurich? In Geneva? Why are you not in London, in Paris, in Berlin? Why are you not in Abidjan, the city of your birth?

Then comes that unpleasant taste, from the following realization: you are happy in a place you did not think you could be happy in. It is as if I have been finding it hard to forgive myself for finally enjoying life in Basel. Yes, it felt as if in that joy I had betrayed some of the aspirations I had had as a younger man. A paradox indeed, to feel a tinge of sadness in a certain joy.

A call to the generosity of Basel might be expected of me at this point. Yet I thought that I might also have an opportunity to say very loudly all of what has been hard to take living in this beautiful city. For there are moments when generosity and gratitude put you in a position of weakness. If I stood here to proclaim my gratitude to Basel, so much of my daily experience of life would no longer make sense. If I did not mention the scornful looks in the tram, the readiness from many to tell you what you have done wrong as you are about to do it; if I did not evoke the idea that because you look foreign, you should know less; if I did not name the patronizing assumption that, no matter what, you *must* be grateful for being here, gratitude itself would lose of its meaning. Well, ladies and gentlemen, I live in Basel; I do not live in heaven.

You are grateful because you have received something, from a gesture that is a free one. Yet gratitude can prevent you from opening your mouth to say, for instance, that you had not asked for what you were given. Gratitude prevents you from saying what you actually wanted to say. A famous African proverb maintains that the hand that gives is always above the hand that receives. This is why I am pleased to reprise the title of Irena Brežná's great book, and state that I speak here as an Ungrateful Immigrant.

However, this affected lack of gratitude is a strategic position, because it is the condition for us to have a conversation about how we live together and how we *want* to live together. And asking such a question does not make me a prosecutor reading out a list of accusations against Basel and her people. My hope is to initiate an exchange, between you and me, but especially between you and yourselves, a conversation about you, about us, about our city and about the world, for I am convinced that being of Basel entails more than you think.

It is not expected of the Swiss that they ought to be grateful for being born here. What is expected of the Swiss is to discharge their duties as citizens and to ensure that their rights are respected. Part of those rights in a democracy is the right to freely speak one's mind.

Let me give you a sense of who I am, because it will help you understand better what is about to follow. I feel I can rightly speak as a person who has had something of a career in migrating.

I was born in Abidjan, Côte d'Ivoire—at the time a city with a population of over one million inhabitants, today six million. Abidjan is one of West Africa's most vibrant cities, a trendsetter in terms of music, fashion, language, architecture. Abidjan is also an important migration hub, attracting millions of people, mainly from West Africa but truly from all over the world. From the balcony of the apartment building in which my family used to live, simply by looking at the dress codes of the people walking by, by listening to the languages they spoke to one another, or by paying attention to the scarifications on their faces, I was able to tell from which country they came. This simple gesture, far from any finger-pointing, made me feel richer and led me, like many others, to assume a certain arrogance—the arrogance of imagining that my country, then a peaceful corner in a very troubled West African environment, was an exceptional place and that we Ivorians were an exceptional people, because why else would we live in such a stable country? What else other than us made this place a possible utopia? How else was it possible that we had such economic prosperity, and the somewhat boring political life typical of such places? I did not think of myself as an arrogant person then; indeed, it is only with hindsight that I can think of this attitude as an arrogant one ... I simply imagined that things were the way they were supposed to be.

Before I was one year old my family had moved to New York City. My father took up a position as junior secretary at the Ivory Coast mission to the United Nations. Two of my younger siblings were born in New York. We left New York before I had turned six years old.

After this stay in the United States, which had granted me the privilege of a bilingual childhood in French and English, we returned to Côte d'Ivoire, where I attended primary and secondary school. It is only thanks to this experience that I feel safe in speaking of my Ivorian origins. Origins is not just a question of owning the passport of a place. It is actually a question of being born somewhere. But I do not simply mean physical birth in a place. We can be born several times within a single lifetime. We can come into a new sense of awareness of self as we stand at a particular juncture of life. We can realise suddenly that we have roots we had thus far ignored, not actually felt until this moment. Friendships, foods, the light of the sun at four in the afternoon, the harshness of the rain; the language, the accent of the language—there is in this whirlwind a birth, a birth that I am still accounting for, a birth that will forever claim its part in my every step.

Then came France, where I went to study after graduating high school. I spent three years in the city of Caen. Because the study of economics and business was decidedly not my calling, I forced a row with my parents, and I somehow got them to see that I wanted to study history.

They agreed, and I then moved to the University of Cape Town, in South Africa, to pursue this long-held aspiration of mine. These were incredible years, during which I came to experience the possibility of seeing the world from an African perspective, in ways I had not thought possible before.

It is from Cape Town that I came to Basel.

I have wanted to retrace the journey that took me to Basel, if only to say that I know that many in this city have had similar journeys before docking on this spot of the Rhine River. I am highly aware of the fact that my journey is one steeped in privilege—I was born into a family that had the means to support my studies in France and in South Africa. Many have arrived in Basel unexpectedly, or have emerged here after having seen many worlds, physically but also within themselves. Many journeyed worlds of strife, of challenge, of pain before they ended up here. Their being here, their walking these cobblestones at all, is the greatest triumph. I would want to speak to these many experiences today.

The word "Basel" is synonymous with some of the most prestigious events in the world: in jewelry, in fine art, in the pharmaceutical industry, and of course in banking regulations. Yet this word "Basel" also encompasses the secret histories written on the faces dulled by the day's work, faces met in the *tramli* every day between five and seven o'clock, mornings and evenings. My angle is to walk the line where these many versions of "Basel" meet. I want to speak to this meeting point, not like the place where two realities meet, but as if this place were the centre of a star, where a myriad realities intersect. There is indeed more to being of Basel than we usually think there is. Such a meeting ground requires time and space to be properly understood. It cannot be easily described, tabled out, and shelved back into public consciousness. Let's give it a try.

It is often that when I tell people in Côte d'Ivoire, and elsewhere in West Africa, that I live in Switzerland, they ask me by way of a reply how I like life in Geneva. When I say that I live in Basel, they stare at me blankly, and I can see that it is probably the first time that they ever heard of this place.

This tells me that Basel is perhaps not the most well-known of Swiss cities. Probably, for this reason, I used to feel that coming to Basel had taken away some of the coolness that I might have accrued in earlier years. Basel was not a place whose international status made people dream of cosmopolitan meetings amongst exiled writers coming together to reinvent poetry. Basel was not the capital city of a colonial empire in which dreams of independence and liberation shone in the night of its exiles, who imagined revenge and revolution day and night. Basel had not hosted Lenin, Trotsky, or Tristan Tzara. Basel did not seem to be a place that participated in the shaping of our times. It looked like a stable, even boring corner of Western Europe, bourgeois, content, and clean.

For these reasons, which mattered greatly in the eyes of the romantic twenty-five-year-old that I was at the time when I moved to Basel, I distinctly felt that moving here meant that I had lost my worldliness.

What is worldliness? This notion is defined as "the quality of being experienced and sophisticated." Being able to operate on the world as if it were a stage, to quietly participate in setting the tone of certain trends, to declare a place worthy of attention, to belong to a group of people who could discuss the merits of several airports and the types of planes they preferred. I felt that I used to carry some of this, and that all of this became irrelevant when I moved here some sixteen years ago.

I think it is safe to say that when I arrived in Basel, I proceeded from a worldliness of privilege. I did come after all as a guest to this country, on a rather generous scholarship. I was paid to study and train myself in a country where going to university was the privilege of a minority among the age group I belonged to.

A worldliness of privilege is one that defines itself as if the world belonged to it. In this worldliness of privilege the main actors see themselves as a group of trend-setters, at least in their circles of friends. It is a worldliness in which the world is supposed to live up to their expectations, in which one circulates among peers, generally university-educated, English-speaking professionals or independent creatives for whom travelling is a way to inhabit the world. Travelling is a permanence. To be a "world citizen" is a badge of honour in this worldliness. Nationality and citizenship in this space is nothing other than a necessary administrative hurdle, or it is a reason to marvel at the different accents one hears from the mouths of friends encountered at conferences, at parties, at work, in airports. It is never a worry that your nationality might create problems in getting a visa, until the day your nationality *is a problem*, and the taste of the limits of the world surprises you.

This worldliness is the emotional continent of expatriation, embodied in Basel in the presence of the pharmaceutical industry. This type of worldliness is of course not specific to our city—Switzerland is particularly familiar with this experience of life, be it here or in Zurich, Geneva, Lausanne, or Zug.

This worldliness is viewed by those who are not part of it as if from before a glass wall, seeing everything happening inside but unable to be a part of it.

For there is another emotional continent, an unnoticed worldliness. "Unnoticed," probably because this one is not driven by the movers and shakers of globalization. It is a quieter form of sophistication that never declares itself as such, probably because it is not aware of itself in this way. This worldliness is so matter-of-fact that we rarely note its existence. Let me try and illustrate this with one example, familiar to all of us: the supermarket cashier in this city is likely to greet you in *Baseldütsch*, or in French. This same person may also reveal to her client that she knows Albanian fairly well, and because she grew up surrounded by Italian families, she has pretty decent skills in that language too. In many other places of the world such ease with languages is within the exclusive purview of a select few, generally of the highly educated crowd. The fact that people of more humble circumstances display such knowledge and sophistication is what I refer to as an "unnoticed worldliness."

What fault line of the world has not run through the walls of this city? What brokenness has not spread its shards on Claraplatz? We can take one look at a Basel crowd and list a catalogue of the crises that have shaped our world over the past fifty years, because these crises have driven a number of people towards this city. We can sit at Marktplatz and hear the cries of those who ran away from places cracking at the seams. And at the same time, on the same square, we see and hear those who are actively pursuing a more triumphant version of economic globalization, from the position of multinational corporations and the ethos of free trade. We can see these worlds meet in the supermarkets, at times talking past one another, at times joining hands, because their children have become best friends at school; their children, our children, they see themselves first and foremost as *Basler* and *Baslerinnen*.

Our children were born here; they are unquestionably devoted body and soul *to the FCB*, and they see me, *us,* as foreign to the city, in spite of the fact that I have the right to claim ownership of intimate Basel. I should not worry about the fact that the next generation is already *Basler*; yet I do because I know that someone out there will one day come and try to shake that very confidence off the heart of our offspring.

Becoming a local is this moment when I feel that I have a responsibility towards the atmosphere of this place. Well, the beauty here is that these ways of being *in* the world, these ways of being *with* the world, these ways of *engaging* the world, do not exist at the expense of *Baseldütsch* culture. One sees it every year when the *Fasnacht* comes. Many of us will never quite get into *Fasnacht* in spite of all our efforts, but there is no discussion of this as far as our children are concerned. They are the future of all Basel traditions, and the emotional fabric of the city is what they will make of it. As we can see every year, the *Fasnacht* invites itself onto the stage of the world and criticizes its worrying dynamics. The only regret here is that Carnival does not always take a similarly critical view of its own internal politics.

These ways of being worldly are not antagonistic to one another. Still, in spite of this peaceful coexistence, the "worldlinesses" are still perceived on a hierarchical plane, privileged worldliness taking itself to be the only kind of worldliness possible. These "worldlinesses" are not fighting to capture the soul of the city. They are not looking to dislodge *Baseldütsch*, but they are here to make *Baseldütsch* thicker, richer with the fractures, the ripples, and the bounty. They give *Baseldütsch* new colours.

The world's promise is unclear. Thirty years ago, as the Wall fell in Berlin, we thought we knew where we were going. In that fall there was a promise of shinier tomorrows. A promise that the world was getting an opportunity to come closer together. The war was finally over. Today it is no exaggeration to say that we feel a collective sense of loss on the way to the promised land.

Although that promise had been described in rather vague terms, it seemed as if encouraging changes were at work. Unimaginable things took place, such as the sight of Nelson Mandela walking out of prison.

The EU was busy loosening its internal borders, and a dramatic extension of the right to free speech to many parts of the world was underway. All these were clear signs that pointed in a particular direction. We thought that the world had been given a new chance of reconnecting with itself. We thought life could go back to people meeting again, beyond ideologies and confrontation.

We also knew, at the same time, that conflict could erupt and quickly escalate. The dismantling of Yugoslavia and the genocide in Rwanda were stark reminders that even then our optimism needed to be tempered with caution.

To me, Basel is one of the last spaces in which some of the ideals we aspired to at the end of the Cold War could be given a new lease of life. As I hope to have demonstrated to you, several forms of sophistications have made their home in Basel; an innumerable variety of historical experiences lie at the beating heart of this city. Moreover, it appears to me that the world we were promised is probably vanishing. We are not necessarily aware of it, because we live in a very stable country. Yet a lot is at stake as to what we will decide to make of the stability that we enjoy here. There is room in this safety to prepare for a tomorrow that will reflect a notion of citizenship that can transcend the barriers we were made to believe were reasons to go to war. If we take a look in the neighbourhood, towards Italy, Great Britain, Turkey, Syria, Yemen, Russia, the United States, and so on, we can see that some of these aspirations are receding. And yet some of that world is left. It is *here*. And there is potential to mobilize it in ways that we have not yet explored. *It is here; but it has not yet arrived.* Therefore, if we offer what remains of that world to our children *consciously*—and I insist that we do it consciously—we could actually prepare them to be the beacon of something that the world is forgetting *is in fact possible*. I do think that *we have something quite special going on in this city*. But we act as if it should be normal (at this point in time of human history) to take it for granted— well, it is *not* normal. We do not assume that it is special or noteworthy, just because we are not aware of it ourselves, whereas it *is*. We should all reassess our own consciousness of the space we occupy in the emotional history of our contemporary times. There is more to being from Basel than you may think.

How do we raise humans who will be able to go through life with the richest of legacies, so rich that they will make others want to be like them, because their being there at all will appear as obvious to all who meet them that they are the future that this world needs in order not to collapse?

When I called Basel the Discreet Heart of the World, I did not mean to burden our city with the mission of saving the world from itself. Besides, the world could well do with several hearts, not just one of them. But by saying this I thought that I should alert Basel to her secret powers, to her ability to sustain an alchemy of sophistications that respect each other, to her figuration of a possible world at a time when this very possibility is at risk of disappearing. It is not enough to swim in the

Rhine every summer to grow into this awareness. It is not enough to drum non-stop for three days and three nights during the *Fasnacht* to gain this awareness. It is not enough to speak perfect *Baseldütsch* to acquire this awareness. Breathing the air of the city is not enough to develop this awareness.

A way to develop an acute awareness of who we actually are would be to learn that we can teach our own version of the world's hopes, failures, successes, and possible futures to ourselves and to our children. This history can be written here, among ourselves; it can be *sung*, it can be *recited*, it can be *danced*; it can be *told*. We can learn to tell the story of the world here and now. And, most essentially, we must find a way to pour that knowledge into the hearts, minds, and souls of our children, unreservedly.

This was a lecture-performance during being here, doing this! *at Kaserne Basel, September 13, 2019.*

The author wishes to thank the artist Legion Seven for their critical contribution to this text.

ICH WEISS –
IM AUGE DES STURMS

Renato Kaiser

Der weisse, cis, hetero Mann hat es wirklich nicht einfach. Ich weiss: Ein verwirrender Einstieg. Ein riskanter auch! Die meisten Leser (und ich gendere hier bewusst nicht) habe ich bei «der weisse, cis, hetero Mann» wohl fast schon verloren. «Nicht schon wieder», haben die sich gedacht, mit den Augen gerollt, dann den Weg zurück auf die Zeile gefunden, rechtzeitig auf «hat es wirklich nicht einfach». Gerade noch gerettet! Und die Leser zurückgewonnen! Puh! Ein Wechselbad der Gefühle für Privilegierte, sozusagen. Und das will was heissen, nach tausenden Jahren, die für sie ein einziges, glückliches Ikea-Bällebad der Gefühle waren.

Und jetzt so was! Ein Affront! Denn wenn ein weisser, cis, hetero Mann etwas nicht mag, dann, ein weisser, cis, hetero Mann genannt zu werden. Oder anders gesagt: Woran erkennt man, dass einer ein cis Mann ist? Ganz einfach: Wenn man ihn so nennt, macht er ganz entrüstet: «Tsis!»

Natürlich lässt sich über die fragile, toxische Männlichkeit lange diskutieren, aber ich finde, ihre Existenz ist nicht von der Hand zu weisen und ihre Spuren findet man überall in der Geschichte, in der Kultur, in der Kunst, sogar in Disneyfilmen. Wer kennt ihn nicht, den Klassiker: *Die Schöne und das Cis*

(Vielleicht ein kleiner Einschub für alle jene, die nicht wissen, was «cis» bedeutet: Ein cis Mann ist ein Mann, der sich mit seinem bei Geburt zugewiesenen Geschlecht identifiziert. Oder vereinfacht gesagt: Ein cis Mann ist das Gegenteil von einem ganz normalen trans Mann.)

Wie gesagt: Der weisse, cis, hetero Mann hat es wirklich nicht einfach. Ich weiss. Also ich: Weiss! Und cis und hetero und Mann! Also ich weiss vollkommen! Ich bin vollkommen weiss! Jaha! Und darum bin ich hier! Hurra! Endlich ein Weisser, der über Rassismus schreibt! Das Abendland ist gerettet! Vor dem Morgenland! Vor morgen! Vor gestern! Vor vorgestern! Hallelujah, der Weisse ist da! Jesus Weiss Superstar!

Damit will ich mich natürlich nicht mit Jesus Christus gleichsetzen – schliesslich bin ich im Gegensatz zu ihm wirklich weiss.
Wobei: Das passt ganz gut in die Diskussion. Schliesslich wird in weiten Teilen der westlichen Welt – vor allem in den USA – Jesus Christus als weisser, blonder Mann mit blauen Augen dargestellt. Erstaunlich, nicht

wahr? Gottes Wege sind wirklich unergründlich: Sein Sprössling kommt in Palästina als Sohn einer Galiläerin zur Welt, und wie sieht er aus? Wie ein schwedischer Liedermacher. Ein Wunder, ein Wunder! Jesus Christus wäscht Bettlern die Füsse, und was machen wir mit ihm? White Washing. Kein Wunder steht in der Bibel, man solle sich kein Bildnis von Gott machen. Gott hat die Schnauze voll. Wahrscheinlich ist der Christengott eine dunkelhäutige, bisexuelle, non-binäre Person im Rollstuhl und hat sich gedacht:

«Uff, bis ich denen das erklärt habe, sind die schon lange zu einer anderen Religion konvertiert.»

Ich meine, gerade bei anderen Religionen sieht man doch, wohin es führt, wenn man diesen Pinseln auf der Erde erlaubt, sich kreativ auszuleben. Nur schon was die Hindus mit Durga gemacht haben. Die hat nur gesagt, sie sei vollkommen, stark und weise, und wie wurde sie dann gemalt? Mit acht bis teilweise sogar zwanzig Armen, sodass sie je nach «malerischem» Talent im schlimmsten Falle aussieht wie eine wild keimende Kartoffel und im besten Falle wie eine Frau, die so hysterisch gestikuliert wie eine Kundin, die bei Starbucks keinen Blueberry-Nutella-Matcha-Chai-Latte-Frappuccino mit Chiasamä-Topping will, sondern einfach nur einen schwarzen Kaffee. Aber ich schweife ab.

Moment! Schwarzer Kaffee? Ha! Darf man das überhaupt noch sagen? Oder müsste man sagen «farbiger Kaffee»? Oder «maximal pigmentiertes Heissgetränk mit Migrationshintergrund», hö hö hö?

Furchtbar unlustige Witze, nicht wahr? Ja, ich weiss! Also ich weiss! Vollkommen weiss bin ich und dementsprechend höre ich diese Witze andauernd. Denn wenn weisse, cis, hetero Männer lauwarme Witze über politische Korrektheit erzählen, dann am liebsten in Gesellschaft von weissen, cis, hetero Männern. Meistens abgeschlossen mit: «Das wird man wohl noch sagen dürfen!» Ein Satz, den man immer wieder wieder mal hört. So oft, dass man sich mittlerweile fragen muss: Wird man «das wird man wohl noch sagen dürfen» wohl noch sagen dürfen?

Ich finde: Ja. Aber nur Zauberer. In der Schweiz. Die dürfen auf jeden Fall sagen: «Da wird me wool no sägä törfä.» Und zwar bei der Nummer, in der sie ihre Assistentin zersägen, denn dort wissen wir wenigstens: Das war wirklich nicht so gemeint. Und ausserdem hat die Frau hier zugestimmt. Zudem sind derartige Zauberduos die wenigen Fälle der Bühnenkunst, wo die Frauenquote stimmt. Sogar sinnbildlich: Damit die Frau auf der Bühne in der Überzahl ist, muss sie sich zerreissen.

Und trotzdem hat der weisse, cis, hetero Mann das Gefühl, ausgeschlossen zu werden. «Ja darf ich denn etwa nicht mitreden, nur weil ich weiss bin?» Herzzerreissend. Man möchte ihn in den Arm nehmen, den Hinterkopf streicheln und sagen: «Natürlich darfst du!», ihm dann die Krokodilstränen wie Schneeflocken von den Wangen küssen, ihm tief in die Augen schauen und hinzufügen: «Aber du musst nicht». Und er würde erwidern: «Ja aber, aber, aber was ist denn mit der Meinungsfreiheit?»

Nichts ist mit der. Aber die stösst halt ab und zu auf eine andere Freiheit. Auf eine der unscheinbarsten, aber mächtigsten Superkräfte der Gesellschaft: Die Desinteressefreiheit. Die Freiheit, dass nicht jede geäusserte Meinung automatisch auf Wertschätzung stossen muss, sogar (!) wenn sie von einem weissen, cis, hetero Mann kommt. Oder um es anders zu sagen:

«Das wird mich doch wohl nicht interessieren dürfen!»

Dass nur schon das reicht, um den weissen, cis, hetero Mann revoltieren zu lassen und den kleinen Jean d'Arc in ihm zu wecken – oder sagen wir mal: den inneren Wilhelm Rebell – sagt einiges aus, aber vor allem eines: Ganz offensichtlich ist das der einzige Gegenwind, den er bis jetzt verspürt hat. Nicht zuletzt auch, weil er diesbezüglich die Beschwerden anderer stets als laues Lüftchen weggewischt hat. Wenn ein Goran Ivanic auf Twitter schreibt, dass er mit seinem Nachnamen Probleme hat, eine Wohnung zu finden, kommt immer irgendwann ein Stefan Müller daher, der sagt, er sehe das Problem nicht. Und genau darum fröstelt es ihn jetzt bei der leichtesten Brise. Schliesslich stand er bis anhin stets im Auge des Sturms. Während alle anderen rundherum durcheinandergewirbelt wurden und ihnen jahrzehntelang eine Böe nach der anderen ins Gesicht blies, die ihnen wortwörtlich die Luft nahm. Zuerst müsste darum eben nicht Stefan Müller reden. Er müsste nur jenen, die sich damit aus eigener Erfahrung am besten auskennen, ein wenig Luft zum Atmen geben – und vor allem zum Sprechen. Aber das ist das sinnbildliche Dilemma des weissen, cis, hetero Mannes. Er steht im Auge des Sturms und schafft es nicht einmal dort, einen Moment lang still zu sein.

«Ja, wenn das so ist», denken Sie sich jetzt wahrscheinlich, «warum hältst dann du nicht mal dein Maul, Renato?»

Ich weiss! Also wie gesagt: Ich mega weiss! Warum schreib ich überhaupt über all das? Das erinnert mich an eine Textpassage meiner hochgeschätzten Kollegin Fatima Moumouni, in der sie den öffentlichen Diskurs und dessen Teilnehmenden treffend karikiert: «Rassismus – finden Sie das schlimm? Die Gleichstellung der Geschlechter, was halten Sie eigentlich davon? Also Sie – als Mann?»

Und Recht hat sie, wie so oft. Warum schreibe ich also über solche Themen? Einerseits, weil ich will. Und andererseits, weil ich kann. Ich weiss! Also eben, ich: Weiss! Wer soll mich daran hindern? Abgesehen davon: Wir brauchen uns gegenseitig. Ich brauche Fatima, wenn wieder einer kommt und sagt:

«Ich hab einen Freund, der ist Schwarz und den stört das überhaupt nicht, wenn ich sage…»

Dann bin ich froh, erwidern zu können:

«Ich hab eine Freundin, die ist Schwarz, die stört das durchaus und die hat in der Zeitung einen wunderbar schlauen Text dazu verfasst, schau mal!»

Fast schon wie Quartett. Und Fatima Moumouni ist eine ziemlich starke Karte. Nun könnte man sich fragen: Ist diese Art von Kartenspiel nicht auch schon wieder problematisch? Kann man nicht einfach mit den Leuten reden? Na ja, sagen wir es mal so: Es gibt Schweizer:innen, die haben jahrzehntelang gesagt, es gäbe gar keinen Rassismus, und jetzt sagen sie, es gibt ihn doch, aber gegen Weisse (da soll noch jemand sagen, Schweizer:innen hätten keinen Humor). Es ist also noch ein langer Weg.

Der nächste Schritt wäre, dass jemand wie Fatima Moumouni in Zeitungsinterviews auch kluge, lustige, treffende Aussagen über andere Themen als immer nur Rassismus und Sexismus machen dürfte. Aber so weit sind wir offensichtlich noch nicht.

Und darum braucht Fatima ab und zu auch immer noch mich. Zum Beispiel wenn wieder mal einer ihr nicht zuhört, weil – und ja das Argument kommt tatsächlich – sie bei dem Thema als Schwarze ja schliesslich befangen sei. Dann zückt sie mich als Trumpf. Denn wir wissen ja: Wenn weisse, cis, hetero Männer überhaupt jemandem zuhören, dann anderen weissen, cis, hetero Männern. Und das wird man wohl noch so sagen dürfen.

Milchmaa, Albumtitel *-ić*, 2013.

DEEP DIVERSITY

ODER: WAS HEISST VIELFALT FÜR DIE #NEUESCHWEIZ?

Kijan Espahangizi

Zürich Hauptbahnhof, Sommer 2015. An der Decke hängen überlebensgrosse Porträts von Menschen aus 195 Ländern, die in der Schweiz leben. Unter jedem Gesicht steht das jeweilige Herkunftsland: Iran, Deutschland, Türkei, Indien, Grossbritannien, Nigeria... Das Ausstellungsprojekt namens *Switzers* tourt durch Bahnhöfe und Einkaufsstrassen, um die migrationsbedingte Vielfalt der Schweizer Bevölkerung zu feiern. Mein erster Eindruck von der Ausstellung in der Halle des Zürcher Hauptbahnhofs damals: Ich freute mich über die so seltene Botschaft der Anerkennung gegenüber der Einwanderungsrealität des Landes. Die Schweiz hat sich in den letzten fünfzig Jahren stark durch Migration verändert. Rund 40% der Bevölkerung haben einen Migrationshintergrund. Es ist Zeit, dieser Wahrheit sprichwörtlich ins Gesicht zu schauen. Die Ausstellung warf auf den zweiten Blick aber auch einige Fragen auf: Kann die anschauliche Zuordnung – ein Gesicht, eine Nation – die migrationsbedingte Vielfalt der Schweiz wirklich angemessen abbilden? Je länger ich 2015 über diese Fragen nachdachte, desto mehr stellte sich mir eine viel grundlegendere Frage: Was genau heisst eigentlich Vielfalt in einer neuen, durch Migration geprägten Schweiz?

Die *Switzers*-Ausstellung im Zürcher Hauptbahnhof fand ein Jahr nach der Abstimmung zur Volksabstimmung gegen Masseneinwanderung statt, die 2014 eine politische Wende einläutete. Nach dem Schock der Annahme waren in der Schweiz viele neue Initiativen entstanden, die sich für die Anerkennung der Migrationsrealität im Land stark machten. Die Abstimmung hatte deutlich gemacht, dass die alten integrationspolitischen Ansätze der 1990er- und 2000er-Jahre in eine Sackgasse geraten waren. Die Auseinandersetzung mit der Ausstellung im Zürcher Hauptbahnhof ein Jahr später war in diesem Kontext für mich der letzte Anstoss, einen Think & Act Tank zu initiieren, der sich zur Aufgabe machen sollte, neue Ansätze und Perspektiven zu Themen wie Migration, Vielfalt, Teilhabe und Rassismus zu entwickeln. Der Rückblick auf die Ausstellung damals bietet sich aber auch heute noch dazu an, anhand eines konkreten Beispiels der allgemeinen Frage nachzugehen, wie es möglich ist, ein tieferes Verständnis von Vielfalt zu entwickeln. Ich werde Vielfalt im Folgenden weniger als gesellschaftlichen

Zustand begreifen, sondern als einen kollektiven Lern- und Gestaltungsprozesses, den ich *deep diversity* nenne. Ausgehend von meiner persönlichen Auseinandersetzung mit der Ausstellung von 2015 werde ich im Folgenden der Frage nachgehen, was *deep diversity* für demokratische Gesellschaften im Zeitalter von Migration und Globalisierung heissen kann und sollte.

Das Porträt auf Gleis 3 überraschte mich. Über den Köpfen der Reisenden hing ein Porträt von «Lea», Herkunftsland: Schweiz. Es war das einzige der insgesamt 195 Porträts, bei dem als Herkunftsland die Schweiz angegeben wurde. Mir war nicht klar, was dies zu bedeuten hatte: Sollten nicht alle Gesichter zusammen ein Gesamtbild der Schweiz abgeben? Oder war Lea einfach eine «richtige» Schweizerin und die anderen nur herkunftsfremde *Switzers*? Wurde hier also doch klammheimlich eine harte Trennlinie zwischen Einheimischen und den Ausländer:innen gezogen, Vielheit auf zwei Gruppen reduziert: wir und sie? Wurde hier wirklich die Anerkennung migrationsbedingter Vielfalt gefördert oder nicht vielmehr alter ethnisch-nationaler Wein in neue, bunte Schläuche gefüllt? War hier gegebenenfalls sogar unterschwelliger, exotisierender Rassismus am Werk, der sich an den schönen «fremden» Gesichtern ergötzte?

Ich traf mich mit dem Ausstellungsmacher, um ihn mit diesen kritischen Nachfragen zu konfrontieren … und musste mein Urteil überdenken, den Puls der Empörung herunterfahren. Die Dinge waren auch hier komplizierter, wie immer, wenn man genauer hinschaut. Und selbstverständlich ist ein Ausstellungsprojekt mehr als nur die fertigen Bilder und Texte, die am Ende präsentiert werden. Vorher finden Begegnungen statt, Einstellungen ändern und Bedeutungen verschieben sich, wenn Menschen zusammenarbeiten. Und nun sass da jemand vor mir, dem es offensichtlich Herzensangelegenheit gewesen war, die migrationsbedingte Vielfalt der Schweiz gerade nach dem Schock der Masseinwanderungsinitiative positiv darzustellen – und der dabei einfach auf Bilder und Worte zurückgriffen hatte, die ihm als Werbefotograf zur Verfügung standen: etwa auf Hochglanzbilder von bunten, attraktiven Gesichtern im Stil der Benetton-Werbung seit den 1980er-Jahren. Bei der Eröffnungsfeier mit «wildem» Volkstanz und «fremdem» Essen aus aller Welt wurden zu allem Überfluss problematische, kulturell verankerte Klischees aus der Zeit des europäischen Kolonialismus aufgegriffen.

Doch was mir 2015 spontan ungut aufstiess, schien die Beteiligten und vor allem die fotografierten *Switzers* kaum zu stören. Im Gegenteil: Die Menschen, die am Projekt teilnahmen, fühlten sich anerkannt und geehrt – trotz der gerade aus postkolonialer Sicht problematischen Traditionen, die einige Repräsentationsformen im Ausstellungsprojekt unkritisch fortschrieben. Für die Beteiligten *mit Migrationshintergrund* und *of Color* schien es jedoch offensichtlich wichtiger, dass sie ihre Geschichten erzählen und «ihrem Land» ein Gesicht verleihen durften, kurz: dass sie gesehen wurden. Und nicht zu vergessen: Sie hatten sich freiwillig gemeldet, um fotografiert zu werden. Was wiegt nun mehr? Die Repräsentationen selbst oder das, was im sozialen Prozess ihrer Entstehung und Nutzung passiert? Einzelne Bilder, Wörter und Texte können problematische Bedeutungen transportieren, aber ist es nicht auch wichtig, genau zu schauen, wie sie tatsächlich verwendet werden? Und bedingen sich beide Dimensionen – akademisch gesprochen: Diskurs und Praxis – nicht gegenseitig, ohne dass die Sache schön sauber und politisch korrekt aufgehen muss, ja aufgehen kann?

Dann aber stellte ich mir die Frage: Hätte ich persönlich mit meinen drei Pässen und eher wenig ausgeprägtem nationalen Zugehörigkeitsgefühl überhaupt einen Platz gefunden im aufgeräumten *nation walk* der Switzers? Mein Vater stammt aus dem Iran, meine Mutter ist Deutsche mit österreichisch-böhmischen Wurzeln und ich bin 2006 eher zufällig in die Schweiz gekommen. Offenbar passen gewisse Lebensgeschichten in diese sehr aufgeräumte Vorstellung von Vielfalt und andere, wie meine, wiederum nicht. Dies gilt für all die vielschichtigen, weniger starren Identitäten so vieler Menschen, die sich nicht einfach auf *eine* «Herkunft» beziehen können, aber auch für so komplizierte soziologische Dinge wie «Mehrfachzugehörigkeit» und «transnationale Lebenswelten», die etwa auch in Debatten um «Doppeladler» immer wieder relevant werden. Das Beispiel der *Switzers*-Ausstellung zeigt: Unsere Vorstellungen von Vielfalt können die tatsächlichen Möglichkeiten sozialer Teilhabe einschränken, ja sogar ausgrenzend wirken. Daher ist es wichtig, sich immer zu fragen: Wie prägen die Bilder von Vielfalt, die uns umgeben, unser Denken und Handeln, unsere Fragen und Antworten? Was bieten und was verwehren sie uns? Was sehen und was übersehen wir durch sie? Haben wir es bei Darstellungen wie im *Switzers*-Projekt mit einer perfiden Form von *Othering* zu tun oder nur mit naivem Multikulti-Kitsch – oder doch mit einem Projekt der Anerkennung und Hoffnung? Wahrscheinlich von allem etwas. Ich lernte: Ein angemessenes Bild einer vielschichtigen Realität braucht vor allem eine Art der Vielfalt – nämlich die der Perspektiven und Blickwinkel, eine Vielfalt im Denken.

Das *Switzers*-Ausstellungsprojekt ist nur ein Beispiel unter vielen für den Umgang mit Vielfalt in unterschiedlichen sozialen Kontexten. An ihr lässt sich jedoch eine allgemeinere Entwicklung veranschaulichen: Das Wechselspiel von Inklusion und Ausgrenzung von Eingewanderten ist typisch für Gesellschaften wie die Schweiz, die sich aufgrund von Migration tiefgreifend verändert haben und nun um Deutung und Gestaltung dieses Wandels streiten. Eine zentrale Rolle hat hier in den letzten rund vierzig Jahren nicht nur in der Schweiz die schillernde Idee der «kulturellen Vielfalt» gespielt: In den 1980er-Jahren wurden in der Schweiz erste interkulturelle Ansätze entwickelt, Feste veranstaltet und Kulturbegegnungen organisiert, Anfang der 1990er-Jahre begann man, sich einerseits um die Grenzen «multikulturellen Gesellschaft» zu streiten und andererseits sich zunehmend für den Mehrwert transkultureller «Hybridisierung» zu interessieren. Die neuen multikulturellen Konsumwelten haben die Gesellschaft seitdem tiefgreifend verändert. Doch trotz aller positiven Aspekte, die das Sprechen über «kulturelle Vielfalt» in den letzten Jahrzehnten mit sich gebracht hat, trotz aller Räume, die es geöffnet hat, verstellt der Fokus auf kulturelle Unterschiede und Identitäten zugleich auch tieferliegenden Fragen, etwa: Wie kann die Schweizer Gesellschaft im Zeitalter von Migration und Globalisierung ihrem Anspruch auf demokratische Teilhabe, Freiheit und soziale Gerechtigkeit gerecht werden? Wer gehört dazu und wer nicht? In welchem Verhältnis sollen republikanischer Gleichheitsanspruch und faktische Differenz in unserem Gesellschaftsbild stehen? Diese und weitere Fragen sind längst nicht geklärt. Die Ambivalenz unserer real existierenden Bilder von Vielfalt, wie sie in der *Switzers*-Ausstellung und in vielen anderen Kontexten zu Tage tritt, kann als Momentaufnahme verstanden werden, als ein Schnappschuss von einem umkämpften Alltagsgewirr sozusagen, aber eben auch als Lerngelegenheit. Anstatt Vielfalt als etwas Gegebenes zu betrachten, das man einfach nur in entsprechende Bilder, Schubladen und Identitäten packen und dann politisch anerkennen müsste, sollten wir uns besser mit der Frage auseinandersetzen, was wir eigentlich unter Vielfalt verstehen. Nur wenn sich die Schweiz nach und nach ein tieferes und vielschichtigeres Verständnis ihrer migrationsbedingten Pluralisierung erarbeitet und erstreitet, kann sie sich als plurales demokratisches Gemeinwesen auch neu erfinden.

Deep diversity meint für mich in diesem Sinne einen ergebnisoffenen, kollektiven Lern- *und* Gestaltungsprozess, der der Frage nachgeht, was Vielfalt für demokratische Gesellschaften im Zeitalter von Migration und Globalisierung eigentlich heissen kann und sollte. Dazu gehört auch die Frage, wer welche Möglichkeiten und Ressourcen hat, um an Politik, Wirtschaft, Kultur, sozialem Leben teilzuhaben, wo es Barrieren und Ausgrenzung gibt und wie man die Zugangschancen anders und gerechter verteilen kann. Dieser Prozess wird nicht immer einfach, harmonisch oder gar konsensorientiert sein. Es geht immerhin um unterschiedliche Interessen, Ansprüche und Vorstellungen, zuweilen auch um Widersprüchlichkeiten, die nicht einfach sauber aufgelöst werden können. Und doch gibt es bei allem Widerstreit einen gemeinsamen Einsatz, auf dem man aufbauen kann und sollte: eine miteinander geteilte Zukunft und der Wille, diese nachhaltig zu gestalten, friedlich, demokratisch, freiheitlich, solidarisch, sozial- und ressourcengerecht. *Deep diversity* könnte daher auch der Name sein für das Angebot, sich auf diesen ergebnisoffenen gesellschaftlichen Aushandlungs- und Transformationsprozess einzulassen, der alle verändern wird, die an ihm teilnehmen – und der sich auch nicht auf Fragen der Migration beschränkt, sondern viele andere Ebenen und intersektionale Dimensionen von Pluralisierung umfassen kann. Hierfür braucht es viele neue Gespräche – unter Freunden, bei Tisch, am Arbeitsplatz, in Schulen, Vereinen, Verbänden, Behörden, Hochschulen, Kunsträumen, Parteien, Parlamenten, Gemeinden, Kantonen usw. Um derartige *deep-diversity*-Gespräche ganz praktisch anzuregen, möchte ich abschliessend drei zugespitzte Thesen aufstellen, die sich um Ambivalenzen, Fallstricke, blinde Flecken und Missverständnissen in aktuellen Debatten um Migration und Vielfalt drehen:

THESE 1:
VIELFALT IST KEINE FOLGE VON MIGRATION

Wenn heute von kultureller Vielfalt die Rede ist, so kommt einem oft ein buntes Bild von Menschen mit verschiedenen Hautfarben und Gesichtszügen in den Sinn. Es scheint, als wäre Vielfalt eine direkte Folge der Einwanderung von fremden Menschen und der Anwesenheit von sogenannten Minderheiten. Aber auch wenn die Schweizer Gesellschaft durch Einwanderung sicherlich in vielerlei Hinsicht pluralistischer geworden ist, heisst das nicht, dass die Schweiz ohne Einwanderung nicht vielfältig gewesen wäre – auch über die vier offiziellen Sprachregionen hinaus. Im Gegenteil: Schaut man sich die Geschichte der modernen Schweiz an, dann sieht man, dass es harte Arbeit war – zuweilen auch gewaltvoll –, aus der Vielfalt von Orten, Gemeinden, Tälern, Sprachen, Lebensweisen, Konfessionen, lokalen Kulturen, sozialen Schichten die Vorstellung «einer Schweiz» zu formen. Und was an den immer wieder heisslaufenden Mediendebatten um Migration ins Auge fällt: Die Schweizer Nation braucht bis heute immer auch noch das Ausländische – das Ausland, den Ausländer –, um sich in der Abgrenzung gegen «Aussen» nach «Innen» einigermassen einheitlich fühlen zu können. Schaut man so auf das Thema, dann ist kulturelle Vielfalt eben kein Migrationsthema. Es betrifft alle gleichermassen und stellt einen Ausgangspunkt dar, von dem aus neuer Gemeinsinn gestiftet werden kann.

THESE 2:
VIELFALT IST KEIN BUNTER SALAT
DER IDENTITÄTEN

Es gibt viele verschiedene Metaphern dafür, wie Gesellschaften mit Pluralisierung durch Migration umgehen. Die über hundert Jahre alte Vorstellung vom *Schmelztiegel* der Kulturen – der Begriff kommt aus den USA, in der Schweiz könnte man vom Fondue sprechen – geht davon aus, dass alle Eingewanderten im nationalen Topf «eingekocht» bzw. assimiliert werden. Die Vorstellung ist hier, dass sich über die Zeit alle durch Assimilation angleichen und Vielfalt letztlich aufgehoben wird, ja aufgehoben werden muss. Es gibt aber seit den 1960er-Jahren noch eine andere Metapher für Vielfalt: die bunte Salatschüssel. Laut diesem pluralistischen Modell werden im nationalen Gefäss multikultureller Einwanderungsländer wie der Schweiz unterschiedliche Gesichter, Ethnien, Kulturen und Identitäten zusammengewürfelt und existieren dort nebeneinander, wenn überhaupt mit ein bisschen schweizerischem Dressing drüber. Die Vorstellung ist hier, dass alle kulturellen Zutaten im nationalen Salat sichtbar ihre Eigenheit bewahren können, aufgelistet werden können und entsprechend repräsentiert sind, etwa auch politisch. Das Problem ist: Beide Metaphern sind nur Metaphern und das echte Leben sieht anders aus, komplizierter, vielschichtiger, lebendiger, interessanter. Weder können Menschen im Land wie im bekannten Film *Die Schweizermacher* von 1978 alle einfach gleichgemacht und ins nationale Fondue eingekocht werden, noch sind kulturelle Unterschiede gottgegeben und Identitäten ewig festgeschrieben. So ist das Modell des gemischten Salats viel zu statisch für eine Gesellschaft in fortlaufendem Wandel. Unklar ist hier auch, welche Gruppe eigentlich zählt und wer für wen in welcher Form sprechen darf und wer nicht. Und was machen wir, wenn Menschen keinen «ethnischen» Gruppen zuzuordnen sind und auch keine fixen eindimensionale Identitäten haben, sondern vielschichtige, dynamische, mehrdeutige, offene Selbstbilder?

THESE 3:
VIELFALT IST NICHT PER SE TOLL

Migrationsbedingte Pluralisierung ist weder einfach nur gut oder schlecht. Je nach Perspektive und Kontext kann Vielfalt bereichernd sein oder Probleme mit sich bringen. So ist zum Beispiel Vielsprachigkeit eine wertvolle Ressource, sie macht Kommunikation aber tatsächlich auch anspruchsvoller und komplizierter. Pluralisierung – nicht nur in Hinblick auf Migration – kann eine Gesellschaft dazu inspirieren, sich neu zu entdecken und zusammenzufinden. Sie kann aber durchaus auch den solidarischen Zusammenhalt schwächen, wenn kein neuer Gemeinsinn gesucht wird. Pluralisierung bedeutet, dass man als Gesellschaft vieles neu aushandeln muss, auch die Grenzen dessen, was toleriert werden soll. Das ist zwar anstrengend, macht aber auch das Wesen der Demokratie aus, mit oder ohne Migration. Anstatt sich auf eine der beiden Seiten zu schlagen und bei der politisch überhitzten Polarisierung Bereicherung/Bedrohung mitzumachen, scheint es sinnvoller, Vielfalt realistisch und pragmatisch zu betrachten. Es handelt sich schlicht um eine soziale Tatsache, mehrdeutig, umstritten und in sich widersprüchlich. Das Thema ist zwar durch Migration neu auf die Agenda gekommen, aber neu ist es tatsächlich nicht. Vielfalt betrifft alle und sollte in einem gesellschaftlichen Prozess möglichst nachhaltig gestaltet werden, demokratisch, freiheitlich, solidarisch.

AUSBLICK:
DEEP DIVERSITY UND DIE #NEUESCHWEIZ

Die *Switzers*-Ausstellung von 2015 war für die Schweizer Gesellschaft letztlich nicht besonders relevant. Sie gab mir aber einen wichtigen Impuls dazu, ein Projekt zu initiieren, an dem seitdem viele andere Menschen mit ihren individuellen Geschichten, Interessen und Motivationen mitgewirkt haben: das Institut Neue Schweiz INES. Die Ausstellung führte deutlich vor Augen, dass es einen Unterschied macht, was wir uns unter Vielfalt vorstellen. *Deep diversity* ist kein Zustand. Es geht vielmehr um einen fortlaufenden Prozess, einen Prozess der Demokratisierung, in dem man sich neu darüber verständigt, zuweilen auch streitet – möglichst nachsichtig – wie man mit Unterschieden, Widersprüchen, Gemeinsamkeiten und verbindlichen Regeln für alle im Zeitalter von Migration und Globalisierung umgehen möchte, kurzum: wie die gemeinsame Gesellschaft von morgen gestaltet werden soll. Um es in einfachen Bildern zu sagen, es geht weniger darum, ob nun ein Fondue oder ein gemischter Salat auf dem Tisch steht – tatsächlich hat beides seine Vorzüge und sollte im Menü nicht fehlen. Wichtig ist vielmehr anzuerkennen, dass wir alle längst an einem gesellschaftlichen Tisch sitzen und es höchste Zeit ist, nicht nur den Speiseplan, sondern die Zukunft der Wohngemeinschaft gemeinsam zu besprechen. #NeueSchweiz heisst in diesem Sinne nicht, das Alte einfach zu überwinden, aus dem unsere Gegenwart entstanden ist. Sondern angesichts der langen Geschichte der heutigen gesellschaftlichen Realität den Willen zu bekunden und – nicht zum ersten Mal in der Geschichte der Schweiz – den Entschluss zu fassen, gemeinsam eine neue Zukunft zu wagen.

KEIN LAND IN SICHT

Melinda Nadj Abonji

Dass ich mich getäuscht habe, fiel mir erst vor kurzem auf. Die in Interviews häufig gestellte Frage nach Heimat, wo denn meine Heimat sei, beantwortete ich höflich, obwohl mir die Frage irgendwann nicht nur zu den Ohren heraushing. Heimat sei der Geruch nach gedünsteten Zwiebeln, mein strenger Onkel, der plötzlich aufstehe und zu tanzen anfange, das weltbeste, aber völlig unbekannte Getränk namens «Traubisoda» etc. Ich glaubte, dem hochtrabenden Wort «Heimat» mit Kleinräumigkeit und persönlichen Erinnerungen begegnen zu können, war überzeugt davon, das Winzige, Marginale könne die Überhöhung des Heimatbegriffs entkräften; es entging mir tatsächlich, dass es gar keine Rolle spielte, was ich genau erzählte, welche «Geschichte» ich mit ironischem Unterton zum Besten gab: Ich hatte bestätigt, dass meine Heimat nur anderswo sein konnte, im heute nicht mehr existierenden Jugoslawien; ich hatte indirekt bestätigt, dass Heimat an ein Territorium gebunden sein muss. Eine weitere Antwort hörte sich für eine Schriftstellerin besonders plausibel an: «Sprache ist Heimat». Damit richtete ich das Augenmerk auf ein geistiges Gebiet, das sich problemlos mit dem territorialen verbinden lässt.

«Heimat» hat in jüngster Zeit eine regelrechte Renaissance erlebt, und zwar nicht nur in der Rhetorik und den Parteiprogrammen der Rechtsnationalen – «Wir sind Heimat», steht auf der Webseite der Schweizerischen Volkspartei; auch Kulturinstitutionen wetteifern mit Gesprächen über Heimat, Bühnen werden bespielt mit den Themen Herkunft, Zugehörigkeit und natürlich Migration; Heimat ist also buchstäblich in aller Munde. Parallel dazu sollen irgendwelche Konsumgüter – Unterhosen, Käse, Fleisch, Glühbirnen – für Qualität bürgen, wenn «man» sie nur mit einem Schweizerkreuz, dem Gütesiegel der Schweizer Heimat versieht.

Wo also ist das Problem? Heute, da Heimat schmeichelnd und je länger, je mehr geschichtsvergessen, vordergründig «neutral» daherkommt, ist mir klar, dass es auf die Frage nach Heimat nur eine Antwort geben kann: Nein danke! Es gibt genügend Gründe, Heimat ersatzlos zu streichen.

Entgegen allen (meinen) Illusionen lässt Heimat sich also nicht subjektiv «definieren» und «besetzen». Jede Erinnerung und jedes persönliche Gefühl wird in Verbindung mit Heimat in eine abstrakte Heimat überführt, überhöht, und das heisst nichts anderes, als dass Heimat nie von der politischen Bühne abtritt; jede Aufmerksamkeit, die ihr zuteil wird, stärkt und legitimiert ihre Präsenz, zum Vorteil all jener, die genau wissen, dass Heimat ihrer politischen Rhetorik unschätzbare Dienste erweist. Das angehauchte «H», das federnde «ei», das mitklingende «m», der bestimmte Abschluss im «t»: Heimat wirkt wie eine besänftigende Droge und sie macht high, weil ihre kostbarste Ingredienz die Zugehörigkeit ist. Dazugehören. Wer will das schon nicht? Dabei geht vergessen, dass in Zugehörigkeit die Hörigkeit steckt: Das althochdeutsche «gihōrīg» ist ein Rechtsausdruck und bedeutet «den von einem Herrn Abhängigen»; das ebenfalls althochdeutsche «gahorran, gihoran» bedeutet «hören, gehorchen». Die Wortgeschichte erzählt also, dass sich «Zugehörigkeit» aus einem streng hierarchischen Unterwerfungsverhältnis speist; obwohl das Wort heute «Verbundenheit» und «Mitgliedschaft» meint, ist klar, dass auch die gegenwärtige (demokratische) Zugehörigkeit ihren Preis hat.

Die Kehrseite der warmen, wohligen, schön-glänzenden Zugehörigkeit, die den Menschen in seiner Sehnsucht nach Verbundenheit anspricht und «abholt», ist eine nicht ausgesprochene, also verschwiegene Negativität und Härte; sie betrifft die Menschen, die nicht dazugehören und aus diesem «Wir sind Heimat» ausgeschlossen sind. Das ist der Preis von Heimat. Nirgendwo erfährt man das deutlicher als im Ausländer- und im Asylgesetz (der Schweiz). Die ständig überarbeiteten Regelwerke der Aus- und Abgrenzung gegenüber Menschen, die nicht dazugehören sollen und anderen Gesetzen unterworfen sind als die «Einheimischen», zeugen davon, dass Heimat *immer* Exklusivität *und* Exklusion bedeutet. Oder klarer formuliert: Heimat *ist* Ausschluss. Die Justiz des «Rechtsstaates» beschäftigt sich akribisch damit, geltendes Recht fortwährend so abzuändern, dass eine «legale» Abweisung von Schutzsuchenden möglich wird. Das 1981 in Kraft getretene Asylgesetz wurde mehr als vierzig Mal ergänzt und überarbeitet, meist zuungunsten der Asylsuchenden; so können die Menschen, deren Asylgesuch abgelehnt worden ist, seit der Revision des Asylgesetzes im Jahre 2006 jederzeit verhaftet und zu einer Gefängnisstrafe verurteilt werden, weil sie sich, laut Gesetz, «illegal» in der Schweiz aufhalten. Das auf der Genfer Flüchtlingskonvention beruhende, international verbriefte Recht auf einen sicheren Ort – «ἄσυλος, asylos» heisst «unberaubt, sicher» – wird also auf nationaler Ebene je länger, je mehr, Paragraph um Paragraph eingeschränkt, mittels Bürokratie, Justiz und Politik.

Das bedeutet Heimat.

Landschaften, Berge, Täler, Seen, Flüsse? Sie sind ständig präsent, in den beschwörenden Formeln der Heimatliebenden. Die geografischen «Eigenarten» sind aber nicht mit der Natur zu verwechseln. Denn die Heimatliebenden wollen nicht die Natur schützen, sondern die Heimat, also eingegrenzte Natur, das heisst, Territorium. Heimat hat dementsprechend nichts mit Liebe zur Natur zu tun, sondern mit der Verteidigung dieses Territoriums, dem «man» angehört und das «man» «geistig» besitzt. Wenn die Heimatliebenden von Umweltverschmutzung reden, dann ist ihnen klar, wer dafür verantwortlich ist: die «Ausländer». Sie verbrauchen Heimat in Form von heimatlicher Luft, heimatlichem Wasser, heimatlichem Raum, sie nutzen die Strassen und den öffentlichen Verkehr, Treibstoffe und Strom. So stand es 2018 im *Extrablatt* der SVP, das in mehr als drei Millionen Haushalten der Heimat verteilt werden durfte, weil es sich, wie in einer Fussnote zu lesen war, «bei dieser Zeitung weder um Werbung noch um Reklame, sondern um eine politische Information handelt.»

Politische Information, wirklich? Was für eine Lüge! Das Blatt ist ein eindeutiges Zeugnis dafür, dass Heimat nichts Positives, Schönes, Erhebendes ist, sondern eine überaus effektive Vokabel der politischen Manipulation, mit dem Ziel, die Suprematie der «Einheimischen» zu erhalten und fortzusetzen. Was für ein Hohn, was für eine schamlose Diskriminierung, das Knappwerden der Ressourcen den «Ausländern» in die Schuhe zu schieben.

Aber so will ich nicht enden; vor kurzem lernte ich eine Beschreibung von Heimat kennen, die konzentriert und klar in eine radikal andere Denkrichtung verweist. Ich verdanke sie einem unveröffentlichten Text des Schriftstellers und Philosophen Sreten Ugričić. Heimat also abschliessend für all jene, die bereit sind, Niemandsland im wörtlichen Sinne zu betreten, ein Land, das niemandem gehört:

«Heimat hat nichts mit dem Ort zu tun, wo wir aufgewachsen sind. Es geht nicht ums Elternhaus, um Nachbarschaften oder Landschaften. Heimat ist an keinem Ort sichtbar und auffindbar, ganz im Gegenteil: Heimat ist unsichtbar. Sie ist ausschliesslich durch die Kindheit bestimmt, die von der Imagination, der Vorstellungskraft geprägt ist. Das heisst, alle Menschen teilen dieselbe Heimat, da wir alle *aus der Kindheit kommen*. Heimat ist deshalb von einem Nimbus umgeben, weil wir in der Kindheit diese umfassende Kraft der Imagination erlebt haben, die wir dann im Laufe der Zeit verlieren. Und wenn wir uns nach Heimat sehnen, sehnen wir uns nicht nach einer bestimmten Geografie, nach einer spezifischen Küche etc., sondern wir sehnen uns nach der verlorenen Kindheit, dem Königreich der Imagination.»

HARDAU Shirana Shahbazi / Anne Morgenstern

VOR GERICHT DIE SCHWEIZER MIGRATIONSPOLITIK ÄNDERN?

EINE DEBATTE ÜBER MÖGLICHKEITEN UND GRENZEN DES RECHTSWEGS ZUR ERREICHUNG POLITISCHER FORTSCHRITTE

Fanny de Weck, Tarek Naguib

GEMEINSAME VORBEMERKUNG

Welche Möglichkeiten einer gerechten Teilhabe haben Menschen ohne Schweizer Pass in einem Land, dessen Verfassung einerseits die Rechtsgleichheit als Grundrecht verankert, andererseits aber zwischen «Staatsangehörigen» und «Ausländern» unterscheidet? Lässt sich die Justiz «nutzen», um rassistische Ausgrenzung und Diskriminierung zu bekämpfen, wo doch das Recht gleichzeitig auch der Abwehr von Menschen aufgrund ihrer tatsächlichen oder zugeschriebenen Herkunft dient und solche Diskriminierung legitimiert? Ist das Schweizer Recht das, was die Bundesverfassung verspricht, nämlich ein Rahmen der «Freiheit und Demokratie» – oder aber ein Instrument des Ausschlusses?

Das folgende Gespräch dreht sich um unser Ringen als Juristin und Jurist darum, dass ein und dasselbe Recht für alle gilt. Wir setzen uns beide für die Rechte von Menschen mit Migrationsgeschichte und Rassismuserfahrung ein. Fanny de Weck als Anwältin mit Schwerpunkt Migrationsrecht, Strafrecht und internationaler Menschenrechtsschutz; Tarek Naguib als Forscher und Aktivist, der strategische Rechtsverfahren gegen strukturelle Diskriminierung begleitet. Wir stimmen darin überein, dass *Rechte haben* und *Recht bekommen* zweierlei Realitäten des Rechtsstaats sind. Selbstverständlich wissen wir, dass Recht nicht mit Gerechtigkeit gleichzusetzen ist. Zudem sind wir beide der Ansicht, dass das Recht nicht nur Elemente der Ohnmacht und Ausgrenzung in sich trägt, sondern auch Spielräume für mehr Gerechtigkeit eröffnen kann.

Allerdings sind wir uns manchmal uneinig, was ein Rechtsstreit leisten kann und was nicht: wo seine Potenziale und wo seine Grenzen liegen. Fanny legt den Fokus auf den Rechtsschutz und individuelle Rechtsverfahren; sie steht der Justiz als Mittel zur grundlegenden Veränderung politischer Verhältnisse eher skeptisch gegenüber; Tarek sieht den Rechtsweg als ein noch weitgehend unterschätztes Mittel im politischen Kampf um mehr Gleichheit und Freiheit.

Diese Differenzen in den Perspektiven hängen hängen u. a. damit zusammen zusammen, dass wir in unterschiedlichen Bereichen arbeiten. Fanny vertritt meist Menschen, die in Not sind; regelmässig geht es darum, ob sie in der Schweiz bleiben dürfen oder gehen müssen. Sie muss binnen knapper Frist und im Rahmen einer restriktiven Praxis des Migrationsrechts für einen Mandanten oder eine Mandantin das Beste vor Gericht herausholen. Der politische Spielraum bleibt eng, auch wenn fast jeder Fall politische Bedeutung hat. Anders engagiert sich Tarek mithilfe von Menschen, die in gesicherten Aufenthalts- und Einkommensverhältnissen leben und ihre Privilegien dafür einsetzen, den Rechtsstaat mit rechtlichen Mitteln unter Druck zu setzen, damit er Recht umsetzt und gewährt. Dabei geht es um einen grundlegenden Wandel im Bürgerrecht und gegen Diskriminierung, insbesondere um die Mobilisierung von Widerstand gegen strukturellen Rassismus bei Teilen von Polizei und Justiz.

Während die geteilten Werte uns im Lauf der Zeit immer wieder zusammenbrachten, um uns über die emanzipatorischen Potenziale des Rechts auszutauschen, machten die unterschiedlichen Erfahrungen unsere Gespräche ambivalent und kontrovers. So haben wir uns schliesslich Zeit genommen, den Dialog in eine Form zu giessen: Suchend entwickelten sich unsere Gedanken mit einem ersten Brainstorming, danach schrieben wir manchmal für uns allein, andere Male telefonierten oder reflektierten wir gemeinsam. Das hier ist das Ergebnis: ein kritisch-fragender Debattenbeitrag über die Bedeutung des Rechts im Kampf um Teilhabe.

KÄMPFE UM DAS BÜRGER:INNENRECHT - ZWISCHEN AUSGRENZUNG UND EMANZIPATION

TAREK NAGUIB — Mein Vater, der in Kairo aufgewachsen ist, liess sich 1970 auf dem Höhepunkt der Überfremdungsdebatte in der Schweiz nieder. Trotz positiver Voraussetzungen als promovierter Ingenieur hatte er bis zu seiner Einbürgerung 1980 Angst, das Land verlassen zu müssen. Diese Erfahrung war auch der Grund, weshalb sich mein Vater mit mir immer wieder über die Ungerechtigkeiten unterhielt, die vor allem die sogenannt niedrig qualifizierten Gastarbeiter damals erfahren mussten. Ich erinnere mich noch an eine Szene, als wir in den 1980er-Jahren gemeinsam die *Tagesschau* sahen, in der über die «Mitenand-Initiative»[1] berichtet wurde, eine zivilgesellschaftliche Bewegung für die Rechte der Migrant:innen. Erst Jahre später wurde mir bewusst, welch gespaltenes Verhältnis die sozialen Bewegungen damals gegenüber dem Rechtsstaat und dem Rechtssystem hatten. Auf der einen Seite kämpften sie um fundamentale Grund- und Menschenrechte wie etwa das Recht auf Familiennachzug, Gleichstellung auf dem Arbeitsmarkt, soziale Sicherheit und eine diskriminierungsfreie Einbürgerungspraxis. Auf der anderen Seite gab es eine große Skepsis gegenüber dem Gesetzgeber, den Gerichten und den Verwaltungsbehörden. Irgendwie paradox.

1 Siehe Kijan Espahangizi, «Ein Civil Rights Movement in der Schweiz? Das vergessene Erbe der Mitenand-Bewegung (1974–1990)», in diesem Band, S. 51–63.

FANNY DE WECK — Es ist normal, denke ich, dass Minderheiten und rechtlich Benachteiligte oft ein ambivalentes Verhältnis zu Gesetz und Justiz haben. Wer nicht vollwertiges Mitglied der Rechtsgemeinschaft ist, in der er oder sie lebt, will einerseits am etablierten Rechtssystem gleichwertig teilnehmen können und fordert das ein; andererseits besteht natürlich eine grundlegende Skepsis gegenüber einem System und seinen Institutionen, von dem man als Person massiv abhängt, das einen aber nicht als gleichberechtigt anerkennt. Wobei erwähnt sei, dass die juristischen Möglichkeiten in Sachen Grundrechte und Minderheitenschutz früher noch beschränkter waren als heute. So hat die Eidgenossenschaft die Europäische Menschenrechtskonvention erst 1974 ratifiziert. Die Gleichstellung der Geschlechter kam erst 1981 in die Bundesverfassung und das Diskriminierungsverbot explizit erst mit der Totalrevision im Jahr 1999. Überdies sind leider der Zugang zur Justiz und der Rechtsschutz – bis heute – allzu oft eine Frage der finanziellen Mittel und – nicht zu vernachlässigen – des Wissens um diese Möglichkeit.

Die Skepsis der Betroffenen gegenüber der Justiz ist aber auch deshalb nachvollziehbar, weil Gerichte gerade in der Schweiz meines Erachtens oftmals noch konservativer sind als die Gesetzgebung, also das Parlament und die Stimmbevölkerung. Genauer gesagt, die Justiz hinkt sowohl regressiven als auch progressiven Tendenzen im politischen Diskurs immer etwas hinterher. Obwohl das Recht im Bereich Grundrechte und Minderheitenschutz heute mehr Möglichkeiten bietet als früher, gilt also nach wie vor: Neben dem nötigen Geld braucht es viel Mut und Unterstützung, um den Rechtsweg zu gehen und vor Gericht eine strukturelle Ungerechtigkeit zu bekämpfen: so wie dies 1990 die Frauenrechtsaktivistin Theresia Rohner tat, als sie bis vor Bundesgericht für das Frauenstimmrecht in Appenzell Innerrhoden kämpfte. Frau Rohner wurde auf übelste Weise beschimpft und bedroht.

ZUM FALL THERESIA ROHNER UND MITBETEILIGTE GG. KANTON APPENZELL I.RH.
BUNDESGERICHTSURTEIL VOM 27.11.1990 (BGE 116 IA 359)
Im Jahr 1990 wandte sich Theresia Rohner mit zahlreichen weiteren Frauen und Männern aus Appenzell Innerrhoden an das Bundesgericht; sie rügten, dass die fehlende Stimmberechtigung der Frauen in ihrem Kanton verfassungswidrig ist. Das Bundesgericht gab ihr per Urteil vom 27. November 1990 Recht. Es stütze sich dabei auf den 1981 in der Bundesverfassung verankerten Artikel zur Gleichberechtigung von Mann und Frau. Appenzell Innerrhoden führte daraufhin als letzter Kanton der Eidgenossenschaft das Stimmrecht für Frauen auf kantonaler Ebene ein. Noch im April 1990 hatte sich eine Mehrheit der Männer in Appenzell Innerrhoden in einer Volksabstimmung gegen die Einführung des Frauenstimmrechts auf kantonaler Ebene entschieden.

TN — Der Fall «Rohner» ist ein typisches Beispiel dafür, dass zwischen *Recht haben* und *Recht bekommen* ein weiter Weg liegen kann. Gerade Menschen, die schwerwiegenden Benachteiligungen ausgesetzt sind, müssen immense Kräfte gegen teils grosse Widerstände mobilisieren, wenn sie sich auf dem rechtlichen Weg gegen Unrecht wehren wollen.

FDW — Genau. Es bedurfte des Kraftakts einer jahrelangen politischen Auseinandersetzung und des unermüdlichen Einsatzes vieler Frauen und Männer für Gleichberechtigung, bis es zu einem Rechtsfall wie Rohner gegen Appenzell Innerrhoden kommen konnte – und der Fall obendrein gewonnen wurde. Aus dem luftleeren Raum heraus werden wichtige Gerichtsentscheide mit politischer Dimension kaum gewonnen. So schwer wir uns das aus heutiger Sicht vorstellen können – die Richter in Lausanne hätten damals juristisch auch durchaus zum Schluss kommen können, die Beschwerde von Frau Rohner sei unter Hinweis auf den Föderalismus bzw. die Kantonsautonomie abzuweisen. Es bedurfte eines politischen Rückenwinds für das Urteil, und der wehte Anfang 1990er-Jahre heftig. So gesehen kann man das Bundesgericht zu jenem Zeitpunkt und vor diesem Hintergrund auch nicht als sonderlich mutig bezeichnen.

TN — Wie meinst du das?

FDW — Die Schweiz war schon 1971 bei Einführung des Frauenstimm- und -wahlrechts auf eidgenössischer Ebene eine Nachzüglerin in Europa. Das Bundesgericht muss Anfang der 1990er-Jahre einen starken öffentlichen Druck gespürt haben, den unmöglichen Zustand, der auf kantonaler Ebene andauerte, endlich zu beenden. Das ist die beste Ausgangslage, um einen wichtigen Rechtsfall zu gewinnen. Frau Rohner war zudem im Beschwerdeverfahren nicht allein, sondern hat dieses mit zahlreichen Mitstreiter:innen aus Appenzell Innerrhoden eingeleitet. Das soll die Bedeutung ihres Einsatzes und des Urteils nicht schmälern; es zeigt einfach, dass wichtige Urteile oftmals eher das Ergebnis eines lange vorangegangenen politischen Kampfs sind, statt dass sie diesen Kampf begründen. Anders gesagt, beim Erstreiten von Rechten und Emanzipation sind Gerichtsurteile mit Breitenwirkung in der Regel eher Wirkung als Ursache.

DAS MIGRATIONSRECHT ALS UMKÄMPFTES FELD

TN — Was können wir aus dem Fall «Rohner» mit Blick auf die Rechte von Menschen mit Migrationsgeschichte lernen?

FDW — Im Bereich des Migrationsrechts ist die aktuelle Ausgangslage eine ganz andere als Anfang der 1990er-Jahre, als es um das kantonale Frauenstimmrecht ging. So gibt es derzeit zu wenig öffentlichen Druck auf Gerichte und Institutionen, dass diese dazu beitragen sollen, die Rechte von Personen ohne Schweizer Pass zu erweitern: weder im klassischen Ausländerrecht, wo die Bedingungen insbesondere für ärmere ausländische Personen im Gegenteil jüngst verschärft wurden, noch im Asylrecht.

Das Migrationsrecht zählt zum öffentlichen Recht und umfasst alle nationalen und internationalen Bestimmungen, mit denen migrationsrelevante Rechte, Pflichten und Verhältnisse geregelt werden. Dazu gehören

- das sog. Ausländerrecht, konkret das Ausländer- und Integrationsgesetz (AIG), das beispielsweise die Voraussetzungen des Familiennachzugs oder des Widerrufs einer Aufenthalts- oder Niederlassungsbewilligung regelt;
- das Flüchtlings- und Asylrecht namentlich im Asylgesetz (AsylG);
- das Recht über den Erwerb und Verlust der Staatsangehörigkeit, geregelt im Bürgerrechtsgesetz (BüG), das die Rechtswissenschaft ebenfalls zum Migrationsrecht zählt;

Teil des Migrationsrecht sind schliesslich zahlreiche für die Eidgenossenschaft verbindliche internationalen Verträge wie das Personenfreizügigkeitsabkommen mit der EU (FZA), die Genfer Flüchtlingskonvention und einzelne Normen der Europäischen Menschenrechtskonvention (EMRK).

Im Gegenteil profilieren sich sogar einzelne Sozialdemokraten mit einer unnötig harten Linie im Migrationsbereich, etwa Regierungsrat Mario Fehr im Kanton Zürich. So müssen armutsbetroffene Personen ohne roten Pass bei Sozialhilfebezug im Kanton Zürich systematisch migrationsrechtliche Sanktionen bis hin zu einer Wegweisung[2] befürchten, selbst wenn sie Anspruch auf den Sozialhilfebezug haben.[3] Gerade seit der Covid-19-Pandemie ist dies für viele Menschen aus dem Niedriglohnsektor und ihre Familien fatal. Grundsätzlich stehen die Grundrechte im Bereich Migration massiv unter Druck: nicht nur auf nationaler, leider auch auf internationaler Ebene. Auch in Strassburg, am Europäischen Gerichtshof für Menschenrechte, bläst inzwischen ein härterer Wind. Bestimmte wichtige Urteile aus den 1990er- oder 2000er-Jahren würden die Strassburger Richter:innen heute nicht mehr so fällen.

TN — Gibt es ein aktuelles Beispiel?

FDW — Erst kürzlich traf der Europäische Gerichtshof für Menschenrechte mehrere Entscheide zur Wegweisung von Personen, die seit Jahren in der Schweiz leben oder gar hier geboren worden sind. Dabei hat der Gerichtshof eine äusserst formalistische und harte Linie gefahren, was einzelne Richter in Minderheitsmeinungen kritisiert haben.[4] In einem Fall hat er sogar die Wegweisung eines Secondos gedeckt, der sich klassischer Jugenddelikte strafbar gemacht und danach über viele Jahre bewährt hatte. Der Gerichtshof ignorierte in diesem Entscheid schlichtweg seine eigene Rechtsprechung zu Jugendkriminalität und Secondos, die bisher eine solche Wegweisung eigentlich nur beim Vorliegen schwerwiegender Gründe zulässt.[5] Diese Entwicklung beobachte ich mit Sorge.

TN — An diesem Beispiel zeigt sich ja auch, wie eng das Mehrklassensystem im Ausländerrecht mit dem Bürgerrecht und dem rechtlichen Schutz vor Diskriminierung verknüpft ist. Wer keinen Schweizer Pass hat oder wem aufgrund der Herkunft seiner Eltern oder

---

2   In Deutschland und Österreich: Ausweisung.

3   Vgl. hierzu Marc Spescha, «Ausländische Sozialhilfebeziehende im Fokus der Migrationsbehörde», in: *Jusletter*, 8. März 2021.

4   Vgl. etwa Urteil des Europäischen Gerichtshofs für Menschenrechte in Sachen Veljkovic-Jukic gegen Schweiz vom 21.07.2020, Nr. 59534/14.

5   Vgl. Entscheid des Europäischen Gerichtshofs für Menschenrechte in Sachen F.B. gegen die Schweiz vom 07.07.2020, Nr. 49322/15.

Grosseltern auf diskriminierende Weise die Einbürgerung verweigert wird, obwohl er oder sie hier geboren ist, riskiert aufgrund von Armut oder Jugendsünden aus dem eigenen Land verwiesen zu werden.

FDW — Dem ist so. Vielen ist nicht bewusst, dass die Eidgenossenschaft Personen aus der Schweiz verweist, die hier geboren wurden und aufgewachsen sind. Dies war bereits vor Annahme der Ausschaffungsinitiative im Jahr 2010 möglich, doch die Situation hat sich verschärft. So sieht das Strafgesetz seit Umsetzung der Ausschaffungsinitiative im Jahr 2016 einen sehr breiten Katalog von Delikten vor, bei deren Vorliegen der Strafrichter/die Strafrichterin grundsätzlich eine Landesverweisung anzuordnen hat – selbst wenn die Person für diese Taten nicht einmal eine Haftstrafe absitzen muss oder der Richter oder die Richterin anerkennt, dass das Verschulden bei der Tat gering war. In Kombination mit den hierzulande ausserordentlich hohen Hürden für den Erwerb des Bürgerrechts schafft das unhaltbare Situationen. So werden Personen aus der Schweiz verwiesen, die zum Herkunftsland ihrer Eltern oder Grosseltern praktisch keine Beziehung haben, manchmal nicht einmal die Sprache sprechen. Das ist ein Skandal. Zwar hat es der Ständerat bei der Umsetzung der Ausschaffungsinitiative mit der sogenannten «Härtefallklausel» doch noch geschafft, dass der Strafrichter im Einzelfall von einer Landesverweisung absehen kann. Diese Ausnahmeklausel wird jedoch restriktiv und von Kanton zu Kanton unterschiedlich angewendet. Für die Betroffenen und ihre Familien (darunter Schweizer Ehepartner und Kinder) bedeutet die Landesverweisung eine Doppelbestrafung. Gerade beim Bundesgericht scheint man für ihre Interessen aus politischen Gründen aber wenig Gehör zu haben. Hier darf man gerade bei höheren Instanzen vorderhand wenig darauf bauen, vor nationalen Gerichten Erfolge zu erzielen, auch wenn wir es als Anwält:innen trotzdem versuchen – versuchen müssen. Bleibt zu hoffen, dass wenigstens der Europäische Gerichtshof für Menschenrechte in Strassburg auf seine ursprüngliche Rechtsprechung zurückkommen wird und die Wegweisung von Personen, die hier geboren und aufgewachsen sind, nur dann akzeptiert, wenn besonders schwerwiegende Gründe vorliegen.

TN — Ist das nicht frustrierend, wenn mit dem Rechtsweg kaum etwas bewegt werden kann, egal ob im Korsett des nationalstaatlichen Rechts oder im Rahmen der international geschützten Menschenrechte? Ich frage mich, woher du die Energie nimmst, dich als Anwältin einzusetzen, wenn du zunehmend an eine Mauer aus rechtsstaatlicher Ignoranz läufst. Das geht doch nur, wenn es auch Fortschritt gibt oder aber sich grundlegend was ändert.

Ich selbst mache auch Erfahrungen, die mich ermutigen, wenn auch nicht im Bereich des klassischen Ausländerrechts, sondern des Bürgerrechts. So kam es 2003 für mich überraschend zu einem bahnbrechenden Urteil des Bundesgerichts, dem sogenannten «Emmen-Urteil».[6] Das Bundesgericht hatte damals über insgesamt 23 Einbürgerungsgesuche zu entscheiden, wobei sämtliche Gesuchsteller:innen aus Italien eingebürgert wurden. Dagegen wurde allen anderen, die in der überwiegenden Mehrheit aus dem ehemaligen Jugoslawien stammten, die Einbürgerung ohne objektive Gründe verweigert. Das Bundesgericht hatte hier eine Diskriminierung festgestellt. Zudem hat es damals die Einbürgerung an der Urne als rechtswidrig erklärt, weil ein «Nein» auf einem Abstimmungszettel nicht begründet werden kann. Dies brachte weite Teile des Einbürgerungsrechts ins Wanken. Aufgrund des Urteils stellten zahlreiche Gemeinden ihre Einbürgerungsverfahren an der Urne auf weniger diskriminierungsanfällige Verwaltungsverfahren um. Eine hochwirksame Errungenschaft zugunsten der Rechte der migrantischen Bevölkerung, auch wenn immer noch viele Gemeinden Einbürgerungen an der Gemeindeversammlung vornehmen lassen. Auch dies müsste man längst einmal mit einem Rechtsverfahren angreifen.

FDW — Der Fall Emmen ist von Bedeutung und ein gutes Beispiel für emanzipatorische Rechtspraxis. Gerne komme ich darauf zurück. Zunächst will ich präzisieren, dass es in der alltäglichen Anwaltsarbeit zum Migrationsrecht nun wirklich nicht immer so düster ist. Ich gehe so weit, zu behaupten, dass man im klassischen Ausländerrecht, verglichen mit anderen Rechtsgebieten, verhältnismässig oft vor Gericht gewinnt, sofern man die Arbeit ernst nimmt. Denn die Migrationsbehörden agieren regelmässig willkürlich – und zwar mit einer Willkür, die in anderen Rechtsgebieten undenkbar wäre. Deshalb können wir immer wieder korrigierende Urteile von Gerichten erstreiten. Das ist für die Betroffenen eine grosse Erleichterung und für uns Anwältinnen ermutigend. Frustrierend ist einfach, dass nur diejenigen zu ihrem Recht kommen, die sich rechtliche Hilfe holen und leisten können; und dass selbst die Urteile höchster Instanzen viel zu oft wenig bis keinen Effekt auf die Praxis und Kultur der Migrationsbehörden haben.

Ich denke, die von dir genannten Urteile zum Bürgerrecht um die Jahrtausendwende sind eher eine Ausnahme; sie waren jedoch tatsächlich von grosser Breitenwirkung. Heute scheint es uns evident, dass man in einem Einbürgerungsverfahren minimale Verfahrensrechte hat und nicht diskriminiert werden darf. Lang war das alles andere als selbstverständlich, da die Einbürgerung als rein politischer und nicht auch als rechtlicher Akt betrachtet wurde. Die Rechtsprechung hat tatsächlich grundlegende Weichen für eine fairere Einbürgerungspolitik gestellt. Allerdings ist die Realität in Sachen Bürgerrecht in der Schweiz immer noch bitter. So bleiben, im europaweiten Vergleich, die Voraussetzungen für eine Einbürgerung aussergewöhnlich hoch. Und die Verfahren lassen nach wie vor viel Raum für Willkür. Erst vor kurzem vertrat ich eine Person, die seit über zwanzig Jahren hier lebt und deren Einbürgerungsgesuch von der Gemeinde Schlieren abgelehnt worden war: weil die

6 Vgl. Bundesgerichtsentscheid BGE 129 I 217.

Person etwa die Prüfungsfrage nicht beantworten konnte, in welchem Jahr Schlieren zum ersten Mal schriftlich Erwähnung fand (es handelt sich um das Jahr 828 n. Chr.). Erst vor dem Zürcher Verwaltungsgericht haben wir wegen der Willkür und des überspitzten Formalismus gewonnen.[7] Allerdings werden sich die wenigsten Menschen in Einbürgerungsverfahren einen Anwalt nehmen und leisten können.

TN — Ich bin mit dir einverstanden, dass im Schweizer Bürgerrecht das meiste noch im Argen liegt. Du hast die restriktive Praxis, die Hürden beim Zugang zum Rechtsschutz und die Kosten ja bereits genannt. Hinzu kommt das fehlende Rechtsbewusstsein, das viele daran hindert, den Rechtsweg überhaupt ins Auge zu fassen, oder sie auf der Strecke entmutigt. Ebenfalls Teil des Problems sind die lange Dauer und die für Laien komplizierten sowie autoritär erscheinenden und teuren Rechtsverfahren, die Unsicherheiten und Stress auslösen und den Rechtsweg äusserst unattraktiv machen. Wer es wagt, sich gegen die Verweigerung der Einbürgerung zu wehren, riskiert insbesondere in kleinen Gemeinden, sich zu exponieren. Nicht selten kommt es zu rassistischen Anfeindungen aus der Bevölkerung, ja gar zu gewalttätigen Übergriffen, wie dies etwa Benon P. in einer St. Galler Gemeinde erfahren musste. Unser Rechtssystem ist mit seiner widersprüchlichen und wenig versöhnlichen Logik nicht darauf ausgelegt, dass Minderheiten in ihren Rechten effektiv geschützt werden, sondern dass sie Rechtsbrüche des Staates widerstandslos hinnehmen.

DER FALL BENON P.
BUNDESGERICHTSURTEIL VOM 12.06.2012 (BGE 138 I 305)
Das Bundesgericht hat 2012 entschieden, dass die Gemeinde Oberriet, die Benon P. an der Gemeindeversammlung die Einbürgerung verweigerte, rechtskonform handelte. Dies obwohl es im Vorfeld, während und im Nachgang der Gemeindeversammlungen mehrfach zu offen rassistischen Aussagen von Seiten der Stimmbürger:innen kam. So etwa, dass Menschen aus der Balkanregion suspekt und kriminell seien. Auch wurde Benon P. negativ angerechnet, dass er sich aus dem Behindertensport verabschiedet hatte, nachdem er dort immer wieder auf diskriminierende Weise zurechtgewiesen wurde. In einem Votum sagte eine Stimmbürgerin, sie wolle nicht, dass hier bald eine Moschee stehe. Zudem wurde ihm vorgeworfen, er wolle sich nur einbürgern lassen, um sich am Sozialstaat zu bereichern. Benon P. gelangte insgesamt drei Mal vor die Bürgerversammlung, ihm wurde dabei von verschiedener Seite Zwängerei vorgehalten.

Diese grossen Probleme dürfen unseren Blick auf die politischen Potenziale aber nicht verstellen. Hierfür müssen wir nur die Perspektive wechseln, weg von den vielen verlorenen Einzelfällen, hin zu strukturellen Fragen. Ich meine das nicht zynisch, im Gegenteil: Ich bin der Auffassung, dass klug gewählte Fälle und orchestrierte Rechtsverfahren dazu dienen können, Justiz und Verwaltung aufzurütteln sowie Zivilgesellschaft und Politik zu mobilisieren. Und dass sie dadurch Spielräume für politische Veränderungen zum Besseren schaffen. So wurde unter anderem dank dem Emmen-Urteil das Bürgerrecht in den 2000er-Jahren zum umkämpften Feld.

7 Vgl. Urteil des Verwaltungsgerichts des Kantons Zürich vom 24.06.2020, Geschäftsnummer: VB.2020.00010.

Einerseits bildete das Urteil die Grundlage für viele Beschwerden gegen diskriminierende und anderweitig willkürliche Einbürgerungsverweigerungen. Andererseits wurde von rechtspopulistischer Seite am 18. November 2005 die Verfassungsinitiative «für demokratische Einbürgerungen» lanciert, mit der das Emmen-Urteil rückgängig gemacht werden sollte. Die rassistische Abstimmungskampagne, die sich damals besonders heftig gegen Muslim:innen richtete, wurde am 1. Juni 2008 mit 63,8 Prozent Nein-Stimmen abgelehnt. Ich vermute, dass dabei die zwei Wochen davor stattgefundene Abstimmungsarena (wöchentliche Politsendung im Schweizer Fernsehen), bei aller Kritik an diesem Format, eine wichtige Rolle spielte in der Mehrheitsbeschaffung. Schweizer:innen, die Nein sagen, würden ihr Nein begründen, sagte die damals zuständige Bundesrätin Eveline Widmer-Schlumpf in der Sendung. Diese rechtsstaatliche Selbstverständlichkeit wurde so erst zur politisch legitimierten Norm. Ohne Urteile des Bundesgerichts wäre es kaum zu dieser durch eine sogenannte Volksmehrheit gestützten Abschaffung der Einbürgerung an der Urne gekommen.

FDW — Das stimmt, in Sachen Einbürgerung hat die Rechtsprechung tatsächlich elementare Weichen gestellt und der Willkür gewisse Grenzen gesetzt. Der Spielraum der Gemeinden beim Erteilen des Bürgerrechts – der noch immer allzu oft für unsachliche und diskriminierende Nichteinbürgerungen strapaziert wird – ist kleiner geworden. Allerdings wurde das Schweizer Bürgerrecht mit der neusten, 2018 in Kraft getretenen Revision in der Summe wieder verschärft. So kann sich nur noch einbürgern lassen, wer eine Niederlassungsbewilligung hat – womit bestimmte Personen, insbesondere vorläufig Aufgenommene, über Jahre hinweg von der Einbürgerung ausgeschlossen sind. Auch die Kriterien zur geforderten Integration wurden verschärft, sodass ein einmaliger Sozialhilfebezug oder ein Bagatelldelikt den Weg zum roten Pass auf Jahre hinaus versperren kann. Die Anzahl an Einbürgerungen hat denn seit Inkrafttreten der Totalrevision deutlich abgenommen.[8] Manchmal schaffen die Gerichte also neue Spielräume, und die Gesetzgebung engt sie an anderer Stelle wieder ein, oder umgekehrt. Will man politisch nachhaltig agieren, muss man beide im Blick haben.

STRATEGISCHE POLITISIERUNG DURCH DEN RECHTSWEG

TN — Du bist hinsichtlich des befreienden Potenzials des Rechtsweges für Minderheiten skeptisch. Ich verstehe das. Ich möchte hier aber doch nochmals was zur Verteidigung des Rechtskampfes anbringen, unabhängig von seinen scheinbaren Erfolgen oder Misserfolgen. Der deutsche Sozialwissenschaftler Aladin El-Mafaalani sagt in

8   Vgl. SEM, Ausländerstatistik 2020 : https://www.sem.admin.ch/sem/de/home/ sem/medien/mm.msg-id-82242.html (zuletzt aufgerufen am 01.04.2021).

seinem Buch «Das Integrationsparadox», dass Konflikte ein Zeichen für das Zusammenwachsen von Gesellschaften und mehr Gerechtigkeit sind, da ehemalige Minderheiten nun auch mitreden wollen, anstatt nur stumm zu ertragen. Je mehr wir um Gerechtigkeit in der postmigrantischen Gesellschaft ringen, desto mehr wird es zu rassistischen Abwehrreaktionen kommen, auch im Rechtssystem. Je stärker dieser Ausgrenzung mit dem Recht widersprochen wird, desto grösser sind die Chancen, die eigene widerständische Position als Teil des Rechtssystems zu stärken. Und ich verstehe das hier nicht als Tatsachenfeststellung, sondern als Appell: Auch Rechtskämpfe, die auf den ersten Blick keine Aussicht auf Erfolg haben, müssen geführt werden. Denn Befreiung gibt es nur, wenn auch darum gerungen wird und wenn die normative Kraft des Faktischen gezielt eingesetzt wird.

FDW — Da stimme ich dir zu – glaub mir, in der Praxis führen wir regelmässig solche Rechtskämpfe. Und natürlich sehe ich weitergehendes Potenzial im Rechtsstreit, sonst könnte ich meine Arbeit kaum machen. Der Rechtsstreit führt meines Erachtens jedoch selten zur nachhaltigen Beseitigung eines unhaltbaren politischen Zustands. Mit anderen Worten ist ein politisch erkämpftes Recht in der Regel nachhaltiger als ein juristisch errungenes. Selbstverständlich kann der Rechtsstreit für die Debatte und die Sensibilisierung wichtig sein, zumal wenn genügend Mittel und Kräfte für die politische und mediale Einbettung dieses Rechtsstreits vorliegen, was selten der Fall ist. Dabei dürfen sich Jurist:innen von kurz- oder mittelfristigen Rückschlägen nicht abschrecken lassen.

TN — Genau. Darum ist es ja auch wichtig, dass wir sogenannte strategische Rechtsverfahren anstreben. Dabei handelt es sich um Rechtsverfahren, die gerade nicht primär dem Schutz einer rechtsuchenden Person dienen, sondern auch den Zweck haben, grundlegende Veränderungen in Gesellschaft, Politik oder im Rechtssystem anzustossen. Ein beispielhafter strategischer Prozess ist der Fall Wilson A., der im Rahmen einer rassistisch initiierten und unverhältnismässig verlaufenen Polizeikontrolle 2009 beinahe ums Leben kam. Er kämpfte über acht Jahre lang mit seinem Anwalt und mit Unterstützung der Familie darum, dass die Polizisten sich vor Gericht verantworten müssen. Die zuständige Staatsanwältin hatte bis ins Jahr 2017 alles darangesetzt, das Verfahren ohne unabhängige Untersuchung einzustellen. Auch dank dem Druck der Allianz gegen Racial Profiling, die im Dezember 2016 auf das Verfahren aufmerksam wurde, kam es zur Wende: Der Zusammenschluss von Forscher:innen, Aktivist:innen und Menschenrechtsorganisationen kritisierte das Verfahren in den Medien als institutionell rassistisch. Zudem organisierte die Allianz vor Gericht Kundgebungen und setzte ein Team aus Wissenschaftler:innen zusammen, die den Prozess beobachteten und analysierten. Aufgrund dieser Aufmerksamkeit kam der zuständige Vorsitzende des erstinstanzlichen Bezirksgerichts zum Schluss, dass das Verfahren vor einem Gremium aus drei Richtern und nicht nur mit einem verhandelt werden müsse. Bemerkenswert ist seine Begründung, die darin bestand, dass «Polizisten angeklagt sind», «der Privatkläger eine schwarze Hautfarbe hat» und das Interesse der Öffentlichkeit an einer richterlichen Beurteilung und an der Ermittlung der historischen Wahrheit sowie das Interesse an einem fairen Verfahren besonders hoch zu gewichten seien. Letztlich gehe es um die Glaubwürdigkeit der Justiz.

DER FALL WILSON A.

Wilson A. wurde im Jahr zum Opfer rassistischer Polizeigewalt. Am 18. April 2018 kam es vor Bezirksgericht Zürich zum Freispruch der drei Polizeibeamt:innen. Das Urteil wurde von vielen Kommentator:innen kritisiert, weil die Staatsanwaltschaft das Verfahren zwei Mal einstellen wollte, ohne der Sachlage auf den Grund zu gehen. Der Rechtsanwalt von Wilson A. legte Berufung gegen das Urteil ein. Trotz mehrmaliger Anträge haben sich alle Instanzen geweigert, den Vorfall durch ein unabhängiges Gutachten untersuchen zu lassen. Der Fall droht aufgrund der jahrelangen Verschleppung noch bevor er vor das Bundesgericht gelangt, zu verjähren.

Ein weiterer beispielhafter strategischer Prozess ist der Fall von Mohamed Wa Baile, der sich gegen den Rassismus von Polizei und Justiz zur Wehr setzt, und schon bis vor den Europäischen Gerichtshof für Menschenrechte gelangt ist.

DER FALL MOHAMED WA BAILE

Mohamed Wa Baile hatte sich im Februar 2015 im Rahmen einer polizeilichen Personenkontrolle am Zürcher Hauptbahnhof geweigert, sich auszuweisen, weil er die Kontrolle als rassistisch empfand. Am 7. März 2018 bestätigte das Bundesgericht die Verurteilung von Wa Baile wegen Nichtbefolgens polizeilicher Anweisung durch das Zürcher Obergericht. Die Vorinstanz habe ihr Urteil hinreichend begründet, eine willkürliche Beweiswürdigung sei nicht gegeben.
Parallel zum strafrechtlichen Verfahren hat Wa Baile ein verwaltungsrechtliches Feststellungsbegehren eingereicht. Das Zürcher Verwaltungsgericht entschied am 1. Oktober 2020, dass die Kontrolle Wa Bailes am Hauptbahnhof Zürich rechtswidrig war. Offen liessen die Richter:innen hingegen, ob es sich dabei auch um eine Diskriminierung aufgrund der Hautfarbe gehandelt hat. Auch hier stützt das Bundesgericht in einem Urteil von Ende 2020 das polizeiliche Handeln.
Beide Verfahren wurden von Mohamed Wa Baile mit Unterstützung der Allianz gegen Racial Profiling an den Europäischen Gerichtshof für Menschenrechte weitergezogen und werden derzeit überprüft.

FDW — Ich sehe, dass es in diesen Fällen darum geht, Rassismus zu thematisieren, eine breite Öffentlichkeit zu erreichen und eine Bewegung zu stärken. Es geht nicht bloss ums Gewinnen, sondern darum, eine Diskussion zu befördern und Kräfte zu bündeln.

TN — Genau, es geht darum, sichtbar zu machen, dass innerhalb der Polizeiführung, der Justiz und der Politik, Rassismus und Polizeigewalt verharmlost, ja gar gedeckt werden. Es geht darum, die Gesellschaft als Ganze aufzurütteln und aufzufordern, hinzuschauen und Widerstand zu leisten. Rund um das Verfahren haben sich zahlreiche zivilgesellschaftliche Initiativen wie etwa die Allianz gegen Racial Profiling gebildet, es wurden Studien verfasst, Workshops durchgeführt, Tribunale inszeniert, Filme produziert und Medienschaffende dazu inspiriert, sich dem Thema des strukturellen Rassismus und seinen Auswirkungen auf den Rechtsstaat zu widmen.

FDW — Die sogenannte *strategic litigation* ist aktuell bei Menschenrechtsaktivist:innen in aller Munde. Auch wir in unserer Kanzlei führen Prozesse, die man einer solchen strategischen Prozessführung zuordnen kann. Das Mittel ist in bestimmten Konstellationen sicher sinnvoll, so wie in den von dir geschilderten Fällen, aber auch im Bereich des Umweltrechts oder der Verantwortung von Konzernen etwa. Ich überschätze die Wirkmacht des Ansatzes somit nicht. In der Praxis ist eine strategische Prozessführung komplexer, als man sich das zuweilen an Universitäten oder in NGOs vorstellen mag. Als Rechtsanwältin bin ich verpflichtet, stets die Interessen der betroffenen Person zu vertreten, die nicht unbedingt politisch sind. Wir Anwält:innen sind jeden Tag mit Personen konfrontiert, die unter einem ganz handfesten Problem leiden und sehr beschränkte Mittel haben; mit unserer Arbeit wollen, müssen und können wir Abhilfe schaffen. Ferner sind Rechtsstreitigkeiten für die Betroffenen äusserst belastend, besonders wenn es sich um vulnerable Personen aus prekären Verhältnissen handelt. Mit anderen Worten ist der Rechtsstreit in der Regel eine Qual und keine Wahl. Es ist dann nur verständlich, wenn diese Personen keine Lust auf Öffentlichkeit haben. Und wie heisst es so schön: «Vor Gericht und auf hoher See ist man in Gottes Hand.» So gesehen ist es schwierig, als Prozessierende:r die Richtung eines Falls oder die Bedeutung eines Urteils zu steuern, um unmittelbar vor Gericht den politischen Kampf zu führen. Der Schuss kann nach hinten losgehen. Voraussetzung sind überaus motivierte Beteiligte, die bereit sind, hohe Risiken auf sich zu nehmen. Wer den Rechtsstreit als politisches Mittel feiert, muss all das mitbedenken.

TN — Grundsätzlich geht es hier um eine langfristige gesellschaftliche Perspektive. Mohamed Wa Baile selbst beschreibt, dass ihn sein Rechtsverfahren und die damit verbundene Widerstandspraxis persönlich und politisch gestärkt haben. Dem Rechtsstaat gemeinsam zu widersprechen ist eine Form der kollektiven Ermächtigung, die Kräfte und Kreativität freisetzt. Zudem werden mächtige institutionelle Routinen destabilisiert, denn die Menschen an den jeweiligen institutionellen Machthebeln können je länger je weniger damit rechnen, dass ihr Handeln widerspruchsfrei hingenommen wird. Zudem führt dies auch zu einer kollektiven Ermächtigung, die durch das «Charisma» des Rechtskampfes ausgelöst werden kann. Oder vielleicht ist es zutreffender von symbolischer Attraktivität des Rechtskampfes zu sprechen, einer Art juridischen[9] Aura des kollektiven Widerstandes. Die zivilgesellschaftliche Mobilisierung hat Tausende von Menschen darin gestärkt, sich auch im Alltag gegen Diskriminierung, Ausgrenzung und Entrechtung zu wehren. Ich behaupte auch, dass diese Arbeit über nun mehr als fünf Jahre mit dazu beigetragen hat, dass die antirassistischen Kundgebungen letzten Sommer auf einen Nährboden gefallen sind, der unter anderem durch solche Prozesse geschaffen wurde. Voraussetzung dafür ist jedoch, dass die betroffenen Kläger:innen, die

9   Mit juridisch meine ich nicht Inhalt und Anwendung des Rechts im Sinne von juristisch, sondern die Wirkung und Bedeutung des Rechts als Teil gesellschaftlicher Machtverhältnisse zwischen Herrschaft und Hierarchisierung einerseits und Widerstand und Emanzipation andererseits.

Mohamed Wa Baile, in *whiteface*, mit Vertreterinnen des Collectif Afro-Swiss, am Tag des Prozesses vor dem Bezirksgericht Zürich, 7. November 2016.

sich hier weit aus dem Fenster lehnen, Unterstützung haben und wenn möglich nicht in rechtlich und finanziell prekären Verhältnissen leben.

FDW — Genau. Insofern sehe ich den Fall Mohamed Wa Baile mit seiner Einbettung in eine Bewegung als *best practice* der strategischen Prozessführung in der Schweiz. Nur im Zusammenspiel mit hochmotivierten Personen und dank starker Unterstützung von Organisationen ist es möglich und vertretbar, bewusst strategische Prozesse anzustreben. Damit verneine ich keineswegs deren Bedeutung und schmälere ich schon gar nicht das Engagement der Betroffenen, für die ein solcher Prozess sowohl bestärkend als auch belastend sein kann. Aber das Beispiel verdeutlicht, dass das Recht als politisches Mittel kein Alltagsinstrument ist. Trotzdem gehe ich mit dir einig, dass ein strategisch geführtes Verfahren Teil eines politischen Kampfs sein kann, wie du anhand des Falls Wa Baile eindrücklich aufzeigst.

Ein weiteres Beispiel ist der Verein der KlimaSeniorinnen. Unter Verweis auf das Recht auf Leben sind sie bis vor das Bundesgericht gegangen, um vom Schweizer Staat mehr Klimaschutzmassnahmen zu fordern. Auch sie haben aktuell eine Beschwerde vor dem Europäischen Gerichtshof für Menschenrechte hängig.[10] Im Fokus steht bei solchen Prozessen dann aber die Justiz als Mittel, nicht als Lösung. Es geht dann auch um *Community Building* und um mediale

10   Vgl. https://klimaseniorinnen.ch (zuletzt aufgerufen am 01.04.2021).

Aufmerksamkeit, was für den politischen Kampf wertvoll sein kann. Was aber die Rechtsprechung betrifft, sollte die Wirkung des Rechtsstreits nicht überschätzt werden. So sind Gerichte in der Regel eher konservativ: Ich kenne im Positiven wie im Negativen keine «Revolutionen», die über die Justiz gemacht wurden. Und trotz Gewaltenteilung: Meines Erachtens sind politische Akteur:innen an der «Formbarkeit» der Justiz stärker interessiert als umgekehrt der Justizapparat daran, die Politik zu formen. Überdies formen die politischen Machtträger erfolgreicher. Es sind regelmässig Minderheiten und Gruppen mit beschränkter politischer Macht und ohne mediale Unterstützung, die dies dann zu spüren bekommen.

TN — Dass die Menschen und Grundrechte im Ausländer-, Asyl- und Bürgerrecht – aber nicht nur dort – zunehmend in Frage gestellt werden, ist auch Folge eines grundsätzlichen Problems moderner Nationalstaaten: Moderne Nationalstaaten wie die Schweiz tragen ebenso das Erbe des kolonialen Mythos der «Überlegenheit westlicher Nationen» in sich, welcher dazu führte, dass der Zugriff auf Menschen, die als «Fremde» gelten, sowie willkürliche Eingriffe in ihre Rechte, als normal gelten. Eine Gesellschaft, deren Geschichte massgeblich auf rassistischen Ideologien in Religion, Wissenschaft und Alltagskultur beruht und die darauf ausgerichtet ist, das Streben der «eigenen Nation» nach Sicherheit, Wohlstand und Identität abzusichern, bringt quasi «zwangsläufig» eine Migrations- und Sicherheitspolitik hervor, die Menschen unterschiedlicher Klassen und Rechte schafft. Kurz, unser Rechtssystem ist auch Teil der Herrschaftsverhältnisse, die den Status der Schweiz – das heisst ihrer Eliten, resp. Mittelschichten – als koloniale und postkoloniale Gewinnerin absichern.

FDW — Klar ist, dass das Konzept des Nationalstaats überhaupt erst die Existenz eines Migrationsrechts ermöglicht, das den Menschen unterschiedliche Rechte verleiht, obwohl sie auf demselben Territorium leben. Dies ist unter dem Prinzip, wonach alle Menschen vor dem Gesetz gleich sind (vgl. Art. 8 der Bundesverfassung), problematisch. Besonders stossend ist die Ungleichbehandlung, sobald es um Personen geht, die seit eh und je in der Schweiz leben oder sogar hier geboren worden sind. Hier widerspiegelt das Migrationsrecht im Grunde die Eigenart eines «kleinen Herrenvolks», um es in Max Frischs Worte zu fassen. Vor diesem Hintergrund stellt sich im Bereich Migrationsrecht die unbequeme Frage, ob man als Rechtsvertretung eine politisch problematische Ausgangssituation mitbewirtschaftet. Solche Rückfragen müssen wir uns stellen, auch im Rahmen der sogenannten strategischen Prozesse. Im Praxisalltag allerdings müssen wir als Anwält:innen diese Fragen oft ignorieren, um für die direkt vom Recht Betroffenen handlungsfähig zu bleiben.

Sehe ich richtig, dass du vor dem Hintergrund des Rechts als Herrschaftsverhältnis auch die Grenzen der politisch-emanzipatorischen Möglichkeiten des Rechtsstreits erkennst?

TN — Natürlich gibt es diese Grenzen. Mir geht es aber nicht in erster Linie um die unmittelbaren Wirkungen des Rechts auf Gesetze, sondern um die Frage, wo Rechtsprozesse gesellschaftliche *game changer* waren. Wir sollten uns vermehrt fragen: Was heisst es, mit Recht die Gesellschaft zu bewegen, und etwas gegen Unrecht zu unternehmen? Und was sind die Bedingungen, die gegeben sein müssen, damit dies erfolgreich gelingt? Das Ziel sollte sein, dass Menschen aus der Mitte der Gesellschaft, zum Beispiel aus Politik, sozialer Arbeit, Kunst, Bildungsarbeit und den Wissenschaften durch Rechtsverfahren angesprochen werden, um mit ihren Möglichkeiten und in ihrem Umfeld Ideen für kreative Projekte zu entwickeln. Zu strategischen Verfahren gehört auch zu lernen, dass sie einen langen Atem brauchen und mit Fort- und Rückschritten verbunden sein werden. Das European Roma Rights Centre[11] beispielsweise konnte durch eine Serie von Rechtsverfahren, die sie über Jahre bis vor den Europäischen Gerichtshof für Menschenrechte führten, europaweit Erfolge im Widerstand gegen Segregation von Romni an Schulen erwirken. Auch wenn einige dieser Fälle juristisch in Fachzeitschriften als Rückschläge beschrieben wurden, da sie den diskriminierenden Status quo zementierten, haben sie insgesamt dem Kampf gegen Antiziganismus europaweit mehr Kraft verliehen.

FDW — Ich bin mit dir einverstanden. Auch mir scheinen der Aufbau und die Stärkung einer politischen Bewegung durch einen Rechtsstreit weitaus wichtiger als Artikel in juristischen Fachzeitschriften, wonach ein Urteil als juristischer Rückschlag zu werten sei. Letztlich sind da unsere Positionen gar nicht weit auseinander – wir stecken einfach in anderen Realitäten, vor allem in Bezug auf das Ziel eines Rechtsstreits. Dabei müssen wir zwischen dem Rechtsstreit als Lösung politischer Fragen einerseits und als Mittel des politischen Kampfs andererseits unterscheiden. Bei Ersterem bin ich eher skeptisch, Letzteres kann durchaus sinnvoll sein. Zusammengefasst ist Recht weder per se emanzipatorisch noch a priori unterdrückend. Wie bei allen staatlichen Institutionen müssen wir stets für die progressive Ausrichtung des Rechts kämpfen: für den Charakter des Rechts.

---

11   http://www.errc.org/what-we-do/strategic-litigation (zuletzt aufgerufen am 01.04.2021).

GEMEINSAME NACHBEMERKUNG

Hoffentlich hat dieses Gespräch einen Einblick in die Möglichkeiten und Grenzen des Rechtwegs als politisches Mittel gegeben. Dank unseres Austauschs haben wir uns gegenseitig ein wenig verunsichert, weil wir die Position und Argumentation des anderen vor seiner jeweiligen Ausgangslage und Denkweise durchaus nachvollziehen können. Ohnehin sind wir beide der Ansicht, dass es wenig sinnvoll ist, klassischen Rechtsschutz und politische oder strategische Prozessführung klar abzugrenzen, geschweige denn gegeneinander auszuspielen. Jeder Fall, jede Beschwerdeführerin, jede Rechtslage ist von eigener Art. Und manchmal löst ein Fall politisch weit weniger aus, als man ihm ursprünglich zugesprochen hat, während ein anderer Fall politische Lawinen auslöst, obwohl man dies nicht erwartet hätte.

Letztlich kämpfen wir beide sowohl mit juristischen Mitteln als auch mit klassischer politischer Arbeit für eine inklusives und progressives Recht. Uns ist klar, dass die Justiz hier nicht reicht. So setzen wir uns gemeinsam etwa in einem neuen Verein namens Aktion Vierviertel[12] für einen Paradigmenwechsel im Schweizer Bürgerrecht ein. Um hier vorwärtszukommen, werden wir alle Mittel nutzen, die wir kennen – wer weiss – vielleicht sehen wir uns vor Gericht!

12   https://aktionvierviertel.ch (zuletzt aufgerufen am 01.04.2021).

WIR HABEN HIER
NOCH KEIN
MENSCHLICHES
SCHICKSAL,
DAS MÜSSEN WIR
UNS ERST NOCH
ERARBEITEN.

Melinda Nadj Abonji, aus *Tauben fliegen auf*, 2010.

RASSISMUS AM FRAUEN*STREIK

Meral Kaya

Am 14. Juni 2019 versammelten sich etwa 100 muslimische Frauen* mit Hijab – die Foulards Violets – zum landesweiten Frauen*streik[1] in Genf. Sie hielten Banner und Schilder mit folgenden Parolen: «Ne me liberez pas – Je m'en charge», «Foulards ou pas – c'est mon choix», oder «Mon foulard n'est pas la cause pour mon oppression, mais le prétexte pour mon éxclusion» («Hört auf mich zu befreien – ich kümmere mich selbst darum», «Kopftuch oder nicht – das ist meine Wahl», «Mein Kopftuch ist nicht der Grund für meine Unterdrückung, sondern der Vorwand für meinen Ausschluss»). Die Aussagen sind klar und deutlich: Die Foulards Violets sprechen sich für mehr Selbstbestimmung aus und verurteilen die Diskriminierungen, die sie aufgrund ihres Hijabs erleben. Es sind starke Parolen von starken Frauen* – genau das, was der Frauen*streik landesweit auf die Strasse getragen hatte. Aber nicht alle Streik-Teilnehmer:innen waren dieser Ansicht. Laut der Zeitung *Blick* wurden die Foulards Violets mit folgenden Aussagen angefeindet: «Es ist eine Schande», und «Schämt ihr euch nicht am Frauen*streik teilzunehmen?» Eine Bekannte, die mit den Foulards Violets am Streik teilgenommen hatte, bestätigte mir diese Aussagen und fügte noch eine hinzu: «Kehrt in den Iran zurück, wenn euch die schweizerischen Gepflogenheiten nicht gefallen». Später erfuhr ich von ähnlichen Vorfällen in Bern, Basel und Zürich. Eine betroffene Frau in Bern entschied sich, den Streik zu verlassen.

Als Frau, die Rassismus schon seit Kindesalter erlebt und regelmässig als Muslimin gelesen wird, weiss ich, dass eine der grössten Hürden, solche Momente als rassistisch anzuerkennen, darin besteht, dass Rassismus grundsätzlich geleugnet wird: Es gebe ihn nicht – nicht mehr. Allenfalls bei den Rechten. Doch dem ist nicht so: Rassismus ist ein gesamtgesellschaftliches Problem. Und nur, weil wir nicht über Rassismus sprechen, heisst das nicht, dass es ihn nicht gibt. Vielmehr werden dadurch rassistische Handlungen normal.

In diesem Sinne stellt sich mir folgende Frage: Wie kommt es, dass nur der *Blick* über diese Vorfälle berichtete? Vor allem die als progres-

---

1 Dieses * Sternchen steht für alle, die sich nicht in eine Kategorie einordnen wollen. Es soll sichtbar machen, dass es kein einheitliches «Wir», wie zum Beispiel «wir Frauen», gibt. (Anm. der Autorin).

siv geltenden, linken Medien lobten den Frauen*streik als intersektionale Bewegung. Es war die Rede von einem grossen «Wir», einem «Wir», das es lange nicht gegeben habe, das aber jetzt endlich Realität sei. Dabei wurden Muslimas* explizit miterwähnt – aber ihre Anliegen und die Anfeindungen, denen sie ausgesetzt waren, wurden ignoriert. Mit dem Hervorheben der Anwesenheit von nichtweissen, migrantischen und muslimischen Frauen* als einer neuen Kraft des diesjährigen Streiks wird zudem unsichtbar gemacht, dass Frauen* of Color bereits 1991 mitgelaufen waren.

Verbindet den diesjährigen Streik mit dem von 1991 vielleicht nicht eher, dass Muslimas* zwar mitgemacht haben, aber ihre Forderungen kaum aufgenommen wurden? Wie zum Beispiel ihre Kritik am Laizi-

MON FOULARD N'EST PAS LA CAUSE POUR MON OPPRESSION, MAIS LE PRÉTEXTE POUR MON ÉXCLUSION

tätsgesetz, das am 10. Februar 2019 in Genf angenommen wurde. Das Gesetz verbietet Parlamentarier:innen und staatlichen Mitarbeiter:innen, religiöse Symbole zu tragen. Obwohl das Gesetz nicht ausschliesslich auf Frauen* mit Hijab zielt, wurde ein Grossteil der Diskussion rund um Hijabs ausgetragen. Das Laizitätsgesetz führt dazu, dass Frauen* mit Hijab aus repräsentativen Funktionen verdrängt werden. Es reiht sich damit in eine gesamteuropäische Tendenz ein, im Zuge derer Muslimas* mit solchen Regelungen in den Niedriglohnsektor gelenkt werden.[2] Lohngleichheit war eine der lautesten Streikforderungen. Weshalb wurde die Kritik der Foulards Violets am Laizitätsgesetz dabei nicht thematisiert? Stattdessen wurde ihnen ihre Selbstbestimmung abgesprochen. Bedeutet intersektionaler Frauen*streik, dass Muslimas* gezeigt, aber nicht gehört werden sollen?

2   Sara R. Farris, *In the Name of Women's Rights: The Rise of Femonationalism*, Durham, NC, 2017.

Muslimas* werden – nicht nur bei der SVP! – als rückständig betrachtet, als Objekte in der Opferposition, deren einzige Chance zur Emanzipation in der sogenannten westlichen christlich-säkularisierten Moderne zu liegen scheint.[3] Durch solch eine Haltung werden die weiss-europäischen Frauen* als emanzipiert und von frauenfeindlichen Verhältnissen befreit imaginiert. Diese Ansicht folgt einer kolonialen Logik, wonach – mit einer Adaption des bekannten Satzes von Gayatri Spivak – weisse Männer und Frauen braune Frauen vor braunen Männern retten. Diese Logik ist auch in der Schweiz wirkmächtig geblieben und wurde beim Laizitätsgesetz bemüht. In diesem Kontext sind auch die Ereignisse während des Frauen*streiks in Genf und schweizweit zu betrachten.

Es ist wahr, der diesjährige Frauen*streik war überwältigend und ein historisches Moment: Mit über 500.000 Teilnehmenden wurde ein kraftvolles Zeichen gesetzt. Die Euphorie hat aber nicht alle Streikenden erfasst. Lasst uns diese Ereignisse also als Anstoss nehmen und fragen, weshalb: Feminismus als Machtkritik bedeutet nämlich, genau hinzuschauen, welche Positionen zu den schwächsten gemacht werden und diese zu stärken. Das bedeutet zu analysieren, wie bei der Diskriminierung von Muslimas* Rassismus und Sexismus zusammenwirken. Denn nicht nur unsere Unterdrückung ist verschränkt, sondern, wie der People-of-Color-Block am Frauen*streik in Zürich schrieb: «Auch unsere Befreiung ist aneinander gebunden».

3   Siehe Jovita dos Santos Pinto, «Samira. Hüterin der Kolonialnostalgie», in: *Neue Wege* 10.19 (9. Dezember 2019).

VON ANDEREN WELTEN, KULTURKURZSCHLÜSSEN UND EINER CHRISTLICH-ABENDLÄNDISCHEN MAUS

Shpresa Jashari

Wir befinden uns in einem Ostschweizer Dorf Anfang der 1990er-Jahre, ein paar Tage vor Ostern, und meine Klasse nimmt die Auferstehung des Heilands durch. Während die Klassenlehrerin uns diese Geschichte von Jesus vorliest, sitzen wir Kinder in unseren Schulbänken und zeichnen. 25 Hefte, 25 Heilande, mit ausgebreiteten Armen gen Himmel fahrend. Meinem Jesus scheinen leuchtend gelbe Leuchtmarkerstrahlen aus dem Kopf. Er steht in einer kargen Felslandschaft aus Brauntönen. Der Heiligenschein und die roten Punkte, die ich ihm an Händen und Füssen verpasst habe, dominieren die Szene.

Rückblickend wird mir klar, dass man mich damals kommentarlos in den christlichen Religionsunterricht geschickt hatte, ohne dass dies meinen muslimischen Eltern bewusst gewesen wäre, geschweige denn mir selbst. Für mich unterschieden sich die Jesus-Geschichten nicht von denjenigen, die uns in der Märli-Stunde vorgetragen wurden. Dass man von mir hätte erwarten können, mehr oder anders an Jesus zu glauben als an Jim Knopf, die kleine Hexe oder Pippi Langstrumpf, war mir damals nicht klar.

Heute lehrt man in den Schweizer Schulen nicht mehr Religion, sondern Religion *und* Kultur *und* Ethik. Die pädagogisch-didaktischen Konzepte haben sich seit meiner Schulzeit sicherlich ein Stück weit an die demografischen Realitäten angenähert. Auf «herkunftsoriginelle» Kinder wie mich wird heute gezielt eingegangen, etwa mit dem sogenannten HSK-Unterricht. Dieser beruht auf der Eigeninitiative migrantischer Verbände. Hier üben die Kinder zum Beispiel die albanische Sprache; zugleich lernen sie, wo ihre Heimat *eigentlich* ist und wie die dazugehörige Kultur auszusehen hat. Dies ist schon dem vielsagenden Namen HSK zu entnehmen: *Heimatliche* Sprache und Kultur. Was suggeriert: Die Heimat dieser Kinder, die in der Schweiz geboren wurden, ist nicht die Schweiz.

In dieser Annahme scheinen sich offizielles und inoffizielles Schulsystem einig. Denn Versuche, wie sie etwa eine befreundete Pädagogin und Politikerin unternimmt, weit verbreitete Sprachen wie Serbokroatisch, Albanisch oder Portugiesisch an die Volksschulen zu bringen, werden als unmachbar, utopisch oder fast schon häretisch abgewehrt. Sprachen in der Schweiz, so die Implikation, ist nicht gleich

Schweizer Sprachen. Auch der – oft gut gemeinte – schulische Umgang mit der Idee von «eigentlichen» oder «anderen Heimaten» expatriiert diese Schüler:innen immer wieder geistig und emotional. So tauchen in meinen Interviews mit Nachkommen von Migrant:innen, die ich als Sozialwissenschaftlerin führe, regelmässig Beschreibungen von Schularbeiten und Vorträgen auf, in denen Schüler:innen mit «Migrationshintergrund» etwas über «ihr» Heimatland berichten sollen.

Anders als noch zu meiner Schulzeit dürfen bzw. müssen wir Migrationsgeplagten und Migrationsplagegeister heute also eine andere Religion und Kultur haben – dann aber bitte auch gleich eine andere Heimat. Oder, wie einem manchmal nahegelegt wird, gar eine eigene Welt. Eine islamische Welt, oder eine tamilische oder balkanische oder patriarchale Welt. Hauptsache eine *andere* Welt, die, so die Unterstellung, nicht vereinbar ist mit der westlichen.

Diese Tendenz nimmt seit 9/11 stark zu. Die Metaphern kultureller Distanz zwischen der «normalreligiösen» und der «muslimischen» Bevölkerung wachsen mit. Während früher von kultureller Differenz, von Herkunftsländern und Kulturkreisen die Rede war, spricht man im dominanten Schweizer Mediendiskurs zunehmend von anderen Kontinenten und anderen Welten. Nach dem Attentat auf die Redaktion von *Charlie Hebdo* war in einem Beitrag in der *NZZ* vom Januar 2015 etwa zu lesen, durch die «freie westliche» Welt gehe ein «Riss» und die «Kontinentalplatten unserer Freiheitsordnung» verschöben sich. Eine andere Autorin sprach von einer «Frontlinie», an der «unsere» westliche Welt die «christlich-abendländischen Werte» gegen eine zweite, nämlich «islamische» Welt, verteidige. Die Frage, ob Muslime nach Europa gehören, ist längst ein Stammthema von seriös gemeinten Talksendungen.

Ziemlich doof sehe ich nun aus, mit dem verblüfft runtergeklappten Unterkiefer. Kaum hatte man mich schulisch humanisiert und sensibilisiert («Wehret den Anfängen!», *Die Welle*, «Nie wieder...» und so), da kommt auch schon dasselbe in Grün durch die Tür spaziert (und eben nicht mal durch die Hintertür).

Wo bleiben bei all der Clash-of-Civilizations-Rhetorik Leute wie ich? Ganz einfach: *im Dazwischen*. «Ihr lebt halt schon ein bisschen zwischen zwei Welten, oder?», schlägt mir eine Zugbekanntschaft einmal vor.

Kontinentalplatten, Welten. Ich gehe umher zwischen diesen Metaphern von Festigkeit, Getrenntheit, Unvereinbarkeit und schlage mir die Schienbeine daran wund. In diesem Metapherngebilde hängt Kultur als eine Tatsache im Raum, als eine *Sache* eigentlich*, und zwar mit festem Platz*. Solche «Kulturen» sind so einfach zu sortieren wie Unterwäsche: Socken in die linke Schublade, Unterhosen in die rechte. Und es herrscht wieder Ordnung im Schrank.

Die herrschende Ordnung besagt, dass wir da «kulturell» sind, wo wir anders sind. Dieser Kulturkurzschluss stellt eine weit verbreitete Logik dar, die sich hartnäckig hält: Kultur ist demnach immer das, was als *anders* sichtbar wird. Unterschiede werden kulturalisiert, das Unsichtbare wird hingegen zur Norm erklärt. Egal wie hoch der Anteil in unseren Biografien ist, den wir mit der «Normalbevölkerung» teilen, es wird immer nur das sichtbar, was sich von ihr abhebt. Dieser Teil heisst dann Kultur. Oder wahlweise Religion. Kultur und Religion, das sind die Leuchtmarkerstrahlen um unsere Köpfe, die roten Punkte auf unseren Körpern. Von weitem schon sieht man uns an, dass wir nicht von *dieser* Welt sind. Allerdings markieren unsere Stigmata uns nicht als Übermenschen, sondern – und es schmerzt mich, diesen Parallelismus bis an sein Ende zu denken – leider allzu oft als eine Art Untermenschen.

Neulich lud mich meine Cousine aus Emmenbrücke zum Beschneidungsfest ihres Sohnes ein. Ich überlegte, was ich dem Kleinen für ein Geschenk mitbringen könnte. Es sollte etwas sein, das irgendwie mit dem Thema zu tun hatte, mit dessen religiöser Symbolik. So kam mir die schweizerisch-bildungsbürgerliche Idee mit dem Buch. Es musste doch ein Buch geben, das auf kindgerechte Art die Bedeutung der Bubenbeschneidung im Islam erklärte. Ich machte mich auf zur grössten Buchhandlung Zürichs und durchforstete ihre Kinderbuchabteilung. Ohne Ergebnis. Vielleicht denken Sie jetzt: Ja, war doch klar! Wie naiv ich gewesen war, dämmerte mir erst, als ich die Frage an die Buchhändlerin richtete: «Haben sie ein Buch, das Kindern die islamische Bubenbeschneidung erklärt?»

Die Verkäuferin machte grosse Augen, fasste sich rasch und verwies mich auf das Regal zum Thema Religion. Hier fanden sich viele Bücher zum Christentum und zwei zu den monotheistischen Weltreligionen. Ich blätterte in einem, das besonders schön illustriert war. Die Maus aus *Die Sendung mit der Maus* führt hier durch das Christentum, gegliedert in Katholiken und Protestanten, sowie durch Judentum und Islam. Zwar fand ich keine Erläuterungen zu Beschneidung, dafür machte ich eine andere interessante Entdeckung: Die WDR-Maus ist, zusammen mit den von ihr adressierten jungen Leser:innen, christlich. Da steht in den Christentum-Kapiteln «Wir Christen machen...», «Bei uns Christen ist...», während es im Judentum- und Islam-Kapitel in der 3. Person heisst: «Die Muslime machen...» oder «Bei den Juden ist...».

Pronomen zählen. Der Sprachgebrauch legt offen, wer zum «Wir» gehört und wer nicht. Das offizielle «Wir» des modernen Abendlandes bringt zwar die Vorstellungskraft auf, eine Zeichentrickmaus einzubeziehen, jedoch nicht seine muslimischen und jüdischen Kinder.

Stünde die offizielle Schweiz ebenso für Muslime oder Juden, wie sie für Christen oder etwa Atheisten steht, so gäbe es womöglich diese pädagogische Literatur zum Thema Beschneidung, nach der ich instinktiv suchte. Praxisnah vermittelt und hübsch gestaltet, in unverkennbar schweizerischer Pragmatik.

Wir jedenfalls, die notorische «Sie»-Bevölkerung, sind offiziell so weit, denselben Standard von der Schweiz einzufordern, den auch die anderen Schweizer:innen zu Recht erwarten dürfen. Auch unsere Geschichten sollen gehört und gezeigt werden, und zwar in ihrer ganzen schillernden Normalität, jenseits kultureller und religiöser Stigmatisierung. Das geht nur, wenn die Schweiz endlich für alle ihre Bürger:innen Platz schafft in ihrem «Wir».

ULTIMATIVE STORY AUS DEM KRIEG

Milenko Lazić

VORWORT

Gewisse Leute, die ich mit der Zeit kennenlernte, fragten immer, *UND WIE WAR'S, IM KRIEG ZU LEBEN? WAS IST DAS FÜR EIN GEFÜHL, AUS EINER KRIEGSREGION ZU FLÜCHTEN? BITTE, ERZÄHL UNS EIN WENIG!*

Und ich sage dann immer, *JA NICHT VIEL BESSER, ALS DANN ANSCHLIESSEND IN DER NÄHE VOM NEEDLEPARK ZU WOHNEN. DIE ERSTEN LEICHEN HABE ICH AUF DEN STRASSEN VON ZÜRICH GESEHEN. JA, JA, WIR ALLE KENNEN DEN PLATZSPITZ. WIE WAR'S IN BOSNIEN IM KRIEG? ERZÄHL'S UNS!*

Und ich sage dann, *JA, GEWISSE LEUTE, DIE GERADE VON DER FRONT KAMEN, MEINTEN AN DER FRONT SEI ES IMMER WIEDER RUHIGER UND ANGENEHMER ALS ZU HAUSE, TROTZ DER KONSTANTEN GEFAHR AUF DER STELLE ZU STERBEN. AN DER FRONT STIRBT MAN, ODER NICHT. AUSSERHALB DER FRONT IST ALLES UNGEWISS. ALLE SIND WAHNSINNIG, MALEN SICH ZEUGS AUS, ERWARTEN IMMER DAS SCHLIMMSTE, FALLEN WEGEN JEDER GESCHICHTE IN OHNMACHT. WENIGSTENS LÄUFT MAN AN DER FRONT NICHT GEFAHR VON EINEM ZEHNJÄHRIGEN ERSCHOSSEN ODER ÜBERFAHREN ZU WERDEN. GEWISSEN LEUTEN GEFIEL ES BESSER AN DER FRONT.*

HIER IST DAS FLEISCH, DAS ALLE ESSEN WOLLEN! DIE ULTIMATIVE GESCHICHTE AUS DEM KRIEG!

Mit elf hat mir eine meiner Tanten, die Powertante, das Autofahren beigebracht. Es war Frühling 1992 in Bosnien.

WER WEISS, VIELLEICHT RETTET DER JUNGE JEMANDEM DAS LEBEN DAMIT. VIELLEICHT SIND ALLE ERSCHOSSEN UND DER JUNGE ALS EINZIGER VIELLEICHT NICHT. UND KANN DIE FRAUEN UND DIE KLEINEN ÜBER DIE GRENZE FAHREN.

Die Powertante, man sagt von ihr, sie habe mal einen Typ zusammengeschlagen und in den Graben geschmissen, weil er unfreundlich zu ihr war. Sie musste aus Sarajevo in den Norden flüchten. Man sagt, sie habe dem Direktor der Zigaretten-Fabrik, in der sie gearbeitet hat, vor laufenden Kameras gesagt, er sei ein Dieb. Ich denke, sie war auch für ein paar Wochen in der Kiste. Man sagt auch, sie habe mal alleine eine neu gekaufte Waschmaschine nach Hause getragen. Sie hatte keine Ahnung von Genderstudies oder Emanzipationstheorien. Aber genügend Eierstöcke, um auszurufen, dass sie im gleichen Institut für die gleiche Arbeit für gleichen Lohn arbeiten und dass man nicht den Gockel spielen solle. Schliesslich haben die Kommunisten Gleichberechtigung und Gleichbehandlung aller, unabhängig von Hintergrund, Geschlecht oder Profession durch ihre Lautsprecher in den Fabriken gepredigt.

BAUER BAUERT, SCHMIED SCHMIEDET, ARZT ÄRZTET, RICHTER RICHTET UND SO WÄCHST UNSER JUGOSLAWIEN! À LA «ALLE SIND WICHTIG UND ZUSAMMEN SCHAFFEN WIR ES»!

Zu mir war die Powertante immer nett.

Da ich schon Traktor fahren konnte, war es für mich leicht, Autofahren zu lernen. Das Auto ist nur ein wenig schneller als der Traktor, beide funktionieren aber nach dem gleichen Prinzip. Einschalten, Kupplung, Gang, Gas, Bremse, Kupplung, Gas und los geht's. Nach paar Wochen wurde ich zum Insider,

FERNGESTEUERTES AUTO. ICH SCHAUE HINAUS UND SCHAUE HINAUS, NIEMAND IM AUTO, UND DAS AUTO FÄHRT VON ALLEINE, GEHT IN DIE KURVE UND VERSCHWINDET, UND KEIN MENSCH IM AUTO.

Da ich zu klein war, um sitzend das Gaspedal zu drücken, musste ich stehend fahren. Fürs Schauen blieb mir die Lücke zwischen dem Steuerrad und der Armaturenbrett. Alles in allem reichte mein Kopf nicht über das Lenkrad hinaus, und so war ich beim Fahren praktisch unsichtbar.

Manche Kinder haben von ihren Eltern Kalaschnikows, andere Handgranaten oder halbautomatische Sturmgewehre gekriegt. Die, die eine Pistole bekommen haben, sind vor Scham gar nicht spielen gekommen. Ich hatte von meiner Familie ein Auto zur Verfügung.

Von all den Kalaschnikow-Spielen, die man so spielen kann, gefiel mir am meisten, mit Leuchtmunition in die Dunkelheit zu schiessen.

(Mit solch einer Geschichte hat auch das grösste Problemkind des Landes Respekt vor dir. Eventuell wäre ich der beste Therapeut für schwererziehbare Kinder. Müsste nur in der Raucherecke der Anstalt eine nach der anderen drehen und Geschichten aus dem Leben erzählen. Nicht irgendwelche Theorien! Und ein Semester später wären alle für die Matura am Lernen!)

Zehn Jahre nach dem ersten Schuss mit einer Kalaschnikow machte ich die Rekrutenschule in der Schweiz. Was für eine doofe Idee, mich mit meiner Kriegsallergie ins Militär zu schicken. Auf die Aufforderung des Waffeninstruktors in der ersten Lektion, den Knopf zu drücken und den kleinen Bolzen am Lauf zu drehen, sagte ich,

SIE, ICH HABE MEINE WAFFE SCHON IN ALLE TEILE ZERLEGT, KANN ICH JETZT, BITTE, EINE PAUSE MACHEN, BIS DIE ANDEREN AUCH SO WEIT SIND.

Daraufhin hat einer meiner Mitsoldaten, der zugeschaut hat, wie ich die Waffe auseinandernehme, so Angst gekriegt, dass er die Gruppe wechselte. **EY NEI, HÄSCH DE LAZIĆ GSEH. NEI! VOLL PSYCHO!** Sehr wahrscheinlich dachte er, der, der mal im Krieg war, wenn der mal Alpträume hat, ist mindestens die Hälfe der Kaserne tot. **S ISCH NÜT LUSCHTIG!**

Mit dem Auto sind wir immer wieder an den Fluss gefahren, in den Laden, zum anderen Typen, ins andere Dorf.
EINFACH NICHT IN DIE STADT. DA KÖNNTE JEMAND DAS AUTO KLAUEN! SONST NOBODY GIVES A FUCK! DIE POLIZEI GAB'S NICHT, UND WENN SIE KÄMEN, DÜRFTEN SIE DICH OFFIZIELL FÜR NICHTS ERSCHIESSEN. ES HERRSCHT AUSNAHMEZUSTAND! DORT DRÜBEN IST DIE FRONT!

Wie viele Elfjährige passen in ein Fiat 128? Etwa 16, 17 meiner Meinung nach. Wenn dann alle aussteigen wollen, geht das eine halbe Stunde. Und von weitem sieht es aus wie an einer Bushaltestelle.

Die Grossen in dieser Zeit hatten richtig spannende Spielzeuge. Flugzeuge. Anti-Luftabwehr-Autos. Panzer. Bazookas. Raketen. Kennst Du?

MESEČINA, SUNCE SIJA PONOĆ BIJE JOJ JOJ…

Wörtlich übersetzt heisst es: Mondschein, die Sonne scheint, es ist Mitternacht aj, aj… Konkret übersetzt heisst es: Es ist Nacht und deine Ortschaft wird gerade bombardiert.

Und wie schnell kann ein Fiat 128 eigentlich maximal auf einer geraden Strecke fahren? Ab 140 km/h fängt der Lenker so fest an zu shaken, dass man ihn fast nicht mehr richtig halten kann und man bekommt Angst vor dem Gaspedal.

Etwa um Mitternacht, als langsam der Spass verging, fuhren wir zu dritt, zuerst einen Freund nach Hause bringen, dann den anderen.

Unasphaltierte Strasse, eine starke Kurve, viel zu viel Kies. Ich, durch eine komische Euphorie getrieben, wie ein Wahnsinniger zu schnell am Fahren. Frage mich jedes Mal, wie ich damals die schmale Brücke passiert habe. In der Kurve fängt das Auto an Slalom zu fahren. Instinktiv drücke ich sofort auf die Bremse. Noch schlimmer! Das Auto schleudert aus der Kontrolle. Durch die Windschutzscheibe erblicke ich den Wald. Ich will die Kupplung drücken. Im ganzen Stress drücke ich aufs Gas und realisiere wie ein Baum auf uns zurast. Ich drücke den Lenker fest mit beiden Händen. Und

BANG BANG. TSSSSSSS. BANG!

Für eine Millisekunde liege ich auf dem Rücken auf der Vorderhaube des Autos. **TSSSSSSS.** Ich lande mit beiden Beinen auf der Strasse. Ich drehe mich um und sehe das Auto im Graben auf der Seite liegend. Mein Gott, ich habe Žiko umgebracht, sein Vater ist kürzlich im Krieg gestorben und jetzt bringe ich noch den Jüngsten um, waren meine ersten Gedanken. Ich rufe, Žiko **LEBST DU?** Aus dem verkehrten Auto kommt ein schmerzhaftes **JA** raus.

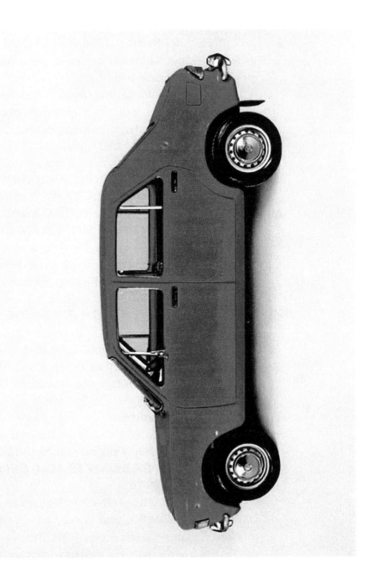

Zastava 128

Danke Gott, ich merke es mir. Ich helfe Žiko, aus dem Auto zu steigen.

Alle Türen sind vom Schlag blockiert, die Windschutzscheibe rausgeflogen. Er klettert durch das Loch, wo zuvor die Windschutzscheibe war, aus dem ich zwei Sekunden zuvor beim Aufprall rausgeflogen bin. Žiko hatte einen kleinen Kratzer auf der linken Hand. Ich, null Kratzer, nichts. Sehr wahrscheinlich ist die Windschutzscheibe beim Aufprall rausgeflogen und ich selbst eine Millisekunde danach. Der Baum, in den wir aufgeprallt sind, war stark genug, um uns aufzuhalten, aber nicht dick genug, um uns auf der Stelle sofort zu stoppen. So wurde das Auto vom Baum zurückgeschleudert.

Das Dach des Autos, normalerweise flach, parallel zum Boden, war bei meinem Auto nach dem Unfall dreieckig wie ein Zelt. Das Auto völlig zerstört. Ein paar einzelne Teile hätte man vielleicht noch gebrauchen können, sonst war alles kaputt. Für mich war es, als hätte mich eine riesige Katzenmutter am Nacken gepackt und während des Aufpralls aus dem Auto gezogen und auf den Boden gestellt.

Mitten in der Nacht sind wir zum ersten Haus gegangen, haben geläutet und den Mann gefragt, ob er unser Auto mit seinem Traktor aus dem Graben ziehen könnte.

Da er unsere Väter kannte, war das auch nach Mitternacht kein Problem. Zurück an der Unfallstelle, sieht es aus wie auf dem Jahrmarkt. Zehn Leute, jede Person berührt irgendeinen Teil des im Graben liegenden Autos und spekuliert. Das Vorderteil des Autos schaut in die Richtung, aus der wir gekommen sind. Der Bauer, der uns aus dem Graben helfen sollte, ruft, *UIIII!!!*, und sagt, **KINDER SEID FROH, DASS IHR LEBT.** Alle rundherum wundern sich, dass wir noch leben. ***SO EIN TOTAL KAPUTTES AUTO UND DER EINE KOMMT NUR MIT EINEM KRATZER DAVON!?!***

Ein paar Kilometer weiter, mit dem Wrack des Autos zu Hause angekommen, ist die halbe Nachbarschaft versammelt, um zu hören, was passiert ist. In dieser Zeit lebten neben mir und meinem Bruder noch fünf andere Flüchtlingsfamilien aus Sarajevo in unserem Haus. Nach einer Weile sagte ich, ***ICH BIN MÜDE UND GEHE SCHLAFEN.***

Unter der Decke angekommen, versuchte ich zu schlafen. Zu viele Leute draussen und zu viele Bilder im Kopf. Ich stand wieder auf und gesellte mich zur Runde, die auch dieses Glück im Unglück ausnutzte, um die ganze Nacht hindurch mit Schnaps zu feiern. Das war meine erste Freinacht.

Am nächsten Morgen, als wir der Grossmutter von Žiko vom Ereignis erzählten, sagte sie, wir sollten beim dritten Unfall aufpassen, ***DENN DAS DRITTE MAL SEI DAS UNGLÜCKLICHSTE.***

Als ich meinen Eltern telefonisch vom kaputten Auto erzählte, waren sie überglücklich, und sagten, ich solle mir keine Sorgen machen, Hauptsache mir fehle nichts. Ein paar Wochen später kam ich zu ihnen in die Schweiz, weil es vorher nicht möglich war.

«WIR HABEN DAS RECHT, DASS DIE GESETZE DER SCHWEIZ AUCH FÜR UNS GELTEN!»

DER KAMPF VON CARE-ARBEITER:INNEN UM RESPEKT UND WÜRDIGE ARBEITSBEDINGUNGEN

Sarah Schilliger

«Es ist ein Skandal, dass wir Frauen für eine Arbeit rund um die Uhr nur einen Lohn erhalten, mit dem wir nicht leben können. Viele Leute in der Schweiz denken, das ist genug für uns, weil wir aus Polen oder Ungarn kommen. Aber auch wir haben das Recht, dass die Gesetze der Schweiz für uns gelten. Die Arbeitgeber meinen immer noch, es liege in unserer Natur als Frauen, dass wir einen Teil der Betreuungsarbeit gratis machen. Damit ist jetzt Schluss! Wir haben das Netzwerk Respekt gegründet, um den Care-Arbeiterinnen eine Stimme zu geben im Kampf gegen die Ausbeutung und das Lohndumping. Wir Frauen fordern europaweit die Anerkennung der Care-Arbeit als eine gesellschaftlich höchst wichtige Arbeit und kämpfen für faire Löhne durch eine bessere öffentliche Finanzierung!»

Mit diesen deutlichen Worten äusserte sich Bożena Domańska vor ein paar Jahren an einer 1.-Mai-Demonstration in Basel zur Situation von Frauen, die ältere, pflegebedürftige Personen in deren Zuhause umsorgen. Die 51-Jährige, die seit 2009 in Basel in Privathaushalten arbeitet, hat durch ihre Lohnklage gegen ein privates Pflegeunternehmen Pionierarbeit geleistet in der Einforderung von grundlegenden Rechten für Care-Arbeiter:innen. Bożena lernte ich während der ethnografischen Forschung für meine Dissertation zu transnationaler Care-Arbeit kennen. Dank ihr begann ich so vieles erst richtig zu verstehen in Bezug auf die Alltagsrealitäten von Live-in-Care-Arbeiter:innen[1] und die Funktionsweise dieses privaten, globalisierten Marktes für «Rundum-Betreuung». Bożena liess mich zudem auch teilhaben an ihrem transnationalen Leben zwischen der Schweiz und Polen. Und gemeinsam haben wir uns engagiert im Aufbau des gewerkschaftlichen Netzwerks Respekt in Basel. Durch Bożena, die inzwischen nicht nur an Demos, sondern auch in politischen Diskussionsrunden und in Talkshows am Fernsehen auftritt, sind einer breiteren Schweizer Öffentlichkeit die Arbeitsrealitäten in der sogenannten 24h-Betreuung be-

---

[1]   «Live-in» bedeutet, dass die Care-Arbeiter:in während der Zeit ihres Arbeitseinsatzes im Haushalt der betreuten Person(en) wohnt. Diese Betreuungsform wird insbesondere von den kommerziellen Anbietern auch 24h-Betreuung genannt, was jedoch den falschen Eindruck erweckt, dass die Arbeitskraft nie frei hat.

kannt geworden: «*Ich habe wie Tausende Frauen aus Osteuropa erlebt, was es heisst, 24 Stunden am Tag ältere Menschen zu betreuen. Es ist nicht die Arbeit selber, die schlimm ist, sondern dass wir Frauen isoliert in einem Privathaushalt sind – ohne soziale Kontakte, ohne Privatleben, Tag und Nacht verantwortlich für einen kranken Menschen. Ein Leben im Rhythmus von anderen: vom Essen über das Fernsehprogramm bis hin zu den Nächten ohne Schlaf.*» Care-Arbeiter:innen kaufen ein, kochen, putzen und waschen. Sie helfen bei der Körperpflege, beim Anziehen und beim Gang zur Toilette. Sie begleiten die älteren Menschen auf ihren Spaziergängen, zu Terminen bei Ärzt:innen und Frisör:innen und leisten Gesellschaft. Auch in der Nacht schlafen sie mit offenen Ohren und stehen bereit, wenn Hilfe benötigt wird.

«BEZAHLBARE PFLEGE, UNBEZAHLBARE HERZLICHKEIT»

Längst ist es keine versteckte Notlösung mehr, sondern eine bekannte Strategie von Haushalten mit pflegebedürftigen Menschen: Die Rekrutierung von osteuropäischen Migrant:innen in die sogenannte Live-in-Betreuung. Mit ein paar Mausklicks kann heute ein transnationales Care-Arrangement organisiert werden. In der Schweiz boomt der private Markt für ambulante Pflege-, Betreuungs- und Haushaltsdienste. Die Zahl der Care-Arbeiter:innen aus osteuropäischen Ländern in der Seniorenbetreuung wird in der Schweiz auf mehrere Zehntausend geschätzt. Dabei hat sich ein Rotationssystem mit Pendelmigrant:innen etabliert, die sich meist im ein- bis dreimonatlichen Rhythmus abwechseln, um in Privathaushalten von pflegebedürftigen älteren Menschen Rund-um-die-Uhr-Betreuung zu leisten. Damit wird das private Zuhause – ein Ort, in dem traditionell unbezahlte, meist weibliche Care-Arbeit dominiert – zu einem Arbeitsplatz, an dem Lohnarbeit geleistet wird. Die Arbeitskräfte auf diesem Markt sind weiterhin hauptsächlich Frauen, jedoch geht die Kommerzialisierung von Care-Arbeit mit einer Transnationalisierung des Arbeitsmarktes einher. In der Schweiz sind es Frauen aus Polen, Ungarn, der Slowakei und in jüngster Zeit zunehmend auch aus Rumänien, die im Rahmen der Personenfreizügigkeit grenzüberschreitend ihre Arbeitskraft anbieten. Einige gelangen über private Netze zu ihren Arbeitsstellen. Häufig kommen die Care-Arbeiter:innen aber über profitorientierte und transnational agierende Vermittlungs- und Verleih-Agenturen in die Schweiz. Diese werben damit, «bezahlbare Pflege» anzubieten, bei der gleichzeitig «unbezahlbare Herzlichkeit» garantiert sei.

Die von den Agenturen angepriesenen Vorzüge eines privaten Care-Arrangements mit Migrant:innen deuten hin auf Überlastungssituationen von pflegenden Angehörigen, auf unterfinanzierte und rationalisierte öffentliche Pflegeinstitutionen und auf die Tatsache, dass die Finanzierung der Betreuung in der Schweiz hauptsächlich durch die Haushalte selber geleistet werden muss. Während in den OECD-Ländern durchschnittlich rund 85 Prozent der Langzeitpflege öffentlich-solidarisch finanziert wird, liegt der Anteil in der Schweiz nur bei rund 65 Prozent[2]. Die kassenpflichtigen Leistungen sind sehr stark auf medizinische Pflege ausgelegt – haushaltsbezogene Dienstleistungen und Betreuungsdienste müssen aus der eigenen Tasche bezahlt werden. Dies führt dazu, dass sich im Haushalt zunehmend ein vergeschlechtlichter und ethnisierter Niedriglohnsektor etabliert. Die arbeitsrechtliche Absicherung der Arbeit von Care-Arbeiter:innen in der Live-in-Betreuung bleibt dabei mangelhaft. Zwar besteht für die Arbeit in Privathaushalten ein schweizweit verbindlicher Stundenlohn, die Arbeitszeiten und die Entschädigung für Rufbereitschaft insbesondere während der Nacht bleiben jedoch weitgehend ungeregelt. Der Bundesrat hält an dem Beschluss fest, dass bezahlte Hausarbeit nicht dem Schweizer Arbeitsgesetz unterstellt werden soll. Dessen Bestimmungen zu Arbeits- oder Ruhezeiten oder zum Gesundheitsschutz gelten für die Live-in-Betreuungskräfte deshalb nicht. Ihre Arbeit wird damit lediglich in unverbindlichen kantonalen Normalarbeitsverträgen geregelt – auch wenn dies die ILO-Konvention 189[3] für die Rechte der Hausarbeiter:innen verletzt, die die Schweiz vor rund fünf Jahren ratifiziert hat.

AUS DER PRIVATEN SPHÄRE ENTFLIEHEN

Care-Arbeiter:innen in privaten Haushalten gewerkschaftlich zu organisieren ist eine Herausforderung: Sie leben geografisch über verschiedene Orte verstreut und ihr Radius der Lebensgestaltung ist räumlich sehr beschränkt, was häufig in soziale Isolation mündet. Die Arbeitszeiten sind entgrenzt, einen echten Feierabend haben sie nicht und nur wenige verfügen über einen kompletten freien Tag in der Woche, um sich ausser Haus bewegen zu können. Die Logik des Arbeitsvertrags wird kontrastiert durch die Logik der häuslichen Sphäre, in der familiäre Normen wie die uneingeschränkte Verfügbarkeit der Hausfrau und der Aspekt der unbezahlten «Arbeit aus Liebe» wichtige Bezugspunkte sind. Die personalisierten und häufig intimen Beziehungen zwischen den Betreuer:innen und den Menschen, um die sie sich kümmern, führen zudem häufig zu einem starken Gefühl der moralischen Verpflichtung und Verantwortung: Lehnt die Care-Arbeiter:in eine Aufgabe ab oder pocht auf ihre eigene Freizeit, kann dies als Liebesentzug und Distanzierung gewertet werden. Sie riskiert, die «guten Beziehungen» zur Familie zu verspielen und als «schlechte Betreuerin» disqualifiziert und ausgewechselt zu werden. Der Status eines Rechtssubjekts, welches als Individuum Anspruch auf geregelte Arbeitszeiten, Freizeit und genügend Ruhezeiten sowie Schutz der eigenen Privat-

2   OECD, «Spending on long-term care», 2020; https://www.oecd.org/health/health-systems/Spending-on-long-term-care-Brief-November-2020.pdf (zuletzt aufgerufen am 04.10.2021).

3   International Labour Organization, C189 – Domestic Workers Convention, 2011 (Nr. 189); https://www.ilo.org/dyn/normlex/en/f?p=NORMLEXPUB:12100:0::NO::P12100_ILO_CODE:C189 (zuletzt aufgerufen am 04.10.2021).

sphäre hat, kann dabei innerhalb der privaten, familialisierten Sphäre nur schwer zur Geltung gebracht werden. Ausserdem ist die ökonomische Abhängigkeit vom Arbeitgeber gross. Häufig muss eine ganze Familie im Herkunftsland ernährt werden – und beim Verlust der Stelle verlieren die Care-Arbeiter:innen nicht bloss ihr Einkommen, sondern sprichwörtlich das Dach über dem Kopf.

In dieser Situation ist es für Care-Arbeiter:innen nicht einfach, die ihnen zustehenden Rechte einzufordern. Und noch schwieriger ist es, sich kollektiv zu organisieren. Gefragt sind unkonventionelle Formen des «Organizing». Häufig organisieren sich Hausarbeiter:innen jenseits von bestehenden Strukturen und Institutionen wie traditionellen Gewerkschaften in ihren eigenen Netzwerken. Auch für Bożena Domańska und ihre Kolleg:innen in Basel war die Community Ausgangspunkt ihrer Selbstorganisierung. Die polnische Kirchengemeinde spielt dabei eine wichtige Rolle: Sie ist eine Begegnungsstätte, in der die Frauen ein soziales Netz aufbauen konnten. Dabei ist die Kirche ein Ort, der für sehr viel mehr steht als für Glauben und Religiosität: Hierhin können sich die Care-Arbeiter:innen zurückziehen, die tägliche Routine durchbrechen und temporär der Kontrolle und Inanspruchnahme im Haushalt entkommen. Die Kirche ist für sie ein Stück Heimat, was den Ort zu einem transnationalen Zwischenraum macht. Auch können die Care-Arbeiter:innen für den sonntäglichen Gang zur Messe am ehesten freie Zeit aushandeln. Nach der Messe treffen sie sich im Kirchgemeindehaus zu Kaffee und Kuchen. In der vertrauten Runde werden nicht nur Alltagssorgen geteilt, sondern auch individuelle Erfahrungen mit Agenturen und Familien ausgetauscht.

«ES GEHT UM RESPEKT»: DER MUTIGE GANG VORS ARBEITSGERICHT

In diesem Kreis fasste Bożena Domańska den Mut, mit ihrer Kritik an der prekären Arbeitssituation von 24h-Betreuer:innen an die Öffentlichkeit zu gehen. Zuvor hatte sie im Alleingang ihren ehemaligen Arbeitgeber verklagt. Bis dahin habe sie sich meist *«gebückt»* und *«nicht so die Rebellin gespielt»*, sagt sie. Einmal habe sie den Mund aufgemacht und sich bei ihrem Chef – dem Firmenleiter einer privaten Spitex-Firma – über den niedrigen Lohn beklagt. *«Der Chef meinte, er stelle sonst eine Ukrainerin an, die den Job für vier Franken die Stunde mache.»* Als Bożena Domańska kurze Zeit später entlassen wurde, weil sie sich wegen falscher Versprechungen zur Wehr setzte, beschloss sie, die vielen unbezahlten Überstunden gerichtlich einzuklagen. *«Ich kann doch nicht wieder den Kopf runtermachen! Es ging mir um Gerechtigkeit. Er behandelt ja alle Polen wie Dreck. Mit unserer Arbeit verdient er ein Vermögen. Ich brauchte letztlich 20 Jahre, um zu realisieren, dass wir Frauen, die aus Osteuropa hierherkommen, uns nicht immer nach unten orientieren, uns nicht erniedrigen und ausnutzen lassen sollten. Wir sind doch keine Sklavinnen, sondern Menschen mit Gefühlen!»*

Mit ihrem erfolgreichen Gang vors Arbeitsgericht hat Bożena Domańska ihre Kolleg:innen Agata Jaworska, Barbara Metelska, Edyta Wierczok[4] und weitere dazu ermutigt, aus der Sphäre des Privaten herauszutreten und vor Gericht die Bezahlung der vielen unbezahlten Überstunden und der ständigen Rufbereitschaft einzufordern. Die Care-Arbeiter:innen haben ihrem Netzwerk den Namen «Respekt» gegeben – weil es ihnen genau darum geht: um Respekt für sich und für ihre Arbeit – und im alltäglichen Umgang. Unterstützt werden sie dabei von der Gewerkschaft vpod (Verband des Personals Öffentlicher Dienste), die mit juristischer Expertise und Erfahrung im politischen Campaigning zur Seite steht.

Auch Edyta Wierczok, die seit rund 10 Jahren in Schweizer Haushalten ältere Menschen betreut, meint: «*Viele Polinnen schweigen und wehren sich nicht. Einige sagen mir: ‹Ach Edyta, sei doch froh, dass du überhaupt Arbeit hast›. Oder sie zeigen sich überglücklich, nur weil sie aus ihrem Zimmerfenster eine schöne Aussicht auf die Alpen haben. Viele unterschreiben einen Arbeitsvertrag für 1.200 Franken monatlich und haben keine Ahnung, wie hoch das Lohnniveau hier in der Schweiz ist.*» In den rechtlichen Beratungen im Respekt-Netzwerk lernte Edyta Wierczok nicht nur, welchen Anspruch auf Mindestlohn sie einfordern kann, sondern auch, dass sie alle ihre Arbeitsstunden protokollieren muss, um diese allenfalls rechtlich einfordern zu können. Dies kam ihr zugute, als sie 2019 gegenüber ihrem ehemaligen Arbeitgeber erfolgreich Lohnnachzahlungen einklagte. «*Ich wollte nicht mehr passiv bleiben. Auch wenn es kein Vergnügen war für mich, vor Gericht zu gehen*». Edyta betont, dass es ihr nicht einfach nur um das Geld gegangen sei. Respekt und Anerkennung standen dabei genauso im Zentrum: «*Mir war wichtig zu zeigen, dass man auf unsere Bedürfnisse Rücksicht nehmen soll. Auch wir brauchen Schlaf, etwas Freizeit und Erholung. Ein bisschen Entspannung zwischendurch. Sonst hält man das nicht durch.*»

FÜR EIN GLEICHES RECHT AUF (SELBST-)SORGE

Seit vielen Jahren bearbeitet die Schweiz als reiches Land ihren Pflegenotstand mittels der Rekrutierung von Care-Arbeiter:innen aus dem Ausland. Die deutsche Soziologin Christa Wichterich hat hierfür den prägnanten Begriff des «transnationalen Sorgeextraktivismus» geprägt.[5] Damit bezeichnet sie ausbeuterische Strategien, um Care-Krisen kostengünstig zu überbrücken: Die Care-Krise in reicheren Ländern und wohlhabenderen Haushalten wird um den Preis ihrer Auslagerung in ärmere Regionen entschärft und die Kosten werden dadurch externalisiert. Was dieser transnationale Care-Extraktivismus konkret bedeutet, zeigte mir Bożena Domańska auf, als sie mich mit-

4   Dieser Name ist ein Pseudonym.
5   Christa Wichterich, «Der prekäre Care-Kapitalismus. Sorgeextraktivismus oder die neue globale Ausbeutung», in: *Blätter für deutsche und internationale Politik*, Nr. 2 (2018), S. 91–97.

nahm zu einem Besuch bei ihren Eltern, die zu der Zeit in einem privaten Pflegeheim im Osten Polens betreut wurden. Hier teilen sich ihre Eltern ein Zimmer von neun Quadratmetern. Wegen Personalmangels stehen für die Versorgung der dreissig Pflegebedürftigen lediglich eine Köchin und eine ungelernte Hilfspflegerin zur Verfügung. Im Gegensatz dazu wird der ältere Herr, den Bożena Domańska in der Schweiz betreut, in seinen eigenen vier Wänden versorgt und kann auf eine Betreuerin zählen, die immer für ihn da ist.

Doch diese ungleiche Verteilung von Care bleibt nicht unwidersprochen. So ist auch das «bisschen Entspannung», das Edyta Wierczok für sich einfordert, weit mehr als eine individuelle Forderung nach Respektierung der eigenen Sorgebedürfnisse. Es verweist auf das Konzept von *self-care*, das die schwarze Feministin Audre Lorde[6] als einen «Akt des Widerstands» versteht. Lorde argumentiert, dass es bei der Einforderung von *self-care* darum geht, sozialen Wandel herbeizuführen. Wenn die Forderungen nach *self-care* von jenen immer lauter werden, die heute unterbezahlt und wenig anerkannt einen bedeutenden Anteil an Care-Arbeit leisten, wird unsere Gesellschaft gezwungen sein, ihr Pflegesystem radikal zu transformieren.

Indem sich die Betreuer:innen vernetzen, organisieren und ihre Anliegen in den öffentlichen und rechtlichen Diskurs einbringen, üben sie nicht bloss Kritik an den Praktiken einzelner Firmen oder Haushalte. Sie treten als politische Subjekte mit entsprechenden Rechten in Erscheinung, üben so eine grundsätzlichere Kritik am Betreuungsmodell und stossen eine breitere politische Debatte an: Zur Unterbewertung der meist weiblichen Care-Arbeit, zur rassistischen Diskriminierung auf dem Arbeitsmarkt und nicht zuletzt zur Frage, wie in der Schweiz in Zukunft der Versorgung von älteren, pflegebedürftigen Menschen gesellschaftlich organisiert werden soll.

6   Audre Lorde, *A Burst of Light and Other Essays*, Mineola, NY, 2017 [1988].

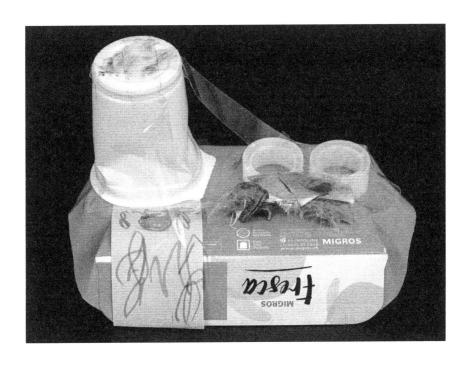

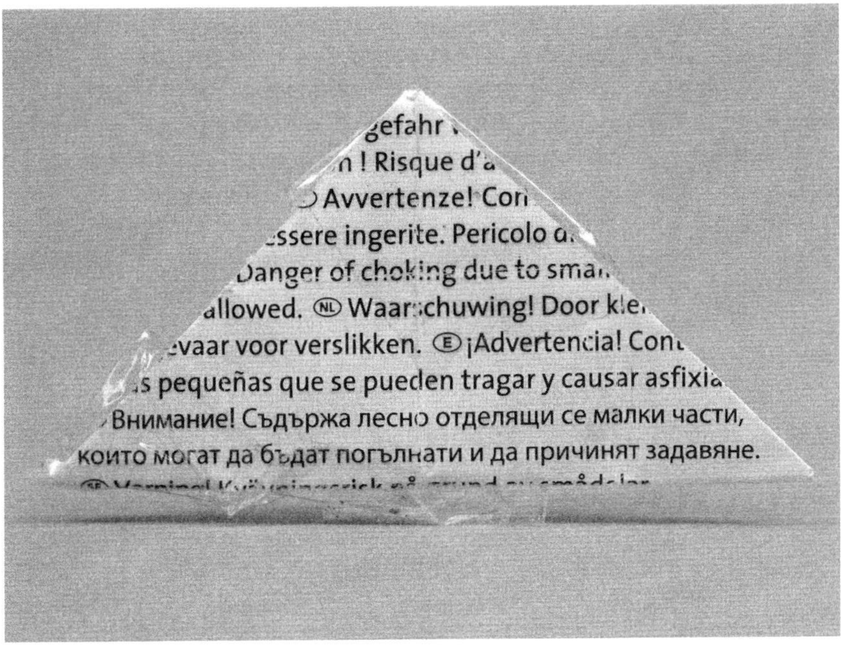

gefahr
n ! Risque d'a
Avvertenze! Con
essere ingerite. Pericolo d
Danger of choking due to sma
allowed. (NL) Waarschuwing! Door kle
evaar voor verslikken. (E) ¡Advertencia! Con
s pequeñas que se pueden tragar y causar asfixi
Внимание! Съдържа лесно отделящи се малки части,
които могат да бъдат погълнати и да причинят задавяне.

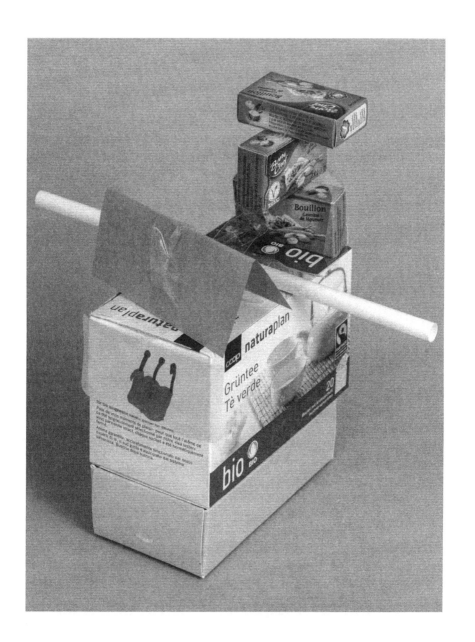

ANTIRASSISMUS
IN THE MAKING

EIN WERKSTATTGESPRÄCH ZU ALLIANZEN, IDENTITÄTSPOLITIK UND INTERSEKTIONALITÄT

TEIL 2

Rahel El-Maawi, Rohit Jain, Tarek Naguib, Franziska Schutzbach[1]

ALLIANZEN UND SOLIDARITÄT 1: INTERSEKTIONALITÄT

FRANZISKA SCHUTZBACH — Bei Solidarität geht es aus meiner Sicht darum, für unterschiedliche Schwerpunkte und für unterschiedliche Erfahrungen temporär dieselben politischen Ziele zu formulieren. Mir kommt da Judith Butler in den Sinn, obwohl sie natürlich nicht die Erste war, die darüber nachdachte. Sie sah, dass es keine Kategorie «Frauen» gibt. Eigentlich können wir uns gar nicht als «Frauen» versammeln. Ihre Lösung war, um in politischen Anliegen trotzdem noch Gemeinsamkeiten zu finden, dass man temporäre Bündnispolitik macht. Der Frauenstreik 2019 ist für mich ein Beispiel dafür. Jetzt fokussieren wir an einem Tag auf einige spezifische Ziele. Das heisst nicht, dass «Frauen» alle dasselbe wollten oder wollen. Aber für eine gewisse Zeit, ein gewisses Ereignis oder gewisse Forderungen schliessen wir uns temporär unter einem Label zusammen – das natürlich ungenügend ist. Es ist immer eine Gratwanderung.

TAREK NAGUIB — Vor allem ist dies schwierig, weil es mit Aufmerksamkeit zu tun hat. Also der Frage, wer ist wie präsent in der Debatte? Am Frauenstreik in Genf beispielsweise sind einzelne Gruppen wie Les Foulards Violets explizit für die Sichtbarkeit von muslimischen Frauen eingetreten, welche ein Kopftuch tragen. Das fand ich wichtig. Aber diese Sichtbarkeit musste aktiv geschaffen werden. Ich finde es problematisch, wenn man nur sagt: Wir dürfen uns nicht spalten lassen, wir dürfen nicht identitätspolitisch denken. Stattdessen geht es darum, aktiv zu fragen: Wie schafft man es, den komplexen Intersektionalitäten und Verschiedenheiten ihren Stellenwert in der Debatte tatsächlich zu geben? Manchmal geht es dabei um ganz banale Dinge wie gegenseitige Credits oder Einladungen zu Anlässen. Ich habe schon oft gehört: Es geht zu viel um «Racial Profiling» in dieser Debatte, es gibt auch noch andere Themen. Das ist legitim und wichtig.

1   Dieses Gespräch fand am 16. Januar 2020 im Schwobhaus in Bern statt. Der erste Teil dieses Gesprächs findet sich auf den Seiten 76–90 in diesem Band.

RAHEL EL-MAAWI — Es gibt doch den Spruch: *Social justice is not a pie* (soziale Gerechtigkeit ist keine Torte). Soziale Gerechtigkeit muss man nicht teilen, es können alle teilnehmen. Doch ist oft zu sehen, dass jede Gruppe für ihren «Teil» kämpft. Warum lassen wir uns auf eine Diskussion ein, wo es um ein «oder» geht und nicht um eine «Mehrstimmigkeit»? Warum lassen wir zu, dass diejenigen, die am nächsten beim Machtzentrum sind, Teilhabe erhalten, während andere marginalisierte Positionen weiterhin ausgeschlossen bleiben? Wir müssen doch im Bündnis kämpfen. Es geht immer um dasselbe Anliegen: Teilhabe und soziale Gerechtigkeit. Diese Arbeit ist fragil und deshalb benötigt sie auch so viel Energie. Deshalb müssen wir letztendlich auch schauen, dass es uns persönlich gut geht. Uns gegenseitig unterstützen und nicht runterziehen.

ROHIT JAIN — Grundsätzlich gehe ich mit dir einig. Aber in Politik und Medien wird schon in Kategorien gedacht. Frauenbewegung, Klimastreik, Migration, Rassismus. Das steckt die Spielregeln ab, die – insbesondere im kurzfristigen Denken – zu einer Konkurrenz um Ressourcen und Aufmerksamkeit führen können. Tarek, du hast doch untersucht, wie die unterschiedlichen juristischen Antidiskriminierungskämpfe in Bezug auf Gender, Frauenbewegungen, Behinderungen, Migration, Antirassismus zusammenkommen – oder eben nicht. In der Schweiz gibt es ja kein allgemeines Diskriminierungsgesetz und historisch sind die Bereiche im Recht, in der Verwaltung, in der Forschung, aber auch in der Zivilgesellschaft, also in den NGOs, relativ getrennt voneinander. Da ist es natürlich eine besonders schwierige Herausforderung, unterschiedliche Kämpfe zusammenzuführen.

TAREK NAGUIB — Ja, ich habe das Gefühl, dass bereits die gesellschaftliche Politik zu dieser Fragmentierung beiträgt. Es gibt das Beispiel vom Schweizerischen Kompetenzzentrum für Menschenrechte, das 2016 eine grosse Studie zum Diskriminierungsschutz gemacht hat und in der auch eine Antidiskriminierungsgesetzgebung gefordert wurde.[2] Diese Forderung war eine politische Illusion. So viel wurde nachher «verzettelt» und die verschiedenen Organisationen etwa im Bereich der Geschlechtergleichstellung, der Gleichstellung von Menschen mit Behinderung, der Bekämpfung von Altersdiskriminierung und der Antirassismus-Organisationen lobbyierten wieder für ihre spezifischen Belange. Das macht alles durchaus Sinn, da die Interessen unterschiedlich sind. Aber der richtungsweisende Versuch, eine gemeinsame Volksinitiative gegen Diskriminierung zu lancieren, ist an den Partikularinteressen gescheitert – vor allem an der Befürchtung, wegen begrenzten materiellen und symbolischen Ressourcen nicht genug Aufmerksamkeit zu generieren und dadurch die Abstimmung zu verlieren. Die grösste Herausforderung wird sein: Wie schaffen wir es, diesen unterschiedlichen Kämpfen – den feministischen, queeren, ökologi-

2   Schweizerisches Kompetenzzentrum für Menschenrechte (SKMR), *Zugang zur Justiz in Diskriminierungsfällen. Grundlagen zum Diskriminierungsschutz in der Schweiz*, Bern 2016; https://www.skmr.ch/de/themenbereiche/geschlechterpolitik/publikationen/diskriminierungsstudie.html (zuletzt aufgerufen am 12.09.2021).

schen, antirassistischen –, welche sich jetzt in den letzten Jahren vielleicht noch einmal zugespitzt haben, einen gemeinsamen Rahmen zu geben. Einen strategischen Safe Space, wo man gemeinsam Ziele formuliert, wo wir gemeinsam wachsen und auch mächtiger werden. Es ist nämlich möglich, Spezifitäten sichtbar zu machen und gleichzeitig politische Grundgemeinsamkeiten zu haben.

RAHEL EL-MAAWI — Ja, es ist schwierig, aber sehr wichtig. Ich möchte noch einmal exemplarisch auf den Frauenstreik bzw. den feministischen Streik von 2019 zurückkommen. Viele Manifeste, die ich kenne, sind auf einer sehr klassischen, weiss-feministischen Ebene geblieben. Frauen mit Behinderungen sind nicht mitgedacht worden, Frauen of Color sind nicht mitgedacht worden, non-binäre und Trans Menschen sind nicht mitgedacht worden – ausser diese haben sich selbst eingebracht. Das heisst, die Verbündung hat nicht stattgefunden bzw. die Anliegen waren nicht bekannt oder wurden vergessen. Das zeigt auf, dass die eigene Perspektive und Betroffenheit im Zentrum standen. Der Blick fürs Ganze fehlte. Ich glaube, das ist es, was geschult werden muss. Wir benötigen politische Bildung, damit wir lernen, dass wir als gesamte Gesellschaft verantwortlich sind. Dafür benötigen wir Geschichten und Begegnungen, durch die wir andere Realitäten kennenlernen können. Ich erwarte, dass wir alle strategisch breiter denken müssen, als nur gerade in dem Kontext, in dem wir direkt betroffen sind. Ich las vor kurzem in einem Buch über Schwarzen Feminismus, wie bürgerliche, weisse Frauen sagten: Wir wollen auch Schwarze Frauen, wir wollen auch lesbische Frauen bei uns in der feministischen Bewegung. Nur, wem gehört die feministische Bewegung? Wer darf wen dazu einladen? Es gibt halt Momente, in denen sich unterschiedliche Bewegungen, die feministische Arbeit machen, überkreuzen und verbünden, und andere Momente, wo parallel und ohne Überschneidungen gearbeitet wird. Das ist doch gut so. Diejenigen, die wollen, können sich austauschen, und diejenigen, die diese die Kapazität nicht haben, lassen es bleiben. Mein Anliegen ist es, dass ich in diesem Austausch bleibe und dass ich mein Wissen weitergeben und gleichzeitig auch weiter lernen kann.

ALLIANZEN UND SOLIDARITÄT 2: RASSISMEN

ROHIT JAIN — Die Frage der Allianzen stellt uns vor die Herausforderung der Intersektionalität sowie ebenfalls vor die Frage unterschiedlicher Rassismuserfahrungen. In Deutschland gab es zeitweise so etwas wie eine Spaltung zwischen sogenannten postmigrantischen und postkolonialen Debatten, Ansätzen, Strategien in der breiteren antirassistischen Bewegung. Da haben Alliierte, Freund:innen und Organisationen sich voneinander abgegrenzt. Der Knackpunkt war: Wie lassen sich der Rassismus im Nachgang des Gastarbeiterregimes der 1960er- und 1970er-Jahren, der vor allem südeuropäische und türkische Bevölkerungsgruppen betraf, mit einem kolonialen oder anti-

Schwarzen Rassismus vergleichen? Und wie lassen sich die jeweiligen antirassistischen Kämpfe verbinden oder eben nicht?

TAREK NAGUIB — Diese Frage interessiert mich sehr. Wie seht ihr die Situation momentan in der Schweiz? In den feministischen, queer-feministischen und den Behindertengleichstellungsbewegungen kam es zum Teil auch zu Spaltungen und Abgrenzungsdynamiken. Innerhalb der Organisationen von Menschen mit Behinderungen dauerte es deswegen Jahrzehnte bis eine gemeinsame Lobbyorganisation entstehen konnte. Sozusagen die Zürcher Rollstuhlfahrer:innen gegen die Menschen mit psychischer Behinderung, die fanden, dass sie nicht genug politische Aufmerksamkeit kriegen.

FRANZISKA SCHUTZBACH — Ich finde das Wort «Spaltung» schwierig. Ich würde lieber von Konfliktlagern sprechen. Diese gibt es, ich beobachte sie auch. Dass Konfliktlager zu Tage treten, finde richtig und gut, aber es ist eben auch anstrengend. Wenn heute mehr Leute «am Tisch sitzen», kommen im Vergleich zu früher plötzlich viele unterschiedliche Menschen zusammen und das kann zu Konfliktlagern führen. Ich wäre vorsichtig mit dem Begriff «Spaltung», da er etwas vorwegnimmt. Wenn man sich streitet, ist es ja per se noch keine Spaltung. Das ist einfach ein Konflikt.

RAHEL EL-MAAWI — Ich sehe das sehr ähnlich und ich finde Streit konstruktiv. Wir müssen einander aber auch zuhören und voneinander lernen. Du hast es erwähnt, Tarek. Die Gruppen haben ihre spezifischen Anliegen, welche nun mal anders gelagert sind. Es ist für mich gut nachvollziehbar, dass mit dem Rollstuhl unterwegs zu sein oder eine psychische Behinderung zu haben, unterschiedliche Anliegen kreieren. Ich glaube gleichzeitig, dass es Leute braucht, welche einen Dialog miteinander führen, dranbleiben und miteinander lernen wollen und sagen: Das übergeordnete Thema ist «Die Ausgrenzung». Können wir uns unter diesem Dach wiederfinden? Ich glaube es braucht immer solche Akteur:innen, die auf dieses Ziel hinarbeiten, dass man sich gegenseitig hört und voneinander lernt. Trotzdem benötigt es eigene Räume und Gefässe, da diese Sicherheit geben für die Artikulation der Hauptanliegen. Ich benötige einen Raum wie Bla*Sh, welcher für Menschen *of African descent* ist. Genau darum, weil wir mit ganz anderen, spezifischen Stereotypen konfrontiert werden. Sogar ich als helle Schwarze Frau. Wöchentlich. Trotzdem setze ich mich in meiner Arbeit nicht nur gegen anti-Schwarzen Rassismus ein. Ich engagiere mich für eine rassismuskritische Gesellschaft, welche allen dienen sollte. Wenn mir Leute erzählen, dass sie als Second@s oder innereuropäische Migrant:innen in der Schweiz rassistische Erfahrungen gemacht hätten, frage ich: Ja, und wie hat sich das verändert? So kommen wir in einen Dialog, und es kann sein, dass wir miteinander hadern. Manchmal kann ich etwas nachvollziehen und manchmal überhaupt nicht. Ich kann es aber auch stehen lassen. Es ist nicht an mir, zu sagen, wie sich mein Gegenüber zu positionieren hat. Wenn für die gleiche Befreiung gekämpft wird – für alle und nicht nur für wenige –, finde ich es gut. Vielleicht hilft es gar der Sache, weil einige Leute lieber einer Italienerin zuhören, wenn sie Diskriminierung einklagt

– was für manche harmloser erscheinen mag – als einer Person aus einem afrikanischen Land.

TAREK NAGUIB — Erstere würde dann vielleicht sagen, dass es bei ihr aber nicht so harmlos war.

FRANZISKA SCHUTZBACH — Ich finde es spannend, wenn in unserem Buchprojekt über Schwarze Frauengeschichten in Biel diskutiert wird. Viele Frauen aus afrikanischen Ländern haben sich so lange nicht als Schwarz wahrgenommen, bis sie dann nach Europa kamen und Schwarz «gemacht» wurden. Sie können mit dieser Kategorie eigentlich gar nichts anfangen, aber trotzdem wollten sie im Buch *I Will Be Different Every Time*[3] dabei sein. Es ist ambivalent. Ein solches Projekt verstärkt wiederum das Schwarzsein, es ist aber gleichwohl wichtig, weil die Diskriminierung ja passiert.

TAREK NAGUIB — Wie bei einer Person aus einem arabisch-islamischen Raum, die sagt: Ich war bis vor 20 Jahren Jemenitin und jetzt bin ich Muslimin. Sie sagt: Wir müssen es thematisieren, wir müssen uns dazu verhalten. Es gibt einen spezifischen anti-muslimischen Rassismus.

FRANZISKA SCHUTZBACH — Dies zeigt auch, wie Diskriminierung sich durch Zeit und Raum verschiebt. Auch die Diskriminierung gegen Italiener:innen hat sich im Zeitraum von 1970 bis 2020 verändert. Gab es damals überhaupt eine Bewegung?

ROHIT JAIN — Ja klar, aber es ist wenig dazu bekannt. Zunächst hatte sich eine Gastarbeiterbewegung gegen die Schwarzenbach-Initiative und das Saisonnierstatut formiert, die von den kommunistischen und anarchistischen Gewerkschaften und der Colonie Libere angetrieben wurde. Das war eine unvorstellbare Schmach für die antikommunistische Schweiz, in der es zudem bis in die 1980er-Jahre verboten war, dass sich Ausländer:innen zu politischen Fragen öffentlich äussern. Daraus ist dann die solidarische Mitenand-Bewegung entstanden, die bis zur Ablehnung der Mitenand-Initiative 1981 sehr aktiv war. Daraus ist wiederum die Flüchtlings- und Sans-Papiers-Bewegung entstanden, die bis heute aktiv ist. Sowohl die Gewalt von damals, aber eben auch der Widerstand und die Solidarität von damals wurden aus dem öffentlichen Gedächtnis verdrängt. Dabei liesse sich dies als Civil Rights Movement bezeichnen, als erste migrantische soziale Bewegung der Schweiz[4]. Dieses Vergessen früherer Rassismen und früheren Widerstands macht es schwierig, eine breitere Bewegung zu lancieren, da jede Generation das Gefühl hat, als erste gegen Rassismus in der Schweiz anzukämpfen.

3 Fork Burke, Myriam Diarra, Franziska Schutzbach (Hg.), *I Will Be Different Every Time. Schwarze Frauen in Biel*, Biel 2020.

4 Siehe Kijan Espahangizi, «Ein Civil Rights Movement in der Schweiz? Das vergessene Erbe der Mitenand-Bewegung (1974–1990)», in diesem Band, S. 51–63.

ROHIT JAIN — In dem Sinne frage ich mich, ob es nach dem Frauenstreik 2019 denkbar wäre, einen Migrantinnen:streik zu organisieren. Was können wir lernen von der feministischen Bewegung? Erste Ideen dazu wurden schon vor sechs Jahren diskutiert. Aber könnte man auch fragen: Wie war es möglich, einen Frauenstreik zu organisieren, während die Idee vor sechs Jahren, einen Migrant:innenstreik zu organisieren, bereits im Keim erstickt wurde?

FRANZISKA SCHUTZBACH — Die Masse der Leute macht schon einen Unterschied.

ROHIT JAIN — Ja, aber Menschen mit Migrationshintergrund, also Personen mit mindestens einem im Ausland geborenen Elternteil, machen in der Schweiz bald 40% der Bevölkerung aus. Ich glaube eher, dass die politische Identität als gleichberechtigte Frau durch den langen feministischen Kampf bereits besser etabliert und anerkannt ist, während eine politische Identität als Migrant:in oder Person of Color noch wenig etabliert ist – auch wenn einige migrantische und antirassistische Bewegungen in der Schweiz sich immer wieder behaupten konnten. Viele Menschen mit Migrationshintergrund oder of Color akzeptieren den Schweizer Assimilationsdeal: Ich kann zwar nicht politisch mitreden, aber dafür verdiene ich besser und habe eine grössere Sicherheit als etwa die Verwandten im Herkunftsland oder in anderen Ländern Europas. Viele spielen im Märchen der guten Schweiz mit. Sie haben oftmals durchaus Erfahrung mit strukturellem und alltäglichem Rassismus. Aber diese Erfahrung in irgendeiner Form öffentlich zu machen und dagegen zu kämpfen, ist noch einmal eine ganz andere Auseinandersetzung.

TAREK NAGUIB — Vielleicht gibt es gewisse strukturelle Problemstellen, mit denen sich eine kritische Masse einfacher finden liesse? Der Frauenstreik war so vielfältig. Aber gewisse Themen haben besonders breit mobilisiert: Die altbekannten wichtigen Aspekte der Lohndiskriminierung und der Gewalt an Frauen. Hier konnten sich doch viele identifizieren resp. solidarisieren? Was könnten wir in einem Migrant:innenstreik als strukturell relevante Themen einfordern? Was ist die Gemeinsamkeit? Was verbindet einen italienischen Secondo mit einer Schwarzen Frau mit einem superprekären Aufenthaltsstatus? Was ist der gemeinsame politische Nenner?

RAHEL EL-MAAWI — INES ist vor allem eine Organisation aus Second@s und Terzer@s. Die Erstmigration ist sehr komplex und da geht es um viele andere Fragen. Erst die zweite Generation vielleicht und die dritte Generation haben den Anspruch: Ich gehöre hierher. Es gibt keinen anderen Kontext. Und ab diesem Punkt können die Kämpfe ins Rollen kommen. Zudem spielt die aktuelle Zunahme der Migration, oder eher eine verhandelte Migration, die früher noch mehr verheimlicht wurde, eine grosse Rolle. Solche Initiativen wie die eines Migrant:innenstreiks wird es wohl immer wieder brauchen. Und es scheint ein wichtiger Baustein für eine Bewegung zu sein. Es gibt zurzeit keinen Dachverband von Menschen mit Migrationserfahrung – aber es gibt INES. Gemeinsam können politische Forderungen gestellt werden. Die Vision ist, dass Menschen mit unterschiedlichen Hintergründen als nur dem schweizerischen, in fünfzig – oder lieber schon in zwanzig – Jahren selbstverständlicher zu einer Schweiz gehören als heute.

FRANZISKA SCHUTZBACH — Es ist vermutlich schwieriger, in Bezug auf Migrationspolitik und Antirassismus Gemeinsamkeiten zu finden. Vielleicht ist dies aber auch der Traum von der grossen Revolution und von grossen Bewegungen. Waren dies wirklich nachahmungswürdige Revolutionen? Wenn wir an solchen Umsturzfantasien festhalten, habe ich manchmal das Gefühl, dass wir hier noch einen Gender-Gap haben: Nämlich, dass Männer eher dazu tendieren, grosse revolutionäre Phantasmen zu haben. Deswegen wären Spaltungen immer schlecht, da wir alle zu etwas ganz Grossem gehören müssen. Die Erfahrung von Frauen ist es oft, dass die Kraft aus einer mikropolitischen Ebene herrührt. Weil Frauen auch oft marginalisiert wurden, gerade in Bewegungen oder in Institutionen, waren die alltagspolitischen Erfolge sehr wichtig. Bereits aus einer gewalttätigen Beziehung herauszugehen ist feministische Politik. Auch das kann als revolutionär betrachtet werden. Es ist nicht erst dann Revolution, wenn 100.000 Leute auf den Barrikaden stehen. Ich fand den feministischen Streik diesbezüglich wunderbar. Für mich ist der 14. Juni nicht das A und O von einer feministischen, intersektionalen Gerechtigkeitsbewegung, aber ein sehr gutes Beispiel einer dezentralen Art von politischem Agieren.

TAREK NAGUIB — Ich frage mich, ob es die politischen und organisatorischen Kulminationsmomente nicht trotzdem benötigt für das, was dann in den kleinen Kapillaren weiter geschieht.

RAHEL EL-MAAWI — Ist der gemeinsame Nenner nicht das politische Mitbestimmungsrecht, von dem zurzeit schon rein formal 25 Prozent der Schweizer Bevölkerung ausgeschlossen sind, weil sie einen ausländischen Pass haben? Da, wo mein Lebensmittelpunkt ist – wie auch jener meiner Kinder –, da will ich nicht nur Steuern bezahlen, sondern auch Rechte haben und somit politisch mitbestimmen, wie dieses Land auszuschauen hat. Und damit verbunden brauche ich auch einen sicheren Aufenthalt, der im Notfall einen unbedenklichen Gang zur Sozialhilfe und anderen Sozialwerken ermöglicht, ohne damit den Aufenthaltsstatus in Frage zu stellen. Ich will ein Recht auf Existenz, ohne bedroht zu sein, dass die Kinder in der Schule aufgrund ihrer vermeintlich nicht-schweizerischen Identität schlechter benotet werden. Und die Verwirklichung im Job soll nicht an den Migrationsstatus geknüpft sein. Vielleicht müssen wir hier auch noch mehr Bildungsarbeit leisten, um diese Verknüpfungen zu organisieren und visualisieren, damit diese von vielen verstanden werden, die sich dann in einen solchen Streik einreihen können.

Nur einige Monate nach diesem Gespräch erreichte #BlackLivesMatter (BLM) die Schweiz. Dies veränderte, wie Rassismus in der Schweiz thematisiert wird. Gleichzeitig warf es ein anderes Licht auf das damalige Gespräch. Um dieser Dynamik gerecht zu werden, haben wir die Beteiligten bei der Schlussredaktion im Sommer 2021 gebeten, in einem Epilog einen Blick auf die Geschehnisse seit dem Gespräch zu werfen.

RAHEL EL-MAAWI — Es scheint, dass der feministische Streik 2019 so wie auch die #MeToo-Bewegung etwas bewirkt haben – Gleichstellungsfragen werden auch in der Schweiz breiter und akzeptierender diskutiert und es existiert ein gewachsenes Bewusstsein bezüglich Repräsentation. Auch die antirassistischen Kämpfe sind erstarkt und werden hierzulande nun endlich gehört und breit debattiert. Zu Beginn der Berichterstattungen zu Black Lives Matter im Mai 2020 war es jedoch erschreckend zu erfahren, wie unwissend die Medienschaffenden dem Thema gegenüberstanden. Da fragten weisse Journalist:innen: «Gibt es in der Schweiz Rassismus?» Als ob das eine Frage ist! Seit vielen Jahren thematisieren verschiedene Gruppen rassistische Diskriminierung. So waren wir Aktivist:innen – namentlich auch Bla*Sh-Mitglieder – als Gesprächspartner:innen gefragt. In unzähligen Interviews diskutierten wir die Verbindung des Mords an George Floyd und der Proteste zum rassistischen System in der Schweiz. Im Hintergrund haben wir zudem Journalist:innen beraten, die noch wenig zum Thema Rassismus erarbeitet hatten. Wir sprachen uns ab und coachten uns gegenseitig. Es war essenziell, einen solchen Raum des gemeinsamen Denkens und Unterstützens zu haben. Es ist klar, ohne uns Aktivist:innen wäre die Berichterstattung eine andere gewesen. Es war eine ausserordentlich intensive Zeit, und alles ehrenamtlich, versteht sich.

Die rassismuskritische Bildung wird in der Schweiz weiterhin sehr zögerlich behandelt. Noch immer sind viel Abwehr und Widerstand erkennbar. Und doch bewegt sich etwas. Einzelne Städte wie Bern und Zürich begannen aufgrund von langjährigem Druck über ihre Verantwortung für eine antirassistische Praxis nachzudenken. Das manifestiert sich aktuell darin, dass Zürich bereit ist, rassistische Häusernamen und Wandgemälde zu entfernen. In Bern soll im Rahmen eines aktivistischen Kunstprojektes ein rassistisches Wandbild aus einem Schulhaus entfernt werden. Auch hier brauchte es sehr engagierte Aktivist:innen, die in unzähligen Stunden vorstellig wurden, Gespräche führten, Argumente sammelten, um das Thema wirklich auf die Agenda zu setzen.

Wir müssen weiterhin viel Energie reinstecken und uns verbünden, um in einem intersektionalen Sinn Gerechtigkeit zu erwirken. Ein Zitat von Natasha A. Kelly bringt es auf den Punkt: «Weisse Feminist: innen kämpfen für Lohngleichheit, Schwarze Feminist:innen dafür, überhaupt ans Bewerbungsgespräch eingeladen zu werden». – «Schwarz» können wir hier auch ergänzen mit *disabled* oder Trans, um dies als einen grösseren Kampf um Gerechtigkeit für *alle* zu verstehen.

ROHIT JAIN — Durch BLM hat sich in Bezug auf die Antirassismusarbeit, aber auch auf die Art, wie ich durch die Strassen gehe, schon einiges verändert. Ich war am 13. Juni mit meinen Kindern an der BLM-Demo auf dem Bundesplatz in Bern. Es war ausserordentlich zu erleben, wie sich trotz Corona-Lockdown mehrere Tausend Menschen versammelten. Was mich besonders beeindruckte war, dass andere Menschen gekommen waren als die *Usual Suspects* aus aktivistischen Kreisen. Viele junge BIPoC waren gekommen – auch von ausserhalb von Bern –, aber auch viele Migrant:innen der ersten Generation waren da, viele aus Ostafrika oder Sri Lanka, die sonst wenig an Demos zu sehen sind. Es war einfach die ganz normale (Migrations-)Bevölkerung, die sich angesprochen fühlte. Quasi all diese Leute, die wir in antirassistischen Projekten oder Events immer auch erreichen wollten – und was wir nie ganz schafften. Dies bestätigte meine Annahme, dass alle Menschen of Color und/oder mit Migrationshintergrund generell wissen, dass es Rassismus in der Schweiz gibt. Und es gibt mir Hoffnung, dass sie alle grundsätzlich bereit sind, aus dem Schatten der Gesellschaft herauszutreten und sich für ihre Rechte und gegen Ungleichheit einzusetzen. Mit der Demo war etwas in Bewegung gekommen: bei ihnen, aber eben auch in der Dominanzgesellschaft. Es war ein massiver Akt des zivilen Ungehorsams, während des Lockdowns eine solche Demo zu organisieren und zu besuchen – und gleichzeitig pandemiebedingt Masken zu tragen und rücksichtsvoll zu handeln. Einer der Organisatoren, ein zwanzigjähriger somalischer Secondo, erzählte mir später lachend, dass sie die Polizei nur informiert hätten über die Demo, und nicht etwa, um eine Bewilligung einzuholen! Was für eine Chuzpe! So gesehen war die illegale Besetzung eines offiziellen Platzes eine machtvolle widerständische Intervention in die weisse Schweizer Öffentlichkeit. Wie schon während der Demos der Gastarbeiter:innen in den 1970er-Jahren bedeutete die BLM-Demo für die Dominanzgesellschaft die reale Begegnung mit einem «Anderen», das davor nur als Phantom und nicht als Subjekt, als nicht anerkannte Arbeitskraft oder als Diversitäts-Token existierte. In den darauffolgenden Tagen habe ich mehrmals bemerkt, wie Menschen mich leicht gebannt anschauten. Sie nahmen meine Hautfarbe wahr! Sie sahen ein Gegenüber, das zurückschaute. Und ja, sie schienen davor sogar ein wenig Angst zu haben.

Durch BLM hat sich zudem die Reichweite der Antirassismusarbeit massiv vergrössert und damit aber auch der Bedarf nach neuen Strukturen, Expertisen und Kompetenzen.

Wenn die Bewegung grösser wird, differenziert sie sich aus. Es kommen neue Player ins Spiel, es entstehen neue Einsätze und Ansätze – und dadurch auch Widersprüche oder Konflikte. Gerade deswegen ist immer noch viel Bildungsarbeit, Forschung, Kompetenzaufbau und Vernetzung nötig, um wirklich strukturelle und institutionelle Veränderungen und neue Ansätze von Racial Justice anzustossen. In dieser Frage wird sich dann auch zeigen, welche Partner:innen und Akteur:innen nur auf den BLM-Hype aufspringen, und welche die Gesellschaft und ihre Institutionen wirklich verändern wollen. Aber klar ist, dass die Veränderung unaufhaltsam ist und der öffentliche Raum in der Schweiz weniger weiss ist als zuvor. Diesbezüglich und mit Blick auf die Fragen der Intersektionalität im ersten Teil des Gesprächs freut es mich zu sehen, dass in der Frauenbewegung rund um das 50. Jubiläum des Frauenstimmrechts 2021 der aktuelle Ausschluss der 25% Ausländer:innen kritisiert und deren Einschluss gefordert wird. Darin zeigt sich, wie sich in den aktuellen Netzwerken und Diskursen postmigrantische, antirassistische und feministische Ansätze breitenwirksam verbinden lassen.

FRANZISKA SCHUTZBACH — Für mich ist im Zuge der BLM-Proteste nochmal klar geworden, dass wir eine tiefgreifende Arbeit hin zu einer wahrhaft pluralen Gesellschaft machen müssen. Oder, mit Luce Irigaray gesprochen, geht es um die Frage, wie wir «Welt teilen», um die Frage, wie wir gemeinsam an der Welt teilhaben können. Was es braucht, ist die Bereitschaft, immer wieder neu zu fragen, wen wir wie bedenken, wem und welchen Kämpfen wir Rechnung tragen, wessen Handeln ermöglicht und wessen Handeln verunmöglicht wird. Wir müssen immer wieder neu fragen: Wer wird wie ein- oder ausgeschlossen? Von wem aus wird gedacht und gehandelt? Wir müssen fragen, wer überhaupt als ein «Wer» gelten kann und welches Leben wir als «lebenswert», als schützenswert oder als betrauernswert betrachten. Solche Fragen kamen im Zuge der Proteste nach dem Mord an George Floyd erneut glasklar an die Oberfläche.

Ich möchte dazu Juliet Bucher zitieren. Sie hat mit uns in unserem Buch über Schwarze Frauengeschichte in Biel gesprochen und einige wichtige Dinge zum Thema «Integration» formuliert. Da wurde mir nochmal klar, wie wichtig es ist, Konzepte des Miteinanders neu zu denken. Juliet Bucher kam 1996 aus Ghana in die Schweiz, im Gespräch sagt sie über die permanenten Integrationsanforderungen:

«Ich meine, es kann nicht nur um unsere Anpassung gehen. Auch die sogenannte Mehrheitsgesellschaft muss sich assimilieren, wir müssen uns alle aufeinander zubewegen. Wenn ich das Wort Integration höre, habe ich immer das Gefühl: Wir sind die Einzigen, die diese Arbeit leisten sollen. Aber in einer globalisierten Welt müssen sich alle dauernd integrieren. Wir alle müssen versuchen, einander besser zu verstehen. Das kann nicht nur in eine Richtung gehen und es kann nicht bedeuten, dass ‹wir› uns auf eine angeblich feststehende Schweizer Kultur einlassen, denn die gibt es ja nicht. Diese Schweizer Kultur wird auch dauernd beeinflusst, es gibt sie gar nicht ohne Einflüsse, ohne Interaktion. Sie verändert sich kontinuierlich. Ich denke, der Begriff Integration vermittelt eine falsche Vorstellung – als hätten die Leute, die hierherkommen, etwas zu lernen, das unveränderbar sei. Aber so ist es ja nicht, Kultur verändert sich beständig, und wenn Leute dazukommen, dann hat das einen Einfluss. Die sogenannte Schweizer Kultur ist geprägt von ‹uns›. Das Wort Integration hat für uns, die dazukommen, nichts zu bieten. Es bedeutet, dass wir nicht davon ausgehen dürfen, dass jemand sich auch auf uns einlässt, sich dem annimmt, was wir mitbringen, was es auch von uns zu lernen gibt. Aber ich will nicht nur lernen, wie man Apfelschnitze macht, sondern ich will auch, dass jemand etwas von mir lernt. Integration ist ein Wort, mit dem eigentlich immer gesagt wird: ‹Es ist nicht genug, du bist nicht genug. Du bist jetzt noch niemand, du bist erst dann jemand, wenn …› Solange du dieses und jenes nicht machst, darf man sagen: ‹Geh wieder weg.› Integration ist ein Wort, um zu sagen: ‹Du machst Fehler, wir nicht.› Und man weiss nie, wann dieses Integrations-Ding eigentlich abgeschlossen ist, man hält uns damit ständig auf Trab. Es ist erschöpfend. Du kannst nie zu dir selber schauen, zu deiner Community, deine eigenen Visionen verfolgen, du wirst dauernd festgenagelt auf Integration.»[5]

TAREK NAGUIB — Für mich ist im Zuge – aber auch bereits im Vorfeld – der BLM-Bewegung etwas Disruptives passiert, über das ich froh bin, weil es ein *game changer* werden könnte. Im Zuge der #MeToo- und der BLM-Bewegungen hat sich der öffentliche, politische Raum von verschiedenen Rändern aus insofern massiv ausgeweitet, als Menschen in die Lage versetzt werden, sich gegen Diskriminierung auszusprechen. Wir lernen besser zu verstehen, was Rassismus, Sexismus, Heteronormativität, aber auch viele andere Formen der Ausgrenzung wie Ableism, Ageism mit uns als Menschen macht. Und dank der zunehmenden Debatte sind immer mehr Menschen und Institutionen dazu bereit, dies zu thematisieren.

Scheinbare Einzelfälle sexistischer Übergriffe in der Filmbranche oder der Mord an George Floyd öffneten durch Strassenproteste und Hashtag-Kampagnen Ventile, die Menschen global und auch in der Schweiz dazu bewegten, die Selbstverständlichkeit von rassistischer und sexistischer Ausgrenzung als ungerecht und verantwortungslos wahrzunehmen und dieser zu widersprechen.

Schon immer haben sich Menschen dazu geäussert und versucht, etwas dagegen zu unternehmen. Die – salopp gesagt – neuen, jüngeren Bewegungen jedoch stellen sich nicht zuletzt aufgrund der evidenten Fragilität des Westens immer mehr auch der eigenen Geschichte und versuchen diese im guten Sinne mitzuprägen. Sie sprechen sich gegen Ungleichheiten aus und versuchen, den Protest in die Gesellschaft zu tragen und zu popularisieren. Gelingt es, die Hindernisse und Widersprüche, die mit diesen Kämpfen um die Universalisierung von Gleichheit und um die Nachhaltigkeit der Produktion und Verwendung von Ressourcen einhergehen, auch auszuhalten; und gelingt es, die Gemeinsamkeiten und Interdependenzen in diesen Kämpfen zu stärken, dann sehe ich grosses Potenzial.

Ich bin zurzeit ziemlich optimistisch, dass wir in den aktuellen emanzipatorischen Debatten auf einem guten Weg sind, verschiedene Perspektiven miteinander zu verknüpfen und voneinander zu lernen. Seit der BLM-Bewegung wird auch in der feministischen Bewegung und in der Klimabewegung verstärkt über rassistische Ausschlüsse bzw. über Möglichkeiten intersektionaler Politiken gerungen. Denn letztlich sind «wir» doch alle darauf angewiesen, dass wir die politischen Kämpfe um die Universalisierung der Gleichheit pluralisieren.

5   Burke, Diarra, Schutzbach, *I Will Be Different Every Time*, a.a.O., S. 107.

WENN SIE FRAGE BINI BÄRNER — DOCH SIE LUEGE NÄR KRITISCH, REDÄ VO USLÄNDER DOCH HIE ISCH NIEMER RASSISTISCH

Kay Wieoimmer, aus «Vo wo bisch du», 2020.

ROMAFUTURISMUS: «CHROMA IST WIE EIN SCHMETTERLING»

Mo Diener / Roma Jam Session art Kollektiv

Ich arbeite seit sieben Jahren mit dem Roma Jam Session art Kollektiv (RJSaK), das seit 2013 aus RR Marki, Milena Petrovic und mir besteht. Als künstlerische Leiterin entwickle ich Konzepte, die wir zu dritt gemeinsam diskutieren, bearbeiten und realisieren.

In unserer Arbeit geht es vor allem darum, die versteinerten Bilder und Vorurteile über Roma mit künstlerisch performativen Mitteln zu hinterfragen und aufzuweichen. Mit unseren Interventionen wollen wir offene, zeitgenössische (Selbst-)Bilder schaffen und den Status der Roma-Bevölkerung in der Schweiz transformieren. Das RJSaK ist eine in Zürich ansässige Künstler:innengruppe. Unser Künstlerkollektiv arbeitet transdisziplinär mit Mitgliedern aus Kunst, Theater, Musik und Design und tritt mit performativen Mitteln im öffentlichen Raum und in Kunstinstitutionen auf, um die aktuellen Themen der Roma sichtbar zu machen.

Neben diesen öffentlichen Auftritten im Kunstkontext engagieren wir uns auch aktivistisch in politischen Kampagnen mit anderen Roma-Organisationen und mit NGOs. Das Roma Jam Session art Kollektiv war von 2014 bis 2016 in einer Arbeitsgruppe des Bundesamtes für Kultur (BAK) tätig, wo wir die Rechte und die Anerkennung der Minderheiten der Roma, Sinti und Jenischen in der Schweiz gemeinsam mit anderen Minderheitenvertreter:innen diskutierten und bearbeiteten. 2018 wurden die Jenischen und Sinti-Gemeinschaften vom Schweizer Staat anerkannt, die Roma nicht. Der Beschluss des Bundesrates, die Roma als einzige der drei genannten kulturellen Minderheiten abzulehnen, traf uns unerwartet hart. Das hiess bis auf weiteres: Roma bleiben weiterhin als kulturelle Gemeinschaft im Sinne des Rahmenabkommens zum Schutz der nationalen Minderheiten nicht anerkannt. In der Folge fühlten wir uns hier im Land politisch und kulturell isoliert, was dazu führte, dass wir uns neu orientierten.

Im April 2018 wurden wir mit dem RJSaK zur 1. Roma Biennale in Berlin eingeladen, wo wir als Teil der Romaparade mit der Performance *CHROMA sudden presences* im öffentlichen Raum aufgetreten sind.

Seither hat sich das Kollektiv transnational und intersektional weiterentwickelt und hat verschiedene Kooperationspartnerschaften aufgenommen – wie zum Beispiel mit die grosse um_ordnung, einem queerfeministischen Kunstprojekt. Die Entwicklungen in der aktuellen internationalen Kunstpraxis geben Anlass zur Hoffnung, dass marginalisierte Positionen mit ihren künstlerischen und aktivistischen Arbeiten in Zukunft besser sichtbar und hörbar sein werden. 2019 partizipierten wir am Launch des RomArchive, dem ersten digitalen Archiv zu Geschichte, Kultur, Politik und Kunst der Roma in Europa. Das ERIAC (European Roma Institute for Art and Culture) mit der Leiterin Timea Junghaus hat uns im gleichen Jahr nach Venedig zur 58. Biennale eingeladen, wo wir mit *CHROMA – The Future Is Roma – We Pass the Mic to Europe* aufgetreten sind.

Nach dem Auftritt fand mit Michael Felix Grieder ein Gespräch zu meiner Performancekunst, den Interventionen des Kollektivs, dem Romafuturismus, wie auch zum Konzept «Chroma» statt.

MICHAEL FELIX GRIEDER — Eure Performance war intensiv, zwischen Freudentränen und Aufbruchstimmung, es gab sehr schöne Momente und bewegende Reaktionen. Stattgefunden hat sie im Roma-Pavillon am Canale Grande, der dieses Jahr zum ersten Mal Teil der offiziellen Biennale war. Von Dan Baker wurde ein Thema kuratorisch gesetzt, das auch eure Arbeit gut charakterisiert: «FutuRoma», eine Anspielung auf den Romafuturismus, der eine Avantgarde zeitgenössischer Roma-Künstler:innen beschreibt. Was bedeutet dieser Rahmen für dich?

MO DIENER — Eine strukturelle Veränderung hat stattgefunden, die nicht zuletzt massgeblich durch die Roma-Bewegung beeinflusst und initiiert wurde. In dem sonst rigiden Nationen-Modell – die Länderpavillons sind fester Bestandteil der Biennale von Venedig – konnte sich plötzlich ein transnationaler Pavillon durchsetzen.

Ganz generell decken sich das Ausstellungsthema und das Anliegen von RJSaK: Wir befassen uns damit, stereotype Bilder der Roma zu verändern, Stimmen hör- und sichtbar zu machen und dadurch Möglichkeiten für die Roma zu schaffen, ein respektierter Teil einer vielstimmigen Gesellschaft zu werden. Wir wollen mitbestimmen und die Struktur dieser Gesellschaft mitbilden und beeinflussen.

MFG — Was bedeutet Romafuturismus?

MD — Wenn wir von Romafuturismus sprechen, beziehen wir uns auf den Afrofuturismus. Dieser bezeichnet seit den 1990er-Jahren im Rahmen der Aufarbeitung der Geschichte der Black Diaspora künstlerische und literarische Praktiken in der Visualisierung und der Auseinandersetzung mit dem emotionalen und politischen Teil der Erfahrung mit dem Black Atlantic. Es gab auch Roma Communities, die von Portugal aus als Sklav:innen über den Atlantik transportiert wurden und dadurch Teil dieser Geschichte des Black Atlantic sind. In der transnationalen Roma Community ist dies jedoch nicht die Hauptgeschichte. Ebenso wie im Afrofuturismus verschiebt der Romafuturismus Gegenwärtiges in eine nahe Zukunft, um das Nachdenken über kulturelle Aspekte mit mehr Distanz zu ermöglichen. Romafuturismus erkennt Muster aus der Vergangenheit und wie diese in die Gegenwart wirken und formuliert Visionen, die uns dazu ermutigen, neue Handlungsmöglichkeiten auszuprobieren und neue Gesellschaftsformen zu erfinden. Ich denke an unsere Performance *Basic Roma* 2015 im Kunsthaus Zürich, in der Ausstellung *Europa. Die Zukunft der Geschichte*. Cathérine Hug hatte uns eingeladen, und es war grossartig im Kontext dieser Ausstellung aufzutreten, besonders da auch die Energie von Ceija Stojka's Malereien und Zeichnungen im Raum spürbar war. Für uns ist Ceija die erste romafuturistische Künstlerin. Wir trugen weisse Schutzanzüge mit einem blauen Dreieck auf dem Rücken. Für romafuturistische Figuren mit Superkräften waren es perfekte Kostüme. Zum Schluss verliessen wir in der typischen Position von Superman, mit leicht vorgebeugtem Oberkörper und ausgestrecktem rechtem Arm mit geschlossener Faust, die Szene.

Roma Jam Session art Kollektiv (Mo Diener, RR Marki, Milena Petrovic), *Basic Roma*, 2015. Performative Intervention in der Ausstellung *Europa. Die Zukunft der Geschichte*, Kunsthaus Zürich.

Der Romafuturismus ist ein Werkzeug für uns, um die Wahrnehmung der Zeit zu erweitern. Er schafft neue Verbindungen und Beziehungen zur Welt, die Heilung von Verwundung und Trauma aus der Vergangenheit bewirken und neue Bewegungsfreiheit in der Zukunft imaginieren. Die Künstlerin Ceija Stojka, die in Auschwitz fast ihre gesamte Familie verloren hatte, nutzte dieses Werkzeug, ohne es als solches zu benennen. In Karin Bergers Film *Ceija Stojka. Porträt einer Romní* (1999) ist sie im Prozess des Malens zu sehen, sie mischt die Farbe mit blossen Händen, zerreibt sie zwischen den Fingern und bereitet so den Gestus auf der Leinwand vor, den Strich, das Abreiben auf die Fläche – und dies alles, während sie erzählt/ihren Erinnerungen freien Lauf lässt. Die fliessende Erzählung von erlebter und gesehener Grausamkeit wird auf diese sinnlich-performative Weise transformiert und zu neuen Bildern zusammengefügt, die das Leben zelebrieren.

MFG — Eure Performances sind Interventionen, die konfrontieren, ohne frontal «anzugreifen». Wie geht ihr vor?

MD — Performance ist ein sehr direktes Medium. Diese Arbeit beansprucht dich auf einer körperlichen und einer mentalen Ebene: Du bist gefordert, dich ganzheitlich mit etwas zu befassen. Das ist keine rein intellektuelle Beschäftigung, sondern eine räumliche, zeitliche und sehr affektive Auseinandersetzung mit sich, den anderen und dem Raum.

Wir sind zu dritt in der Kerngruppe, arbeiten aber zu sechst oder mehr, die Zahl kann variieren. Es geht im Wesentlichen darum, einen kreativen und sozialen Raum zu schaffen, diesen zu erweitern und eine Gruppe zu bilden, in der vielschichtige Beziehungen aufgebaut werden können. Das hat mit Begegnungen und neuen Erfahrungen zu tun, mit Nähe und Distanz, mit Wahrnehmung und mit Grenzen, die beginnen sich aufzulösen, fliessend zu werden.

Es ist wie ein Labor und zugleich ein geschützter Raum. Hier können wir etwas ohne Risiko ausprobieren und wenn es uns gefällt, einüben. Ich versuche jeweils ein Konzept zu finden, worin das spielerisch geschehen kann und einfache Bewegungen möglich sind, die auch ästhetisch interessant sind. In der Performance *Chroma – The Future Is Roma – We Pass the Mic to Europe* nutzen wir viele Bewegungen aus der Meditation, dem Kampfsport oder aus dem Fitnesstraining. Diese Art von Bewegungen liegt mir, da ich sie selbst seit Jahren praktiziere und dabei beobachte, dass sie nicht nur eine Wirkung auf die ganze Struktur des Körpers haben, sondern auch auf die geistige Lern- und die Reflexionsfähigkeit. Beides hat unbedingt mit der Wahrnehmung des eigenen Körpers zu tun. Es geht in den Performances um Lernen und Erfahrung, um eine erhöhte Wahrnehmungsbereitschaft, um davon ausgehend ins Handeln zu kommen, aber auch um Freude und Entspannung.

Das Medium der Performance funktioniert innerhalb des Kollektivs und seiner Kompliz:innen, aber auch als gemeinsame und geteilte Erfahrung mit dem Publikum. Die Schwelle zur Teilnahme ist niedrig, weil unsere Choreografien unkompliziert sind. Seit 2016 machen wir hauptsächlich Public Performances. Es ist uns Roma-Künstler:innen ein grosses Anliegen, unsere Arbeit in Kultur- oder öffentlichen Räumen immer wieder neu entstehen zu lassen. Alle sind eingeladen, mitzumachen. Denn es geht darum, einen tiefen Graben in der Gesellschaft zu überwinden. Dies ist eine gemeinsame Arbeit, wir können sie nicht alleine tun.

Wir arbeiten zunehmend in grösseren Gruppen und über längere Zeiträume. Wir finden unsere Kompliz:innen über Social Media und in Freundes- und Studienkreisen.

MFG — «Chroma» heisst zum einen CH-Roma und macht somit auf den Umstand aufmerksam, dass viele Roma in der Schweiz sich nicht outen, um den Vorurteilen zu entgehen. Andererseits ist die Praxis der romafuturistischen Intervention selbst «chromatisch», d.h. Transformation gelingt durch Ein- und Umfärbungen auf Ebene der Bildpolitik.

MD — Dass wir auf den Begriff «Chroma» gekommen sind, ist ein grosser Glücksfall. Er öffnet das Feld und macht vielfältige Schattierungen sichtbar. Es gibt so viele Klischees zu den existierenden Roma und genauso zu den angeblich nicht vorhandenen Roma in der Schweiz. Wir zählen zwar 80.000 Roma, aber sie geben sich aus guten Gründen kaum zu erkennen. Wir wollen die diskriminierenden und rassistischen Vorstellungen und Vorurteile über die Roma, die die Schweiz seit Jahrhunderten prägen, überwinden und neue, facettenreiche und multiperspektivische Bilder zeigen. Wenn wir innerhalb der gegenwärtigen transformativen Dynamik, die sich auf planetarischer Ebene abspielt, in die Schweiz hineinzoomen, dann möchten wir mit unserer Arbeit dazu beitragen, die Anwesenheit und das Wissen der Roma auch in diesem kleinen, für Roma meist verschlossenen Land, sichtbar machen. Die Roma wurden über Jahrhunderte kontinuierlich abgewiesen, ignoriert und von der Mehrheitsgesellschaft «unzugänglich» gemacht. Unsere Public Performances durchdringen diese jahrhundertealten toxischen Schichten der strukturellen Fremdenfeindlichkeit, des Rassismus, der Stigmatisierung, Diskriminierung und Ausgrenzung, um einen Raum zu schaffen für gemeinsame Erfahrungen mit dem Publikum. Mit *Detox Dance* und *Chroma* heilen wir gemeinsam unsere durch Misstrauen, Ausbeutung und Belästigung oder Missbrauch verletzten Körper und bieten einander Hand, um auf einer gemeinsamen Basis neue Verbindungen, Kooperationen und Entwicklungen möglich zu machen. Wir glauben an die Möglichkeit der Kunst als Mittel für politischen Wandel und soziale Gerechtigkeit. Wir haben die Vision, dass alle Menschen und alles Leben in ständigem Werden begriffen ist und wir deshalb stolz und laut verkünden können: «Open Europe – The Future Is Roma».

«Chroma» ist in diesem Sinn eine romafuturistische Strategie und eine Metapher für die Verwandlungskraft, die in einer Imagination liegt. «Chroma» verflüssigt jede Anstrengung der quantitativen Festschreibung einer ethnischen Gruppierung. «Chroma» bietet uns ein künstlerisches Werkzeug, um die gesellschaftliche Situation als auch unsere Wahrnehmung zu verwandeln, eine neue Perspektive zu etablieren, die in der Erfahrung der Heilung liegt. Auch wenn dies heute noch sehr utopisch klingt, kann das Einüben und Wiederholen einer gemeinsamen Choreographie Möglichkeiten der Begegnung öffnen, die im Sinn des kollektiv Imaginären die stereotypen Bilder der Roma mit der Zeit überschreibt.

Für die Roma in der Schweiz ist «Chroma» ein Angebot zur Verwandlungsfähigkeit; wie die Raupe, die sich verpuppt und schliesslich als Schmetterling davonfliegen kann. Die Figur des Schmetterlings ist zentral und steht für Transformation verfestigter Strukturen und Horizonterweiterung. Das sind Begriffe der Befreiung und der Selbstermächtigung, sie stehen exemplarisch für das performative Konzept, das dem Romafuturismus eigen ist. Das ist «Chroma». Was wir suchen, was wir wünschen, was wir sind, was wir werden.

Romafuturismus ist das Sichtbarmachen dessen, was die Vergangenheit verschleiert, ignoriert und unsichtbar gemacht hat. Romafuturismus ist ein In-die-Zukunft-Projizieren dessen, was wir imaginieren, um neue Perspektiven zu schaffen. Romafuturismus ist eine fliessende Position, sie baut flüssige Skulpturen und begünstigt soziale Ereignisse, sie ist im Fluss, aus diesem auf- oder darin eintauchend.

DIE SCHWEIZ
HEISST NOCH IMMER
DIE SCHWEIZ

VORALPENEXPRESS
FÄHRT DURCH DIE
SCHWEIZER ALPEN

DER ZUGFAHRER
ERKLÄRT MIR
DAS BAULAND
IM VORORTEN VON LUZERN
TEURER WIRD

ICH VERGESSE ZU ERZÄHLEN
DAS MINEN GESAUBERTE
MEIN LAND
AUCH
BEWOHNBAR WIRD
OHNE MICH

ICH MÖCHTE IN
DER SCHWEIZ STERBEN
IRGENDWO
VERWURZELT SEIN
OHNE
KNOCHENSPLITTER
MEINE NAME
WIRD MICH
AUF DEM
STEIN BELASTEN
MIT
MEINEM LAND
DER VORALPEN ESPRESS
KOMMT AN

Dragica Rajčić Holzner, «Die schweiz», 2004.

DER EISBERG DER GESCHICHTE

PERSPEKTIVEN FÜR EINE DEMOKRATISIERTE GESCHICHTSPOLITIK IN DER SCHWEIZ

Katharina Morawek

Vor einigen Jahren fuhr ich an einem Frühlingstag zum ersten Mal in den Zürcher Hauptbahnhof ein. Aus dem Eingangstor getrieben, begrüsste mich der eiserne Rücken eines Mannes. Wikipedia sagte mir:
«Johann Heinrich Alfred Escher vom Glas, genannt Alfred Escher (*20. Februar 1819 in Zürich; † 6. Dezember 1882 in Zürich/Enge) war ein Schweizer Politiker, Wirtschaftsführer und Eisenbahnunternehmer.» Der Mann stand auf seinem Sockel, sein Blick ging in die Ferne und doch nur die Bahnhofstrasse hinunter. Dort entlang spülte mich die wogende Gemeinde der Einkaufenden direkt bis an den See. So landete ich an einem Quai, benannt nach «General Henri Guisan». Eine frische Brise blies über das Wasser und die Möwen kreischten. Wikipedia meinte: «Henri Guisan (* 21. Oktober 1874 in Mézieres; † 7. April 1960 in Pully) war während des zweiten Weltkriegs General und damit Oberbefehlshaber der Schweizer Armee.»

Ich war soeben aus Wien angereist. Bei Wikipedia würde über mich vielleicht stehen: «in der 3. Generation nach 1945 sozialisiert». In der Grundschule hing das Porträt des lächelnden Kurt Waldheim in meinem Klassenzimmer. Er war in den 1940er-Jahren als Offizier an Massakern der deutschen Wehrmacht in Jugoslawien beteiligt und in den 1980er-Jahren österreichischer Bundespräsident. Meine Familie war geprägt vom stillen Konflikt zwischen der widerständigen Energie eines katholischen Antifaschismus auf der einen Seite und Mitläuferkarrieren auf der anderen. Den Schulbüchern galt Österreich als «erstes Opfer» der Nazis. Landschaften waren mit Kriegerdenkmälern übersät, die Wehrmachtssoldaten als Helden verehrten und ihre Verbrechen verschwiegen. 1986 erst, ich war 7 Jahre alt, brach in Österreich die Stille des postnazistischen Konsenses auf, man begann, die Vergangenheit offensiv zu verhandeln: Waldheims Nazi-Vergangenheit kam auf den Familientisch, er wurde antifaschistisch herausgefordert. Österreich begann, sich offiziell von seiner liebgewonnenen Nachkriegsgeschichte als «erstes Opfer» des Nationalsozialismus zu lösen. Dennoch: So unsichtbar wie zahlreiche ehemalige Nazis ihre Karrieren nahezu bruchlos fortsetzen konnten, blieben auch die Kriegerdenkmäler und andere steinerne Zeugen so selbstverständlich wie beinahe unbemerkt stehen. Erst langsam sollten die zunächst margi-

nalisierten kritischen Stimmen, gestärkt durch das beharrliche Nachfragen der folgenden Generationen der Frage Gehör verschaffen, wie
mit diesem Erbe verantwortlich – im Sinne einer Stärkung der Demokratie und eines «Niemals wieder» – umgegangen werden sollte. Es
entstand eine Kultur der Auseinandersetzung, es wurde Platz geschaffen für antifaschistischen Widerspruch. Wir erlebten den Rassismus
und Antisemitismus im Schulsystem und auf der Strasse zunächst
ohnmächtig und begehrten später gegen ihn auf. So manche in meinem
Umfeld überlebten die gewalttätigen Antworten der Neonazis nicht.

Stirnrunzelnd scrollte ich weiter durch die Guisan-Google-Resul-
tate. Warum ist eine der prominentesten Adressen dieser Stadt nach
ihm, diesem General benannt, fragte ich mich. Zehn Jahre Helvetisie-
rung später ist mir heute klar: Guisan ist Symbol für Neutralität und
Opportunismus zugleich. Er steht für eine urschweizerische Strategie:
Die Bewahrung einer gewissen «Neutralität» in (wiederum nationalis-
tischer) Opposition zum Nationalsozialismus, vermag die gleichzeitige pragmatische Anpassung an das nationalsozialistische Umfeld und
Aufrechterhaltung der wirtschaftlichen Beziehungen zu überstrahlen.[1]
Dieses im Zuge der Bewegung der geistigen Landesverteidigung ent-
standene, strukturell wirkende Selbstverständnis verortet das «Schweizerische» jeweils im Gegensatz zum «Unschweizerischen» und etabliert dadurch einen nationalen Code der Integration unterschiedlicher
politischer Haltungen von links über bürgerlich-liberal bis katholisch-
konservativ.[2] Wo sich das offizielle Gedächtnis Österreichs der Realität
des Antifaschismus stellen musste und bis heute muss, hat es jenes der
Schweiz bis heute geschafft, sich in der Ambivalenz des Ausgleichs zu
halten: zwischen opportunistischer Anpassung und der Souveränität
des demokratischen Kleinstaats. Gerade diese Affirmation des Opportunismus ist es, die die geschichtspolitischen Debatten in der Schweiz
dominiert und ausmacht.

Angenommen, ich hätte am Guisan-Quai das Tram bestiegen, es
hätte mich infolge weiter über den Fluss und den Hügel hinaufge-
bracht. Beim Kunsthaus wäre ich wieder ausgestiegen und wahrscheinlich bald im «Bührle-Saal» gelandet. Wikipedia: «Emil G. Bührle (*31.
August 1890 in Pforzheim; † 28. November 1956 in Zürich) war ein
Schweizer Waffenfabrikant deutscher Herkunft, Kunstsammler und
Mäzen». Interessanterweise wäre diese Tatsache aber nirgendwo im
Kunsthaus vermerkt, geschweige denn problematisiert. Der Spazier-
gang würde zu einer Spurensuche: Ein paar Schritte weiter den Hügel
hinauf, direkt neben der Universität dann die Plattenstrasse. Später
würde ich erfahren, dass an diesem Standort in den 1880er-Jahren in
Zürich «Völkerschauen» stattfanden, mehrere aus Chile entführte Ka-
wesqar wurden hier dem Blick der Zürcher:innen ausgesetzt und ver-
starben an den Folgen von Ansteckungen und Kälte. Der Rückweg
würde mich am Schauspielhaus und seiner Geschichte als Exiltheater
der Nazizeit und antifaschistischem Wirkungsort vorbeiführen. Auch

---

1   Jakob Tanner, *Geschichte der Schweiz im 20. Jahrhundert*, München 2015, S. 235ff.
2   Ebd., S. 238.

hier würde mein suchender Blick keinen bemerkbaren Hinweis auf diese Geschichte(n) aufspüren. Vorbeispazierend an Dönerläden, asiatischen Imbissen und alteingesessenen italienischen Restaurants würde ich durchs Niederdorf schlendern. In diesem mittelalterlichen Altstadtviertel träfe ich dann auf die deutlichen Spuren einer kolonialen Geschichte Zürichs, nicht zuletzt auf einen «Kolonialwarenladen» mit entsprechender Bebilderung. Auf meinem Heimweg durch den Kreis 4 ginge es vorbei an den Bars, von denen ich weiss, dass vor einer von ihnen der italienische Arbeiter Alfredo Zardini aus rassistischen Motiven erschlagen wurde, im Jahr der sogenannten «Schwarzenbach-Initiative» 1970. Auch hier kein Hinweis, kein Schild, geschweige denn ein Denkmal. Nach all meinen Spaziergängen durch das Zentrum der Stadt bleibt auch heute das mulmige, wenn auch nicht unbekannte Gefühl, jedes Mal einem monumentalen Eisberg der Geschichte zu begegnen, ein undurchdringliches Amalgam aus Mythos, Pragmatismus und Opportunismus: Über Wasser die bereits erwähnten vorteilhaften Selbsterzählungen. Unter Wasser aber ein weitaus grösseres Areal des Zusammenspiels der gemeinsamen und geteilten Geschichte(n) der Menschen in diesem Land in Beziehung zur Welt. Diesen Teil des Eisbergs gilt es zu heben, zu erforschen, seinen Aggregatszustand zu verflüssigen, um die darin enthaltenen Geschichten in Bewegung zu bringen. Denn wer hat den Gotthard-Tunnel gegraben? Wer schiesst in der Schweizer Nationalmannschaft die Tore für das Land? Wer pflegt die ältere Generation und wer schiebt die Kinderwägen der zukünftigen Stimmbürger:innen, zumeist ohne selber abstimmen zu können? Die Geschichten und die Zukunft aller hier Anwesenden, unabhängig davon, ob ihnen das bewusst ist oder nicht, steht auf jeweils unterschiedliche Weise im Spannungsfeld der untrennbaren Beziehung zwischen der Schweiz und der Welt. So bringt eine «Neue Schweiz» neue Perspektiven auf die Geschichte mit sich, und auch umgekehrt: die Auseinandersetzung mit den blinden Flecken der Vergangenheit eröffnet neue Klarheiten in einer vielstimmigen Gegenwart. Die anstehende Demokratisierung der Gesellschaft bedeutet auch die Notwendigkeit einer Auseinandersetzung um Geschichte. Doch wie steht es um die Bedingungen für eine solche Demokratisierung der geschichtspolitischen Debatten in der Schweiz?

WELCHE GELINGENSBEDINGUNGEN BRAUCHT EINE DEMOKRATISCHE ERINNERUNGSKULTUR IN EINER MIGRATIONSGESELLSCHAFT?

Guisan, Bührle und die Frage der Rolle der Schweiz im zweiten Weltkrieg markieren die letzte Hochkonjunktur geschichtspolitischer Debatten in der Schweiz. Das war in den späten 1990er-Jahren. Die offizielle Schweiz setzte eine Historiker:innenkommission ein; 2002 erschien der sogenannte Bergier-Bericht.[3] Er zeigte die engen wirtschaftlichen und teilweise auch ideologischen Verknüpfungen der Schweiz mit dem Nazismus ausführlich auf. Eine breite Popularisierung oder gar wirksame Ausweitung des neu gewonnenen Wissens blieb interessanterweise aus. Schon seit den 1980er-Jahren erarbeiteten Historiker:innen meist gegen den hegemonialen Strom ihrer Disziplin zentrale Erkenntnisse zur Geschichte der Verstrickungen der Schweiz mit unterschiedlichen Gewaltregimen und schufen so Meilensteine in Richtung einer erwähnten Demokratisierung der geschichtspolitischen Debatte. So brachten etwa die Forschungen zu Paul Grüninger die Beschäftigung mit der Mitverantwortung der Schweiz für die Verbrechen des Nationalsozialismus mit in Gang. Grüninger rettete als Polizeihauptmann in den Jahren 1938/39 mehrere hundert jüdische und andere Geflüchtete vor der Verfolgung und Vernichtung durch die Nazis und wurde dafür kriminalisiert.[4] Die kritische Beschäftigung mit dieser Geschichte trug dazu bei, dass Grüninger rehabilitiert wurde und 2006 ein Fussballstadion in St. Gallen nach dem ehemaligem Fussballspieler und Schweizer Meister benannt wurde. Auf ähnliche Weise wurde die Involvierung der Schweiz in Regime des Kolonialen untersucht.[5] Auch diese Impulse haben zwischenzeitlich in der Wissenschaft, in der Kunst sowie in der öffentlichen Debatte Räume geöffnet, die jahrzehntelang verschlossen waren. Interessant ist die den Debatten eigene Zeitlichkeit. Sie verlaufen in einer Art dialektischen Bewegung – ein Schritt vorwärts, zwei zurück, dann einer zur Seite. Die Debatten stagnieren nicht vollständig, sie erreichen allerdings auch keinen Durchbruch, keine Veränderung des öffentlichen Selbstbildes. In dieser zögerlichen Zeitlichkeit manifestiert sich eine konservative schweizerische Geschichtskultur, in der die «Kontamination» durch problematische Aspekte oftmals als Bedrohung wahrgenommen wird. So manche unangenehmen Fakten, beispielsweise der tief verwurzelte Antisemitismus mit Tradition in der ersten Volksinitiative (Eidgenössische Volksinitiative «Verbot des Schlachtens ohne vorherige Betäubung» 1893) und der Frontenbewegung[6], ist selbst aus den aktuellen kritischen öffentlichen Debatten wieder verschwunden. So konnte sich die Schweiz Formen einer Entnazifizierung, wie sie in anderen postnazistischen Ländern stattgefunden haben, entziehen. Während jedoch in Deutschland und Österreich die Debatten durch den Mechanismus der Schuldabwehr geprägt sind, haben die Debatten in der Schweiz einen anderen sozialpsychologischen Hintergrund, nämlich: *Wir haben es immer unbeschadet überstanden, wir waren nie selbst schuld.* Das Selbstbild des «Sonderfalls» erlaubt, die Verantwortung abzuschieben.

In jüngster Zeit zeichnet sich erneut ein Aufbruch ab, wie etwa die vom SRF produzierte Fernsehserie «Frieden» bezeugt. Sie widmet sich

3 Jean-François Bergier et. al., Veröffentlichungen der Unabhängigen Expertenkommission Schweiz – Zweiter Weltkrieg, Zürich 2001/2002, https://www.uek.ch/de/ (zuletzt aufgerufen am 09.09.2021).

4 Stefan Keller, *Grüningers Fall. Geschichten von Flucht und Hilfe*, Zürich 1993.

5 Hans Fässler, *Reise in Schwarz-Weiss. Schweizer Ortstermine zur Sklaverei*, Zürich 2005.

6 Tanner, *Geschichte der Schweiz im 20. Jahrhundert*, a.a.O., S. 219ff.

der Geschichte der Beziehungen zwischen den Bewohnern eines Flüchtlingsheims für männliche jugendliche jüdische Überlebende und einer Schweizer Industriellenfamilie und untersucht so den Umgang der Zeitgenoss:innen mit dem Holocaust. So lässt sie tief in die Verstrickungen der schweizerischen Wirtschaft und Gesellschaft mit dem Nationalsozialismus und dessen Kontinuitäten blicken, die bisher in der breiten schweizerischen Öffentlichkeit ein Schattendasein fristeten. Unter dem Stichwort «Kolonialismus ohne Kolonien»[7] geraten zudem in den letzten Jahren Zusammenhänge zwischen der Industrialisierung und Wirtschaftsgeschichte der Schweiz und kolonialer Ausbeutung in den Blick[8], die sich nicht zuletzt in der Biografie des Industriellen und liberalen Politikers Escher widerspiegeln.

Die Schweizer Gesellschaft ist nicht erst seit gestern von transnationalen Geschichten mitgeprägt. Das zeigen, wenn man sie wirklich anschauen will, gerade auch die Biografien von Escher, Guisan oder Bührle. Wirtschaft und Kunst, Nahrung und Lebensweisen: Sie schöpfen tief aus einem globalen Raum, und so auch aus einem tiefen Raum der Ausbeutung und Gewalt. Dieses Bewusstsein für Transnationalität treibt seit einiger Zeit langsam, aber sicher auch in der Schweiz neue geschichtspolitische Diskussionen vorwärts. Sie erweitern nicht nur den Blick in den Rückspiegel, sondern verknüpfen ihn auch mit aktuellen Fragen zu Migration und Rassismus. Da waren etwa die beiden Berner Stadträte Halua Pinto de Magalhães und Fuat Köcer, die den Namen der Berner «M»-Zunft infrage stellten, da war eine breite Diskussion um die nicht nur ernährungstechnisch antiquierte Süssspeise «M»-Kopf und es gab die Debatte über die überkommenen historischen Bezugspunkte der Schweiz von 1291 und 1848 sowie neue Impulse für das geschichtspolitische Gespräch ausgehend vom 50. Gedenkjahr an die Ablehnung der Schwarzenbach-Initiative von 1970[9]. Anlässlich der massiven Proteste, die auf den Mord des Afroamerikaners George Floyd durch einen weissen Polizisten am 25. Mai 2020 folgten, entstand eine breite mediale Aufmerksamkeit für Fragen zu Rassismus und Kolonialismus. Der spektakuläre Sturz ins Wasser, durch den die Statue des Sklavenbesitzers Edward Colston im britischen Bristol weltweit bekannt wurde, spülte die viral gegangenen Forderungen der Black-Lives-Matter-Bewegung bis ins Hauptabendprogramm der Schweizer Haushalte.

Dieser neue vielstimmige geschichtspolitische Blick ist erfrischend für die Schweiz. In Bezug auf Rassismusforschung dominiert aktuell eine starke begriffliche und ideengeschichtliche Bezugnahme auf Postcolonial Studies und Critical Race Theory aus dem britischen und US-

7   Patricia Purtschert, Barbara Lüthi, Francesca Falk (Hg.), *Postkoloniale Schweiz. Formen und Folgen eines Kolonialismus ohne Kolonien*, Bielefeld 2012.

8   Lea Haller, *Transithandel. Geld- und Warenströme im globalen Kapitalismus*, Berlin 2019.

9   Kijan Espahangizi, Halua Pinto de Magalhães, «Vergesst 1291 und 1848!», *Die Zeit,* Nr. 41/2014, 1. Oktober 2014, und Rohit Jain «Schwarzenbach geht uns alle an! Gedanken zu einer vielstimmigen, antirassistischen Erinnerungspolitik», 26. Juni 2020, https://institutneueschweiz.ch/De/Blog/249/Schwarzenbach_geht_uns_ alle_an_Gedanken_zu_einer_vielstimmigen_antirassistischen_Erinnerungspolitik (zuletzt aufgerufen am 09.09.2021).

amerikanischen Raum. Andere historische Lücken werden hingegen nur langsam geschlossen, etwa in Bezug auf das jüngere Migrationsregime seit den 1960er-Jahren. Trotz der bereits erfolgten wichtigen Schritte vermögen diese aktuellen Debatten noch nicht, die Verbindungen von kolonialer Komplizität, Gastarbeiter:innenregime und Kollaboration am Holocaust als gemeinsame Schweizer Geschichte zu verstehen. Was noch fehlt, ist eine ehrliche tragfähige Selbstverortung, eine Klärung der Frage wo die Schweiz in all diesen Fragen geschichtspolitisch steht.

Wie könnte dementsprechend eine geschichtspolitische Kultur und Wissensproduktion für die Schweiz aussehen, die die Involvierung der Schweiz in Holocaust und Kolonialismus sowie ihr gewaltvolles Migrationsregime anerkennt, und gleichzeitig den demokratiepolitischen Herausforderungen der vielfältigen heutigen Schweiz gewachsen ist? Wie könnte eine solche «multidirektionale» Erinnerung[10] auch im öffentlichen Raum gestärkt werden, die diese unterschiedlichen und doch verflochtenen Geschichten des Unrechts in Beziehung setzt, sie gemeinsam und nicht konkurrenzierend abbildet? Die Debatten im deutschsprachigen Raum zeigen, dass der Anspruch des Multidirektionalen zwar eine Zusammenschau unterschiedlicher Verbrechensgeschichten befördert, es aber schwieriger scheint, den Reflex der Vergleichslogik oder der Hierarchisierung hinter sich zu lassen.

BLICK ÜBER DEN TELLERRAND

Um das multidirektionale Gespräch in der Schweiz zu beginnen, fehlen noch wichtige Forschungserkenntnisse. Einerseits betrifft dies Fragen der Situation der Schweiz «nach dem Nationalsozialismus». Denn die Kontinuitäten des Schweizer Antisemitismus und das aktive Vergessen der Schweizer Rolle im Holocaust spielen fundamental in die helvetische Art des Nicht-Erinnerns mit hinein. Wie Adorno feststellte, ist das «Fortwesen» des Faschismus in der Demokratie schlimmer «denn seine direkte Fortsetzung»[11]. Es könne keineswegs die Rede davon sein, dass der Bann des Faschismus gebrochen sei, sondern dass sich stattdessen der Wunsch nach einem Schlussstrich durchsetze. Diese Analyse ist prägend für ein kritisches Geschichtsverständnis, das sich um den Begriff «Postnazismus» dreht. Denn «nach dem Nationalsozialismus» lässt sich nicht als statische Phase denken: «Die Formen der Erinnerung, die Kämpfe um vollständige Anerkennung und Entschädigung der Verfolgten, die offizielle Haltung der NS-Nachfolgestaaten und ihrer Institutionen, die Brüche mit dem Naziregime im Ganzen und seinen Einzelheiten, aber auch die Kontinuitäten dort, wo nicht zu Genüge oder gar nicht mit dem NS gebrochen wurde – all das befindet sich in einer ständigen, nicht linearen Weiterentwicklung. Für

10 Michael Rothberg, *Multidirektionale Erinnerung. Holocaustgedenken im Zeitalter der Dekolonisierung*, Berlin 2021.

11 Theodor W. Adorno, «Was bedeutet: Aufarbeitung der Vergangenheit», in: ders., *Eingriffe. Neun kritische Modelle*, Frankfurt a.M. 1963, S. 125–146.

diese Mehrfachsituation, in der mit dem Nationalsozialismus gebrochen wurde, er aber dennoch fortwirken kann und gleichzeitig ein Umgang mit seinem Erbe gefunden werden muss, hat sich der Begriff des *Postnazismus* etabliert. *Post-*, weil diese Vorsilbe erlaubt, ein zeitliches Danach zu beschreiben, das nicht ohne Einfluss seiner Geschichte bleibt.»[12] Eine solche Aufarbeitung würde weh tun, trifft sie doch ins Herz des humanitären Selbstverständnisses der Schweiz.

Es lohnt sich der Blick in andere, vergleichbare Kontexte, die zeigen, dass das Gelingen geschichtspolitischer Debatten bei weitem nicht selbstverständlich ist. In Deutschland beispielsweise führte die von den Alliierten durchgesetzte Entnazifizierung und Re-Education nach 1945 zu einer staatlich getragenen Verantwortung, zu ikonographischen Mahnmälern und schliesslich zu einer national aufgeladenen Gedenkkultur, in der sich das Land als «Erinnerungsweltmeister» in eine Endlosschlaufe der Wiedergutmachungsperformanz und moralischen Treuherzigkeit begab. Für manche Überlebende des Holocaust war dies eine Genugtuung, für andere ein zwanghaftes «Erinnerungstheater» und daher nur schwer erträglich – kritisiert wurde in diesem Zusammenhang etwa die «Entpolitisierung» des Gedenkens.

In den staatlichen oder kommerziellen Routinen des «Lernens aus der Geschichte» liegt auch die Gefahr, eben diese Geschichte durch Abgrenzung hinter sich lassen zu wollen, sie quasi im Rückspiegel mit Schaudern zu bestaunen, sie als staatsbürgerliche Erziehungsmethode zu nutzen oder mit Bezug auf einen antitotalitären Konsens die Legitimation des gesellschaftlichen Status quo ex negativo zu betreiben. Gleichzeitig bleibt demgegenüber aber auch die Frage der Analogien herausfordernd, also ein expliziter Wunsch, die geschehenen Verbrechen schablonenartig mit heutigen gleichzusetzen. Eine weitere Herausforderung stellt dabei die aktuell neu entfachte Debatte über das Verhältnis der Verbrechen der Nazis zu den deutschen Kolonialverbrechen und dessen Konsequenzen für die heutige Gesellschaft dar. Doch verheddert sich eine produktive Diskussion oftmals im «doppelten Sehen», das durch die Zusammenführung von Rassismuskritik und Kritik am Antisemitismus entsteht[13]. Eine produktive Diskussion scheitert immer wieder an den Fallstricken einer Opfer- und damit Gedächtniskonkurrenz. Das Konzept der multidirektionalen Erinnerung schlägt hier vor, dass sich Erinnerungskulturen in einen Dialog begeben, durch Anleihen, Aneignungen, Gegenüberstellungen und Wiederholungen anderer Geschichten und anderer Erinnerungstraditionen. Ein Beispiel dafür ist etwa die Initiative NSU Komplex, in der sich sowohl Überlebende als auch Angehörige der Opfer der Mordserie der rechtsextremen Zelle NSU sowie weitere antirassistische Initiativen und Solidarische organisieren. Sie treiben einerseits die forensische und rechtliche Aufarbeitung, und andererseits die öf-

12 Lisa Bolyos, Katharina Morawek, *Diktatorpuppe zerstört, Schaden gering*, Wien 2012, S. 10f.

13 Floris Biskamp, «Ich sehe was, was Du nicht siehst. Antisemitismuskritik und Rassismuskritik im Streit um Israel (Zur Diskussion)», *PERIPHERIE – Politik • Ökonomie • Kultur* 3+4 (2020), S. 426–440.

fentliche Wahrnehmung rechtsextremen Terrors mit seinen Verbindungen in den Verfassungsschutz als hausgemachtes Problem der Bundesrepublik voran. Dabei bringen sie Geschichte und Gegenwart miteinander in Dialog, kommen aber immer wieder sehr konkret zum Gegenstand der rassistischen Morde zurück. Dadurch gelingt es, sich Schritt für Schritt einer Wissensproduktion anzunähern, die in der Lage ist, jenseits der epistemischen «blinden Flecken» zu blicken.

Ein wichtiges Element, das die Schuldabwehr («Wir waren keine Täter / Wir wurden gezwungen») der postnazistischen Staaten herausforderte, bildet die bereits 1945 vor allem in Deutschland und Österreich einsetzende «wilde» Denkmalsgestaltung. So setzte der KZ-Verband am Wiener Morzinplatz, dem Standort des ehemaligen Gestapo-Gefängnisses, einen vorher nicht bewilligten Gedenkstein. Die erinnerungspolitische Gestaltung des Platzes wurde anschliessend und bis heute immer wieder neu von unterschiedlicher Seite bearbeitet. Die Selbstverständlichkeit, mit der Gedenkstätten und Denkmäler in den deutschsprachigen postnazistischen Staaten heute staatliche Aufgabe sind, wurde so in erster Linie von – zunächst marginalisierten – Selbstorganisationen der Überlebenden und ihren antifaschistischen Mitstreiter:innen ab 1945 unter der Maxime «Niemals vergessen» erkämpft und vorangetrieben. Die Hierarchisierungen von Opfergruppen, etwa der Rassismus gegenüber Roma/Romnija oder die Stigmatisierung von unter der Kategorie «asozial» Verfolgten wurde von den Nazis innerhalb der Konzentrationslager für das Projekt der Entmenschlichung und Vernichtung genutzt. Das Wirken dieser Hierarchien konnte im Lager für Überleben oder Tod entscheidend sein. Die verinnerlichten Opferhierarchien setzten sich in schmerzvoller und vielfach tabuisierter Weise nach 1945 in der gemeinsamen Arbeit in den Lagergemeinschaften fort und kennzeichnen konflikthafte Auseinandersetzungen bis heute. Das erinnerungspolitische Handeln unter der von den Nazis zugeschriebenen Verfolgungskategorie, die etwa manche erst zu Jüd:innen «machte», und die gleichzeitige Distanz zu diesen Zuschreibungen beförderten das Aushandeln von als nicht-identitär verstandener Solidarität zwischen den Opfergruppen – wenn auch auf schmerzliche Weise. Schritt für Schritt wurde so ein offizielles, staatlich (mit-)getragenes Gedenken erzwungen.

DAS GESPRÄCH BEGINNEN

Ist nun die Zeit gekommen, auch in der Schweiz eine neue Praxis der «wilden Denkmalsgestaltungen» zu beginnen? Eine geschichtspolitische Kultur zu entwickeln, die die Spannung zwischen Opportunismus und Neutralität zum Anlass nimmt, um genauer hinzusehen? In der kritische Interventionen möglich werden – sowohl in die gesellschaftliche Logik eines Kolonialismus ohne Kolonien als auch in eine für die Schweiz geltend zu machende Logik eines «Postnazismus ohne Nationalsozialismus».

Zur Frage nach einer etwaigen Wirksamkeit der neu entfachten schweizerischen Debatte lohnt es sich, einige aktuelle Beispiele genauer zu betrachten. Im ersten Fall geht es um die Ankunft eines bekannten erinnerungspolitischen Projekts in der Schweiz: die sogenannten «Stolpersteine». Dabei handelt es sich um kleine Gedenktafeln, die an den letzten selbstgewählten Wohnorten von Jüd:innen in den Asphalt des Trottoirs eingesetzt werden und neben kurzen Personendaten das an ihnen begangene Verbrechen benennen. Initiiert vom Künstlerpaar Katja und Gunther Demnig wurden seit 1992 über 85.000 Stolpersteine in über 25 Ländern gesetzt, ein weitläufiges und dezentrales Mahnmal für die ermordeten Juden/Jüdinnen Europas. Auf Initiative des Vereins Stolpersteine wurden im November 2020 die ersten Steine an vier Zürcher Standorten eingelassen. Mit Ausnahme von Mahnwachen, die diesen Auftakt begleiteten, wurde die Initiative medial nur vereinzelt rezipiert. Trotz dieser vergleichsweise geringen Aufmerksamkeit kam es bereits nach wenigen Tagen zu antisemitischen Schändungen der Mahnmäler. Die Mischung aus «Verspätung», Desinteresse und Antisemitismus scheint symptomatisch für die Schweizer Erinnerungskultur.

1995 erstmals gefordert, wird nun, im Jahr 2021, die Errichtung eines schweizerischen Mahnmals für die Shoah – genauer: für die Schweizer Opfer der Shoah – im Parlament diskutiert[14]. Der Fokus liegt hier auf jenen Opfern des NS, die als «Schweizer:innen» zur nationalen Erinnerung gehören, während das «eigentliche» Verbrechen auf nichtschweizerischem Boden verortet bleibt. Wirklich neu wäre allerdings, genau in die umgekehrte Richtung zu denken, nämlich nach der schweizerischen Verantwortung für alle Opfer, natürlich auch der schweizerischen, zu fragen. Bemerkenswert ist im Zusammenhang mit der Diskussion um ein schweizerisches Holocaustdenkmal, dass die Form der Stolpersteine einerseits ein würdevolles, individualisiertes Gedenken an einzelne Opfer ermöglicht und diese im Stadtraum erstmals sichtbar macht. Gleichzeitig wird so jedoch die Frage nach der Verantwortung von Schweizer:innen, ja, dem schweizerischen Staat zwischen 1933 und 1945 nochmals vertagt.

Im Mittelpunkt des zweiten Beispiels steht die Entfernung dreier Manifestationen rassistischer Geschichte im Zürcher Innenstadtteil «Niederdorf» durch die Stadtverwaltung. Die Stadtregierung ging auf die Forderungen der Initiative «Kollektiv vo da» und einer kritischen Masse von ca. 100 Unterstützer:innen ein und initiierte eine entsprechende Arbeitsgruppe. Am 21. April 2021 versandte der Zürcher Stadtrat eine Medienmitteilung mit dem Inhalt, dass «diese Zeitzeichen nach einer Einzelfallprüfung entweder entfernt oder kontextualisiert werden.» Dabei handle es sich um «zwei Inschriften an städtischen Liegenschaften und eine Bezeichnung auf einer Plakette der Denkmalpflege im Niederdorf», welche «noch dieses Jahr entfernt werden». Dies erinnert an die ins Wasser stürzenden Statuen kolonialer Figuren. Der

14   Sibilla Bondolfi: Konzept für Schweizer Holocaust-Denkmal eingereicht, Swissinfo, https://a/www.swissinfo.ch/ger/konzept-fuer-schweizer-holocaust-denkmaleingereicht/46646516 (zuletzt aufgerufen am 09.09.2021).

Rassismusbegriff, mit dem in dieser Debatte von Seiten der Initianten operiert wird und den die Stadt Zürich in ihrer Reaktion übernimmt, fokussiert dabei auf einen anti-Schwarzen Rassismus. Das ist im weiter oben erwähnten Kontext von #BlackLivesMatter zwar berechtigt. Wenn aber im Nachgang des Projekts im Rahmen einer Presseerklärung der Satz «Schluss mit Rassismus im Niederdorf» formuliert wird, dann blendet dies all jene Formen des Rassismus aus, die in der Schweiz im Allgemeinen und im Niederdorf im Speziellen trotz Entfernung von Strassenschildern fortbestehen: die gesellschaftliche Arbeitsteilung in den Restaurantküchen oder bei den Rosenverkäufern, die alltäglichen Übergriffe auf den Strassen, der Geschichte des Niederdorfs als Wohn- und Tätigkeitsort von Exilsuchenden (Cabaret Voltaire) und auch die Geschichte all jener Arbeiter:innen, die das Niederdorf bewohnt und erbaut haben. Es braucht daher eine Berücksichtigung der hiesigen Rassimusgeschichte und eine produktive Auseinandersetzung um einen Rassismusbegriff, der diese unterschiedlichen Dimensionen erfassen kann.

Zudem: Die kunsthistorische Debatte um ikonoklastische Praktiken ist lang und sie beinhaltet immer auch die Frage «Was kommt nach dem Denkmalsturz?» Die Aufgabe einer demokratischen Geschichts- und Erinnerungspolitik besteht im Anschluss darin, Debatten zu initiieren und die Beteiligung vieler zu ermöglichen. Werden Zeichen von Rassismus allerdings ohne den Effort einer solchen bleibenden Auseinandersetzung aus dem Stadtraum entfernt, besteht die Gefahr, dass sich Politik, Verwaltung und Zivilgesellschaft in Zukunft einfach aus der Verantwortung ziehen können. Die Frage bleibt, wie sich diese Verantwortung hinsichtlich einer Vielfalt in der Gesellschaft verstetigen liesse und statt eines Schlussstrichs ein Anfang der Debatten ermöglicht werden könnte.[15]

Dazu sei ein Beispiel einer neueren Auseinandersetzung mit problematischen Manifestationen aus Österreich genannt: das Projekt «Weinheber ausgehoben / Unearthing a Nazi Poet» (Wien 2009–2019). Es handelt sich dabei um eine künstlerische Umgestaltung des Denkmals für den Schriftsteller Josef Weinheber am Wiener Schillerplatz, der 1931 erstmals der (damals illegalen) NSDAP beitrat und sich aktiv in ihren Kulturorganisationen beteiligte. Er wurde von der NS-Kulturpolitik massiv gefördert und stieg zu einem wichtigen Literaten Nazi-Deutschlands auf. Sein Denkmal wurde 1975 von einer sozialdemokratischen Stadtregierung aufgestellt und nach antifaschistischen Beschriftungen und Versuchen der kritischen Demontage in den 1990er-Jahren mit einem Betonfundament befestigt. Auf Initiative der Plattform Geschichtspolitik, einer Gruppe von Studierenden und Lehrenden der Akademie der bildenden Künste, wurde das Denkmal in einem Zeitraum von ca. 10 Jahren mehrmals künstlerisch umgestaltet und kontextualisiert. Die finale Realisierung des Projekts erfolgte in Zusammenarbeit mit der Abteilung KÖR – Kunst im öffentlichen Raum Wien, der Akademie der bildenden Künste Wien und der Stadt Wien.

---

15 Bolyos, Morawek, *Diktatorpuppe zerstört, Schaden gering*, a.a.O., S. 10f.

Es handelt sich dabei um eine Freilegung des Betonfundaments, um so auch die Widerstandsgeschichte rund um das Denkmal freizulegen. Diese Freilegung erfolgte nach Jahren der Verhandlung mit den Behörden sowie einer «wilden», also nicht genehmigten Ausgrabung des Fundaments durch die Künstler:innen. Die Langwierigkeit der Verhandlungen mit den zuständigen Behörden und der öffentliche Diskurs ist hier ebenso als Teil des Kunstwerks zu verstehen wie der bauliche Eingriff am Denkmal selbst. Das «Angreifen der Bausubstanz» ersetzt die beliebte Taktik der «Zusatztafel», die oftmals wenig kostet (finanziell und imagetechnisch), aber die Problematik zu weiten Teilen unangetastet lässt und jederzeit reversibel ist. Im selben Schritt wird so auch das Narrativ des Denkmals gestört, da dessen ästhetische Macht ernst genommen und durch eine neue Erzählung eben nicht entfernt, sondern – vielleicht noch machtvoller – gebrochen wird.

SICH DEN HERAUSFORDERUNGEN STELLEN

Die geschichtspolitischen Debatten voranzubringen ist in der Schweizer Tradition des Nicht-Erinnerns ein trickreiches Unterfangen. Auch nach dem Bergier-Bericht gelang es, dass sich das Bild der sauberen Schweiz voller Hochleistungen bald wieder durchsetzte. Das «Geschäften» der Schweiz mit der Welt wird zudem vielfach als entpolitisiert wahrgenommen, wie beispielsweise im Jahr 2020 anhand der Diskussionen zur «Konzernverantwortungsinitiative» zu sehen war. Zwar hat eine Diskussion um gesellschaftliche Teilhabe bereits begonnen. So ist die Förderung von Diversität mittlerweile auf der Ebene der Verwaltung und in den meisten Kulturinstitutionen angekommen. Und ja: Die Vervielfältigung der Perspektiven und die vielzitierte Öffnung der Institutionen ist ein wichtiger Schritt, damit der Anspruch einer «demokratischen Schweiz» aktualisiert und tatsächlich erreicht werden kann. Aber eine wirkliche Gestaltung dieser Debatten durch den «demos», das heisst gerade auch durch jene, die aus diesem demos derzeit noch ausgeschlossen werden, steht aus. Und doch könnte eine neue gesellschaftspolitische Debatte ein Meilenstein in der demokratiepolitischen Weiterentwicklung der Schweiz sein. Die Frage nach der demokratiepolitischen Bedeutung vom Umgang mit der Vergangenheit wiegt eben besonders schwer in einem Land wie der Schweiz, deren Selbstverständnis starke Bezüge zu einem normativen, fast moralisch aufgeladenen und formalistischen Demokratiebegriff aufweist. Die Suche nach einer tiefen, tragfähigen, demokratisierten geschichtspolitischen Kultur könnte also zentral für eine resistente, plurale Demokratie und ihre Ankunft in der multidirektionalen Realität und eine der Grundlagen für ein transformatives Projekt einer Neuen Schweiz sein.

Der wichtigste Punkt ist dabei allerdings das Erfinden einer solidarischen Grammatik. Statt einem sauberen Nebeneinander voneinander getrennter und einander gegenübergestellter identitätspolitischer Betroffenheiten könnte der Weg zu einem «Dirty Universalism» beschritten werden, der Zwischenräume und Grauzonen zulässt: Eine

Erzeugung von Resonanzräumen, in denen die Logiken von «Täter vs. Opfer», «Schwarz vs. Weiss», «Privilegiert vs. Nicht-privilegiert» aktiv durchkreuzt werden, und Formen eines solidarischen multidirektionalen Erinnerns ermöglicht werden. Dies würde erlauben, die vielen Gesichter des Rassismus zu bekämpfen, während das spätkapitalistische Entsolidarisierungsprojekt und die Zerstörung der Demokratie von Rechts voranschreiten. Eine grundsätzlich an einer gemeinsamen Zukunft ausgerichtete multidirektionale Geschichtspolitik könnte auch eine Ressource sein, um eine neue, postidentitäre Solidarität im Handgemenge des gemeinsamen politischen Handelns zu stärken. Denn: Geschichtspolitik tut weh, gerade der allzu gemütlichen Gutenachtgeschichte, die sich die Schweiz über sich selbst erzählt.

Weiterführende Literatur:

Adorno, Theodor W.: «Was bedeutet: Aufarbeitung der Vergangenheit» in: ders, *Eingriffe. Neun kritische Modelle* Frankfurt a.M. 1963, S. 125–146.

Biskamp, Floris, «Ich sehe was, was Du nicht siehst. Antisemitismuskritik und Rassismuskritik im Streit um Israel (Zur Diskussion)», *PERIPHERIE – Politik • Ökonomie • Kultur* 3+4 (2020), S. 426–440.

Bolyos, Lisa, Katharina Morawek, *Diktatorpuppe zerstört, Schaden gering*, Wien 2012.

Espahangizi, Kijan, Halua Pinto de Magalhães, «Vergesst 1291 und 1848!», *Die Zeit,* Nr. 41/2014, 1. Oktober 2014.

Fässler, Hans, *Reise in Schwarz-Weiss. Schweizer Ortstermine zur Sklaverei*, Zürich 2005.

Haller, Lea, *Transithandel. Geld- und Warenströme im globalen Kapitalismus*, Berlin 2019.

Jain, Rohit, «Schwarzenbach geht uns alle an! Gedanken zu einer vielstimmigen, antirassistischen Erinnerungspolitik», 26. Juni 2020, https://institutneueschweiz.ch/De/Blog/249/Schwarzenbach_geht_uns_alle_an_Gedanken_zu_einer_vielstimmigen_antirassistischen_Erinnerungspolitik (zuletzt aufgerufen am 09.09.2021).

Keller, Stefan, *Grüningers Fall. Geschichten von Flucht und Hilfe*, Zürich 1993.

Purtschert, Patricia, Barbara Lüthi, Francesca Falk (Hg.), *Postkoloniale Schweiz. Formen und Folgen eines Kolonialismus ohne Kolonien*, Bielefeld 2012.

Rothberg, Michael, *Multidirektionale Erinnerung. Holocaustgedenken im Zeitalter der Dekolonisierung*, MetBerlin 2021.

Tanner, Jakob, *Geschichte der Schweiz im 20. Jahrhundert*, München 2015.

Traverso, Enzo, *Gebrauchsanleitungen für die Vergangenheit. Geschichte, Erinnerung, Politik*, Münster 2007.

OH YOU LIKE IT, WHEN
I SIZZLE LIKE THAT
THIS TAKATA IS A
RIDDIM LIKE THAT
SARASWATHI FORCE,
WIN TING LIKE THAT
BROWN SKIN TONE,
PENG TING LIKE THAT
[...] IF YOU WANNA
DANCE THROUGH THE
NIGHT, SAY YELELO
IF YOU WANNA LIVE IN
THE NOW, SAY YELELO
IF YOU FEEL THE VIBE
SING-ALONG, SAY
YELELO IF YOU SEE
THE LOVE OF YOUR
LIFE, TELL 'EM
YELELO

Priya Ragu, aus «Chicken Lemon Rice», 2021.

UNA BRUCIANTE SFOCATURA

LETTERA APERTA ALLA CONSIGLIERA FEDERALE SIMONETTA SOMMARUGA

Paola De Martin

EINFÜHRENDE NOTIZ ZU VINCENZO TODISCOS ITALIENISCHER ÜBERSETZUNG VON «BRENNENDE UNSCHÄRFE»

Ich hätte den Blog nicht auf Italienisch schreiben können. Italienisch ist meine Muttersprache, die Sprache, in der ich gelernt habe, über dieses Trauma zu schweigen. Deutsch ist, wenn man so will, meine Tochtersprache, in der ich gelernt habe, aus der empathischen Distanz darüber zu schreiben und in der Öffentlichkeit darüber zu reden. Vincenzo Todisco hat meinen ersten Blogbeitrag übersetzt, sein Zungen- und Brückenschlag machte den Transfer, und ich bin ihm sehr dankbar dafür. Er sagt, Deutsch sei seine Kopfsprache und Italienisch seine Bauchsprache. Er hat *Das Eidechsenkind* zuerst auf Deutsch geschrieben, musste es zuerst auf Deutsch schreiben, auch wenn er selbst nicht betroffen ist. Er sagt, das Barocke und Blumige des Italienischen war für ihn als literarisches Instrument nicht geeignet, die entbehrungsreiche Geschichte dieses Kindes zu erzählen, es schien ihm vielmehr passender, eine Art empathische Knappheit mittels der deutschen Sprache zu artikulieren. Im Kopf der Schweiz verständigen sich unterschiedliche Muttersprachen heute gewöhnlich auf Englisch, Englisch ist die Lingua franca der Gebildeten. So habe ich es an der ETH erlebt, als ich dort doktorierte. Im Bauch der Schweiz aber, auf Baustellen und in Kantinen, in Putzinstituten und im Detailhandel, da hört man bis heute noch sehr oft die andere Lingua franca, jene verbindende Sprache der Arbeitermilieus aus Spanien, Kroatien, Griechenland usw. Auch deshalb ist es wichtig, dass Vincenzo Todiscos Übersetzung hier im Handbuch enthalten ist. Ausserdem ist sein Italienisch anders schön und schön anders als mein Deutsch. Und das Italienische hat der Schweizer Mundart eine gute Dosis sprezzatura geschenkt. Alle sprechen heute so viel lässiger, flüssiger, schmissiger in diesem Land, dank uns. Echt Klasse, *la classe operaia*.

LETTERA APERTA ALLA CONSIGLIERA FEDERALE SIMONETTA SOMMARUGA

> *«Si capisce che, per fare un esempio, ai professori del Politecnico Federale di Zurigo provenienti dall'estero dovremmo concedere il permesso di venire in Svizzera con i loro bambini; ma non di certo ai lavoratori nei cantieri e nell'agricoltura o al personale della gastronomia. Non c'è bisogno, di quella gente lì ce n'è già abbastanza.»*

Luzi Stamm, rappresentate dell'UDC, in un'intervista per la radio della Svizzera tedesca SRF, dopo l'accettazione dell'iniziativa popolare dell'UDC Contro l'immigrazione di massa, 2014.

Onorevole Consigliera federale Sommaruga,

scrivo a Lei, Ministra della giustizia di questo Paese, una lettera aperta per esprimere una richiesta di natura pubblica e politica che si è impressa nella mia personale storia di vita. Questa storia incide sui miei ricordi, sul mio modo di sentire e pensare, ma ho impiegato molto tempo per trovare un linguaggio sincero, capace di esprimere tali sentimenti, perché fino a oggi la Svizzera pubblica e politica non si è impegnata a trovare quel linguaggio sincero. Ecco perché chiamo questa storia la storia della nostra bruciante sfocatura.

L'autrice, oggi Dr. ETH di Zurigo, all'età di undici anni insieme al padre, **Rodolfo De Martin, muratore-caposquadra, a una festa di emigranti nei pressi di Zurigo (1976).**

1984

La prima volta che ho percepito questa bruciante sfocatura è stato pochi mesi prima del mio dician-novesimo compleanno. Ero a pochi passi dalla maturità liceale e stavo svolgendo le pratiche per ottenere la naturalizzazione e il passaporto svizzero. Dovevo dimostrare da quando fossi residente in Svizzera. I miei genitori mi avevano sempre detto che in quanto figlia di stagionali non avevo avuto il permesso di residenza in Svizzera e che per questo nell'inverno del 1965/66, all'età di pochi mesi, mi avevano affidata a mio zio e mia zia in Italia, grazie a Dio. Poco più di un anno dopo sarebbe poi nata mia sorella, allo stesso tempo mio padre avrebbe ottenuto il permesso di residenza annuale e io nel marzo del 1967 sarei entrata legalmente in Svizzera. Ma nell'estratto dell'anagrafe della città di Zurigo invece di marzo 1967 c'era scritto novembre 1968: una differenza di diciotto mesi. Chiesi spiegazioni ai miei genitori, ma loro risposero in modo evasivo. Continuai a chiedere. Caddero in contraddizioni, si arrabbiarono. Lasciai pedere.

2002

Diciotto anni dopo fu mia madre a fornirmi lo spunto decisivo. In un cinema zurighese davano «Il vento di settembre», sequel di «Siamo Italiani – Die Italiener», il delicato documentario in bianco e nero del 1965 di Alexander Seiler, June Kovach e Rob Gnant. Il nuovo film del 2002 era un ritratto cinematografico a colori, insolitamente tenero e allo stesso tempo opprimente, e aveva come protagoniste le stesse famiglie di lavoratori stranieri, soltanto 40 anni dopo. Guardai il film con i miei genitori e mia sorella. Quando uscimmo dalla sala, fummo travolti da un sentimento di malinconia, nessuno sembrava voler dire alcunché. Pensavo dipendesse dal fatto che poco prima i miei genitori, dopo quasi una vita trascorsa in Svizzera, erano tornati in Italia. In realtà non si era trattato di un ritorno, ma di una seconda emigrazione che aveva procurato a mia madre molta sofferenza. E allora fu proprio lei a rompere il silenzio e mi disse: «Eh sì, che tristezza, cosa abbiamo dovuto sopportare, abbiamo fatto passare clandestinamente il confine ai nostri bambini, come ladri, li abbiamo nascosti.». Pensai: noi? Chi intendeva mia madre con «noi»? Non osai fare domande, ma i fatti repressi bruciavano dentro di me e chiedevano di venire a galla. Cominciai a restringere il campo. A casa cercai una fotografia che avevo scattato pochi anni prima nel caseggiato in cui vivevano i miei genitori a Zurigo. Sulla foto si vedono diversi bambini con i quali per anni mia mamma aveva giocato e studiato al tavolo della cucina perché non andavano a scuola. Erano questi e altri bambini, mi ricordai, che entravano e uscivano, non si sapeva mai quando e perché. Mi ci ero talmente abituata da non essermi posta alcuna domanda. Quei bambini non dovevano dare nell'occhio, questo lo avevo capito, e noi non ci eravamo per niente inquietati del fatto che erano tenuti nascosti nel caseggiato. Li avevo fotografati seguendo il mio istinto, convinta che la loro presenza in una foto potesse avere un significato particolare per me. E benché sapessero che dovevano rimanere invisibili, fecero comunque quello che la grande Paola disse loro: mettetevi lì, fate presto, dai, che vi faccio una foto! A causa della fretta la foto venne sfocata e all'epoca questa sfocatura mi diede fastidio. Ripensando a quel «noi» che mia madre aveva tirato in ballo, oggi mi chiedo: non era forse proprio la sfocatura, immortalata su una fotografia, l'esatta espressione di come mi sentivo? Volevo e non volevo capire qual era il destino che mi legava a quei bambini.

2006

Trascorsero altri quattro anni prima che giungesse il momento in cui capii. Stavo assistendo a una lezione sulla storia sociale ed economica all'Università di Zurigo. L'argomento era l'iniziativa Schwarzenbach e la discussione ruotava attorno all'inforestierimento degli anni Settanta, all'adesione della Svizzera all'ONU nel 1992 e all'abolizione definitiva dello statuto di stagionale nel 2002 legata alla libera circolazione all'interno dell'UE. A margine si affrontò la questione della violazione dei diritti umani subita dagli stagionali in relazione al divieto di far venire la famiglia e al fatto che migliaia di bambini avevano dovuto vivere nascosti. Il cuore mi batteva a mille. E solo in quel momento mi resi conto che la differenza tra l'agosto del 1967 e il novembre del 1968 aveva qualcosa a che vedere con il fatto che anch'io ero stata nascosta.

La bruciante sfocatura procurata dall'omertà è espressione del tentativo di bandire la tragedia e al contempo di darne testimonianza. Da decenni in questo Paese migliaia di ex famiglie di stagionali e migliaia di esponenti della seconda generazione, le cosiddette «Secondas» e i cosiddetti «Secondos», si sentono oppressi da un sentimento di vertigine: visti dall'esterno sembriamo forse ben integrati, eventualmente siamo addirittura naturalizzati, ma malgrado ciò il muro invisibile creato dalla ferita nascosta ci divide gli uni dagli altri e da coloro che non hanno dovuto subire questa violenza. Fino alle crisi del petrolio degli anni Settanta in Svizzera viveva mezzo milione di italiani, e ancora oggi la comunità italiana rappresenta la minoranza più numerosa. Tutti ci conoscono, tutti conoscono un pensionato italiano qualunque o uno dei suoi discendenti, ma cosa sa l'opinione pubblica del nostro trauma? Possiamo essere liberati da questo isolamento solo se l'opinione pubblica vi prende parte. Serve un vero confronto tra i diversi livelli d'esperienza finora rimasti separati. «Any genuine confrontation between two levels of experience», come afferma James Baldwin in merito alla discriminazione razziale negli Stati Uniti. Un vero confronto, vorrei sottolinearlo, è un fatto pubblico che va al di là dell'abolizione dello statuto di stagionale e della fiducia negli effetti consolatori del benessere materiale, al di là anche del fatto di giocarsi la carta del multiculturalismo. Credere che questo basti a guarire le ferite sociali provocate dalla violazione dei diritti umani è stata la grande illusione degli ultimi decenni. Un'illusione che si è dissolta con l'approvazione dell'iniziativa contro l'immigrazione di massa del 9 febbraio 2014.

2014–1965

Un passo nel testo dell'iniziativa recita: «Il diritto al soggiorno duraturo, al ricongiungimento familiare e alle prestazioni sociali può essere limitato». Il diritto umano all'unità della famiglia secondo il nuovo testo costituzionale va concesso in funzione degli «interessi globali dell'economia svizzera», come se un diritto umano fosse un privilegio. La citazione di Luzi Stamm riportata all'inizio evidenzia che il diritto umano dovrebbe essere concesso secondo il principio che a chi ha soldi e prestigio, si concede anche il diritto umano. Mia madre accennò a questo dibattito. Ne aveva sentito parlare alla televisione italiana e di punto in bianco mi chiese come stavo. Io, sorpresa dal modo così insolitamente schietto di parlarmi, le risposi: «Mamma, hanno reinserito nella costituzione la possibilità di un ricongiungimento familiare limitato, non sto per niente bene.», e lei: «Sì, lo so, è una cosa terribile.». Da quel momento ci fu un periodo di circa un anno in cui soprattutto mia madre e qualche volta anche mio padre furono disposti a parlarmi del trauma da loro subito. Vorrei insistere su questo: si tratta soprattutto del loro trauma, perché io ero troppo piccola per rendermi veramente conto di quello che ci stavano facendo. Mi raccontarono dell'umiliante arbitrarietà dei funzionari nel concedere i permessi di soggiorno, della paura di essere scoperti e quindi di perdere il posto di lavoro se mia sorella e io piangevamo forte in casa, della dipendenza e gratitudine nei confronti del datore di lavoro di mio padre perché non ci aveva denunciati alla polizia, del viaggio di mia madre senza di me, la sua prima bambina, di nemmeno tre mesi, di ritorno dall'Italia alla Svizzera, dove c'era lavoro, dove grazie al lavoro si potevano guadagnare soldi, dove in inverno gli appartamenti erano riscaldati. Misi da parte la mia paura di metterla alle strette e le chiesi timidamente: «Mamma, come fu il viaggio?». Lei abbassò lo sguardo, e non dimenticherò mai come disse sommessamente: «Terribile».

1965–2018

Terribile, Signora Consigliera federale, sopportare l'impotenza dei propri genitori, ai quali la legge impedisce di accudire i propri bambini. Questo è il mio trauma. L'impotenza peraltro poteva essere talmente grande che qualche volta sembrava addirittura meglio credere che la colpa fosse nostra per il destino che ci era stato imposto. Questo meccanismo lo ritrovo oggi nelle mie amiche e nei miei amici della Siria costretti a fuggire. Nei miei genitori si manifestò un anno dopo l'accettazione dell'iniziativa popolare federale «Contro l'immigrazione di massa», quando un giornalista del quotidiano italiano «Il Corriere della Sera» volle avere un mio commento personale in merito ai dibattiti sull'iniziativa. Chiamai subito mia madre per verificare determinati dati e fatti. Pensavo che ne volesse parlare con me. Disse, con voce cupa e arrendevole: «Per favore lasciami stare, non ne posso più, a quell'epoca eravamo semplicemente stupidi e male informati, cosa ne poteva la Svizzera? Niente.», aggiungendo: «Non mi piace quando gli italiani parlano male della Svizzera, si danno tutte quelle arie, non sono per niente migliori. I giornalisti vogliono solo abusare di te per uno scandalo che fa cassa.». Mio padre disse la stessa cosa prima di rimettere giù il telefono: «Ma cosa vuoi ancora, eri una di quei clandestini, sì, che dovevamo nascondere, sono cose che succedono.».

Sono cose che succedono, Signora Consigliera federale, ancora oggi. Quanti genitori oggi nascondono i loro bambini perché vengono costretti all'illegalità? Dimoranti temporanei, rifugiati, Sans Papiers. E stando al nuovo articolo costituzionale, presto anche nuovi stagionali, ma oggi forse li si chiamerà diversamente. Ecco perché mi rivolgo a Lei con questa lettera pubblica. Oggi gli italiani sono considerati dei migranti modello e stranieri preferiti; è solo un trucco per separarci da coloro che stanno vivendo la stessa esperienza vissuta da noi all'epoca. Ma quanto è grande la fame di clandestini sempre nuovi che dimostra di avere questo Paese? Non fa in tempo a svuotarli e digerirli che già sono pronti gli altri. Con questa lettera mi assumo le mie responsabilità, affinché tutto questo finisca, Signora Consigliera federale. Quante sono le persone costrette a vivere una simile esperienza, ma che non parlano perché parlare è troppo doloroso senza la protezione di una Svizzera ufficiale, che sia disposta ad assumersi le proprie responsabilità per la violenza che è stata perpetrata? Che non parlano perché parlare è troppo doloroso senza un impegno pubblico per un linguaggio sincero e condiviso?

Questo linguaggio manca a noi tutti, anche a coloro che non devono sopportare il peso di un trauma. Consideri, Signora Consigliera federale, che la maggior parte degli amici e conoscenti in Svizzera tace imbarazzata quando voglio parlare di quello che ho subito e cambia subito argomento. Non chiedono di potere saperne di più. Sembra che non riescano a collocare bene ciò che dico, è un qualcosa che va oltre la loro immaginazione. Un'amica mi ha detto: «Certo, vedo che non stai mentendo Paola, ma d'altra parte non riesco davvero a credere che sia potuto accadere qualcosa del genere.». Chi accetta di parlarne, lo fa con un sottofondo di impazienza: «Ho capito, però adesso basta.». Un collega attivo nel campo dell'arte ha cercato di rassicurarmi spiegandomi che queste cose succedono anche altrove e un'altra amica affermando che il nuovo paragrafo della Costituzione non andava preso alla lettera, ma serviva soltanto a innescare la prossima iniziativa dell'UDC, ancora più radicale, quella per l'autodeterminazione costituzionale diretta contro l'impegno svizzero alla Convenzione dei diritti umani. Ma che consolazione.

Alcuni professori che volevo incoraggiare a lanciare un progetto di ricerca su larga scala mi dissero un po' increduli che fino a quel momento non avevano mai sentito parlare dell'argomento. Uno di loro ritenne necessario spiegarmi che lo statuto di stagionale sottostava al principio di rotazione: impedendo il ricongiungimento familiare si voleva evitare che gli stranieri si integrassero. Come se non lo sapessi. Io, e per me è sempre stato un fatto evidente, mi sono integrata malgrado ciò e più tardi ho dovuto anche subire il discorso paternalista sugli stranieri che non riescono a integrarsi. O l'insinuazione impertinente che non vogliono integrarsi. Prima ci mettono i bastoni tra le ruote e poi spendono tante parole sulle difficoltà che incontriamo per superare queste avversità.

Infine mi sono rivolta a due persone che si adoperano per fare chiarezza sulla storia dei bambini che hanno subito collocamenti coatti. Mi hanno detto che sì, dopo i bambini della strada e i bambini collocati a servizio avevano cercato con insistenza un altro progetto di carattere storico legato ai bambini, ma che semplicemente non si erano imbattuti in questa tematica. Segnalando poi però anche il loro disinteresse per ciò che alla fine definirono un mio tema personale. Dissero che per loro era un argomento di scarso interesse storico, troppo politico, e non lo consideravano molto interessante dal punto di vista della maggioranza della popolazione svizzera, visto che riguardava gli stranieri. A quel punto ho capito quanto grande fosse la riluttanza nel fare chiarezza sull'argomento.

Il mio tema personale? Non interessante dal punto di vista della maggioranza della popolazione svizzera? Non sono d'accordo. Se la maggioranza della popolazione svizzera pensa che le violazioni dei diritti umani nei confronti degli stranieri in Svizzera non sia un tema svizzero, allora qualcosa deve cambiare. Dico volutamente deve, Signora Consigliera federale, Lei sa cosa intendo. Perché non mi pongo come supplicante di fronte alla rappresentanza politica della Svizzera, ma come richiedente. Anche se il mio «io» ha un legame sfocato con decine di migliaia di altre persone che non si esprimono ora e in questo modo, io finalmente devo farlo perché non abbiamo tempo all'infinito per guarire le nostre ferite sociali. Chiedo:

che la clandestinizzazione dei bambini di stagionali e il conseguente trauma subito dalle loro famiglie e dalla loro comunità in Svizzera diventino oggetto di un vasto dibattito storico promosso dal mondo politico e adeguatamente comunicato al pubblico;

che le violazioni dei diritti umani subite dagli stagionali siano riconosciute pubblicamente e oggetto di scuse dalla più alta rappresentanza politica della Svizzera, anche se secondo la legge dell'epoca erano «legali». Serve un gesto simbolico di scuse, non basta ringraziare i lavoratori stranieri di allora per il loro contributo alla costruzione della Svizzera; che si creino le condizioni affinché chi ha subito un tale sopruso venga risarcito finanziariamente. I traumi hanno prosciugato le nostre risorse, quelle stesse risorse che mancavano quando ne avremmo avuto bisogno per vivere una vita dignitosa.

È un debito che la Svizzera ufficiale ha nei confronti della comunità italiana e di altre comunità che continuano a soffrire sotto il peso della bruciante sfocatura. La Svizzera ufficiale lo deve anche a coloro che, volenti o nolenti, traggono un macabro vantaggio da questa eredità. È forse questo il motivo del loro silenzio?

Se non iniziamo a chiederlo, non lo sapremo mai.
In attesa della Sua risposta e con un sentimento di stima per il Suo immenso lavoro
al servizio della cosa pubblica,
La saluta
Paola De Martin

ICH BIN DIE SCHWEIZ, IMMER –

Samira El-Maawi, aus «Geboren um zu bleiben», 2018.

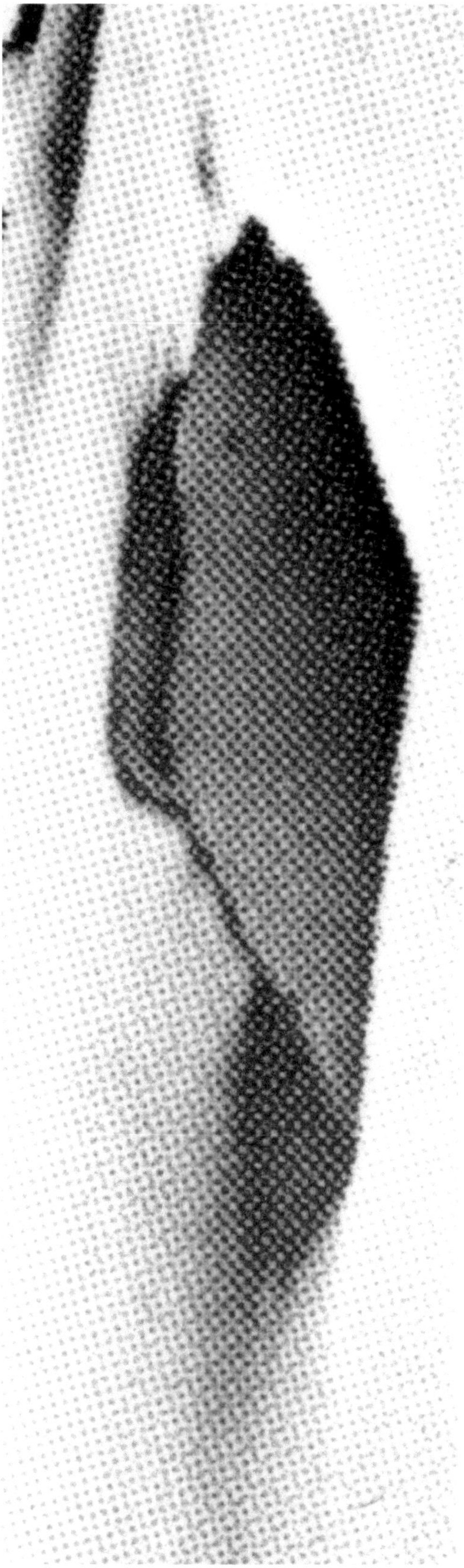

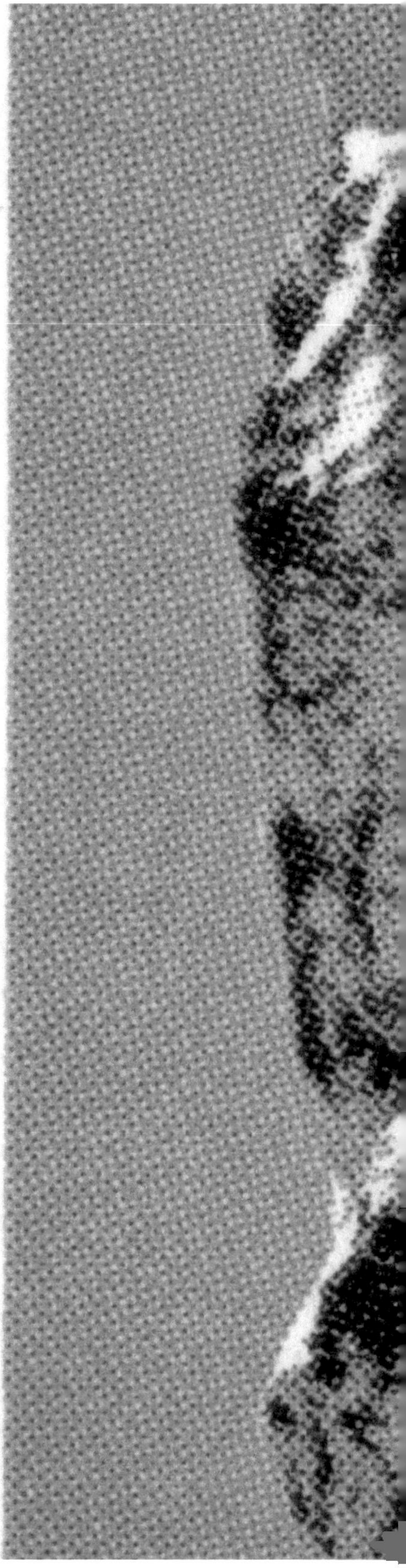

GLOSSAR

→ AFROFEMINISMUS (SCHWARZFEMINISMUS) Zentriert die Erfahrungen und Perspektiven Schwarzer Frauen. Schwarze Feministinnen wie Angela Davis oder das Combahee River Collective formulierten mit dem Triple-Oppression-Ansatz eine Perspektive, die Ausbeutung durch Klasse sowie Unterdrückung durch → Rassismus und Sexismus in den Blick nimmt. Die Mehrfachbelastung (→ Intersektionalität, → Mehrfachzugehörigkeit) ermöglicht Schwarzen Frauen (→ Schwarzsein) einen spezifischen Standpunkt, der sich von den Erfahrungen weisser Frauen und Schwarzer Männer unterscheidet. Der Afrofeminismus verweist ausserdem auf die politische Notwendigkeit, die einzelnen Kämpfe gegen Rassismus, Patriarchat und Kapitalismus miteinander zu verbinden. Die jüngere Schwarze Bewegung in Deutschland gründete sich, nachdem Audre Lorde Mitte der 1980er-Jahre begann, Schwarze Frauen in Berlin zu organisieren. Damit war die Schwarze feministische Perspektive prägend für eine übergreifende bzw. solidarische Organisierung politischer Kämpfe. Bafta Sarbo

→ AFROFUTURISMUS Der Begriff wurde ursprünglich vom amerikanischen Autor Mark Dery in seinem Buch *Flame Wars: The Discourse of Cyberculture* (1994) geprägt. Ausschlaggebend für die Definition von Afrofuturismus nach Mark Dery ist die darstellerische Verbindung von meist fiktiven Zukunftswelten des Science-Fiction Genres mit afrozentrischen sozio-kulturellen und ästhetischen Elementen. Die hochtechnologisierten fiktiven Welten und die darin abgebildeten Modestile sollen als Produkt einer panafrikanischen Weltsicht geltend gemacht werden. Der Afrofuturismus kann so als Ausdruck einer positiven politischen Bewegung für die Selbstdarstellung und Selbstfindung von Menschen afrikanischer Deszendenz angesehen werden. Aktuell erlebt die afrofuturistische Ästhetik in der Kunst-, Musik-, Film- und Modeszene eine neue Blütezeit. Beispielhaft zeigt sich dies an der Popularität des Marvel-Films *Black Panther* (2018), dem die filmische Umsetzung afrofuturistischer Elemente in Zukunftsszenarien erfolgreich gelungen ist. Yania Betancourt Garcia

→ **ALLTAGSRASSISMUS** Mit Alltagsrassismus (→ Rassismus) sind die bisweilen subtilen, teils versteckten, direkten oder indirekten und oft unbewussten Formen von Rassismus gemeint, die sich in alltäglichen, wiederholenden Mustern niederschlagen. Es geht dabei um die die Reduktion einer Person auf eines ihrer Identitätsmerkmale wie Herkunft, Ethnie, Nationalität, Religion, Aussehen oder Hautfarbe. Alltagsrassismus fusst auf der Kategorisierung und der Konstruktion von «Wir» und den «Anderen», wobei «Wir» die Norm darstellt und «die Anderen» die Abweichung (→ Othering). Beim Alltagsrassismus ist die rassistische Haltung und Handlung nicht explizit ersichtlich und die jeweilige Person kann der festen Meinung sein, sich tatsächlich nicht rassistisch zu verhalten oder sogar gute Absichten zu haben. Jenseits der Absichten kann die Wirkung für die betroffene Person als Eingriff in die Privatsphäre oder Menschenwürde erlebt werden. Nora Refaeil

→ **ANTIMUSLIMISCHER RASSISMUS** Zu den Formen des kulturellen Rassismus (→ Neorassismus) gehört der antimuslimische Rassismus. Parallel zur kolonialen Expansion Europas entwickelte sich die wissenschaftliche Beschäftigung mit dem «Nahen Osten», für die der Literaturwissenschaftler Edward Said 1978 den Begriff «Orientalismus» geprägt hat. Dabei handelt es sich um eine ideologische Vereinnahmung von Regionen und Staaten insbesondere auf dem asiatischen und nordafrikanischen Kontinent durch die kolonialen Mächte im Bereich der Kunst, Literatur und Wissenschaft, wobei spezifische Bilder über «die Anderen» (→ Othering) gesammelt, in einem Prozess der Naturalisierung und Kollektivierung homogenisiert und als objektiv gültiges Wissen hervorgebracht werden. Der antimuslimische Rassismus hat seit 9/11 stark zugenommen. Heute werden Muslim:innen oder als muslimisch markierten Menschen generalisierte Zuschreibungen gemacht wie Homophobie, Sexismus, Gewalttätigkeit oder → Antisemitismus. Durch diesen Prozess der → Rassifizierung soll die Diskriminierung von Muslim:innen und als muslimisch Markierten legitimiert werden. Asmaa Dehbi

→ **ANTISEMITISMUS** Antisemitismus und Antijudaismus bezeichnen die Judenfeindschaft. Während der Antijudaismus christlich geprägt war, ist der moderne Antisemitismus säkular begründet. Die jüdische Identität wird dabei ethnisch, biologisch oder kulturell verstanden und Juden als Volk, «Rasse» oder Nation definiert. Antisemitismus ist oft Bestandteil von Verschwörungstheorien. Die Leugnung oder Verharmlosung des Holocausts und die Täter-Opfer-Umkehr sind weitere Formen von Antisemitismus. Die Judenfeindschaft führte in Europa über Jahrhunderte hinweg zu Ausgrenzungen, → Diskriminierungen, Gewalt und Vertreibungen sowie zum Holocaust. Der israelbezogene Antisemitismus zeigt sich zum Beispiel darin, dass Juden pauschal für Israels Politik verantwortlich gemacht werden. Nora Refaeil

→ **ASSIMILATION** Assimilation ist die Forderung, dass Migrant:innen sich an kulturelle und sprachliche Normen der → Dominanzgesellschaft anpassen. Der Begriff stammt aus der Biologie und wurde ab Mitte des 19. Jahrhunderts verwendet, um Nationen zu homogenen, kulturellen, → rassifizierten Einheiten zu formen. Dies beinhaltete sowohl den Ausschluss und die erzwungene Anpassung von «Fremden» aus dem Inland (wie etwa Roma, Sinti oder Jenische) oder aber «Fremden» aus einem anderen Land (wie Migrant:innen). In der Schweiz wurden Praktiken der Assimilation in antiziganistischen Gesetzen nach der Bundesstaatsgründung 1848 und dann nach dem Ersten Weltkrieg in der Ausländerpolitik eingeführt. Eine gezielte Assimilationspolitik wurde ab den 1970er-Jahren etabliert. Dies beinhaltete etwa Hausbesuche von Einbürgerungsbeamten, um eine «erfolgreiche» Anpassung von Ausländer:innen zu prüfen. Ein Zitat des obersten Berner Fremdenpolizisten Marc Virot aus dem Jahr 1968 macht die gewaltvolle, willkürliche Haltung deutlich: «Wir glauben, dass die Assimilation jener Zustand ist, bei welchem der bei uns anwesende Ausländer nicht mehr auffällt, uns nicht mehr befremdet.» Obwohl in der Schweiz heute von → Integration die Rede ist, lebt die Tradition der Assimilationspolitik in vielen Bereichen bis heute weiter. Rohit Jain

→ **BLACK LIVES MATTER (BLM)** Die US-amerikanische Protestbewegung BLM formierte sich im Jahr 2013. Auslöser war der Tod des 17-jährigen Trayvon Martin in Florida. Der junge Afroamerikaner wurde 2012 von einem Mitglied einer Nachbarschaftswache erschossen, weil er diesem «verdächtig» vorkam. Nach dem Freispruch des Täters wegen des «Stand Your Ground»-Gesetzes verbreitete sich der Protest mit dem Hashtag #BlackLivesMatter rasch in den sozialen Medien. Der Slogan soll unterstreichen, dass die zahlreichen Tötungen von Schwarzen Menschen (→ Schwarzsein) durch weisse Polizisten und die häufigen Freisprüche durch die Justiz nicht bedauerliche Einzelfälle sind, sondern Ausdruck eines strukturellen → Rassismus. Im Gegensatz zu den 2010er-Jahren schlossen sich den Protesten in Gedenken an George Floyd im Mai und Juni 2020 auch viele Menschen aus der Mehrheitsbevölkerung sowie Prominente an, wodurch sich der Protest weltweit und bis in die Schweiz verbreitete. Halua Pinto de Magalhães

→ **DIASPORA** Der Begriff stammt aus dem Griechischen und bedeutet wortwörtlich Ausstreuen, Zerstreuung. Er wurde lange Zeit für Gemeinschaften – insbesondere die jüdische oder armenische – verwendet, die gewaltvoll aus ihrer (realen oder mythischen) Heimat vertrieben wurden und daher «zerstreut» in der Welt leben. Mit dem wachsenden Bewusstsein für internationale Flucht- und Migrationserfahrungen wurde der Begriff ab den 1980er-Jahren auf andere Gemeinschaften übertragen, die nicht mehr in ihrem Heimatland leben. Kulturkritiker:innen wie Stuart Hall, Paul Gilroy, Avtar Brah oder Kobena Mercer haben den Begriff in einem subversiven Sinne benutzt: Sie beschreiben mit Diaspora gelebte → Mehrfachzugehörigkeiten (Hybridität) und Subkulturen, die im Kontext von Migration, Kolonialismus und Globalisierung entstehen und dabei Grenzen von Nation und «Rasse» überschreiten. So entstanden etwa Reggae oder Hiphop in den transnationalen und → postkolonialen Räumen der Afrodiaspora und transportieren seither vielfältige Geschichten des Widerstands. Rohit Jain

→ **DISKRIMINIERUNG** Diskriminierung ist eine schwerwiegende Form der Benachteiligung, die auf historisch gewachsener und gesellschaftlich verankerter Stigmatisierung und Ausgrenzung beruht. Davon betroffen sind Personen, die eine Benachteiligung erfahren, weil sie einer angeblich biologischen, ethnisch-kulturellen oder nationalen Abstammungsgruppe zugeschrieben werden. Vergleichsweise starker Diskriminierung ausgesetzt sind auch Menschen mit Behinderungen und Personen mit genetischer Vorbelastung. Auch Frauen und Geschlechtergruppen, die nicht dem stereotypen Bild eines heterosexuellen Mannes oder einer heterosexuellen Frau entsprechen, sind diskriminierenden Nachteilen ausgesetzt. Ferner erfahren Armutsbetroffene und ältere Menschen Diskriminierung. Eine Diskriminierung ist direkt, wenn sie Folge einer unmittelbaren Anknüpfung an ein sensibles Identitätsmerkmal darstellt: beispielsweise bei einer Polizeikontrolle, die massgebend auf der Hautfarbe beruht (→ Racial Profiling). Von einer indirekten Diskriminierung ist die Rede, wenn eine an sich neutrale Regelung, Situation, Handlung oder Unterlassung sich auf bestimmte Personengruppen nachteilig auswirkt. So zum Beispiel betrifft ein Kopfbedeckungsverbot Menschen, die aus religiösen Gründen eine Kopfbedeckung tragen, stärker als solche, die das aus modischen Gründen tun. Sind mehrere Identitätsmerkmale mitentscheidend für eine Diskriminierung, wird von multipler oder → intersektionaler Diskriminierung gesprochen. Tarek Naguib

→ **DIVERSITÄT/DIVERSITY** Diversität verweist auf die Existenz unterschiedlicher, gesellschaftlich für bedeutsam gehaltener persönlicher Eigenschaften und kollektiver Identitätskategorien. Dazu gehören kognitive, psychische, körperliche und soziale Eigenschaften wie Geschlecht, sowie Herkunft, *Race*, Weltanschauung und Religion, sozialer Status, Lebensalter und Behinderung. Diese Dimensionen überlagern und verschränken sich in den Lebensrealitäten der Menschen miteinander und tragen entscheidend zu Ausschlüssen und Diskriminierung bei. Der Begriff anerkennt, dass es für demokratische Aushandlungsprozesse zentral ist, dass sich diese Vielfalt in gesellschaftlichen Strukturen – etwa in Recht, Politik, Wirtschaft, und Institutionen (z.B. Bildung, Medien, Verwaltung, Kultur) – abbildet, verkörpert und diese letztlich auch transformiert. Dies ist mit dem Ziel verbunden, den Grundsatz der Gleichheit und das Prinzip der Gerechtigkeit zu stärken. Der Begriff Diversität ist positiv konnotiert und versteht Vielfalt als gesellschaftliche Ressource. Anisha Imhasly

→ **DOMINANZGESELLSCHAFT** Gemäss dem Konzept Dominanzgesellschaft prägen Machtverhältnisse die gesellschaftliche Zuweisung
von Positionen, Rechten und Ressourcen – und nicht demografische
Mehrheits- und Minderheitenverhältnisse. Koloniale oder feudale Gesellschaften etwa sind augenfällige Beispiele dafür, dass Herrschaft
auch von Minderheiten ausgeübt werden kann. Neben militärischen
oder ökonomischen Faktoren basiert die Macht der Dominanzgesellschaft auf Normen und Repräsentationsweisen (→ Repräsentationspolitik) von *Race*, Geschlecht, Sexualität, Klasse, Lebensalter oder
Religion sowie anderen Faktoren wie sozialer Status und Habitus. Die
grundlegende (oft implizite, nicht einmal bewusste) Logik der Dominanzgesellschaft zielt darauf ab, Privilegien und den Status Quo zu erhalten. Dabei beschreibt der Begriff der Dominanzgesellschaft nicht
eine fixe Zuweisung von Menschen in Privilegierte oder Marginalisierte, sondern dynamische → intersektionale Positionierungskämpfe. So
können Menschen in unterschiedlichen Kontexten unterschiedliche
privilegierte bzw. diskriminierte Positionen haben (→ Diskriminierung). Und gesellschaftspolitische Kämpfe wiederum erlauben, die
Herrschaftsverhältnisse zu ändern. Rohit Jain

→ **ETHNOPLURALISMUS** Im Verlauf der strategischen und rhe-
torischen Anpassungsprozesse des rechten Lagers entwickelte sich ab
den 1970er- und 1980er-Jahren in der sogenannten → Neuen Rechten
die → neorassistische Theorie des Ethnopluralismus. Entsprechend
der Wortherkunft soll damit das Weiterbestehen rassistischer Ideen
verschleiert werden, indem vorgeblich «Völkervielfalt» propagiert
wird. Eine zentrale Idee des Ethnopluralismus ist, dass Völker ein kul-
turelles Wesen besitzen und ethnisch homogen bleiben sollen. Dabei
werden gemäss dem Ethnopluralismus Konzepte wie «Menschheit»
oder «Menschenrechte» abgelehnt, da Ethnien gesamthaft als Akteu-
re gelten und das Individuum nur als Teil eines Volkes Rechte geniesse. Als gezielte Verschleierungsstrategie vermag der Ethnopluralismus
vorzugeben, dass Kulturen gleichwertig und in sich wertvoll seien,
gleichzeitig aber → rassistische Migrationspolitik und Segregation fordern, ohne mit dem Extremismus am rechten Rand assoziiert zu werden. Ethnopluralistische Einstellungen sind bis in die Mitte der Gesellschaft vorgedrungen, wie sich etwa in den Überfremdungsdiskursen
(→ «Überfremdung») und den parlamentarischen Debatten zum Asylgesetz in den 1980er-Jahren zeigte. Cenk Akdoğanbulut

→ **EUROZENTRISMUS** Unter Eurozentrismus wird eine Denkweise verstanden, die Errungenschaften wie Demokratie oder Industrialisierung sowie Ideen wie Vernunft oder Moderne aus einem eigen-
ständigen europäischen Fortschritt herleitet – und dadurch die globale Machtposition Europas absichert. Eurozentrismus leugnet erstens,
dass diese Errungenschaften im Kontext kolonialer Verflechtungen
und Ausbeutung entstanden sind: So basierte etwa die Industrialisierung nicht primär auf der Erfindung der Dampfmaschine – wie dies bis
heute noch oft in der Schule gelehrt wird –, sondern im Wesentlichen

auf dem Handel mit Baumwolle aus Plantagenwirtschaft, Sklavenhandel und anderen Formen kolonialer Ausbeutung. Zweitens werden im Eurozentrismus aussereuropäische kulturelle, philosophische oder religiöse Systeme → rassifiziert und im Vergleich zur europäischen Modernität als primitiv, exotisch oder unvernünftig dargestellt. Die Kritik am Eurozentrismus hat eine lange Geschichte im jahrhundertelangen Widerstand gegen den Kolonialismus sowie in den letzten Jahrzehnten in der Bewegung des → Postkolonialismus. Rohit Jain

→ **FREMDENFEINDLICHKEIT** Die Begriffe Ausländerfeindlichkeit, Fremdenfeindlichkeit und Xenophobie sind in der Politikwissenschaft und Psychologie entwickelt worden. Sie sind unscharf, denn sie übernehmen die Täterperspektive und suggerieren, dass es sich bei → Rassismus und → Diskriminierung um natürliche, psychische Reaktionen handelt, statt um strukturelle Phänomene. Seit Generationen hier lebende Menschen mit Migrationsgeschichte (→ Migrationshintergrund) und → People of Color werden mit dieser Terminologie als fremd konstruiert und ihr Fremdsein wird damit objektiviert. Sie vermittelt, dass sich Diskriminierung oder Gewalt gegen tatsächliche «Fremde» richten, wogegen diese durch rassistische Diskriminierung oder Gewalt erst zu solchen gemacht werden. Ausserdem wird mit dem Begriff Xenophobie suggeriert, dass Fremdenfeindlichkeit etwas Natürliches oder Angeborenes sei, und gesellschaftliche Verhältnisse werden somit naturalisiert. Die Terminologie ist seit den 1980er-Jahren u.a. in der Schweiz gebräuchlich und dient oft dazu, Rassismus nicht klar zu benennen oder zu relativieren. Cenk Akdoğanbulut

→ **GASTARBEITERSYSTEM** Nach dem Zweiten Weltkrieg wurden Hunderttausende Menschen vor allem aus Italien, Spanien, Portugal, Ex-Jugoslawien, Griechenland und der Türkei in die Schweiz rekrutiert, um auf dem Bau, in den Fabriken, in der Gastronomie, in der Reinigung und in der Pflege zu arbeiten. Mit einem von «Überfremdungsangst» (→ «Überfremdung») geprägten Bewilligungssystem sollte sichergestellt werden, dass diese sich nicht niederlassen und die Schweiz wieder verlassen – daher der euphemistische Begriff «Gastarbeiter». Das berüchtigte Saisonnierstatut, mit dem Menschen für saisonale Arbeiten geholt werden konnten, verhinderte den Familiennachzug und führte zu Zehntausenden getrennten Familien und zum Schicksal der «versteckten Kinder». Während «Gastarbeiter:innen» unter oft unmenschlichen Bedingungen arbeiteten und lebten, ermöglichte dieses Regime den Wirtschaftsaufschwung, durch den Schweizer Arbeiterfamilien in die Mittelschicht aufsteigen konnten. Ein tragischer Höhepunkt des Gastarbeiterregimes stellte die → Schwarzenbach-Initiative von 1970 dar, mit der fast 400'000 Menschen ausgeschafft werden sollten und die nur knapp abgelehnt wurde. Als Reaktion darauf begannen sich die grösstenteils linken italienischen und spanischen Arbeiter:innen zu organisieren, um durch Demonstrationen mehr Rechte zu gewinnen. Daraus entstand ab den späten 1970er-Jahren eine regelrechte soziale Bewegung rund um die Mitenand-Intiative von

1981. Trotz der Errungenschaften dieser frühen migrantischen Bürgerrechtsbewegung sowie der Einführung der Freizügigkeit mit der EU in den 1990er-Jahren wirken die politischen und ökonomischen Strukturen des Gastarbeiterregimes bis heute weiter. Rohit Jain

→ **GRENZREGIME** Der Begriff Grenzregime bezeichnet das umkämpfte Zusammenspiel von (nicht-)staatlichen Akteur:innen, Praktiken, Diskursen, Infrastrukturen und rechtlichen Regelungen, die grenzüberschreitende Bewegungen zu lenken, zu steuern und zu kontrollieren versuchen. In Abgrenzung zum Begriff der Festung Europa, der einseitig die Abschottung Europas betont, werden Grenzregime nicht per se als repressiv verstanden. Sie bringen stattdessen Migrationsmuster, Erfahrungen der Akteure sowie In-/Exklusion hervor. In Anlehnung an die These der Autonomie der Migration wird angenommen, dass die gelebte Mobilität selbst diesen Versuchen ihrer Kontrolle vorausgeht und die Macht von Grenzregime fortwährend von Grenzüberschreitungen herausgefordert wird. Als 2015 Hunderttausende die Grenzen Europas überwanden, wurde die Fragilität des europäischen Grenzregimes offensichtlich – und solidarische Alternativen dazu sichtbar. Zur gleichen Zeit eigneten sich rechts-identitäre Kräfte den Begriff der Festung Europa an und benutzen ihn seither in → ethnopluralistischem Sinne. Simon Noori

→ **IDENTITÄTSPOLITIK** Identitätspolitik wird als Form des Empowerments und des politischen Handelns von und für Bevölkerungsgruppen verstanden, die in Bezug auf *Race*, Gender, Sexualität, Klasse, Lebensalter resp. weitere oder mehrere dieser Ungleichheitsdimensionen marginalisiert werden. Der Begriff der Identitätspolitik wird dem Statement des → afrofeminististischen Combahee River Collective aus dem Jahre 1977 zugeschrieben. Zum einen soll der Begriff erlauben zu analysieren, wie rassistische, patriarchale oder heteronormative Diskurse gewisse stereotype Identitäten, Normen und Narrative schaffen, die stigmatisierend und → diskriminierend auf die betroffenen Bevölkerungsgruppen wirken. Zum anderen soll Identitätspolitik diesen Bevölkerungsgruppen erlauben, ihr Erfahrungswissen als kritische, politische Ressource aufzuwerten und sich als politische Gemeinschaft gegen → Diskriminierung und für Anerkennung zu etablieren. Seit den 1990er-Jahren wurde Identitätspolitik in den USA – und in den letzten 10 Jahren auch in Europa – zu einem hart umkämpften Diskursfeld – so wie etwa auch → Political Correctness. → Neue Rechte und konservative Kräfte diffamieren Identitätspolitik, um → dominanzgesellschaftliche Privilegien nicht in Frage zu stellen und um die emanzipatorischen Errungenschaften seit 1968 rückgängig zu machen. Liberale Positionen werfen identitätspolitischen Bewegungen vor, die Gleichheit aller Menschen in Frage zu stellen und dadurch die soziale Kohäsion in der Gesellschaft zu gefährden. Und gewisse, oft orthodoxe Teile der Linken messen den Kämpfen um Anerkennung von *Race*, Gender oder Sexualität eine nur zweitrangige Bedeutung gegenüber der Klassenfrage zu. → Intersektionale Ansätze wiederum akzeptieren die Grundannahmen der Identitätspolitik, fordern jedoch eine aktive Verbindung der Kämpfe um Emanzipation gemäss *Race*, Gender, Sexualität, Klasse und weiterer Ungleichheitsdimensionen. Rohit Jain

→ **INTEGRATION** Der Ansatz der Integration löste ab den 1970er-Jahren die Politik der → Assimilation ab. Mit der Integrationspolitik wollte die → Dominanzgesellschaft den Zugang von Migrant:innen zu Institutionen wie Bildung, Wohnen und Arbeitsmarkt aktiv fördern. Zudem forderten Verfechter:innen einer Integrationspolitik eine gegenseitige Anpassung von Schweizer:innen und ausländischer Bevölkerung. Ab den 1990er-Jahren wurden in einigen Städten Integrationskonzepte umgesetzt, die mehrsprachige Informationen, soziale und pädagogische Angebote sowie erste Ansätze eines → Multikulturalismus umfassten. Ab den 2000er-Jahren wurde Integrationspolitik im revidierten Ausländergesetz verankert und erstmals wurden Gelder für Integrationsmassnahmen zur Verfügung gestellt. Durch den Einfluss des Rechtspopulismus und des → Neoliberalismus wurde Integrationspolitik jedoch unter dem Motto «Fördern und Fordern» immer mehr zu einem Mess- und Sanktionsinstrument, das «gute» von «schlechten» Ausländer:innen unterschied. Auch sind in die Debatten wieder assimilatorische Ansätze eingeflossen, welche die Anpassung an die Dominanzgesellschaft fordern. → Postmigrantische Ansätze fordern die Abkehr vom Integrationskonzept, da es die Trennung von In- und Ausländern resp. von Menschen mit und ohne → Migrationshintergrund reproduziert. Rohit Jain

→ **INTERSEKTIONALITÄT** Um gesellschaftliche Machtverhältnisse verstehen zu können, müssen verschiedene Formen historisch verankerter Ungleichheit (→ Diskriminierung) und Privilegien in Überschneidung (Intersektion) bzw. Wechselwirkung zueinander untersucht werden. Menschen mit einer familiären Herkunftsgeschichte ausserhalb von West-, Zentral- und Nordeuropäischen Staaten etwa teilen zwar weitgehend die Erfahrung von → Rassismus. Ihre gesellschaftlichen Positionen sind aber von vielen anderen zentralen Normierungen und Identitätskategorien abhängig wie Geschlecht, sozialer Stellung, sozialem Milieu, Bildungsstand, Nation, Ethnizität, «Rasse», sexueller Orientierung, Behinderung und Lebensalter. Das Konzept der → Intersektionalität hilft, die Vielfalt und Komplexität von Teilhabemöglichkeiten und -beeinträchtigungen von Menschen in Bezug auf Bildung, Arbeit, politische Mitbestimmung und Anerkennung besser zu verstehen, indem verschiedene Positionen in Überschneidung zueinander in Beziehung gesetzt werden. Tarek Naguib

→ **MEHRFACHZUGEHÖRIGKEIT** Der Begriff verweist auf den Umstand, dass Menschen mit Migrationsbiografie kulturelle Identitäten und Normen nicht nur über das familiale Herkunftsland definieren, sondern sich auch in der Gesellschaft, in der sie durch Geburt oder Zuzug leben, zugehörig fühlen können. «Mehrfachzugehörigkeit» markiert eine Abkehr von binären Zuschreibungen eines Entweder-oder, welche Zugehörigkeit und Herkunft in abgeschlossenen ethno-nationalen Kategorien festschreiben (wie etwa in der Frage «Wo kommst du her?»). Das Sowohl-als-Auch und die damit einhergehende Differenzerfahrung werden stattdessen als Ressource und soziale Kompetenz verstanden. Die Idee der Mehrfachzugehörigkeit wurde seit den → postkolonialen Debatten um Hybridität und → diaporische Subkulturen in den 1980er-Jahren wichtig, um transnationale Lebenswelten besser zu verstehen und zu repräsentieren. Die Doppeladler-Affäre von 2018 oder Debatten um mehrfache Staatszugehörigkeit machen deutlich, wie schwer es weiterhin sein kann, diese gelebte postmigrantische Realität politisch und öffentlich anzuerkennen. Anisha Imhasly

→ MIGRATIONSVORDERGRUND/MIGRATIONSHINTER-GRUND Migrationsvordergrund ist eine Wortschöpfung, um das Selbstbewusstsein einer → postmigrantischen Schweiz auszudrücken, in der → Mehrfachzugehörigkeiten und Vielfalt im Alltag schon längst gelebt werden. Er bezieht sich ironisch auf den Begriff des Migrationshintergrunds, der in den 1990er-Jahren aus Forschung und Aktivismus kommend eingeführt wurde. Im Gegensatz zum juristischen Begriff «ausländisch» sollte er erlauben, sowohl auf die anhaltende → Diskriminierung als auch auf die transnationalen Lebenswelten von jenen Menschen mit einer Migrationsbiografie hinzuweisen, die schon eingebürgert sind, namentlich → Second@s. Jedoch wirkt die Bezeichnung «Migrationshintergrund» oft stigmatisierend, wenn sie in staatlichen Integrationsmassnahmen (→ Integration) und medialen Diskursen genutzt wird, wie etwa in Kriminalstatistiken. Zudem wird kritisiert, dass der Begriff viel zu pauschalisierend ist und die intersektionalen Unterschiede (→ Intersektionalität) in den Lebenswelten der Migrationsbevölkerung gemäss Kategorien wie Klasse, *Race*, Gender, Sexualität und Religion überblendet. Rohit Jain

→ MULTIKULTURALISMUS Multikulturalismus ist eine philosophische Denkrichtung sowie ein politisches Programm, mit dem ab den 1980er-Jahren indigene, koloniale, migrantische und weitere ethnische Minderheiten als Teil von demokratischen Nationalstaaten anerkannt werden sollen. Namentlich die Siedlergesellschaften wie Kanada, die USA oder Australien sahen sich durch politische Proteste und rechtliche → Diskriminierungsvorwürfe gezwungen, → Diversität als konstitutive Grundlage ihrer Gesellschaft anzuerkennen und zu repräsentieren (→ Repräsentationspolitik). Dazu wurden kollektive und föderale Rechte in Bezug auf Sprache, Bildung und Kultur für diese Minderheiten geschaffen. Bekannt sind auch Antidiskriminierungsprogramme (*affirmative action*), die via positive Massnahmen Personen aus benachteiligten Communities fördern sollten. Ab den späten 1990er-Jahren wurden multikulturalistische Ansätze von rechter und liberaler Seite als → politisch korrekt oder als naives «Multikulti» diffamiert, das Parallelgesellschaften schaffe. Während diese ideologisch motivierte Kritik auch dazu diente, die Erweiterung der Demokratie abzuwehren und Privilegien zu schützen, wurden auch substanzielle Kritiken laut. Multikulturalistische Politiken würden die Bedeutung ethnischer Grenzen zwischen Communities überhöhen, Stereotype fördern und exklusive Formen der → Identitätspolitik hervorbringen. Auch wurde kritisiert, dass der Multikulturalismus im Kontext der → neoliberalen Wende dazu geführt habe, dass Diversität vor allem als Ware konsumiert werde, ohne dass strukturelle Prozesse der Antidiskriminierung weitergetrieben würden. Ausgehend von der Kritik entstanden Konzepte wie Interkulturalität, das die Interaktionen zwischen ethnischen Communities betrachtet, sowie Transkulturalität, das Prozesse der kulturellen Vermischung beschreibt (→ Mehrfachzugehörigkeit, → Diaspora). Rohit Jain

→ **NEOLIBERALISMUS** 1947 gründeten liberale Denker:innen um Friedrich August von Hayek und Milton Friedman die «Mont Pèlerin Society». Sie wurde zu einem einflussreichen Netzwerk in Wissenschaft, Medien und Politik. Ihre Mitglieder wollten «den Markt» gegen «den Staat» als massgebendes Ordnungsprinzip der Gesellschaft etablieren. Das Prinzip von Angebot und Nachfrage sollte die Beziehungen zwischen den Menschen so umfassend wie möglich durchdringen und zu einer Diffusion politischer Macht führen. Zwischen 1970 und 2000 etablierte sich der Neoliberalismus in einer Serie wirtschafts- und sozialpolitischer Reformen weltweit als vorherrschende politische Ideologie. In dieser Zeit bewirkte der Neoliberalismus aber entgegen den ursprünglichen Versprechungen seiner Begründer:innen eine Konzentration von Macht und Kapital bei Konzernen und Superreichen und stellte den Staat in deren Dienst. Dominik Gross

→ **NEORASSISMUS** Durch Etienne Balibar und Stuart Hall geprägter Begriff (auch *Rassismus ohne Rassen, kultureller Rassismus*). Aufgrund der Nähe zur nationalsozialistischen Ideologie wurde der Begriff «Rasse» in der Nachkriegszeit geächtet und immer stärker durch «Kultur» ersetzt. Dabei werden in neorassistischen Diskursen Kulturen als homogene Einheiten konzipiert und untereinander als inkompatibel gedacht. Individuen werden in erster Linie als Mitglieder ihrer ethnischen Gemeinschaft gelesen, denen kulturelle Verhaltensformen und Eigenschaften zugeschrieben werden. Die Überfremdungsinitiativen, wie die Schwarzenbach-Initiative (→ Schwarzenbach-Komplex), sowie die Assimilationspolitik (→ Assimilation) ab den 1970er-Jahren waren stark von neorassistischen Ideen geprägt. Der 1991 vorgelegte Bericht des Schweizer Bundesrats «Ausländer- und Flüchtlingspolitik» etablierte als Basis etwa das Drei-Kreise-Modell, das auf dem Kriterium der «kulturellen Nähe» basierte (der erste Kreis entsprach Westeuropa; der zweite «kulturell nahen» Staaten, die aber geografisch nicht in Westeuropa liegen, wie zum Beispiel Kanada oder Australien; der dritte Kreis umfasste den Rest der Welt). Cenk Akdoğanbulut

→ **NEUE RECHTE** In den 1960er- und 1970er-Jahren entstand in diversen europäischen Ländern eine so genannte «Neue Rechte». Trotz personeller Kontinuitäten unterscheidet sich diese selbsternannte «Neue Rechte» eher rhetorisch, strategisch und habituell denn ideologisch von der militant faschistischen «Alten Rechten». Im Gegensatz zur offen neonazistischen Rechten gibt sie sich intellektuell und wissenschaftsorientiert. Sie sucht einerseits gezielt die Kooperation mit etablierten konservativen Kreisen, andererseits stiftet sie Verwirrung, indem sie linke Rhetorik kopiert und Versatzstücke linker Theorien übernimmt. Um ihren Rassismus zu verschleiern, entwickelte sie das Konzept des → Ethnopluralismus, der ein Rassismuskonzept ohne «Rassen» zur Grundlage hat (→ Neorassismus). Ihr Ziel ist die kulturelle Hegemonie und ideologische Deutungshoheit in der Gesellschaft. Diese versuchen sie durch publizistische Arbeit und weniger durch Beteiligung an Parteipolitik zu erreichen. Langfristig wollen die «Neuen Rechten» mit modernen Mitteln die Werte der Aufklärung bekämpfen und einen autoritär-nationalistischen Staat aufbauen. Sie können als ideologischer Nährboden des Rechtspopulismus verstanden werden, der die Ideologie der «Neuen Rechten» in der Mitte der Gesellschaft salonfähig macht. Cenk Akdoğanbulut

→ **NEUE SCHWEIZ** Der Begriff Neue Schweiz verspricht weder ein neues Heimatidyll noch eine multikulturelle Wohlfühloase. Er steht vielmehr für den Willen zu einem gemeinsamen Neuanfang jenseits stereotyper Vorstellungen zwischen 1291er Inselschweiz sowie weltoffener 1848er Schweiz. Voraussetzung sind eine Anerkennung der Einwanderungsrealitäten sowie eine ehrliche Auseinandersetzung mit der Rolle der Schweiz und ihrer Migrations- und Kolonialgeschichte. Die Schweiz befindet sich seit Jahrzehnten in einem tiefgreifenden Transformationsprozess im Zuge von Migration und Globalisierung. Rund 40% der permanenten Wohnbevölkerung haben Migrationsgeschichte, mit steigender Tendenz. Aspekte wie Mehrfachzugehörigkeiten bzw. Interkulturalität sind längst Alltag für viele Menschen. Arbeit, Konsum und andere Bereiche sind stark globalisiert. Demgegenüber stehen → Diskriminierung, → Rassismus und → postkolonialer Profit auf Kosten von Gesellschaften in Ländern des globalen Südens. Eine Neue Schweiz will Erinnerungspolitik, Gegenwartsanalyse und Zukunftsvision miteinander verbinden, um neue Imaginations- und Gesprächsräume für eine demokratische Zukunft zu entwickeln – für alle, die da sind, und alle, die noch kommen werden. www.i-nes.ch

→ **OTHERING** Menschen mit Migrationserfahrung werden oftmals als «fremd» und damit als «anders» bezeichnet. Dieser Prozess, in dem Menschen von einem «Wir» unterschieden und als «das Andere» konstruiert werden, wird in der Fachliteratur als «Othering» bezeichnet. Solche Othering-Prozesse können sich auf ganz unterschiedliche Begebenheiten beziehen, zum Beispiel auf Nationalität, soziale Stellung, Namen, äusseres Erscheinungsbild, Geschlecht usw. (→ Intersektionalität). Betroffene erfahren diese oft als schmerzhaft, da ihnen das

Grundbedürfnis nach Zugehörigkeit aberkannt wird und sie häufig nur wenig dagegen tun können. Durch Aktionen oder Reaktionen anderer erfahren sie, dass sie nicht *per se* mitgemeint, sondern als Ausnahme wahrgenommen werden und damit nicht der Norm entsprechen beziehungsweise gegen diese verstossen (→ Alltagsrassismus). Damit werden wiederholt Grenzziehungen vorgenommen und ein «Wir» und «die Anderen» hergestellt. Rahel El-Maawi

→ **PERSON OF COLOR/PEOPLE OF COLOR (POC)** PoC ist eine im angloamerikanischen Raum verbreitete Selbstbezeichnung von Menschen mit → Rassismuserfahrung. Sie verstehen sich aufgrund von äusserlichen und kulturellen Fremdzuschreibungen als nicht der → *weissen* Mehrheitsgesellschaft zugehörig. → Schwarz und weiss sind dabei politische Begriffe, und PoC gilt als Sammelbegriff für alle als nicht-weiss gelesenen Mitmenschen. Insbesondere im US-amerikanischen Kontext entwickelten sich mit BPoC und BIPoC noch Erweiterungen des Begriffs, die die Erfahrungen Schwarzer Menschen und/oder indigener Bevölkerungsgruppen explizit differenzieren. Es geht dabei nicht um Hautfarben oder um ethnische Zugehörigkeiten, sondern um die Benennung von Rassismus und den Machtverhältnissen in einer mehrheitlich weissen Gesellschaft. Die ursprüngliche Bedeutung entwickelte sich in den USA mit der Black-Power-Bewegung in den späten 1960er-Jahren. In der Schweiz fand der Begriff in den letzten Jahren vermehrt Eingang in antirassistische Diskurse, hat sich in der breiten Öffentlichkeit hierzulande jedoch wenig etabliert. Die fehlende Übersetzung von PoC ins Deutsche deutet auf die Schwierigkeit hin, politische Begriffe wie Schwarz und weiss unabhängig von Hautfarben zu begreifen. Halua Pinto de Magalhães

→ **POLITICAL CORRECTNESS (PC)** Political Correctness meinte ursprünglich eine progressive Sprachpolitik sowie Verhaltensnormen, die → Diskriminierungen auf Grund von *Race*, Geschlecht, sexueller Orientierung oder anderen Kategorien vermeiden. Seit den 1980er-Jahren wurde PC von den Neokonservativen in den USA als Kampfbegriff verwendet, um progressive, antirassistische oder queerfeministische Politik als Zensur und → Identitätspolitik zu verunglimpfen. In einer Umkehrung der Machtverhältnisse wurde der Begriff verwendet, um den Teufel einer angeblich linken, intellektuellen «Diktatur» an die Wand zu malen. Aus dem volksnahen «Das darf man doch noch sagen dürfen!» ist eine Ideologie der Anti-Political-Correctness geworden, die bis weit in den gesellschaftlichen Mainstream gelangt ist. Nicht nur Populisten und Autokraten wie Donald Trump, Jair Bolsonaro oder Narendra Modi spielen sich als «starke Männer» auf und stellen die → Dominanzgesellschaft als Opfer von Minderheiten dar. In der Schweiz nahm die → Neue Rechte die Strömung der Anti-Political Correctness erstmals im Kampf gegen die Ratifizierung der Antirassismus-Strafnorm im Jahre 1995 auf. Seither hat sie sich in SVP-Kampagnen, in der Mainstream-Comedy, in den Feuilletons von Tageszeitungen oder in der Fasnacht teilweise etabliert. In Europa wurde Anti-PC durch die Kampagne der Mohammed-Karikaturen von 2008 oder durch das Buch *Deutschland schafft sich ab* von Thilo Sarrazin zum Teil des politischen Mainstream. Rohit Jain

→ **POSTMIGRANTISCHE GESELLSCHAFT** Trotz der faktisch seit Jahrhunderten bestehenden Migrationsrealität wird seit Jahrzehnten diskutiert, ob die Schweiz als Einwanderungsland bzw. Migrationsgesellschaft verstanden werden soll oder nicht. Dies hängt damit zusammen, dass Migration seit den 1960er-Jahren zum zentralen Gegenstand öffentlicher Kontroversen und politischer Initiativen geworden ist. Der Begriff «postmigrantisch» beschreibt eine Gesellschaft, in der Migration schon längst stattgefunden hat und sie unwiderruflich prägt. Das Präfix «post» (lat. nach) steht dabei nicht für das Ende der Migration, sondern beschreibt die notwendigen gesellschaftlichen Aushandlungsprozesse, um → Diversität als Grundlage von Politik und öffentlicher Kultur anzuerkennen. Die postmigrantische Gesellschaft ist zwangsläufig geprägt von produktiven Widersprüchen, weil sich neue Stimmen und Bewegungen in die gesellschaftlichen Verhandlungen einbringen: Einerseits werden → Rassismus und → Mehrfachzugehörigkeit zunehmend thematisiert, während andererseits sich auch Widerstand gegenüber dieser Demokratisierung zeigt. Aus postmigrantischer Sicht werden staatliche Integrationsmassnahmen (→ Integration) kritisiert, die den Ausschluss von Menschen mit → «Migrationshintergrund» durch Kategorisierung und Disziplinierung verstärken – wenn etwa im Rahmen eines Einbürgerungsverfahrens von Gesuchsteller:innen aufgrund ihres muslimischen Glaubens regelmässig verlangt wird, Beweise für ihre Integration vorzubringen, während dies bei Gesuchstellerinnen christlichen Glaubens vergleichsweise weniger geschieht (→ Antimuslimischer Rassismus). Stattdessen plädiert ein postmigrantischer Ansatz für eine längst überfällige Demokratisierung und Diversifizierung der Institutionen, in echter Anerkennung der Schweiz als Einwanderungsland. Tarek Naguib

→ **POSTKOLONIALISMUS** Postkolonialismus bezeichnet eine kritische Denkweise und politische Bewegung, die die globalen Konsequenzen des Kolonialismus hinterfragt und überwinden möchte. Ausgangspunkt sind die sogenannten *Postcolonial Studies*, ein Forschungsfeld ab den 1980er-Jahren, in dem die Folgen des Kolonialismus auf Kultur, Wissenschaft, Denken und Alltag analysiert wurden – und dadurch die bestehende wirtschaftliche Imperialismuskritik ergänzten. Postkoloniale Konzepte wie → Diaspora oder Hybridität (→ Mehrfachzugehörigkeit) ermöglichen es, Widerstand und Kritik jenseits eindeutiger Identitäten und Repräsentationen (→ Repräsentationspolitik) von Nation, → Eurozentrismus oder *Race* auszuüben. Der Postkolonialismus steht selbst in einer Tradition antikolonialer Kämpfe und Diskurse, wie etwa der Haitianischen Revolution, der Bengali Renaissance, des Panafrikanismus oder der Négritude-Bewegung. In jüngster Zeit hat der sogenannte dekoloniale Diskurs an Aufmerksamkeit gewonnen, in dem kritisiert wird, dass der Postkolonialismus zu akademisch sei, zu stark auf die koloniale Erfahrung Südasiens fokussiere und die kapitalistischen Bedingungen des Kolonialismus unterschätze. Obwohl die Schweiz nie eigene Kolonien besass, wurde der Postkolonialismus in den letzten zehn Jahren ein wichtiges Instrument, um die kolonialen Verflechtungen der Schweiz von damals wie heute zu untersuchen – etwa beim Rohstoffhandel, bei der Unterstützung der Versklavung oder im Geschichtsverständnis. Rohit Jain

→ **RACIAL PROFILING** Der Ausdruck stammt aus den USA und wird im Kampf gegen rassistisch → diskriminierende Polizeikontrollen gegenüber der afroamerikanischen und lateinamerikanischen Bevölkerung seit den 1990er-Jahren verwendet. Der Begriff bezeichnet sicherheitspolitische Vorkehrungen bzw. polizeiliche Massnahmen wie Personenkontrollen, Ermittlungen und Überwachungen, die nicht mit dem individuellen Verhalten von Personen begründet werden können, sondern aufgrund von Eigenschaften wie der Hautfarbe oder einer als mutmasslich «fremd» (→ Fremdenfeindlichkeit) interpretierten Erscheinung erfolgen – vielfach kombiniert mit geschlechtlichen Zuschreibungen, dem Lebensalter und anderen willkürlichen Kategorisierungen (→ Othering). Racial Profiling kann aus rassistischer Absicht geschehen oder aufgrund unbewusster Vorurteile und Effekte, die in der Regel auf Formen des institutionellen → Rassismus etwa im Polizeiapparat oder in der Verwaltung zurückgehen. In der Schweiz hat unter anderem die Allianz gegen Racial Profiling mit ihrem Widerstand in den Fällen Mohamed Wa Bailes und Wilson A. das öffentliche Bewusstsein und die Mobilisierung gegen Racial Profiling gestärkt. Tarek Naguib

→ **RASSIFIZIERUNG/RASSIALISIERUNG** Es handelt sich um einen Prozess, in dem Menschen aufgrund tatsächlicher oder zugeschriebener körperlicher oder kultureller Eigenschaften in Abstammungsgruppen, eben «Rasse»/*Race* unterteilt werden. Sowohl in der Form des wissenschaftlichen Rassismus seit dem 19. Jahrhundert als auch → Neorassismus, stellt Rassifizierung eine Grundlage des → Rassismus, der daraus eine natürliche Hierarchie, Diskriminierung und Ausbeutung rechtfertigt. Als Widerstand gegen Rassismus kann der Bezug zu *Race* aber Angehörigen diskriminierter Gruppen auch dazu dienen, Diskriminierung zu erkennen und eine positive politische Identität zu entwickeln (→ Identitätspolitik). Diese identitätspolitische Form der Rassialisierung hat den Zweck der Selbstermächtigung rassistisch marginalisierter Gruppen und ermöglicht Autonomie und Zugang zu Ressourcen, wie etwa im Falle der Négritude- oder der Panafrikanismus-Bewegung. Ein Beispiel einer radikalen Form von emanzipatorischer Rassialisierung verfolgt der *Black nationalism* in den USA, die von generationenübergreifenden biologischen oder sozio-kulturellen Ausstattungen und Identifikationen ausgeht, die sich von der weiss-europäisch dominierten Mehrheitsgesellschaft unterscheidet und als unüberbrückbar gedacht wird. Tarek Naguib

→ **RASSISMUS** Rassismus ist ein Prozess der Kategorisierung und Stereotypisierung, der sich explizit oder implizit auf das soziale Konstrukt von «Rasse» (→ Rassifizierung) stützt. Auf dieser Basis äusserlicher oder kultureller Merkmale, nationaler und regionaler Herkunft, Lebensform oder religiöser Weltanschauung werden Menschen bestimmte Eigenschaften zugesprochen, die abwertend sind und eine Benachteiligung und → Diskriminierung als gerechtfertigt erscheinen lassen. Unter dem Begriff Rassismus werden auch → Antisemitismus, → Antimuslimischer Rassismus, Anti-Schwarzer Rassismus, Antiziganismus etc. gefasst, die unterschiedliche, spezifische historische Formen der Rassifizierung darstellen. Juristisch wird Rassismus als Diskriminierung erfasst. Das dem Rassismus zugrunde liegende biologische Konstrukt unterschiedlicher Menschenrassen ist wissenschaftlich widerlegt. Rassismus zeigt sich auch durch individuelle Haltungen sowie durch → Othering oder andere Formen verbaler und physischer Gewalt auf alltäglicher Ebene (→ Alltagsrassismus). Institutioneller Rassismus benachteiligt Menschen in Institutionen wie Bildung, Gesundheit oder Polizei. Rassismus auf struktureller Ebene weist darauf hin, wie eine Gesellschaft sich durch explizite und implizite Normen strukturiert und organisiert. Dadurch werden Hierarchisierungen in der Gesellschaft produziert, die den Zugang zu Ressourcen für viele Menschen erschweren oder verunmöglichen. Diese verschiedenen Ebenen sind miteinander verknüpft: Sie beeinflussen und bedingen sich gegenseitig. Nora Refaeil

→ **REPRÄSENTATIONSPOLITIK** Repräsentationspolitik möchte die Darstellung, Bewertung und Bezeichnung von sozialen Gruppen in der Öffentlichkeit analysieren und gerechter gestalten. Eine repräsentationspolitische Perspektive fragt stets: *Wer spricht wie in wessen Namen?* Geprägt wurde die Theorie und Praxis der Repräsentationspolitik u.a. im Grossbritannien der 1970er- und 1980er-Jahre. Ausgangspunkt war u.a. eine Studie des Birmingham Centre for Contemporary Cultural Studies (CCCS) darüber, dass Schwarze Männer (→ Schwarzsein) in den britischen Fernsehnachrichten als kriminell dargestellt wurden. In antirassistischen Kämpfen und durch Interventionen wurde zuerst gefordert, dass nicht-weisse Moderator:innen eingesetzt werden sollen; als dies nichts an den Narrativen änderte, wurden neue Redaktionen notwendig. Schliesslich wurde erkämpft, dass auch Unternehmensstrategien und gesetzliche Regelungen im Sinne eines → Multikulturalismus geändert wurden. Repräsentationspolitik bedeutet demnach nicht eine rein statistische Massnahme im Sinne einer quantitativen Abbildung von Minderheiten in einer Organisation oder auf einem Podium. Vielmehr geht es darum, Teilhabe und → Diversität in allen Bereichen des gesellschaftlichen Lebens zu verankern und dadurch vielfältige marginalisierte Erfahrungen, Geschichten und Stimmen als konstitutiv für die Gesellschaft anzuerkennen. Rohit Jain

→ SCHWARZENBACH-KOMPLEX Am 7. Juni 1970 wurde die sogenannte Schwarzenbach-Initiative mit 54% knapp abgelehnt. Die
Volksinitiative der Nationalen Aktion gegen «Überfremdung von Volk
und Heimat», die nach ihrem Anführer James Schwarzenbach benannt
wurde, wollte den Ausländeranteil von 18% auf 10% reduzieren. Um ein
Haar hätten 400.000 grösstenteils Italiener:innen das Land verlassen
müssen. Die Initiative war der tragische Höhepunkt des sogenannten
→ Gastarbeitersystems und liess den strukturellen Rassismus in der
Schweiz sichtbar werden. James Schwarzenbach war Sprössling einer
einflussreichen Zürcher Industriellenfamilie, der durch kolonialen
Textilhandel und Maschinenbau reich geworden war. In der Zwischenkriegszeit war er inspiriert von der faschistischen Frontenbewegung
und verpackte in der Initiative seine rassistischen Annahmen in eine
volksnahe Rhetorik eines → Ethnopluralismus. Er gilt als ein Exponent
der → Neuen Rechten und als Wegbereiter des Rechtspopulismus in
Europa und in der Schweiz. Der Widerstand gegen die Initiative und
das Gastarbeitersystem wurde zwar zurückgedrängt, stiess aber auch
die Solidaritätsbewegung um die Mitenand-Initiative an. Zum 50. Jah-
restag der Ablehnung der Initiative im Jahr 2020 wurde von verschiedenen Organisationen und Stimmen gefordert, den langen Schatten
der Schwarzenbach-Initiative und des strukturellen Rassismus im
Gastarbeitersystem historisch und politisch aufzuarbeiten und an den
politischen Widerstand dieser Zeit anzuknüpfen. Rohit Jain

→ SCHWARZSEIN Eine soziale Konstruktion, mit der Menschen
seit dem Kolonialismus durch → Rassifizierung klassifiziert wurden. In
der Geschichte des Kolonialismus wurde je nach Kontext die Kategorie
unterschiedlich definiert: In den USA galt lange die sogenannte *one-
drop rule*, bei der eine Schwarze Person in der Abstammungslinie einen
bereits als Schwarz klassifizierte. In der Apartheid in Südafrika dagegen
gab es die Kategorie «Coloured», mit der Menschen mit → weisser und
Schwarzer Abstammung klassifiziert wurden. Als politische Selbstbezeichnung ist es vor allem über die Black-Power-Bewegung und jüngst
in der → #BlackLivesMatters-Bewegung verallgemeinert worden. Steve
Biko schrieb, dass die südasiatische Minderheit in Südafrika politisch
als Schwarz gelte, auch im Black British Movement wurde Schwarz als
antirassistische Kategorie für South Asians & Afro Caribbeans verwendet. Dieses Verständnis war auch die Grundlage für das Selbstverständnis der jüngeren Schwarzen Bewegung in Deutschland. Heute wird
Schwarz eher als «afrikanische Abstammung» verstanden. Schwarzsein
steht demnach nicht nur für Unterdrückung, sondern für eine selbst-
bewusste politische Identität und für Widerstand gegen Rassifizierung.
Bafta Sarbo

→ SECONDA/SECONDO/SECOND@S Eine nur in der Deutschschweiz verwendete Bezeichnung für die Nachkommen von Menschen
mit → Migrationsvordergrund, die entweder im Einwanderungsland
geboren wurden oder aber als Kleinkinder mit ihren Eltern eingewandert sind. Im Unterschied zu dem in der Migrationsforschung verwen-

deten Begriff der «zweiten Generation» hat sich Seconda/Secondo/ Second@ in den 1990er- und 2000er-Jahren aus der Erfahrung der spanischen und italienischen Gastarbeitergeneration (→ Gastarbeitersystem) in die Alltagssprache eingeschrieben. So wurde der Begriff vom Filmemacher Samir etwa in seinem Film *Babylon 2* (1992) verwendet. Ausgangspunkt einer breiteren Debatte war schliesslich die mediale Berichterstattung über die Krawalle an der Nachdemonstration zur 1.-Maifeier in Zürich 2002, die «Second@s» die Verantwortung zuwies. Daraus formierte sich eine lose Secondos-Bewegung, die sich den Begriff als affirmative Selbstbezeichnung und politische Identität (→ Identitätspolitik) aneignete. Konkret setzten sich verschiedene Akteur:innen und Organisationen unter diesem Label für die erleichterte Einbürgerung der zweiten und dritten Generation sowie für die kulturelle Selbstrepräsentation (→ Repräsentationspolitik) von → Mehrfachzugehörigkeit ein. Interessant ist der Begriff auch sprachlich: Er setzt sich aus dem italienischen Wortstamm *secondi* (zweite/zweiter) und der spanischen Endung -a/-o/-@ zusammen – Letzteres als Gender-neutrale Form. Halua Pinto de Magalhães

→ **«ÜBERFREMDUNG»** Überfremdung ist ein politisches Schlagwort, das um 1900 vom Zürcher Sozialarbeiter Carl Alfred Schmid geprägt wurde. Als schweizerdeutsche Wortschöpfung suggeriert der Überfremdungsbegriff das Gefühl der Überlagerung des «Eigenen» durch das «Fremde» (→ Fremdenfeindlichkeit) und rechtfertigt Forderungen nach Abwehr von «Fremden» oder deren → Assimilation. Er fand in der ersten Hälfte des 20. Jahrhunderts Eingang in die behördliche Fremdarbeiter- und Migrationspolitik (→ Gastarbeitersystem). Nach dem Zweiten Weltkrieg wurde der Überfremdungsdiskurs von den Gewerkschaften revitalisiert. Nationalkonservative und Rechtsextreme nahmen diese Stimmung auf und machten → neorassistische Argumentationen salonfähig. Die Abstimmung zur Schwarzenbach-Initiative 1970 (→ Schwarzenbach-Komplex) kann als symbolischer Höhepunkt gelten. Seither entwickelte sich eine regelrechte Tradition von «Überfremdungsinitiativen», die das behördliche Gastarbeitersystem wesentlich beeinflusst haben und bis heute den Diskurs über Migrant:innen in der Schweiz prägen. Cenk Akdoğanbulut

→ **URBAN CITIZENSHIP** Der Begriff der Urban Citizenship postuliert ein Recht auf Mitgestaltung und Mitentscheidung unabhängig von der rechtlichen Staatsbürgerschaft. Seit der französischen Revolution soll der Mensch als *Citoyen:ne/Citizen/Bürger:in* das Gemeinwesen aktiv und selbstbestimmt mitgestalten. Starken Einfluss auf die Neubelebung des Konzepts hatte T. H. Marshalls 1950 veröffentlichter Essay «Citizenship and Social Class». Wird Citoyenneté/Citizenship/ Bürger:innenschaft mit rechtlicher Staatsbürgerschaft gleichgesetzt, ist sie mit Sesshaftigkeit und Mobilitätskontrolle verbunden – bzw. der Ausgrenzung jenes Teils der Bevölkerung ohne umfassende Mitbestimmungs- und Schutzrechte. T. H. Marshall hingegen bezog *citizenship* vor allem auf das Recht der gesellschaftlichen Teilhabe, da Bürgerrechte erst Schritt für Schritt durchgesetzt werden mussten. Unter dem Stichwort Urban Citizenship wird diese Teilhabe zur Grundlage neuer sozialer Bewegungen. Katharina Morawek

→ **WEISSSEIN** *Weisssein* beschreibt keine biologische Eigenschaft oder Hautfarbe, sondern eine gesellschaftliche Position von Menschen, die nicht → rassistisch → diskriminiert werden. In bestimmten Kontexten wird mit dem Adjektiv *weiss* (in Kursivschreibung) versucht, die dominante und privilegierte Position innerhalb eines Machtgefälles zu benennen, welche meistens unausgesprochen und unbenannt bleibt. Im deutschsprachigen Raum tritt der Begriff im Zusammenhang mit kritischem Weisssein auf. Dabei handelt es sich um eine Bewegung, die im akademischen Umfeld der Critical Whiteness Studies in den USA in den 1990er-Jahren entstanden ist, welche eine grundsätzliche politische Auseinandersetzung mit den eigenen Privilegien unter *weissen* Menschen einfordert. Kritisch hinterfragt wird immer wieder, dass dabei der Reflexionsprozess *weisser* Menschen oft im Zentrum der antirassistischen Arbeit steht, obwohl dieser nur ein kleiner Teil davon ist. Denn hier sollte die Ermächtigung, Transformation und Selbstbestimmung von und für → People of Color (PoC) stehen. Léa A. Birrer / Marianne Naeff

BIOGRAFIEN

SAID ADRUS
Said Adrus ist ein in London und Burgdorf lebender bildender Künstler. Er ist in Kampala und Burgdorf aufgewachsen und erwarb einen BA am Trent Polytechnic in Nottingham und einen Master am Goldsmiths College, University of London, 1992–1993. Als internationaler Künstler und Kunstvermittler hat Said in den letzten 30 Jahren eine einzigartige kritische Ästhetik zu Race, Identität und Diaspora entwickelt. Seine Arbeiten wurden unter anderem in der Kunsthalle Bern, in der Shedhalle Zürich, im The Bronx Museum of Arts, der FSCA Gallery in Mumbai, der International Istanbul Triennale und im Havremagasinet in Boden gezeigt.

CENK AKDOĞANBULUT
Von 2011 bis 2017 studierte Cenk Akdoğanbulut Geschichte und Philosophie in Zürich und Oslo. Zurzeit ist er Doktorand und wissenschaftlicher Mitarbeiter an der Universität Fribourg, wo er seine Dissertation über Armin Mohler und die Entstehung der sogenannten «Neuen Rechten» schreibt. Er ist verschiedenen anti-rassistischen Initiativen aktiv und Vorstandsmitglied beim Institut Neue Schweiz (INES).

IZABEL BARROS
Izabel Barros (São Paulo/Piauí, BR) ist Historikerin sowie dekoloniale Feministin und Antirassismus-Aktivistin in Brasilien und in der Schweiz. Sie ist Programmverantwortliche bei der feministischen Friedensorganisation cfd und Mitglied der Kollektive Taoca und Berner Rassismus-Stammtisch. Von 2013 bis 2020 war sie Brasilienbeauftragte bei der Entwicklungsorganisation Cooperaxion und war für verschiedene Projekte zur Verteidigung und Selbstbestimmung der indigenen und Quilombo-Gemeinschaften in Maranhão verantwortlich. Sie begleitete zahlreiche dekoloniale Kultur- und Kunstprojekte, wie z.B. *Wie die Geranie nach Bern verschleppt wurde* (2020), *Black Box Bern* (2020–2021) und *We Talk. Schweiz ungefiltert* (2021).

DENISE BERTSCHI
Denise Bertschi arbeitet als künstlerische Forscherin am Schnittpunkt von Kunst, Geschichte und Erinnerungskultur. Ihre Ausstellungs- und Forschungstätigkeiten führten sie u.a. nach Brasilien, Südafrika und Korea, wobei sie diese geopolitischen Kontexte vielschichtig in eine Historiografie der Schweiz verwebt und diese auf ihre Kolonialität befragt. «Oral history» wird mit Archivarbeit ergänzt, wobei sie den Begriff des Archivs ausweitet: Architektur, Landschaften, Objekte sind alle Zeugen von Ereignissen und globalen Zusammenhängen, welche Bertschi im Medium Film, Fotografie und Installation umsetzt. Ihre erste Monografie *STRATA. Mining Silence* wurde 2020 vom Aargauer Kunsthaus und der Edition Fink publiziert. Sie studierte visuelle Kunst an der HEAD in Genf sowie an der Zürcher Hochschule der Künste ZHdK. Zurzeit arbeitet sie als Doktorandin an der EPFL Lausanne im Arts of Sciences Laboratory in Zusammenarbeit mit HEAD Genève.
Helvécia, Brazil ist ein künstlerisches Forschungsprojekt, das Denise Bertschi seit 2017, im Rahmen einer Doktorarbeit an der EPFL/HEAD verfolgt. In ihren Videoinstallationen und Textilarbeiten, mit Audiovisual-Testimonials, Fotografien und Publikationen versucht Denise Bertschi in Begleitung mit den Einwohner:innen des heutigen Quilombo-Dorfes *Helvécia*, Erinnerungsorte auf der ehemaligen Schweizerischen Kaffeeplantage im Nordosten Brasiliens aufzuspüren und durch deren Verräumlichung einer Auslöschung dieses Kapitels der Schweizerischen Kolonialgeschichte entgegenzuwirken. Im Forschungsprojekt *Helvécia, Brazil* wird ein besonderer Fokus gesetzt, den Stimmen der Quilombo-Gemeinschaft Helvécia und ihrer eigenen mündlich überlieferten Geschichte Raum zu geben.

YANIA BETANCOURT GARCIA
Yania Betancourt Garcia kam in einer ungewöhnlich stürmischen Nacht in Havanna/Kuba auf die Welt. Seit sie neun Jahre alt ist, lebt sie mit ihrer Mutter und Grossmutter in der Schweiz, im Kanton Luzern. Ihre Familie gehört zu den kubanischen Dissidenten, die in den 2000er-Jahren aus politischen Gründen aus Kuba geflüchtet sind. Sie absolviert an der Universität Luzern ein Bachelor-Studium in Kulturwissenschaften mit dem Hauptfach Soziologie. Nebenbei versucht sie sich möglichst aktiv gegen den strukturellen und institutionellen Rassismus in der Schweiz zu positionieren, etwa indem sie mit der Hilfe von anderen BIPoC in Luzern eine neue Organisation namens Black DNA gegründet hat, die zum Ziel hat, den Rassismus im Alltag durch Dialog und Austausch zu bekämpfen.

LÉA AIMÉE BIRRER
Léa Aimée Birrer ist eine weisse, queere, able-bodied cis Frau, intersektionale Feministin und Kulturschaffende. Sie ist Studentin am Institut Hyperwerk und in der Geschäftsleitung des Mitgliederladens Palette Bern. Sie interessiert sich für die verschiedensten Formen von Lernprozessen, gesellschaftlichem Gestalten und Wandel. Dabei steht für sie das Dekonstruieren von Machtstrukturen und Unterdrückung im Zentrum. Sie war Studierende am *intrinsic* Campus und am Institut IVP NMS in Bern und ist Teil des Musikkollektivs Forcefield Records.

BLA*SH
Bla*Sh ist ein afro- und queerfeministisches Netzwerk von Schwarzen trans, inter, nicht-binären und cis Frauen (TINCF*) in der Deutschschweiz, die sich selbst als Menschen of African Descent bezeichnen. Das Netzwerk ist unabhängig, selbstbestimmt, regional, landesweit und darüber hinaus tätig. Bla*Sh schafft Kultur nach innen und aussen. Wir sind eine Gemeinschaft, in der wir uns gegenseitig unterstützen, heilen und stärken. Darüber hinaus machen und fördern wir Aufklärungsarbeit in den Bereichen Antirassismus und Cis-Heterosexismus sowie Projekte für die Allgemeinheit.

IRENA BREŽNÁ

Irena Brežná ist in Bratislava geboren. Nach der Okkupation der Tschechoslowakei emigrierte sie 1968 in die Schweiz. Abschluss an der Philosophischen Fakultät der Universität Basel. Sprachwechsel. Journalistin, Kriegsreporterin, Psychologin, Dolmetscherin, Russischlehrerin, Menschenrechtlerin. Zehn Bücher, Übersetzungen in elf Sprachen. Zehn Preise für Publizistik und Literatur in Deutschland, der Schweiz und der Slowakei, u.a. Zürcher Journalistenpreis, zweimal EMMA-Journalistinnenpreis, Theodor-Wolff-Preis und für den Roman *Die undankbare Fremde* den Schweizer Literaturpreis 2012. Zuletzt erschien das Buch *Wie ich auf die Welt kam. In der Sprache zu Hause* (2018). Sie lebt in Basel. www.brezna.ch

NTANDO CELE

Ntando Cele ist eine in Bern lebende südafrikanische Schauspielerin, Sängerin und Performerin. Sie erhielt ein National Diploma in Drama Studies an der Durban University of Technology (1999–2001) und ihren Master of Theatre bei DasArts Academy of Theatre and Dance in Amsterdam (2009–2012). Seit 2005 entwirft und entwickelt sie mit Manaka Empowerment Productions in Afrika und Europa verschiedene Theater- und Performanceprojekte. In ihren Arbeiten verwischen die Grenzen zwischen Stand-up-Comedy, Videoinstallation und Performance.

PASCAL CLAUDE

Pascal Claude schreibt seit den 1990er-Jahren immer wieder über Fussball und bewegt sich dabei meist in dessen Randgebieten. Über die Ursprünge seines Familiennamens kennt Claude nur Vermutungen, sie haben mit der Widerrufung des Edikts von Nantes zu tun. Die Grosseltern haben den Namen noch deutsch als «Klaude» ausgesprochen. Claude arbeitet als Heilpädagoge und lebt mit seiner Familie in Zürich.

SERENA OWUSUA DANKWA

Serena Owusua Dankwa ist Sozialanthropolgin, Moderatorin und Autorin von *Knowing Women: Same-Sex Intimacy, Gender, and Identity in Postcolonial Ghana* (2021). Sie ist zudem Mitherausgeberin der Podcast-Reihe *Bildung Macht Diversity* an der Pädagogischen Hochschule FHNW. Sie ist seit den Anfängen bei Bla*sh dabei.

PAOLA DE MARTIN

Paola De Martin ist Primarlehrerin, Textildesignerin und Historikerin. Sie war wissenschaftliche Assistentin von Prof. Dr. Philip Ursprung am Institut gta für Geschichte und Theorie der Architektur der ETH Zürich, wo sie auch ihre Dissertation *Give us a break!* abgeschlossen hat (erscheint 2022 bei Diaphanes). Darin untersucht sie die Geschichte und Aktualität einer Ästhetik der sozialen Ungleichheit anhand der Lebensgeschichten von Arbeiterkindern, die in Zürich Designer:innen wurden. Paola De Martin verbindet wissenschaftliche Designforschung und politischen Aktivismus mit (auto-) biografischer Reflexion. Sie publiziert über Klassismus in den Künsten und lehrt Designgeschichte und Interkulturalität an der Zürcher Hochschule der Künste ZHdK. Sie engagiert sich bei INES und ist Initiantin von TESORO, einem Verein für die Interessen Zehntausender ehemaliger Saisonnierfamilien, die im Zeitraum von 1931–2002 aufgrund der Schweizer Gesetzgebung Trennung und Illegalisierung erlitten haben.

ASMAA DEHBI

Studium der Erziehungswissenschaften an der Universität Zürich sowie Islam und Gesellschaft an der Universität Freiburg. Von 2017 bis 2019 Projektkoordinatorin von Swiss Muslim Stories, einer Kurzfilmkampagne im Bereich der Extremismus- und Rassismusprävention. Seit 2017 Projektleiterin eines monatlichen Diskussionsforums für muslimische Jugendliche in Zürich zur Prävention von Diskriminierung und Radikalisierung. 2019 Hochschulpraktikantin bei der Integrationsförderung der Stadt Zürich. Seit 2020 wissenschaftliche Assistentin und Doktorandin am Schweizerischen Zentrum für Islam und Gesellschaft an der Universität Freiburg. Seit 2021 Mitglied des INES-Vorstands.

FANNY DE WECK

Fanny de Weck ist Rechtsanwältin bei RISE Attorneys at Law in Zürich mit Schwerpunkt Straf- und Migrationsrecht sowie internationale Individualbeschwerdeverfahren. Sie doktorierte zum Non-Refoulement-Prinzip in internationalen Beschwerdeverfahren an der Universität Luzern, wo sie aktuell Lehrbeauftragte für Öffentliches Recht ist. Fanny de Weck publiziert und doziert regelmässig zu ihren Fachgebieten und berät NGOs und andere Juristinnen. Sie ist politisch vielseitig engagiert, darunter gemeinsam mit Arber Bullakaj als Co-Präsidentin des Vereins Aktion Vierviertel, der sich für einen Paradigmenwechsel im Schweizer Staatsbürgerschaftsrecht einsetzt.

KADIATOU DIALLO

Kadiatou Diallo lebt und arbeitet als freischaffende Kuratorin, Vermittlerin und Kulturschaffende zwischen Basel und Kapstadt. Sie ist Kodirektorin von SPARCK, Space for Pan-African Research, Creation and Knowledge und Produzentin des Podcasts *Artists on African*. Nebst kuratorischen und kollaborativen Projekten arbeitet Kadiatou seit 2019 als wissenschaftliche Mitarbeiterin zum Projekt *Aesthetics from the Margins* am Zentrum für Afrikastudien der Universität Basel und als Dozentin des Programms Masters of Arts in Public Spheres (MAPS) an der EDHEA (Ecole de design et haute école d'art) in Sierre.

MO DIENER

Mo Diener studierte Ethnologie, Anthropologie und Vergleichende Religionswissenschaften an der Universität Zürich. 2014 erhielt sie einen MA in Fine Arts an der Zürcher Hochschule der Künste ZHdK. Ihre künstlerische Praxis ist verortet im transdisziplinären und konzeptionellen Feld der kritischen Kunst und Theorie. Sie ist die künstlerische Leiterin des Roma Jam Session art Kollektiv RJSaK und Vorstandsmitglied des gleichnamigen Vereins. Um 2009 begann sie mit der Erforschung ihrer Vorfahren mütterlicherseits im Rahmen des künstlerischen Pilot-Forschungsprojektes «Science, Fiction & Politics» an der Hochschule der Künste in Bern. 2011 setzte sie ihre künstlerischen Forschungen am MA Fine Arts an der ZHdK fort und gründete 2013 während ihres Studiums gemeinsam mit RRMarki und Milena Petrovic das RJSaK. Mo Diener ist ausgebildete Sprachpädagogin und ist gemeinsam mit RRMarki Editorin der Publikation *Morphing The Roma Label* (2021).

JOVITA DOS SANTOS PINTO

Jovita dos Santos Pinto ist Historikerin. Sie denkt gern über die Un/Möglichkeiten Schwarzer Geschichte/n in der Schweiz nach und schreibt derzeit eine Dissertation zu Schwarzen Frauen* in der Öffentlichkeit am Interdisziplinären Zentrum für Geschlechterforschung der Universität Bern. Basierend darauf betreibt sie die Webseite histnoire.ch. Sie ist seit den Anfängen bei Bla*Sh dabei.

RAHEL EL-MAAWI

Rahel El-Maawi ist soziokulturelle Animatorin. Nach zehnjähriger Tätigkeit in der Quartierarbeit des Gemeinschaftszentrums Zürich-Altstetten war sie bis 2016 Dozentin an der Hochschule Luzern/ Soziale Arbeit und leitete das Kompetenzzentrum Zivilgesellschaft und Beteiligung. Zurzeit absolviert sie eine Ausbildung in *expressive-art education* am Tamalpa Institute in Weigendorf (DE) und arbeitet freiberuflich sowie als Lehrbeauftragte. Seit einigen Jahren beschäftigt sie sich mit Körper in Raum und Zeit und erforscht ergänzende Möglichkeiten, wie Bewegung und Tanz ihre soziokulturelle Praxis erweitern können. Neben verschiedenen kulturellen und politischen Engagements ist Rahel El-Maawi Mitinitiantin* des Netzwerks Bla*Sh und lancierte die Veranstaltungsreihe *bla*sh präsentiert.*

SAMIRA EL-MAAWI

Samira El-Maawi ist Geschichten-Entwicklerin. Sie ist tätig als freischaffende Autorin, Schreibcoach und begleitet psychosoziale Prozesse. Ihr Debütroman *In der Heimat meines Vaters riecht die Erde wie der Himmel* ist 2020 im Verlag Zytglogge erschienen.

KIJAN ESPAHANGIZI

Kijan Espahangizi ist deutsch-iranisch-schweizerischer Triple-Bürger. Er ist promovierter Historiker und lehrt an der Universität Zürich. Er setzte sich in Forschung und Lehre mit der Geschichte von Migration, Globalisierung, Multikulturalismus, Rassismus, Nationalismus, Integration sowie dem Verhältnis von Wissenschaft und Politik auseinander. Er ist seit den späten 1990er-Jahren politisch aktiv, setzt sich hier u.a. für eine post-identitäre Rassismuskritik ein. Er ist Initiator und Mitbegründer von INES, seit 2015 Mitglied im deutschen Rat für Migration und seit 2021 Mitglied in der Fachkommission der Kulturstiftung Pro Helvetia.

NINA FARGAHI

Nina Fargahi ist Bundeshausjournalistin bei CH Media. Davor war sie bei der NZZ in der Ausland- und Nachrichtenredaktion tätig, bevor sie von 2017 bis 2020 Chefredaktorin des Medienmagazins Edito war. Daneben arbeitete sie als freie Journalistin und befasste sich immer wieder vertieft mit den Themen Diversity und Equity in den hiesigen Redaktionen. Bei *INES Institut Neue Schweiz* war sie 2016 bis 2019 Mitglied der Mediengruppe. Für die Zürcher Integrationsförderungsstelle hat sie als freie Journalistin mehrfach publizistische Aufträge im Bereich Diversity realisiert. Ihr Blog zum Thema Migration bei der NZZ wurde 2012 mit dem Schweizer Medienpreis für Lokaljournalismus ausgezeichnet.

NICOLAS FAURE

Ausbildung zum Goldschmied bei Gilbert Albert in Genf. Ab 1975 beschäftigte er sich als Autodidakt mit Fotografie und liess sich als Reporter in New York nieder. Veröffentlichungen in *GEO, Time Life Books, Actuel, L'Illustré* etc. Dozent für Fotografie an der Universität Genf von 1981 bis 1983 und seit 2001 an der Ecole cantonale d'art de Lausanne ECAL. Umfangreiche Fotoserie über die Schweizer Autobahnen 1994–1998. Seine Arbeitsfelder sind Strassenfotografie, Erschliessung der Alpenlandschaft, Gestaltung des öffentlichen Raums und Verkehrsinfrastruktur. Er erhielt 1980, 1986 und 1988 das Eidgenössische Stipendium und 1992 den Prix Kodak.
In *Citizens of the World – Meyrin* (1995) porträtiert Faure den Genfer Vorort Meyrin als multikulturellen Schmelztiegel am Rande der wuchernden Grossstadt. Hier wohnen Familien aus über hundert Ländern. S. 207–214: *Familie Mashayekh, Iran; Familie Cacdac, Philippinen; Familie Moussa, Ägypten/ Schweiz; Familie Rabemanantsoa, Madagaskar; Familie Djuniardi, Indonesien; Familie Bordry, Frankreich; Familie N'diaye, Senegal; Ehepaar Reshtia, Afghanistan.*

MIRJAM FISCHER

Mirjam Fischer studierte Kunst- und Architekturgeschichte sowie Neuere deutsche Literatur in Bern. Von 1998–2007 für die Reorganisation und Durchführung des Wettbewerbs *Die schönsten Schweizer Bücher* beim Bundesamt für Kultur Bern tätig. Von 2007–2012 war sie Verlagsleiterin bei der Edition Patrick Frey in Zürich, 2014–2016 Leiterin Publikationen im Museum für Gestaltung Zürich. Seit 2013 mit mille pages unabhängige Buchproduzentin und Herausgeberin im Bereich

Kunst, Fotografie und Design für verschiedene Häuser und Verlage. 2018 CAS Interkulturelle Kommunikation & Transkulturelle Kompetenzen, ikf Institut für Kommunikation und Führung, Luzern. Sie lebt und arbeitet in Zürich.

MICHAEL FELIX GRIEDER

Michael Felix Grieder ist Konzeptarbeiter und Philosoph in Basel. Künstlerische Lehrjahre im Point Jaune Museum in St. Gallen und im Institut de Pataphysique appliquée in Paris, in der Café Bar La Buena Onda und beim Kulturmagazin *Saiten* in St. Gallen. Theoriestudium (MA Fine Arts) an der Zürcher Hochschule der Künste ZHdK. Übersetzungen für transversal texts in Wien und Essays in verschiedenen Medien. Promoviert an der Universität Lüneburg zum Verhältnis von Subjektivität und Normen in der Philosophie Pierre Machereys. Arbeitete mit dem Roma Jam Session art Kollektiv an der Publikation *Morphing the Roma Label* (2021).

DOMINIK GROSS

Dominik Gross arbeitet seit 2015 als Analyst für Steuer- und Finanzpolitik bei Alliance Sud, der entwicklungspolitischen Arbeitsgemeinschaft Schweizer Hilfswerke. Er schreibt über globale Ökonomie und Politik. Bei INES wirkte er in der Politikentwicklung mit. Bis 2015 war er Politik- und Gesellschaftsreporter u.a. bei der *WOZ* und beim *Magazin*. Er studierte Philosophie und Geschichte in Zürich und Berlin.

CHARLES HELLER

Charles Heller ist Wissenschaftler und Filmemacher. Seine Arbeit hat einen langjährigen Fokus auf die Politik der Migration an den Grenzen Europas. Derzeit ist er Research Associate am Graduate Institute in Genf. Gemeinsam mit Lorenzo Pezzani gründete Heller 2011 Forensic Oceanography, ein Gemeinschaftsprojekt am Goldsmiths College in London. Dort wurden innovative Methoden entwickelt, um die Bedingungen zu dokumentieren, die zum Tod von Migrant:innen im Mittelmeer führen. Forensic Oceanography veröffentlicht Menschenrechtsberichte, Artikel und Videos, die international vor Gerichten als Beweise genutzt sowie ihn Ausstellungen präsentiert wurden. www.watchthemed.net

ANISHA IMHASLY

Anisha Imhasly ist in Bombay geboren, wuchs in Indien und in der Schweiz auf und studierte Ethnologie und Medienwissenschaft in Grossbritannien. In ihrer Arbeit begleitet sie Transformationsprozesse: als Coach von Einzelpersonen in beruflichen und persönlichen Umbruchphasen sowie als Beraterin im Bereich Diversität und transkulturelle Öffnung bei Schweizer Kulturinstitutionen und Förderstellen. Seit 2016 ist sie Mitglied des Expert:innen-Netzwerks von INES sowie Gründungsmitglied des Berner Rassismus-Stammtischs. Davor langjährige berufliche Tätigkeit im Kulturbereich, vorwiegend in den Bereichen Design und bildende Kunst, zuletzt beim Bundesamt für Kultur, wo sie den Wettbewerb *Die schönsten Schweizer Bücher* koordinierte (2008–2016).

SHAMIRAN ISTIFAN

Shamiran Istifan (@kafirahm) ist eine in Zürich lebende bildende Künstlerin. Ihr erster Antrieb, Geschichten zu erzählen, gründete auf der Erfahrung, in einer sogenannten kulturellen Enklave einer ethnischen Minderheit aufgewachsen zu sein, in der sich für sie und ihre Generation ein Zwei-Welten-System herausbildete. Istifans künstlerische Praxis richtet sich auf die Vielschichtigkeit von sozialen Dynamiken, inspiriert durch ihre persönlichen Erfahrungen mit Kollektivismus, sozialer Klasse, Religion, Geschlechterrollen, Beziehungen, Macht und Politik. Durch die intime Ästhetik, die ihre Arbeit durchdringt, weist sie auf die Symbolik des täglichen Lebens hin.

ROHIT JAIN

Rohit Jain ist promovierter Sozialanthropologe und künstlerischer Forscher mit Fokus auf Migration, Postkolonialismus und Repräsentationspolitik. Bis Februar 2019 war er Co-Geschäftsführer von INES. Er hat an künstlerischen Forschungsprojekten der Zürcher Hochschule der Künste ZHdK zur Ästhetik der Agglomeration und zum Schweizer Goldhandel (mit knowbotiq) sowie zu Urban Citizenship an der Shedhalle Zürich mitgewirkt. Rohit Jain ist Mitbegründer verschiedener kulturpolitischer Interventionen wie dem Berner Rassismus-Stammtisch und dem erinnerungspolitischen Projekt *Schwarzenbach-Komplex*. Seine Dissertation ist 2018 unter dem Titel *Kosmopolitische Pioniere. Inder_innen der zweiten Generation aus der Schweiz zwischen Assimilation, Exotik und globaler Moderne* bei transcript erschienen.

SHPRESA JASHARI

Shpresa Jashari ist Sprach- und Sozialwissenschaftlerin. Sie schreibt über Sprache, Macht und nationale Grenzen – und darüber, was passiert, wenn Migration und transnationale Lebenswelten all dies durchkreuzen. So etwa aus einem humortheoretischen Blickwinkel in *Komik (in) der Migrationsgesellschaft* (2013) oder aus einer Grenzregime-Perspektive in *LANGUAGE AS B/ORDER. Crossing European Borders and Boundaries through Mandatory Pre-Integrative Language Testing* (erscheint 2022). Auch persönlich lässt sie das Thema Grenzen nicht los: Seit ihrem zweiten Lebensjahr ist sie in der Schweiz zuhause hat jedoch wegen des hürdenreichen Einbürgerungsverfahrens noch immer keine politischen Rechte hier.

JURCZOK 1001

Mit bürgerlichem Namen Roland Jurczok. Tritt seit 1996 unter dem Namen Jurczok 1001 auf. Autor, Sänger, Spoken-Word-Künstler. Lebt und arbeitet in Zürich. Gehört zu den Spoken-Word-Pionieren der Schweiz. Zahlreiche internationale Auftritte (u.a. Poesiefestival Berlin, Deutsches Haus in New York, Tourneen in Indien und Russland). Veröffentlichte sechs Tonträger. 2018 erschien sein Buch *Spoken Beats* bei der Edition Patrick Frey, eine Sammlung seiner Spoken Word-Texte. Gastdozent für Spoken Word (Zürcher Hochschule der Künste ZHdK, Hochschule Luzern HSLU, Hochschule der Künste Bern HKB, JULL – Junges Literaturlabor, Zürich) und freier Lektor. Seit 1998 Zusammenarbeit mit der Autorin und Musikerin Melinda Nadj Abonji. www.masterplanet.ch

MARDOCHÉ KABENGELE

Mardoché Kabengele ist Aktivist, Vorstandsmitglied des INES-Fördervereins, Aktivmitglied beim Berner Rassismus-Stammtisch, Mitglied Schwarze Schweiz Online Archiv (SSOA), Young Black Panthers und Content Creator. Er ist Co-Produzent der Talkshow *We Talk. Schweiz ungefiltert* und Initiator des «Ateliers D'Ici» im Rahmen des Living Room Bern. Er moderiert und begleitet Anlässe wie die «Arena der Vielen», «Guerilla Wellness», Aktionswoche «Schützkonzept», «SRF PublicViewing», und weitere rassismuskritische transformative, emanzipatorische Veranstaltungen und Prozesse.

RENATO KAISER

Renato Kaiser, wohnhaft in Bern, Komiker und Satiriker, Poetry-Slam-Schweizermeister 2012 und Träger des Salzburger Stiers 2020. Teil der Radio-Satire-Sendung *Zytlupe* auf SRF1, Host der SRF-Fernsehsendung *Tabu* und der Satire-Show *Kaiser-Schmarren* im Casinotheater Winterthur. Feiner Sinn für Komik, Sprache und Timing, zwischen Vernunft und Wahnsinn, zwischen Vordergrund und Hintersinn, zwischen Ernst und Witz. Aus bekannten Gründen ein Jahr lang vor allem virtuell unterwegs, per Zoom, Live-Stream, mit seinen Kaiservideos auf YouTube und Social Media – und mittlerweile auch wieder auf den Bühnen des deutschsprachigen Raumes.

MERAL KAYA

Meral Kaya ist in Basel geboren und aufgewachsen. Als Tochter anerkannter Geflüchteter wird sie schon früh auf hierarchische gesellschaftliche Strukturen in der türkischen wie auch schweizerischen Gesellschaft sensibilisiert. Anhand ihres Studiums der Geschichte und der Gender Studies ist sie diesen Strukturen auf die Spur gegangen. Heute ist sie Doktorandin am Interdisziplinären Zentrum für Geschlechterforschung an der Universität Bern. Sie forscht zu antimuslimischem Rassismus in der Schweiz mit Fokus auf Widerstandsstrategien.

LHAGA NAMLHA KOONDHOR

Lhaga Namlha Koondhor (@asianayz), auch bekannt als Asian Eyez, ist Kuratorin und Kulturvermittlerin, die in Zürich und Shanghai lebt und arbeitet. Ihr Ansatz besteht darin, integrative, Grenzen überwindende Strategien zu entwickeln und innovative Wege zu finden, um verschiedene Netzwerke und Gemeinschaften zusammenzubringen. Zu ihren jüngsten kuratorischen Projekten gehören das Body Archive Project (Zürich) und das Nvshu 女术, ein multidisziplinäres Kreativprojekt, das Femme- und LGBTQI-Talente in Shanghai in den Mittelpunkt stellt. Im Jahr 2021 eröffnete sie das Haus Gawaling, eine Künstler:innenresidenz in Graubünden, die im Rahmen eines tibetischen Gemeinschaftshauses angesiedelt ist.

MANUEL KREBS

Manuel Krebs besuchte mit Dimitri Bruni von 1991 bis 1996 die Fachklasse Grafik an der Schule für Gestaltung Biel; 1999 gründeten sie das Grafik Studio NORM, das seit 2005 von Ludovic Varone ergänzt wird. Schwerpunkt ihrer Arbeit ist die Buch- und Schriftgestaltung. Ihre jüngste Veröffentlichung ist *Norm: Dimension of Two* (2020) zur Ausstellung *It's not complicated*, die 2020 im Museum für Gestaltung Zürich und in der ECAL Lausanne gezeigt wurde. Zahlreiche Zusammenarbeiten mit Museen (MoMA, New York; Tate Modern, London; Louvre und Centre Pompidou, Paris; Kunsthaus Zürich; Museum für Gestaltung Zürich) sowie Künstler:innen (Fischli & Weiss; Simon Starling; Christian Marclay; Shirana Shahbazi). Schriftdesign u.a. für den Flughafen Köln/Bonn, die Corporate Typefaces für die Uhren Marken Omega (2006) und Swatch (2010), die Schriften Replica sowie Riforma (lineto.com). Mehrfache Auszeichnungen, u.a. Eidgenössischer Designpreis 2000 und 2002; Design Award Switzerland; Jan-Tschichold-Preis, sowie bei *Die schönsten Schweizer Bücher* und *Best Book Design from all over the World*. 2011 erhielt NORM den Grand Prix Design der Schweizerischen Eidgenossenschaft.

MILENKO LAZIĆ

Milenko Lazić, geboren in der Sozialistisch Föderativen Republik Jugoslawien. Seit 1998 schweizerischer Staatsbürger, seit 2006 zusätzlich bosnischer Staatsbürger und bald auch noch kroatischer Staatsbürger. Leute!!! Man kann nicht zu viel Pässe haben. Als bildender Künstler bewegt sich Lazic zwischen Performance, Skulptur, Installation und Audio. Milenko Lazić ist Begründer von Amsel Verlag, Literatur-Telefon und ist Initiator und Teil des «Material«-Kollektivs an der Klingenstrasse in Zürich. Als ehemaliger Flüchtling und Hauswart, spricht und schreibt er noch fünf weitere Sprachen.

KATHARINA MORAWEK

Katharina Morawek ist ausgebildete Szenografin und baut Laboratorien für künstlerische Interventionen zur gesellschaftlichen Transformation. 2012–2017 war sie Leiterin der Shedhalle Zürich. Sie leitete das Projekt «100 Jahre Pro Infirmis» mit einem vielfältigen Programm inklusiver Impulse für die Schweiz. Morawek berät Kulturinstitutionen zur Umsetzung von Vielheit und Demokratisierung im künstlerischen Programm, so etwa das Theaterhaus Gessnerallee, Zürich, und das Forum Stadtpark, Graz. Sie lehrte an der Akademie der bildenden Künste und der F+F Schule für Kunst und Design, war Kunstvermittlerin am mumok – Museum Moderner Kunst Stiftung Ludwig

Wien und initiierte zahlreiche Projekte zu Geschichtspolitik und Demokratisierung. Sie ist Mitglied des INES-Vorstands und Präsidentin des Human Rights Film Festival Zürich. Zuletzt erschien *Urban Citizenship. Zur Demokratisierung der Demokratie* (2017), gemeinsam mit Martin Krenn. Davor publizierte sie *Diktatorpuppe zerstört, Schaden Gering. Kunst und Politik im Postnazismus* (2012), gemeinsam mit Lisa Bolyos.

ANNE MORGENSTERN
Anne Morgenstern wurde in Leipzig geboren. Sie studierte Fotografie in München und in Zürich, wo sie heute lebt und als Fotografin arbeitet. Ihr Hauptinteresse gilt der Porträt- und Reportagefotografie. Dabei befasst sich ihr Werk mit Menschen, ihren Beziehungen untereinander und zu ihrer Umwelt. Gesellschaftliche Konventionen werden dabei immer wieder hinterfragt. Sie interessiert sich für leise Momente, denen sie eine zentrale Rolle beimisst.

FATIMA MOUMOUNI
Fatima Moumouni ist Spoken-Word-Poetin, Moderatorin und Kolumnistin. Seit Ende 2011 ist sie mit Spoken-Word-Stücken auf verschiedensten Bühnen im deutschsprachigen Raum unterwegs und schreibt Prosa, Lyrik, Rap und hauptsächlich irgendwas dazwischen. Auch international war sie in den letzten Jahren mit ihren Texten eingeladen, zuletzt beim Slam Nacional in Mexico und beim Writers Festival in Singapur. Sie moderiert im Theater Gessnerallee Zürich ihre Gesprächsreihe «Die neue Unsicherheit. Disco Edition». Nebst Soloauftritten ist sie zusammen mit Laurin Buser im SpokenWord-Duo sowie im Rap-Duo Nuggets unterwegs.

MELINDA NADJ ABONJI
Melinda Nadj Abonji, geboren in Bečej, ist Autorin und Musikerin. Studium der Germanistik und Geschichte in Zürich. Seit 1998 Zusammenarbeit mit dem Lyriker und Sänger Jurczok 1001. Seit 2010 Zusammenarbeit mit dem Multiinstrumentalisten Balts Nill. 2004 erschien ihr Roman *Im Schaufenster im Frühling*, 2010 erhielt sie den Deutschen und Schweizer Buchpreis für ihr Werk *Tauben fliegen auf* (2010) und 2018 den ZKB Schillerpreis für *Schildkrötensoldat* (2017).

MARIANNE NAEFF
Marianne Naeff, geboren in Côte d'Ivoire, aufgewachsen in der Ostschweiz, ist eine weisse cis Frau, queer, intersektional, de-koloniale Feministin und Soziologin. Sie ist Mitglied des Berner Rassismus-Stammtischs und Mitbegründerin des Kollektivs Kritisches Weisssein Bern. Sie war Geschäftsleiterin von Cooperaxion (2013–2020), ist Co-Leiterin von Workshops zu Schweiz und Kolonialismus, Antirassismus und weissen Privilegien sowie Co-Projektleiterin einer Wertschöpfungskette für Kunststoffabfall in Liberia. Sie engagiert sich beim Aufbau des Community Arts Centers Living Room in Bern, welcher Raum für Projekte rund um Migration, Rassismus und Teilhabe bietet.

TAREK NAGUIB
Tarek Naguib ist Jurist, forscht und lehrt an der Zürcher Hochschule für Angewandte Wissenschaften ZHAW mit Schwerpunkt im Antidiskriminierungsrecht. Zu seinen Themen gehören Critical Race Theory, Legal Disability Studies und Legal Gender Studies. Er ist Mitbegründer von INES und des Schweizer Netzwerks für Diskriminierungsforschung SNDF. Ausserdem engagiert er sich als Aktivist in der Allianz gegen Racial Profiling und begleitet strategische Rechtsverfahren gegen strukturelle Diskriminierungen. Er ist Mitherausgeber des jüngst erschienen Readers *Racial Profiling. Struktureller Rassismus und antirassistischer Widerstand* (2019)t.

MARKUS NEBEL
Markus Nebel ist Statistiker und lebt in Zürich. Nach Abbruch seines Studiums der Bildenden Kunst (mit Fokus Farbenlehre) an der Zürcher Hochschule für Gestaltung und Kunst absolvierte er einen Master in Data Science und Statistik an der Universität Bern. Seit über zwanzig Jahren sammelt er Postkarten mit Schwerpunkt Vierfarbendruck aus der Ära 1960–1980. Zurzeit arbeitet er an einem Programm zur Vereinheitlichung und Wiedergabe von Farbsystemen im digitalen Bereich.

CAT TUONG NGUYEN
Cat Tuong Nguyen ist in Vietnam geboren und lebt seit seinem zwölften Lebensjahr in der Schweiz. Er studierte von 1993 bis 1998 Fotografie an der Zürcher Schule für Gestaltung. Pablo Müller schreibt über seine Arbeit im *Kunstbulletin* 11/2013: «Ein Unbehagen gegenüber erstarrten Erzählmustern und einer eindeutigen Zuschreibung von Bedeutungen prägen die Werke von Cat Tuong Nguyen. Statt sich festzulegen, entwirft der Künstler Konstellationen aus Verweisen, Bedeutungsfragmenten und kulturellen Versatzstücken. […] Mit ihrem bildkritischen Kern verweisen die Werke von Cat Tuong Nguyen auf eine tiefe Skepsis gegenüber kulturellen Festschreibungen und in sich geschlossene Narrative. Stattdessen öffnen die Werke in ihrer mehrschichtigen Bedeutungsstruktur, welche die Vielheit und Widersprüchlichkeit gesellschaftlicher Erfahrung einzubeziehen versucht, womöglich eine Perspektive auf eine Kohärenz jenseits der eindeutigen Zuschreibung.» Cat Tuong Nguyen lebt in Zürich und arbeitet aktuell als Krankenpfleger.

ANDRÉ NICACIO LIMA
André Nicacio Lima hat an der Universität von São Paulo in Geschichte doktoriert. Er ist Autor verschiedener wissenschaftlicher Publikationen zur Geschichte des Aufbaus des brasilianischen Nationalstaates, insbesondere zu den Aufständen und Bürgerkriegen in der ersten Hälfte des 19. Jahrhunderts. Seine Dissertation schrieb er über die Rusga, ein politisch motiviertes Massaker, das 1834 in der Stadt Cuiabá im Westen Brasiliens stattfand. Er hat Arbeiten zur brasilianischen Geschichte

für Schulbücher, für die Volksbildung und bei der Begleitung traditioneller Gemeinschaften entwickelt. Als Drehbuchautor und Videoeditor arbeitete er an verschiedenen Reportagen und Filmen mit, unter anderem 2017 beim Drei-Episoden-Dokumentarfilm *Terra das Chacinas* (über das 25 Jahre zurückliegende Massaker in Carandiru) und 2018 bei der Videoreportage *Rio da Intervenção* (zur jüngsten Militärintervention in Rio der Janeiro). Er ist einer der Schöpfer des *Calendário Insurrecional 2021*, der sowohl Buch als auch Wandkalender ist und die Geschichte der Revolten und Aufstände in Brasilien während der Kaiserzeit (1822–1889) erzählt.

SIMON NOORI
Simon Noori ist Oberassistent am Geographischen Institut der Universität Zürich und Maître-assistant am Institut de géographie/NCCR on the move der Universität Neuchâtel. 2018 hat er mit einer Arbeit zur umkämpften Entstehung biometrischer Kontrollpraktiken und -datenbanken an den EU-Aussengrenzen promoviert und erforscht seitdem insbesondere die materiellen Infrastrukturen, die der Digitalisierung des europäischen Grenzregimes zugrunde liegen.

MASSIMO PERINELLI
Massimo Perinelli ist Historiker, lebt in Berlin und arbeitet als Referent für Migration bei der Rosa-Luxemburg-Stiftung. Er ist langjähriges Mitglied von Kanak Attak, Mitbegründer der Initiative «Keupstraße ist überall» und hat das Tribunal «NSU-Komplex auflösen» 2017 und 2019 mitinitiiert. An der Universität zu Köln hat er zu Film- und Sexualitätsgeschichte und zur Tier-Mensch-Beziehung publiziert, sowie zu Rassismus und migrantischen Kämpfen. Er ist Herausgeber des Buchs *Die Macht der Migration* (2018) und zusammen mit Lydia Lierke Mitherausgeber des Sammelbands *Erinnern stören – Der Mauerfall aus migrantischer und jüdischer Perspektive* (2020).

ALEKSANDAR PERTEMOV
Aleksandar Pertemov verbrachte seine Kindheit in Nordmazedonien (damals Jugoslawien) und seine Jugend in Deutschland. Nach seiner Ausbildung zum Fotografen in München studierte er von 2005 bis 2010 an der Kunsthochschule Berlin Weissensee und war ebendort 2011 Meisterschüler bei Prof. Hanns Schimansky. Er lebt und arbeitet als freischaffender Künstler in Berlin, Paris und Ibiza.

MARIA-CECILIA QUADRI
Maria Cecilia Quadri, geboren in Zürich, studierte an der Zürcher Hochschule der Künste (BA Mediale Künste & MA Theater, Dramaturgie). Sie arbeitet als freischaffende Projektleiterin, Kuratorin und Dramaturgin zu digitalen Technologien, politischer und postkolonialer Theorie, Migration und Feminismus. Tätig u.a. für die Projekte Digitale Narrationen (seit 2017, etwa im Forum Schlossplatz Aarau) und Schwar zenbach Kompl ex unter der Leitung von Rohit Jain und Paola De Martin, für das Zürcher Theater Spektakel und die Volksbühne am Rosa-Luxemburg Platz in Berlin. Gründung des Projektraums Raum*Station in Zürich (2015-2020). Seit 2018 Mitentwicklung von INES als Geschäftsführerin und seit 2021 zusammen mit Tarek Naguib in der Co-Geschäftsleitung.

DRAGICA RAJČIĆ HOLZNER
Dragica Rajčić Holzner wurde in Split geboren. Sie schrieb zunächst in ihrer Muttersprache Kroatisch. Nach dem Abschluss des Gymnasiums liess sie sich 1978 in der Schweiz nieder. Sie arbeitete als Haushaltshilfe und begann auf Deutsch zu schreiben. Ab 1988 lebte sie wieder in Kroatien und war als Journalistin tätig. Nach dem Ausbruch des Jugoslawienkriegs kehrte sie jedoch 1991 in die Schweiz zurück. Heute lebt Dragica Rajčić Holzner in Zürich und Innsbruck. Sie arbeitet in der soziokulturellen Animation und als Schriftstellerin. Rajčić Holzner schreibt Gedichte, Kurzprosa und Theaterstücke und hat zahlreiche Bücher publiziert, u.a. *Warten auf Broch* (2011) und *Buch von Glück* (2004), zuletzt *Glück* (2019). Sie wurde unter anderem mit dem Adelbert-von-Chamisso-Preis und dem Lyrikpreis Meran ausgezeichnet.

NORA REFAEIL
Nora Refaeil initiiert «Conversations for Change», ein Weiterbildungsprogramm/Gesprächsformat. Damit unterstützt sie Prozesse der systemischen und nachhaltigen Transformation in Institutionen, Organisationen und Gemeinschaften. Sie arbeitet mit Menschen, die ihr Umfeld positiv verändern möchten. Sie ist Mediatorin, Coach, Trainerin und Anwältin mit mehr als zwanzig Jahren Erfahrung im nationalen und internationalen Umfeld. Sie unterrichtet als Lehrbeauftragte an der Juristischen Fakultät der Universität Basel und an verschiedenen weiteren internationalen Institutionen. Sie ist Mitglied des INES-Vorstands und Vizepräsidentin der Eidgenössischen Kommission gegen Rassismus in der Schweiz.

ROMA JAM SESSION ART KOLLEKTIV
Das Roma Jam Session art Kollektiv RJSaK wurde von Mo Diener, RRMarki und Milena Petrovic im Juli 2013 in Zürich gegründet. Es ist das erste Künstlerkollektiv in der Schweiz und in Europa, das mit performativen Mitteln die aktuellen Themen der Roma sichtbar macht. RJSaK arbeitet transdisziplinär mit Teilnehmer:innen aus Kunst, Theater, Musik und Design und in einem breiten Fächer von Dada-Performances über futuristische Public Performances bis hin zu kollektiven Meditationen. 2019 wurde das Life-Performance-Projekt auf Einladung von ERIAC an der 58. Biennale di Venezia in der Ausstellung *FutuRoma* im Roma-Pavillon gezeigt. 2020 wurde RJSaK an die Konferenz «Our Hegemonic Machines in States of Emergency» der Bucharest International Biennial for Contemporary Art eingeladen, *Detox Dance* als Public Performance online anzuleiten. 2021 erscheint von RJSaK die erste Publikation *Morphing The Roma Label*.

GUADALUPE RUIZ

Guadalupe Ruiz ist in Kolumbien geboren und kam 1996 in die Schweiz, um ein Grafikdesignstudium zu absolvieren. Bachelor in Fotografie an der Ecole cantonale d'art de Lausanne ECAL (2002) und an der Hochschule der Künste in Zürich ZHdK (2006) und Master in Kunst an der Hochschule für Gestaltung und Kunst FHNW in Basel (2019). 2004 und 2005 wurde sie mit dem Kiefer Hablitzel Preis ausgezeichnet, 2009 und 2011 erhielt sie von der Stadt Zürich je ein Atelierstipendium in San Francisco und Genua. 2015 veröffentlichte sie im Selbstverlag *Kleine Fotoenzyklopädie*, eine ikonografische Dokumentation ihrer verschiedenen Lebens- und Arbeitsorte. Drei Jahre später publizierte sie *Lupita, je garde un abricot pour toi dans l'abricotier. Je lui ai dit de t'attendre*, ein Foto-Bilderbuch, in welchem sie ihrem Sohn von ihrer Geburtsstadt erzählt. Sie lebt und arbeitet in Biel.

BAFTA SARBO

Bafta Sarbo ist Sozialwissenschaftlerin in Berlin. Sie ist im Vorstand der Initiative Schwarze Menschen in Deutschland (ISD). Für die Rosa-Luxemburg-Stiftung leitet sie Lesekurse zum Marx'schen *Kapital*. Mit Stephan Kaufmann sprach sie darüber, was «Rassen» sind, wie Rassismus zum Kapitalismus passt und warum er trotz aller offiziellen Verurteilungen nicht verschwinden will (*nd.Aktuell – Journalismus von links*, 26.6.2020).

SCAGLIOLA & MEIER

Rico Scagliola & Michael Meier leben und arbeiten in Zürich. 2006–2010 absolvierten sie einen Bachelor in Bildende Künste mit Spezialisierung auf Fotografie. Die Erforschung von visuellen und sprachlichen Selbstkonzepten von Individuen oder Gruppen von Menschen und wie diese sich zum Selbstverständnis eines sozialen Kollektivs verhalten, ist eines ihrer Hauptinteressen. www.ricoandmichael.com

SARAH SCHILLIGER

Die Soziologin Sarah Schilliger hat 2014 an der Universität Basel zu globalisierten Care-Verhältnissen promoviert. Sie ist assoziierte Forscherin am Interdisziplinären Zentrum für Geschlechterforschung (IZFG) der Universität Bern und Lehrbeauftragte an den Universitäten Bern, Zürich und im internationalen Masterstudiengang «Soziale Arbeit als Menschenrechtsprofession» in Berlin. Ab 2022 leitet sie ein internationales Forschungsprojekt zu kommunalen Bewegungen und Urban Citizenship. Sarah Schilliger ist Mitglied des wissenschaftlichen Beirats der Rosa-Luxemburg-Stiftung und ist aktiv in verschiedenen feministischen und antirassistischen Bewegungen, unter anderem im Netzwerk «Wir alle sind Bern».

FRANZISKA SCHUTZBACH

Franziska Schutzbach, geboren in Deutschland, lebt in Basel, ist Geschlechterforscherin, Soziologin und freie Autorin, mit Schwerpunkt rechtspopulistische Diskursstrategien, Antifeminismus und Anti-Gender-Mobilisierungen, maskulistische Netzwerke sowie reproduktive Gesundheit und Rechte. Sie ist Lehrbeauftragte an der Universität Basel und hat zuletzt, zusammen mit Fork Burke und Myriam Diarra, ein Buch über Schwarze Frauengeschichte in der Schweiz herausgegeben: *I Will Be Different Every Time. Schwarze Frauen in Biel/Femmes noires à Bienne/Black women in Bienne* (2020).

SCHWARZFEMINISTISCHES KOLLEKTIV

Das Schwarzfeministische Kollektiv ist, wie der Name sagt, Schwarz und feministisch. Wir bieten eine Plattform, um auf unterschiedliche Formen der Diskriminierung, Gewalt, Entmenschlichung und des systemischen Sterbenlassens innerhalb einer rassistisch-kapitalistischen, cis-heteropatriarchalen, ableistischen, klassistischen Welt(un)ordnung aufmerksam zu machen. Wir intervenieren gegen die spezifischen Ausformungen in der Schweiz.

SHIRANA SHAHBAZI

Shirana Shahbazi ist eine international renommierte Künstlerin und Fotografin aus Zürich. Ihre Werke waren u.a. in der Kunsthalle Bern, im Fotomuseum Winterthur, MoMA, New York, zu sehen und sind in zahlreichen öffentlichen und privaten Sammlungen vertreten (Tate Modern, London, Whitney Museum, New York, Migros Museum, Zürich, u.v.a.m.). Ihre Arbeit wurde bereits mehrfach ausgezeichnet, zuletzt mit dem Swiss Art Award (2019).

HENRI MICHEL YÉRÉ

Henri Michel Yéré, geboren in Abidjan, Elfenbeinküste, doktorierte in Geschichte und ist wissenschaftlicher Mitarbeiter, Dozent und Lehrbeauftragter am Zentrum Afrikastudien der Universität Basel und an der EPFL in Lausanne. Yéré untersucht Fragen zu Citizenship und Nationalität im kolonialen und postkolonialen Kontext. In seiner jüngeren Arbeit beschäftigt er sich aus soziologischer Perspektive mit den Beziehungen zwischen den Naturwissenschaften und der Gesellschaft im Allgemeinen. Als Lyriker hat Yéré zwei Lyrikbände sowie Gedichte und Artikel in verschiedenen Literaturzeitschriften veröffentlicht. Für *La nuit était notre seule arme* (2016) wurde er mit dem Bernard Dadié National Prize for Debut Writing (Côte d'Ivoire) ausgezeichnet.

JIAJIA ZHANG

Jiajia Zhang ist Künstlerin. Ursprünglich als Architektin ausgebildet, beschäftigt sie sich in ihrer künstlerischen Praxis – die sich zwischen Film, Fotografie, Schrift, Skulptur und Installation bewegt – mit gewöhnlichen Materialien, relationalem und repräsentativem Raum, politischen Perspektiven und der diaristischen Poesie des Alltags.

NACHWEIS

Bildnachweis
S. 1–2; 383–384: © Cat Tuong Nguyen
S. 21–26; 349–353: © Markus Nebel
S. 37: Privatarchiv Paola De Martin
S. 41–50: © Anne Morgenstern
S. 54: Abb. 1, 2, 4: Sachdokumentation
«Mitenand Initiative», 02.3 C*M QS: 1974–
1981, Abb. 3: Datenbank Bild & Ton, F 5053-
Ob-045, Schweizerisches Sozialarchiv Zürich.
S. 57: Abb. 5–7: D 3201, Schweizerisches
Sozialarchiv, Zürich.
S. 59: Abb. 8, 9: Archiv Kijan Espahangizi; Abb.
10, 11: Sachdokumentation «Mitenand-
Initiative», 02.3 C*M QS: 1974-1981, :
Schweizerisches Sozialarchiv Zürich.
S. 60: Abb. 12: Schweizerisches Sozialarchiv, D
Alt D 4814.
S. 67: Abb. 1 © Said Adrus; Abb. 2 SRF Archiv,
Tagesschau vom 02.11.1973 © SRF; Abb. 3 SRF
Archiv, Tagesschau vom 3.5.1973 © SRF; Abb. 4
© Said Adrus; Abb. 5 Privatarchiv Rohit Jain ©
Rohit Jain/Said Adrus.
S. 70–74: © Shamiran Istifan / Lhaga Namlha
Koondhor
S. 77, 78, 81, 82: Fotos: Gina Roder
S. 91–98: © Jiajia Zhang
S. 103: Compagnie des Arts Photomécaniques,
Paris, ca. 1940.
S. 114: Foto: Dörthe Boxberg
S. 116–118, 123–125: © Kindergarten Hardau I
S. 127: © Kadiatou Diallo
S. 128, 130, 132: © Ntando Cele
S. 138: Foto: Israel Mariano
S. 143: www.historiadadadisputa.com
S. 144: Foto: Midia Ninja, aus: Gilherme Leite
Cunha, «Empurra-empurra! Sobre a morte das
estátuas», Revista Forum, https://
revistaforum.com.br/noticias/empurra-
empurra-sobre-a-morte-das-estatuas/.
S. 149–158: © Denise Bertschi
S. 175, 179: © Charles Heller
S. 177: https://forensic-architecture.org/
investigation/the-left-to-die-boat.
S. 183–190: © Cat Tuong Nguyen
S. 193: Collection of the Smithsonian National
Museum of African American History and
Culture, Gift of the family of Dr. Maurice
Jackson and Laura Ginsburg.
S. 197: © by AfricAvenir, https://www.
africavenir.org, Posterkampagne Dekoloniale
Einwände gegen das Humboldt-Forum
S. 207–214: © Nicolas Faure / Fotostiftung
Schweiz
S. 241–250: © Anne Morgenstern / Shirana
Shahbazi
S. 263: Foto: Keystone / Ennio Leanza
S. 271–278: © Aleksandar Pertemov
S. 285: https://de.autodata24.com
S. 293–302: © Guadalupe Ruiz
S. 315–324: © Scagliola & Meier
S. 327: © Roma Jam Session art Kollektiv
S. 345: Privatarchiv Paola De Martin

Textnachweis
Die Texte und Blogeinträge wurden für diesen
Band redigiert und teilweise überarbeitet.
S. 4: Jurczok 1001, «De Souverän», Spoken
Word-Text, aus: Spoken Beats, Zürich: Edition
Patrick Frey, 2018.
S. 27–33: Paola De Martin, «Brennende
Unschärfe – Offener Brief», 21.09.2018,
Institut Neue Schweiz, https://
institutneueschweiz.ch/De/Blog/176/De_
Martin_Brennende_Unschärfe.
S. 34–38: Paola De Martin, «Per arrivare, bisogna
partire», 04.11.2019, Institut Neue Schweiz,
https://institutneueschweiz.ch/De/Blog/226/
Per_arrivare_bisogna_partire_.
S. 39–40: Dragica Rajčić Holzner, Buch von
Glück, Zürich: Edition 8, 2004.
S. 51–63: Kijan Espahangizi, «Ein Civil Rights
Movement in der Schweiz? Das vergessene
Erbe der Mitenand-Bewegung (1974–1990)»,
13.10.2018, Institut Neue Schweiz, https://
www.institutneueschweiz.ch/De/Blog/178/
Espahangizi_Mitenand.
S. 75: Dragica Rajčić Holzner, Buch von Glück,
Zürich: Edition 8, 2004.
S. 101: Dezmond Dez, «Heimspiel», aus dem
Album: Heimspiel, 2020.
S. 119–122: Fatima Moumouni, «Hautfarben»,
Spoken Word Performance, 2017.
S. 126–133: Kadiatou Diallo, Ntando Cele, «ON
Whiteness as Theory», in: Artists on Africa,
SPARCK Space for Panafrican Research
Creation and Knowledge, 14.05.2018, http://
www.artistsonafrica.net/podcasts/ntando-
cele-on-whiteness-as-theory/
S. 134: Muska Murad, Wortsprich, Zürich: essais
agités (im Erscheinen).
S. 148: KT Gorique, «Ça m'énerve», aus dem
Album: Akwaba, 2020.
S. 171: Dragica Rajčić Holzner, Buch von Glück,
Zürich: Edition 8, 2004.
S. 182: Milchmaa, «Todorova», aus dem Album:
-ić, 2013.
S. 191: Melinda Nadj Abonji, Tauben fliegen auf,
Salzburg: Jung und Jung, 2010.
S. 199: Nativ, «noir», aus dem Album: Baobab,
2018.
S. 200–202: Schwarzfeministisches Kollektiv,
«Race im Alltag», 13.6.2020, https://histnoire.
ch/material/race-im-alltag-
schwarzfeministisches-kollektiv/.
S. 204–206: Samira El-Maawi, «Geboren um zu
bleiben», 27.03.2019, Institut Neue Schweiz,
https://institutneueschweiz.ch/De/Blog/190/
Geboren_um_zu_bleiben. Davor erschienen
in: RosaRot Magazin, Nr. 55, Herbst 2018, o. S.
S. 215: Black Tiger feat. Apache, «2 Wälte», aus
dem Album: Beton Melancholie, 2006.
S. 218–225: Henri Michel Yéré, «Basel, the
Discreet Heart of The World», Performance/
Vortrag, being here, doing this!, Kaserne Basel,
13.09.2019.
S. 267: Melinda Nadj Abonji, Tauben fliegen auf,
Salzburg: Jung und Jung, 2010.
S. 268–270: Meral Kaya, «Rassismus am
Frauen*streik», Zeitschrift Neue Wege 12.19,
24.11.2019.
S. 282–286: Milenko Lazić, «Ultimative Story
aus dem Krieg», 06.11.2018, Institut Neue
Schweiz,
https://institutneueschweiz.ch/En/Blog/179/
Lazi_Aus_dem_Krieg.
S. 314: Kay Wieoimmer, «Vo wo bisch du», aus
dem Album: Vo wo bisch du, 2020.
S. 330: Dragica Rajčić Holzner, Buch von Glück,
Zürich: Edition 8, 2004.
S. 343: Priya Ragu, «Chicken Lemon Rice», aus
dem Album: damnshestamil, 2021.

DANK

Wir bedanken uns bei all den vielen Menschen, Kollektiven und Organisationen, die INES und seine Ziele durch ihr fachliches und finanzielles Engagement, ihre Kritik und den persönlichen Zuspruch unterstützen.

Publiziert mit freundlicher Unterstützung von

Redaktion: Mirjam Fischer, Anisha Imhasly, Rohit Jain,
Manuel Krebs, Tarek Naguib, Shirana Shahbazi

Projektleitung / Koordination: Mirjam Fischer, mille pages
Redaktion Glossar: Cenk Akdoğanbulut
Lektorat Glossar: Nina Fargahi, Anisha Imhasly
Redaktion Songs / Gedichte: Jurczok 1001, Mardoché Kabengele
Redaktion INES-Blog: Maria-Cecilia Quadri

Gestaltung: NORM, Zürich
Druck: DZA Druckerei zu Altenburg GmbH
Schriften: Chronicle Text / GT Maru

1. Auflage
ISBN 978-3-0358-0403-4
© DIAPHANES, Zürich 2021 und die Autor:innen
Alle Rechte vorbehalten

www.diaphanes.net
www.institutneueschweiz.ch